21世纪应用型本科金融系列规划教材

金融学综合实验

Comprehensive Experiment of Finance

王火根 编著

东北财经大学出版社

Dongbei University of Finance & Economics Press

大连

图书在版编目（CIP）数据

金融学综合实验 / 王火根编著. 一大连：东北财经大学出版社，2016.9
（21世纪应用型本科金融系列规划教材）
ISBN 978-7-5654-2358-1

Ⅰ. 金… Ⅱ. 王… Ⅲ. 金融学-高等学校-教材 Ⅳ. F830

中国版本图书馆CIP数据核字（2016）第139220号

东北财经大学出版社出版
（大连市黑石礁尖山街217号 邮政编码 116025）
网 址：http：//www.dufep.cn
读者信箱：dufep@dufe.edu.cn
大连图腾彩色印刷有限公司印刷 东北财经大学出版社发行
幅面尺寸：185mm×260mm 字数：566千字 印张：23.5
2016年9月第1版 2016年9月第1次印刷
责任编辑：孙 平 责任校对：贺 欣
封面设计：冀贵收 版式设计：钟福建
定价：45.00元

教学支持 售后服务 联系电话：（0411）84710309
版权所有 侵权必究 举报电话：（0411）84710523
如有印装质量问题，请联系营销部：（0411）84710711

前言

随着金融全球化、自由化和市场化的进一步发展，社会各界对金融人才提出了更高的要求，金融人才的素质高低关键在于金融人才的培养模式。

经过几年来的金融学教学实践，我们在金融学、财务管理及经济学等相关专业的"财务管理""证券投资学""证券投资技术分析""金融工程学"等课程实践性教学的摸索中，逐步地积累了一些经验，也感到需要有一本能综合指导学生将理论与实践结合起来的书，把一些抽象的概念和理论知识通过案例和图表的形式表现出来，让学生易于理解。基于多方面的考虑，在借鉴国内外院校相应教材和金融机构对所需要人才的专业要求的基础上，结合多年在金融部门的工作经验和自己的亲身教学经验与体会，撰写了《金融学综合实验》一书，期望对金融学实践性教学环节的改革，对同学们学好金融学等相关课程，领会其基本思想、基本方法以及提升实际操作能力有所帮助。

本书共分 12 章，较为全面地介绍了金融学相关的基础理论和方法，基于 Excel、Eviews 等实际操作软件，以图文并茂的形式，使金融学理论知识和实际案例具体操作相结合。本书内容翔实全面、层次分明、系统完整，基本上概括了当今金融学的最新进展，体现了未来金融学的发展方向。

本书由江西农业大学经济管理学院金融教研室王火根博士编著。参与本书编写的还有李娜、李丽燕和王湘琴三位研究生以及江西师范大学附中商业社的王可奕同学。感谢江西农业大学经济管理学院、江西省教育厅规划课题的资助。

本书可作为高等院校经济学、金融学及财务管理学等专业的配套教材，也适合从事金融学领域研究的人员参考和使用，同时还可作为金融机构、企业相关从业人员和投资者的参考读物。

编著者
2016 年 7 月

目录

第 1 章

Excel 基础和函数

本章介绍本书用到的 Excel 2003 电子表格软件的一些基本操作知识和金融学方面所需要用到的一些相关函数，如数学、统计和财务函数，以及常用的一些分析工具和方法，如单变量求解、模拟运算表、规划求解和数据分析等，这部分内容是后面章节的基础和工具，必须熟练掌握和灵活运用。

1.1 Excel 操作基础

本节将主要介绍 Excel 2003 的基本操作，包括表格的建立与编辑、数据的输入与引用、工作表的操作等。

1.1.1 Excel 2003 窗口介绍

在电脑桌面上双击 Excel 2003 图标或在操作系统启动程序菜单里点击 Excel 2003 菜单后，将出现如图 1-1 所示的主窗口，其中标题栏、菜单栏、工具栏、编辑区、滚动条、状态栏与 Word 2003 窗口的组成部分基本相同。Excel 2003 的基本元素主要有工作簿、工作表、单元格、单元格内容、单元格格式、单元格地址等。

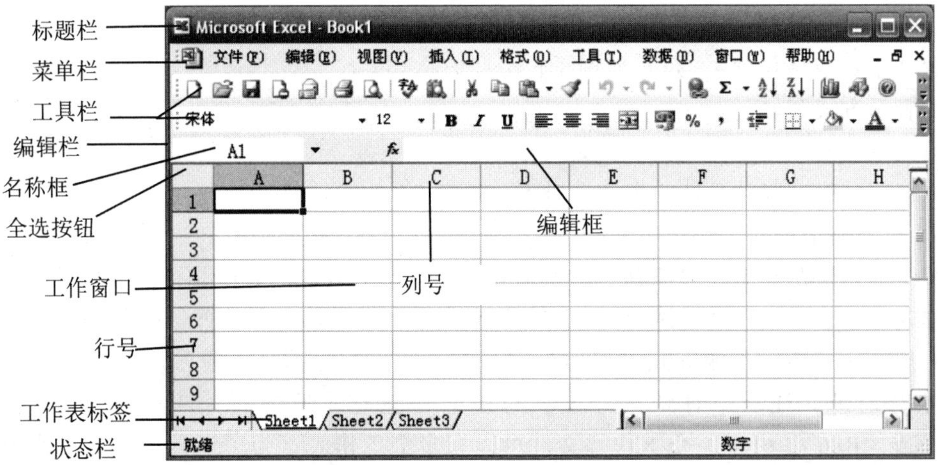

图 1-1 Excel 2003 的窗口

1）工作簿

用Excel 2003创建的文档实际上就是一个工作簿，工作簿名就是文件名，工作簿名的扩展名为.xls。每一个工作簿由若干个工作表组成，一个工作簿默认包含了三个工作表（Sheet1/Sheet2/Sheet3）。

2）工作表

工作簿就好像是一个活页夹，工作表是其中一张张的活页纸，每一工作簿可包括最多255个工作表，其中当前工作表只有一个，称为活动工作表，如图1-1中的Sheet1颜色显示为白色，非活动工作表颜色为灰色。工作表是Excel进行表格处理的基础。每一个工作表由若干单元格组成。

3）单元格

一个工作表由若干行列标明的单元格组成。一个工作表最多可包含256列、65 536行。每一列列标由A、B、C等表示；每一行行标由1、2、3等表示。每一个单元格由交叉的列、行名表示。如A1、A2，分别表示A列第一行、第二行的单元格。工作表中当前工作的单元格被称为活动单元格，它在屏幕上显示为带粗线黑框的单元格。活动单元格的名字显示在编辑栏中名称框内。

4）单元格内容

每一单元格中的内容可以是数字、字符、公式、日期，也可以是图形或声音等。如果是字符，还可以分段落。

5）单元格格式

使用菜单格式化数字的步骤如下：

第一步：选择要格式化的数字单元格。

第二步：选择"格式"菜单中的"单元格"项，打开"单元格格式"对话框，选择对话框中的"数字"标签项，如图1-2所示。

第三步：在"数字"标签项中，"分类"列表列出了所有的格式，选择任一种格式，在对话框的右侧进一步按要求进行设置，并可从"示例"栏中查看效果。例如，在"分类"列表中选择"数值"项，进一步设置"小数点后位数""是否使用千位分隔符""负数"的表示方式等。

图1-2 "单元格格式"对话框

第四步：按"确定"按钮，完成操作。

同理，可以设置单元格的字体、对齐、边框和底纹等。

6）单元格地址

每个单元格在工作表中都有一个固定的地址，这个地址一般用其行列号表示。如在一个工作表中，B6指定的单元格就是第"6"行与第"B"列交叉位置上的那个单元格，这是相对地址。指定一个单元格的绝对位置只需在行、列号前加上符号"$"，如"$B$6"，这叫绝对地址。还有一种地址介于相对地址和绝对地址之间，叫混和地址，例如，"$B6"或"B$6"。由于一个工作簿文件可以有多个工作表，为了区分不同的工作表中的单元格，要在地址前面增加工作表的名称，有时不同工作簿文件中的单元格之间要建立连接公式，前面还需要加上工作簿的名称，例如，[Book1]Sheet1！B6指定的就是"Book1"工作簿文件中的"Sheet1"工作表中的"B6"单元格。单元格的相对地址又称为单元格名称。

1.1.2　工作表基本操作

1）工作表的删除

删除工作表的步骤如下：

①选择所要删除的工作表标签。

②在所选标签上单击鼠标右键，在出现的菜单中选择"删除"项，或选择"编辑"菜单中"删除工作表"项。

③在出现的确定删除的对话框中，确认删除操作。

2）工作表的插入

插入工作表的步骤如下：

①选择工作表标签，插入的工作表将位于该表之前。

②在所选标签上单击鼠标右键。

③在出现的菜单中选择"插入"项，在打开的"插入"对话框中，选择"工作表"项，或选择"插入"菜单中的"工作表"项。

3）工作表的重命名

工作表的初始名称默认为Sheet1，Sheet2，…，为了方便工作，用户需将工作表命名为自己易记的名字，因此，需要对工作表重命名。重命名的方法如下：

方法1：单击"格式"菜单，选择"工作表"菜单项命令，出现级联菜单，如图1-3所示，单击"重命名"选项，工作表标签栏的当前工作表名称将会反亮显示，即可修改工作表的名字。

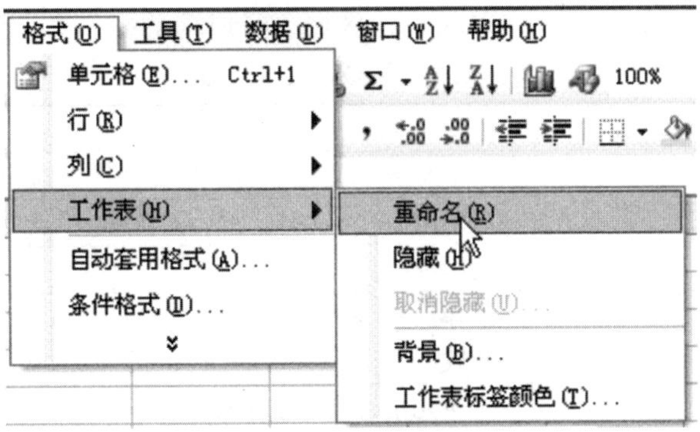

图1-3　重命名工作表

方法2：在工作表标签栏中，用鼠标右键单击工作表名称，出现弹出式菜单，选择"重命名"菜单项，工作表名称反亮显示后就可将当前工作表重命名。

方法3：双击需要重命名的工作表标签，键入新的名称覆盖原有名称。

4）工作表的复制与移动

（1）用鼠标拖曳移动、复制工作表

用鼠标拖曳移动、复制工作表的步骤如下：

①选择所要移动、复制的工作表标签。

②如果要移动，拖曳所选标签至所需位置。如果要复制，按住 Ctrl 键的同时，拖曳所选标签至所需位置；拖曳时光标上方出现黑三角符号表示移动的位置。

③释放鼠标键，完成操作。

（2）用菜单移动、复制工作表

用菜单移动、复制工作表的步骤如下：

①选择所要移动、复制的工作表标签。

②用鼠标右键单击所要移动、复制的工作表标签，将打开一快捷菜单。

③在打开的快捷菜单中选择"移动或复制工作表"，将打开"移动或复制工作表"对话框，如图1-4所示。

④在打开的"移动或复制工作表"对话框中，选择"工作簿"列表中的工作簿，可以将所选工作表移动、复制到已打开的其他工作簿中；选择"下列选定工作表之前"列表中的表名，可以确定表的新位置。

⑤选择"建立副本"为复制操作，取消"建立副本"为移动操作。

⑥按"确定"按钮，完成操作。

1.1.3 单元格基本操作

1）单元格、单元格区域的选定

图1-4　"移动或复制工作表"对话框

在输入和编辑单元格内容之前，必须先选定单元格，使其成为活动单元格，即当前工作单元格。当一个单元格成为活动单元格时，它的边框变成黑线，其行、列号会突出显示，用户可以看到其坐标。当前单元格右下角的小黑块被称作填充柄，将鼠标指向填充柄时，鼠标的形状变为黑十字。选定单元格、区域、行或列的操作如表1-1所示。

表1-1　　　　　　　　选定单元格、区域、行或列的操作

选定内容	操　　作
单个单元格	单击相应的单元格，或用方向键移动到相应的单元格
连续单元格区域	单击该区域的第一个单元格，然后拖动鼠标直至选定最后一个单元格
工作表中所有单元格	单击"全选"按钮
不连续的单元格或单元格区域	选定第一个单元格或单元格区域，然后按住 Ctrl 键再选定其他的单元格或单元格区域
较大的单元格区域	选定第一个单元格，然后按住 Shift 键再单击区域中最后一个单元格，通过滚动条可以使单元格可见
整行	单击行号
整列	单击列号
连续的行或列	沿行号或列标拖动鼠标；或者先选定第一行或第一列，然后按住 Shift 键再选定其他的行或列
不相邻的行或列	先选定第一行或第一列，然后按住 Ctrl 键再选定其他的行或列
取消单元格选定区域	单击工作表中其他任意一个单元格

2）编辑单元格

编辑单元格包括对单元格及单元格内数据的操作。其中，对单元格的操作包括移动和复制单元格、插入单元格、插入行、插入列、删除单元格、删除行、删除列等；对单元格内数据的操作包括复制和删除单元格数据，清除单元格内容、格式等。

（1）移动和复制单元格

移动和复制单元格的操作步骤如下：

①选定需要移动和复制的单元格。

②将鼠标指向选定区域的选定框，此时鼠标形状为四方向箭头。

③如果要移动选定的单元格，则用鼠标将选定区域拖到粘贴区域（目的地），然后松开鼠标，Excel将选定区域移动并以选定区域替换粘贴区域中原有数据。如果要复制单元格，则需要按住Ctrl键，再拖动鼠标进行随后的操作。如果要在单元格间插入单元格，移动则需要按住Shift键，复制则需要按住Shift+Ctrl键，再进行拖动。在这里要注意的是：必须先释放鼠标再松开按键。如果要将选定区域移到其他工作表上，应按住Alt键，然后拖动到目标工作表标签上。

（2）选择性粘贴

除了复制整个单元格外，Excel还可以选择单元格中的特定内容进行复制，其步骤如下：

①选定需要复制的单元格。

②单击"常用"工具栏上的"复制"按钮。

③选定粘贴区域的左上角单元格。

④执行"编辑"菜单上"选择性粘贴"命令，出现如图1-5所示的对话框。

⑤单击"粘贴"选项区中所需选项，再单击"确定"按钮。

（3）插入单元格、行或列

可以根据需要插入空单元格、行或列，并对其进行填充。

①插入单元格：利用"插入"菜单上的"单元格"命令可以插入空单元格，具体操作步骤如下：

第一步，在需要插入空单元格处选定相应的单元格区域，选定的单元格数量应与待插入的空单元格的数量相等。

第二步，在"插入"菜单上单击"单元格"命令，出现如图1-6所示的对话框；在对话框中选定相应的"插入"方式选项，并单击"确定"按钮。

图1-5　"选择性粘贴"对话框　　　　图1-6　"插入"对话框

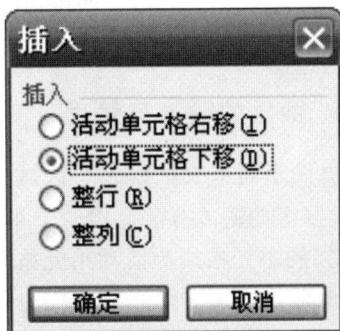

②插入行：在"插入"菜单上单击"行"命令可以插入新行，步骤如下：

第一步，如果需要插入一行，则单击需要插入的新行之下相邻行中的任意单元格；如果要插入多行，则选定需要插入的新行之下相邻的若干行，选定的行数应与待插入空行的数量相等。

第二步，在"插入"菜单上单击"行"命令。

可以用类似的方法在表格中插入列。如果要插入一列，则单击需要插入的新列右侧相邻列中的任意单元格；如果要插入多列，则选定需要插入的新列右侧相邻的若干列，选定的列数应与待插入的新列数量相等。

（4）删除和清除单元格、行或列

删除单元格、行或列是指将选定的单元格从工作表中移走，并自动调整周围的单元格填补删除后的空格，操作步骤如下：

①选定需要删除的单元格、行或列。

②执行"编辑"菜单上"删除"命令，在删除对话框中选择删除方式。

清除单元格、行或列是指将选定的单元格中的内容、格式或批注从工作表中删除，单元格仍保留在工作表中，操作步骤如下：

①选定需要清除的单元格、行或列。

②选中"编辑"菜单上的"清除"命令，即出现如图1-7所示的"清除"级联菜单，在菜单中选择相应的命令执行即可，按Del键则只删除选定区域的内容。

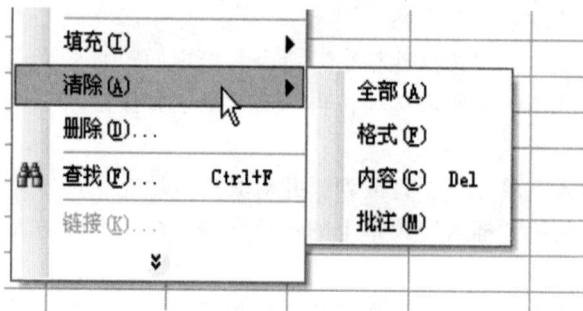

图1-7 "清除"级联菜单

（5）对单元格中数据进行编辑

首先使需要编辑的单元格成为活动单元格，如果重新输入内容，则直接输入新内容；若只是修改部分内容，按F2功能键或用鼠标双击单元格，用→、←或Del等键对数据进行编辑，按Enter键或Tab键结束编辑。

1.1.4 数据的输入与管理

Excel提供了简单数据输入、区域数据输入、系列数据自动填充以及在多张工作表中输入相同数据等的输入方法。当一个单元格的内容输入完毕后，可用方向键、回车键或者Tab键使相邻的单元格成为活动单元格。

1）简单数据输入

输入步骤如下：

①选择单元格。

②双击将光标定位于单元格内。

③输入数据。

④若取消输入，按 Esc 键，或单击编辑栏左侧的"取消"✕按钮。

⑤若要光标定位在下一列，按 Tab 键。

⑥若要光标定位在下一行，按 Enter 键。

⑦若要光标仍定位在原单元格，单击编辑栏左侧的"输入"✓按钮。

2）按区域输入数据

所谓按区域输入，就是在选择活动单元格之前，先选定一个区域作为数据的输入范围。优点是当活动单元格到达所选区域的边界，如某行（列）的行（列）尾时，如果按 Tab 或 Enter 键选择下一个单元格，Excel 能自动换行（列），激活所选区域的下一行（列）行（列）首的单元格，从而简化操作、节约数据输入时间。

区域可以根据操作需要灵活选取，既可以是一行或一列，也可以是一个或几个任意大小的矩形块，直至整张工作表。操作步骤如下：

①选择所要输入数据的区域。

②如果沿行的方向输入，每个单元格输入完后按 Tab 键。

③如果沿列的方向输入，每个单元格输入完后按 Enter 键。

④当输入数据到达区域边界时，光标会自动移到所选区域的下一行（或列）的开始处。

3）系列数据自动填充

向工作表输入数据时，有时会用到一些有规律的系列数据，如一月，二月，...，十二月；星期日，星期一，...，星期六等。Excel 2003 提供的填充功能，可以使用户快速地输入整个数据系列，而不必依次输入系列中的每一个数据，这种自动输入可通过"编辑"菜单中的"填充"命令或用鼠标拖动"自动填充柄"来完成。下面主要介绍利用自动填充柄来输入系列数据：

（1）自动填充已定义的序列

Excel 2003 预先设置了"1，2，..."" 星期日，星期一，...，""一月，二月，...，十二月""甲，乙，丙，丁，..."等中英文数据序列，将这些序列填充到工作表的操作步骤如下：

①将序列中的第一个数据输入活动单元格。

②在活动单元格右下角总有一个小方块，称为"填充柄"。把鼠标指针移到填充柄上，此时，鼠标指针将由空心十字光标变为实心黑色十字光标。

③按下鼠标左键，将鼠标拖动至结束的单元格。这时，在起始至结束的单元格内自动填充了数据序列。

（2）填充尚未定义但有明显变化规律的序列

若需输入"5，10，15，...""Class1、Class2，..."这些有规律的数据，也可采取自动填充功能，操作步骤如下：

①选定两个单元格作为初始区域，输入序列的前面两个数据。

②选择这两个单元格。

③用鼠标左键按住第二个单元格的右下角的填充柄，拖动鼠标到结束的单元格，这时，在起始到结束的单元格内自动填充了有规律的相应数据序列。

（3）建立自定义的"自动填充"序列

Excel 2003除提供少量的"自动填充"序列外，还为用户建立自己的"自动填充"序列提供了方便。要自动填充自己定义的数据序列，必须先定义，然后再使用。以下是建立自定义"自动填充"序列的操作步骤：

选择"工具"菜单中的"选项"命令，打开一个"选项"对话框，选择其中的"自定义序列"标签，如图1-8所示。

图1-8 "自定义序列"选项卡

②在"输入序列"中分别输入序列的每一项后，单击"添加"按钮将所定义的序列添加到"自定义序列"的列表中，或单击"导入序列所在单元格"中的选择区域按钮，在表格区选择后按Enter键回到该对话框，按"导入"按钮将它填入"自定义序列"列表中。

③按"确定"按钮退出对话框。

自定义序列建立后，就可以使用自定义序列来自动填充数据，使用方法同自动填充已定义的序列。

4）用预置小数位数（或尾数0）的方法输入数字

如果输入的数字全部具有相同的小数位数，或具有相同的尾数0的整数，则可采用以下操作步骤输入数据：

①选择"工具"菜单中的"选项"命令，打开"选项"对话框，在"选项"对话框中选择"编辑"标签项，如图1-9所示。

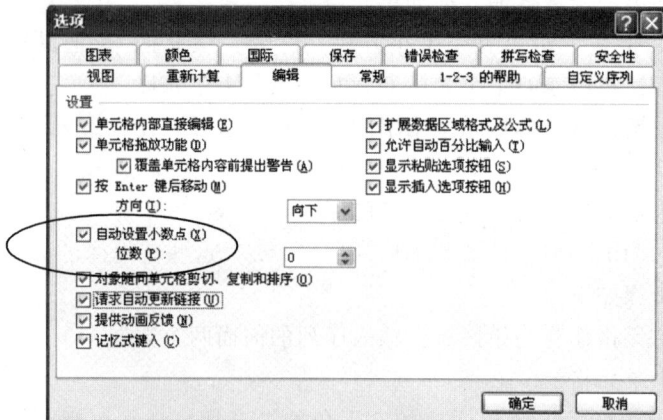

图1-9 用预置小数位数（或尾数0）的方法输入数字

②在对话框中选择"自动设置小数点"项，在"位数"框中，若输入大于0的数，则设置的是小数位数；若输入小于0的数，则设置的是尾数0的个数。

③如果在输入过程中，需暂时取消这个设置，可以在输入完整数后输入 .0 或直接输入小数。

5）同时在多个单元格中输入相同数据

如果多个单元格中的数据相同，可以使用 Excel 2003 提供的方法输入数据，步骤如下：

①选择需要输入数据的单元格。选择的单元格可以是连续的，也可以是不连续的。

②在其中一个单元格中键入数据。

③按 Ctrl+Enter 键，完成操作。

6）数据排序

Excel 2003 数据的排序功能可以使用户非常容易地实现对记录进行排序，用户只要分别指定关键字及升降序，就可以完成排序的操作。对某学院学生表格数据进行排序的步骤如下：

①单击"学号"，激活"学号"单元格。

②单击"数据"菜单中的"排序"命令，就会出现如图 1-10 所示的排序对话框。

③可以看到"排序"对话框中的"主要关键字"为"学号"，且排序方向默认为"升序"，不作任何改变，单击"确定"按钮，就可以将表中"学号"的数据按升序顺序排列好。

图 1-10　"排序"对话框

可以利用"排序"按钮对数据清单的数据进行排序。

7）数据筛选

筛选有两种方式：一种是"自动筛选"；另一种是"高级筛选"。

使用自动筛选功能，一次只能对工作表中的一个数据清单使用筛选命令，对同一列数据最多可以应用两个条件。操作步骤如下：

①单击工作表中数据区域的任一单元格。

②激活"数据"菜单，选择"筛选"命令项，再选取"自动筛选"命令，这时在每个字段上会出现一个筛选按钮。

③如果要求只显示含有特定值的数据行，可单击含有待显示数据的数据列上端的下拉箭头筛选按钮，然后选择所需的内容或分类。

④如果要使用基于另一列中数值的附加条件，可在另一列中重复步骤③。

1.2　Excel 函数

Excel 作为金融计算的工具软件之一，其计算功能是通过函数和内置工具实现的。函数是构成 Excel 计算公式的主要元素之一。在一般性的计算应用和数据管理当中函数承担着绝大部分的工作。Excel 内置有 330 个左右的函数，这些函数按照功能和作用的不同，可以分成11大类，包括数据库函数、日期和时间函数、外部函数、工程函数、财务函数、信息函数、逻辑函数、查找和引用函数、数学和三角函数、统计函数以及文本和数据函数。

点击标准工具栏中的粘贴函数按钮（标记为fx）就可以访问这些函数。函数向导如图1-11所示。

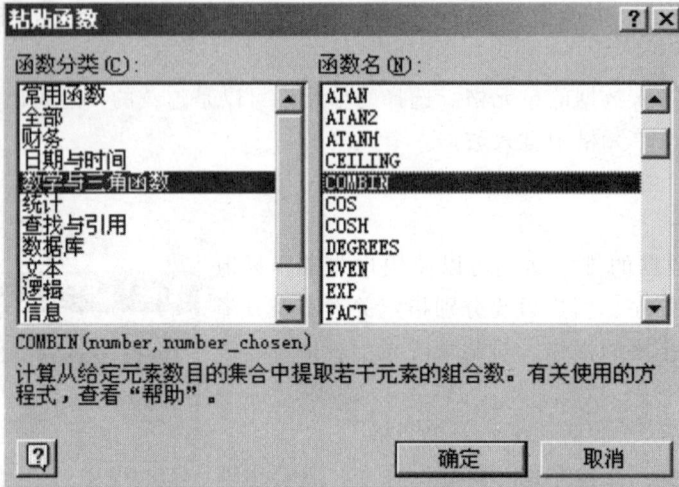

图1-11　粘贴函数对话框显示数学与三角函数类别中的COMBIN函数

如图1-11所示，数学与三角函数类别中的COMBIN函数被选中，这时对话框下面出现该函数输入值和输出值的简单描述。要想得到更详细的描述，可以点击帮助按钮（标记为？）。

点击确定按钮之后，就会出现提供适当参数输入框的公式面板，如图1-12所示。需要输入的信息可以用键盘键入，也可以通过选择电子表格中的网格来引用（点击输入框右侧的按钮可以缩小公式面板）。注意，可以拖动公式面板离开它原来的位置。点击面板上的确定按钮或编辑栏中的勾号，就可以把公式输入电子表格。

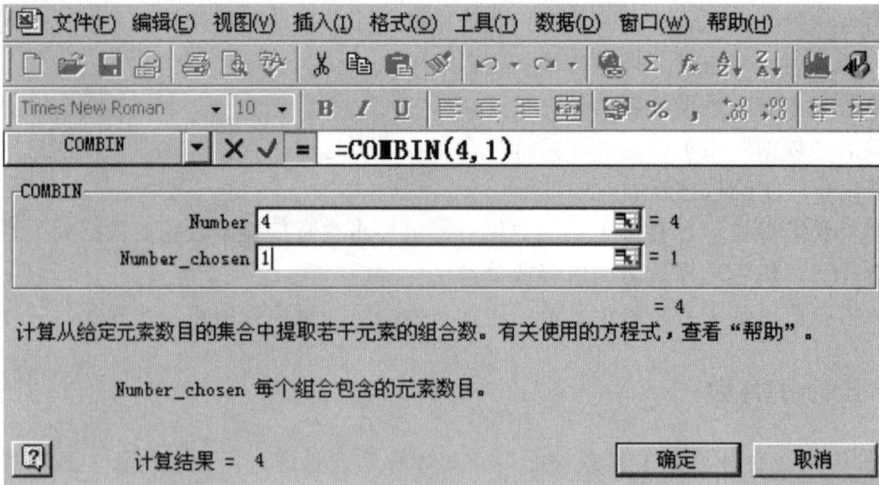

图1-12　在公式面板中建立COMBIN函数

图1-12显示，在公式面板里输入COMBIN函数参数的时候，编辑栏中会相应地列出

单元格公式的基本结构，而且粘贴函数按钮会呈现出"按下"状态。还应该注意的是，粘贴名称按钮（标记为=ab）可以将已命名的单元格粘贴到公式中。

不仅可以访问Excel自带的函数，粘贴函数按钮还可以访问用户定义函数。

讨论完如何访问函数后，接下来我们介绍在金融综合运用过程中一些常用的数学和统计类函数、财务函数。

1.2.1　数学类函数

本书用到的数学与三角函数主要有EXP（x）、LN（x）、SQRT（x）、RAND（）、FACT（number）和COMBIN（number, number_chosen）。

EXP（x）返回指数函数的值，exp（x）或e^x。例如：

EXP（1）返回e的值（2.7183，小数位数为4）

EXP（2）返回e^2的值（7.3891，小数位数为4）

EXP（-1）返回1/e或e^{-1}的值（0.36788，小数位数为5）

在金融计算时，经常需要利用复利（或折现）因子将不同时段的现金流转换为未来价值（或现值）。给定连续复利r，则一年的复利因子为exp（r），对应的年利率为r_a，如果复利以年为基础，则公式为：

$$r_a = \exp(r) - 1$$

LN（x）返回x的自然对数值。注意，x必须为正，否则函数会因数值溢出而返回#NUM！。例如：

● LN（0.36788）的返回值为-1

● LN（2.7183）的返回值为1

● LN（7.3891）的返回值为2

● LN（-4）的返回值为#NUM！，表示不能为负，否则会出错

在金融领域，我们经常与（自然）对数收益打交道，可以利用LN函数将收益值转换为对数收益。

SQRT（x）返回x的平方根。很显然，x必须为非负，否则函数会因数值溢出而返回#NUM！。

RAND（）产生[0, 1]区间均匀分布的随机数。每次电子表格重新计算时，产生的随机数都不一样。用蒙特卡罗模拟法计算期权价格时，我们可以利用RAND（）函数来产生随机数。

FACT（number）返回整数number的阶乘，它等于1×2×3×⋯×number。例如：

● FACT（6）的返回值为720

COMBIN（number, number_chosen）返回number个元素的组合值，子集可以按任何顺序组合。例如，如果某只股票的价格在四个离散时间里要么上涨，要么下跌，则出现三次上涨（和一次下跌）序列的个数为：

COMBIN（4, 1）=4或者COMBIN（4, 3）=4

也就是这样四个序列："上涨-上涨-上涨-下跌""上涨-上涨-下跌-上涨""上涨-下跌-上涨-上涨""下跌-上涨-上涨-上涨"。从统计的角度来说，COMBIN（4, 3）表示从4个元素中选择3个元素的组合值，通常记为C_4^3（或者通用的C_n^r）。

Excel中还有一些函数可以进行矩阵转置、矩阵相乘或求方阵的逆，这些函数在后面的章节里还会专门讲到。相应的函数分别为：

● TRANSPOSE（array）返回矩阵 array 的转置
● MMULT（array1，array2）返回两个矩阵的乘积
● MINVERSE（array）返回矩阵 array 的逆矩阵

1.2.2　统计类函数

在金融计算中，我们会大量地用到数组统计函数，以下列举的一些函数经常会用到：

● SUM（数组），返回数组的数值总和
● AVERAGE（数组），返回数组的算术平均值
● GEOMEAN（数组），返回数组的几何平均值
● MEDIAN（数组），返回数组的中位数
● MAX（数组），返回数组的最大值
● MIN（数组），返回数组的最小值
● FREQUENCY（数组，bins_array），以一列垂直数组返回某个区域中数据的频率分布
● PERCENTILE（数组，百分比），返回数组指定百分比的临界点
● QUARTILE（数组），返回数组四分位（25%）点
● MODE（数组1，数组2，...），返回在某一数组或数据区域中的众数
● VAR（数组），返回数组的方差
● STDEV（数组），返回数组的标准差
● COVAR（数组1，数组2），返回两个数组的协方差
● CORREL（数组1，数组2），返回两个数组的相关系数

以上函数可以便于我们对数组进行描述性统计，对于分析模拟产生的各种财务和金融结果非常有用。需要指出的是，数组可以是Excel指定的数值区域，如$A$1：$A$10指的是 A1~A10 之间所有的单元格，也可以通过为某一系列数据定义一个变量，如需要定义 A1~A10 为变量 X，则可通过菜单"插入——定义"，在弹出的对话框"定义名称"里输入变量 X，引用位置处输入$A$1：$A$10。

此外，我们不可避免地还要计算各种随机分布的概率值，譬如在期权计算中我们要用到标准正态分布的概率值计算。在 Excel 中，各类随机分布的概率值计算函数一般是以 DIST 结尾的，主要有如下几类（这些函数在第2章都会用到）：

● BINOMDIST（成功数，实验数，成功概率），返回二项分布的概率值
● CHIDIST（x，自由度），返回 χ^2（卡方）分布的概率值
● BETADIST（x，alpha，beta），返回 Beta 分布的概率值
● GAMMADIST（x，alpha，beta），返回 Gamma 分布的概率值
● NORMDIST（x，mean，standard_dev），返回正态分布的概率值
● NORMSDIST（x），返回标准正态分布的概率值
● EXPODIST（x，lambda），返回指数分布的概率值

●LOGNORMDIST（x，mean，standard_dev），返回对数正态分布的概率值

●NEGBINOMDIST（失败数，实验数，成功概率），返回负二项分布的概率值

●POISSON（x，mean），返回泊松分布的概率值

●TDIST（x，degree_freedom，tails），返回 t 分布的概率值

以上这些概率函数的反函数一般可以将后缀 DIST 换成 INV 获得，其中参数 x 表示一组数据。

【例 1-1】抛硬币的结果不是正面就是反面，第一次抛硬币为正面的概率是 0.5，则掷硬币 10 次中 6 次正面的概率为多少？

语法：BINOMDIST（number_s，trials，probability_s，cumulative）

number_s——实验成功的次数。

trials——独立实验的次数。

probability_s——一次实验中成功的概率。

cumulative——逻辑值，用于确定函数的形式。如果 cumulative 为 TRUE，函数 BINOMDIST 计算累积分布函数，即至多 number_s 次成功的概率；如果为 FALSE，则计算概率密度函数，即 number_s 次成功的概率。

Excel 操作过程：

步骤一：在 Excel 表格的 A 列里分别输入变量符号，在 B 列里分别输入各变量具体的数据，在 C 列里分别输入变量的注解，如图 1-13 所示。

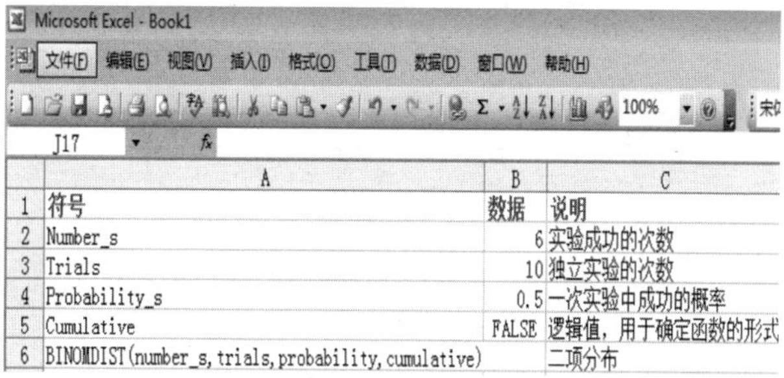

图 1-13　BINOMDIST 函数相关参数设置

步骤二：选择 Excel 工作簿上方 "fx"，在出现的 "插入函数" 中，将选择类别修改为 "统计"，并选择 BINOMDIST，选定计算所需数据单元格，单击确定，如图 1-14 所示。

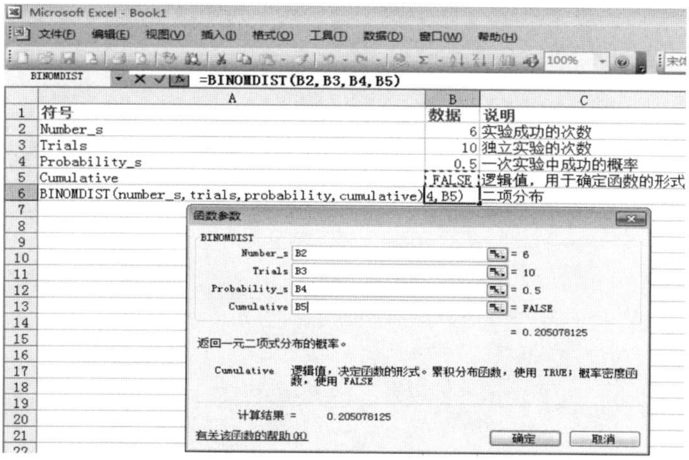

图 1-14　BINOMDIST 函数相关参数定义

步骤三：结果如图1-15所示。

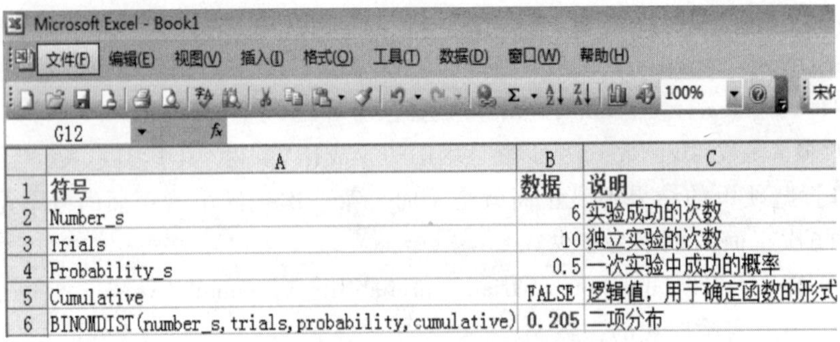

图1-15　BINOMDIST 函数运行结果

【例1-2】如果某种彩票的号码有9个数，每个数的范围是从0到9（包括0和9），则所有可能的排列数量用公式"=PERMUT（10，9）"计算是多少？

语法：PERMUT（number，number_chosen）

number——元素总数。

number_chosen——每个排列中的元素数目。

Excel操作过程：

步骤一：在Excel表格中输入如图1-16所示内容。

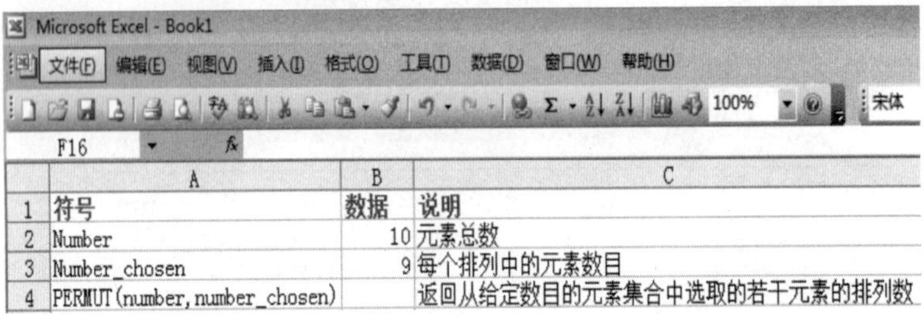

图1-16　PERMUT 函数相关参数设置

步骤二：选择Excel工作簿上方"fx"，在出现的"插入函数"中，将选择类别修改为"统计"，并选择PERMUT，选定计算所需数据单元格，单击确定，如图1-17所示。

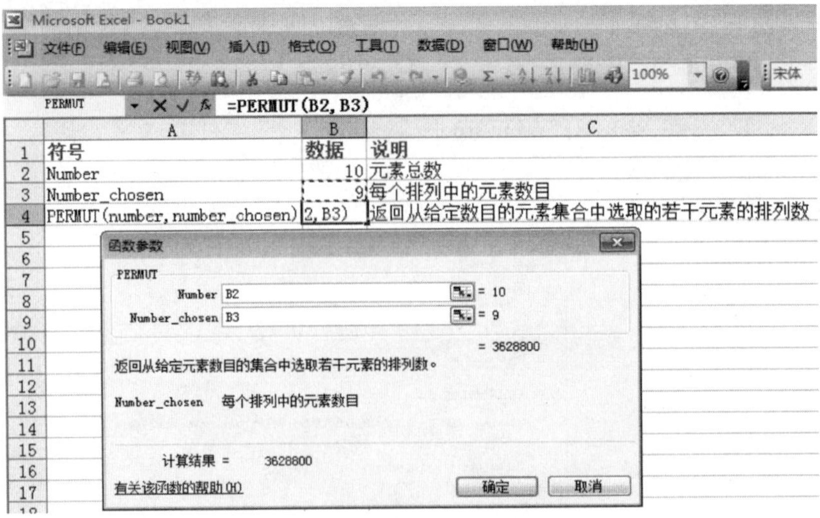

图1-17　PERMUT 函数相关参数定义

步骤三：结果如图1-18所示。

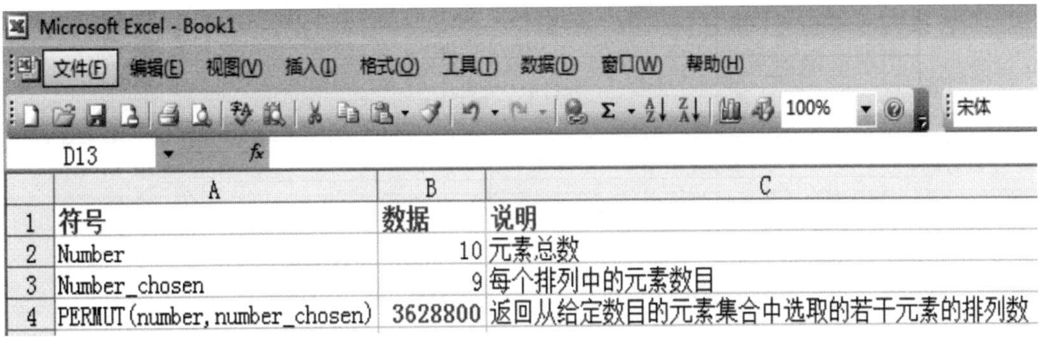

	A	B	C
1	符号	数据	说明
2	Number	10	元素总数
3	Number_chosen	9	每个排列中的元素数目
4	PERMUT(number, number_chosen)	3628800	返回从给定数目的元素集合中选取的若干元素的排列数

图1-18　PERMUT函数运行结果

1.2.3　财务类函数

像统计函数一样，在Excel中还提供了许多财务函数。财务函数可以进行一般的财务计算，如确定贷款的支付额、投资的未来值或净现值，以及债券或息票的价值。这些财务函数大体上可分为四类：投资计算函数、折旧计算函数、偿还率计算函数、债券及其他金融函数。它们为财务分析提供了极大的便利。在下文中，凡是投资的金额都以负数形式表示，收益以正数形式表示。在介绍具体的财务函数之前，我们首先来了解一下财务函数中常见的参数：

未来值（fv）——在所有付款发生后的投资或贷款的价值。

期间数（nper）——为总投资（或贷款）期，即该项投资（或贷款）的付款期总数。

付款（pmt）——对于一项投资或贷款的定期支付数额。其数值在整个年金期间保持不变。通常pmt包括本金和利息，但不包括其他费用及税款。

现值（pv）——在投资期初的投资或贷款的价值。例如，贷款的现值为所借入的本金数额。

利率（rate）——投资或贷款的利率或贴现率或有价证券的票面利率。

息票利率（coupon）——为有价证券的年息票利率。

年收益率（yld）——为有价证券的年收益率。

票面价值（par）——为有价证券的票面价值。

付息次数（frequency）——为有价证券的年付息次数。如果按年支付，frequency=1；如果按半年支付，frequency=2；如果按季支付，frequency = 4。

发行日（issue）——为有价证券的发行日。

起息日（first_interest）——为有价证券的起息日。

成交日（settlement）——为有价证券的成交日，即在发行日之后，有价证券卖给购买者的日期。

到期日（maturity）——为有价证券的到期日，即有价证券有效期截止时的日期。

类型（type）——付款期间内进行支付的间隔，如在月初或月末，用0或1表示。

日计数基准类型（basis）——basis为0或省略代表US（NASD）30/360，为1代表实际天数/实际天数，为2代表实际天数/360，为3代表实际天数/365，为4代表欧洲30/360。

如果下文中所介绍的函数不可用，返回错误值#NAME?，请安装并加载“分析工具库"加载宏。操作方法为：在"工具"菜单上，单击"加载宏"。在"可用加载宏"列表中，选中"分析工具库"框，再单击"确定"。

Excel 常用财务函数见表1-2。

表1-2 **Excel常用财务函数**

函数名称	函数说明	语法形式
ACCRINT	返回定期付息有价证券的应计利息	ACCRINT（issue, first_interest, settlement, rate, par, frequency, basis）
COUPDAYBS	返回当前付息期内截止到成交日的天数	COUPDAYBS（settlement, maturity, frequency, basis）
COUPDAYSNC	返回从成交日到下一付息日之间的天数	COUPDAYSNC（settlement, maturity, frequency, basis）
COUPNCD	返回成交日过后的下一付息日的日期	COUPNCD（settlement, maturity, frequency, basis）
CUMIPMT	返回一笔贷款在给定的 start-period 到 end-period 期间累计偿还的利息数额	CUMIPMT（rate, nper, pv, start_period, end_period, type）
CUMPRINC	返回一笔贷款在给定的 start-period 到 end-period 期间累计偿还的本金数额	CUMPRINC（rate, nper, pv, start_period, end_period, type）
DB	使用固定余额递减法，计算一笔资产在给定期间内的折旧值	DB（cost, salvage, life, period, month）
DISC	返回有价证券的贴现率	DISC（settlement, maturity, pr, redemption, basis）
DURATION	返回假设面值 $100 的定期付息有价证券的修正期限。期限定义为一系列现金流现值的加权平均值，用于计量债券价格对于收益率变化的敏感程度	DURATION（settlement, maturity, coupon yld, frequency, basis）
EFFECT	利用给定的名义年利率和一年中的复利期次，计算实际年利率	EFFECT（nominal_rate, npery）
FV	基于固定利率及等额分期付款方式，返回某项投资的未来值	FV（rate, nper, pmt, pv, type）
INTRATE	返回一次性付息证券的利率	INTRATE（settlement, maturity, investment, redemption, basis）
IPMT	基于固定利率及等额分期付款方式，返回投资或贷款在某一给定期次内的利息偿还额	IPMT（rate, per, nper, pv, fv, type）
IRR	返回由数值代表的一组现金流的内部收益率	IRR（values, guess）
ISPMT	计算特定投资期内要支付的利息	ISPMT（rate, per, nper, pv）

函数名称	函数说明	语法形式
MDURATION	返回假设面值 $100 的有价证券的 Macauley 修正期限	MDURATION（settlement, maturity, coupon, yld, frequency, basis）
MIRR	返回某一连续期间内现金流的修正内部收益率	MIRR（values, finance_rate, reinvest_rate）
NOMINAL	基于给定的实际利率和年复利期数，返回名义年利率	NOMINAL（effect_rate, npery）
NPER	基于固定利率及等额分期付款方式，返回某项投资（或贷款）的总期数	NPER（rate, pmt, pv, fv, type）
NPV	通过使用贴现率以及一系列未来支出（负值）和收入（正值），返回一项投资的净现值	NPV（rate, value1, value2, ...）
ODDFPRICE	返回首期付息日不固定的面值 $100 的有价证券的价格	ODDFPRICE（settlement, maturity, issue, first_coupon, rate, yld, redemption, frequency, basis）
ODDFYIELD	返回首期付息日不固定的有价证券（长期或短期）的收益率	ODDFYIELD（settlement, maturity, issue, first_coupon, rate, pr, redemption, frequency, basis）
ODDLPRICE	返回末期付息日不固定的面值 $100 的有价证券（长期或短期）的价格	ODDLPRICE（settlement, maturity, last_interest, rate, yld, redemption, frequency, basis）
ODDLYIELD	返回末期付息日不固定的有价证券（长期或短期）的收益率	ODDLYIELD（settlement, maturity, last_interest, rate, pr, redemption, frequency, basis）
PMT	基于固定利率及等额分期付款方式，返回贷款的每期付款额	PMT（rate, nper, pv, fv, type）
PPMT	基于固定利率及等额分期付款方式，返回投资在某一给定期间内的本金偿还额	PPMT（rate, per, nper, pv, fv, type）
PRICE	返回定期付息的面值 $100 的有价证券的价格	PRICE（settlement, maturity, rate, yld, redemption, frequency, basis）
PRICEDISC	返回折价发行的面值 $100 的有价证券的价格	PRICEDISC（settlement, maturity, discount, redemption, basis）
PRICEMAT	返回到期付息的面值 $100 的有价证券的价格	PRICEMAT（settlement, maturity, issue, rate, yld, basis）
PV	返回投资的现值。现值为一系列未来付款的当前值的累积和。例如，借入方的借入款即为贷出方贷款的现值	PV（rate, nper, pmt, fv, type）
RATE	返回年金的各期利率。函数 RATE 通过迭代法计算得出，并且可能无解或有多个解	RATE（nper, pmt, pv, fv, type, guess）

函数名称	函数说明	语法形式
RECEIVED	返回一次性付息的有价证券到期收回的金额	RECEIVED（settlement, maturity, investment, discount, basis）
TBILLEQ	返回国库券的等效收益率	TBILLEQ（settlement, maturity, discount）
TBILLPRICE	返回面值 $100 的国库券的价格	TBILLPRICE（settlement, maturity, discount）
TBILLYIELD	返回国库券的收益率	TBILLYIELD（settlement, maturity, pr）
YIELD	返回定期付息有价证券的收益率，函数 YIELD 用于计算债券收益率	YIELD（settlement, maturity, rate, pr, redemption, frequency, basis）
YIELDDISC	返回折价发行的有价证券的年收益率	YIELDDISC（settlement, maturity, pr, redemption, basis）
YIELDMAT	返回到期付息的有价证券的年收益率	YIELDMAT（settlement, maturity, issue, rate, pr, basis）

【例1-3】某国库券的交易情况为：发行日为2008年3月1日，起息日为2008年8月31日，成交日为2008年5月1日，息票利率为10.0%，票面价值为￥1 000，按半年期付息，日计数基准为30/360，那么应计利息为多少？

语法：ACCRINT（issue, first_interest, settlement, rate, par, frequency, basis）

issue——有价证券的发行日。

first_interest——有价证券的起息日。

settlement——有价证券的成交日，即在发行日之后，有价证券卖给购买者的日期。

rate——有价证券的年息票利率。

par——有价证券的票面价值，如果省略 par，函数 ACCRINT 就会自动将 par 设置为￥1 000。

frequency——年付息次数。

basis——日计数基准类型。

在 Excel 表格中输入如图 1-19 所示内容。

	A	B
1	数据	说明
2	2008-3-1	发行日
3	2008-8-31	起息日
4	2008-5-1	成交日
5	10.0%	息票利率
6	1,000	票面价值
7	2	按半年期支付
8	0	以 30/360 为日计数基准
9	公式	说明（结果）
10	=ACCRINT(A2,A3,A4,A5,A6,A7,A8)	满足上述条件的应付利息（16.66666667）

图 1-19 表格内容

【例1-4】某工厂购进一小型设备，已知设备价值1万元，若该设备可使用6年，6年后剩余价值为1 000元，问每年的折旧价值是多少？

语法：SLN（cost, salvage, life）

cost——指定资产的初始成本。

salvage——指定资产在可用年限结束后的价值（固定资产残值）。

life——指定资产的可用年限，说明折旧期间必须用与 life 参数相同的单位表示，所有参数都必须是正数。

Excel 操作步骤：

步骤一：在 Excel 表格中输入如图 1-20 所示内容。

图 1-20　SLN 函数相关参数设置

步骤二：选择 Excel 工作簿上方"fx"，在出现的"插入函数"中，将选择类别修改为"财务"，并选择 SLN，在"函数参数"的对应位置，选定所需单元格，如图 1-21 所示。

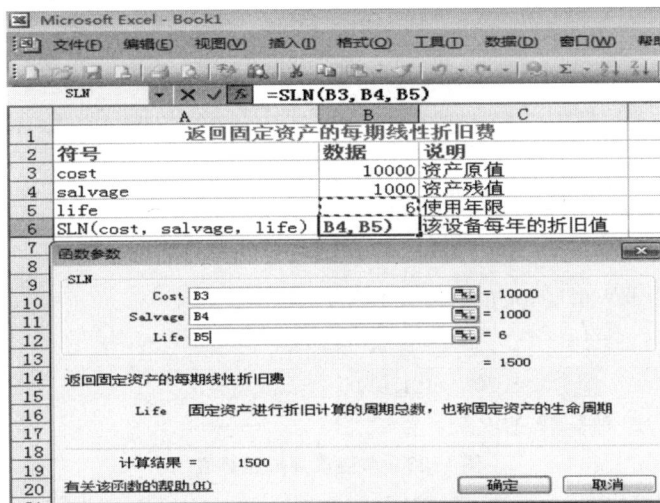

图 1-21　SLN 函数相关参数定义

步骤三：计算结果如图 1-22 所示。

图 1-22　SLN 函数运行结果

|1.3| Excel主要工具和方法

Excel提供了非常实用的数据分析工具,如模拟运算表、统计分析工具、工程分析工具、规划求解工具、方案管理器等,利用这些分析工具,可解决金融和财务管理中的许多问题。下面介绍金融管理与分析中常用的一些数据分析工具。

1.3.1 模拟运算表

模拟运算表(Data Tables)可以执行单元格公式一系列的重复计算,而不用拷贝或重新输入公式。模拟运算表就是将工作表中的一个单元格区域的数据进行模拟计算,测试使用一个或两个变量对运算结果的影响。在Excel中,可以构造两种模拟运算表:单变量模拟运算表和多变量模拟运算表。

1)单变量模拟运算表

单变量模拟运算表就是基于一个输入变量,用它来测试对公式计算结果的影响。

【例1-5】企业向银行贷款10 000元,期限5年,还款时间在每个月的月末,则可以使用"模拟运算表"工具来测试不同的利率对月还款额的影响,步骤如下:

(1)设计模拟运算表结构,贷款总额为10 000元,还款时间为60期,如图1-23所示。

图1-23 单变量模拟运算表

(2)在单元格B4中输入公式"=PMT(A4/12,60,B1,0,0)"。

(3)选取包括公式和需要进行模拟运算的单元格区域A4:B11。

(4)单击"数据"菜单,选择"模拟运算表"项,弹出"模拟运算表"对话框,如图1-24所示。

(5)由于本例中引用的是列数据,故在"输入引用列的单元格"中输入"$A$4"。单击"确定"按钮,即得到单变量模拟运算表,如图1-23所示。

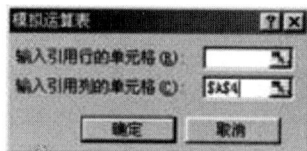

图1-24 "模拟运算表"对话框

2)双变量模拟运算表

双变量模拟运算表就是考虑两个变量的变化对公式计算结果的影响,在财务管理中应用最多的是长期借款双变量分析模型。

【例1-6】某员工向银行贷款10 000元,期限5年,还款时间在每个月的月末,则可以使用

"模拟运算表"工具来测试不同利率、不同还款时间两种因素对月还款额的影响，步骤如下：

（1）设计模拟运算表结构，贷款总额为 10 000 元，还款时间为 5 年，贷款利率为 3%，如图 1-25 所示，计算结果是每月还款额为 179.69 元。

	A	B	C	D	E	F	G
1	贷款总额	10000					
2	还款期限	5					
3	贷款利率	3.00%					
4	￥-179.69	5	6	7	8	9	10
5		3.00%	-179.6869	-151.937	-132.133	-117.296	-105.769	-96.5607
6		3.50%	-181.9174	-154.184	-134.399	-119.581	-108.074	-98.8859
7		4.00%	-184.1652	-156.452	-136.688	-121.893	-110.41	-101.245
8		4.50%	-186.4302	-158.74	-139.002	-124.232	-112.776	-103.638
9		5.00%	-188.7123	-161.049	-141.333	-126.599	-115.173	-106.066
10		5.50%	-191.0116	-163.379	-143.7	-128.993	-117.6	-108.526
11		6.00%	-193.328	-165.729	-146.086	-131.414	-120.057	-111.021
12		6.50%	-195.6615	-168.099	-148.494	-133.862	-122.545	-113.548
13		7.00%	-198.012	-170.49	-150.927	-136.337	-125.063	-116.108
14		7.50%	-200.3795	-172.901	-153.383	-138.839	-127.61	-118.702
15		8.00%	-202.7639	-175.332	-155.862	-141.367	-130.187	-121.328
16		8.50%	-205.1653	-177.784	-158.365	-143.921	-132.794	-123.986
17		9.00%	-207.5836	-180.255	-160.891	-146.502	-135.429	-126.676
18		9.50%	-210.0186	-182.747	-163.44	-149.109	-138.094	-129.398
19		10.00%	-212.4704	-185.258	-166.012	-151.742	-140.787	-132.151

图 1-25　双变量模拟运算表

（2）在单元格 A4 中输入公式"=PMT（B3/12，B2*5，B1，0，0）"。

（3）选取包括公式和需要进行模拟运算的单元格区域 A4：G19。

（4）单击"数据"菜单，选择"模拟运算表"项，弹出"模拟运算表"对话框，如图 1-26 所示。

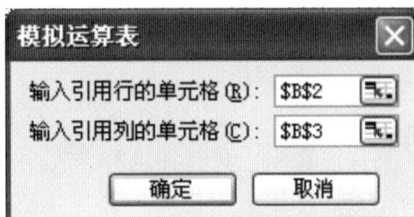

图 1-26　"模拟运算表"对话框

（5）在"输入引用行的单元格"中输入"$B$2"，表示还款时间作为一个因素变量，在"输入引用列的单元格"中输入"$B$3"，表示还款利率作为另外一个因素变量。单击"确定"按钮，即得到双变量模拟运算表，如图 1-25 所示。

1.3.2　单变量求解

单变量求解就是求解只有一个变量的方程的根，方程可以是线性方程，也可以是非线性方程。单变量求解工具可以解决许多金融和财务管理中涉及一个变量的求解问题。

【例 1-7】某企业拟向银行以 7%的年利率借入期限为 5 年的长期借款，企业每年的偿还能力为 100 万元，那么企业最多可贷款多少？

设计如图 1-27 所示的计算表格，在单元格 B2 中输入公式"=PMT（B1，B3，B4）"，单击"工具"菜单，选择"单变量求解"项，则弹出"单变量求解"对话框，在"目标单元格"中输入"B2",在"目标值"中输入"100",在"可变单元格"中输入"$B$4",然后单击"确定"按钮,则系统立即计算出结果,如图1-28所示,即企业最多可贷款410.02万元。

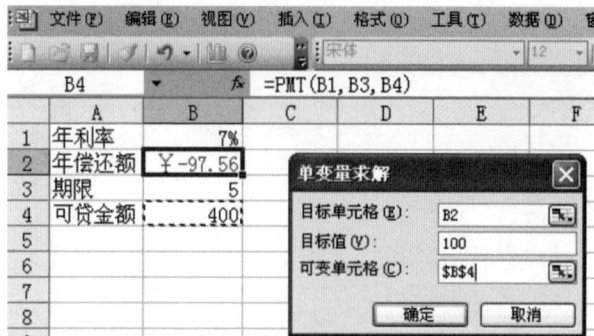

图1-27　"单变量求解"对话框

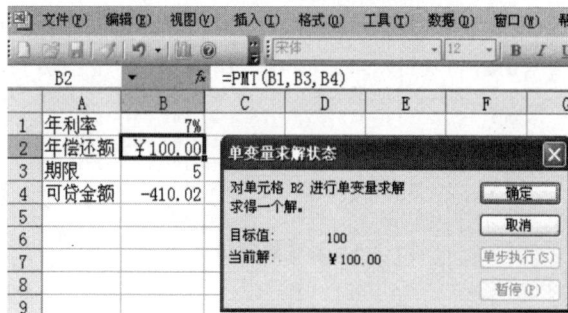

图1-28　贷款总额计算

1.3.3　规划求解

规划求解是Excel的一个非常有用的工具,不仅可以解决运筹学、线性规划等问题,还可以用来求解线性方程组及非线性方程组。

"规划求解"加载宏是Excel的一个可选安装模块,在安装Excel时,如果采用"典型安装",则"规划求解"工具没有被安装,只有在选择"完全/定制安装"时才可选择安装这个模块。在安装完成进入Excel后,单击"工具"菜单,选择"加载宏"项,在"加载宏"对话框中选定"规划求解"复选框,然后单击"确定"按钮,则系统就安装和加载"规划求解"工具,就可以使用它了。

财务管理和金融投资中涉及很多的优化问题,如最大利润、最小成本(风险)、最优投资组合、目标规划、线性回归及非线性回归等。下面仅举一个简单的例子来说明利用规划求解工具解决最大利润的问题,有关规划求解工具的更多实际应用可参阅后面的有关章节。

【例1-8】设有一位个体户制杯者,有两副模具,分别用来生产果汁杯和鸡尾酒杯。有关生产情况的各种数据资料见表1-3。

表1-3 个体户制杯信息

品种	工效（h/百件）	储藏量（m³/百件）	定点量（件）*	收益（元/百件）
果汁杯	6	10	600	600
鸡尾酒杯	5	20	0	400

*注：定点量为每周生产的最大数量。

若每周工作不超过 50 小时，且拥有储藏量为 140m³ 的仓库。问：

（1）该个体户如何安排工作时间才能使得每周的收益最大？

（2）若每周多工作 1 小时，收益增大多少？

（3）通过加班加点达到的收益极限是多少？

解：这是一个最大收益问题，设生产果汁杯 x_1，生产鸡尾酒杯 x_2（单位：百件），可以建立模型如下：

$$\max f(x) = 600x_1 + 400x_2$$

$$s.t. \begin{cases} 6x_1 + 5x_2 \leqslant 50 \\ 10x_2 + 20x_2 \leqslant 140 \\ x_1 \leqslant 6 \\ x_1 \geqslant 0, x_2 \geqslant 0 \end{cases}$$

显然，约束条件中的第三个式子 $x_1 \leqslant 6$ 可以表示为 $1x_1 + 0x_2 \leqslant 6$，从而有如下矩阵：

$$c = \begin{bmatrix} 600 \\ 400 \end{bmatrix}, \quad x = \begin{bmatrix} x_1 \\ x_2 \end{bmatrix}, \quad a = \begin{bmatrix} 6 & 5 \\ 10 & 20 \\ 1 & 0 \end{bmatrix}, \quad b = \begin{bmatrix} 50 \\ 140 \\ 6 \end{bmatrix}$$

容易看到，上述模型表示为矩阵形式便是：

目标函数为：

$$\max f(x) = c^T x = \begin{bmatrix} 600 & 400 \end{bmatrix} \begin{bmatrix} x_1 \\ x_2 \end{bmatrix}$$

约束条件为：

$$s.t. \begin{cases} ax = \begin{bmatrix} 6 & 5 \\ 10 & 20 \\ 1 & 0 \end{bmatrix} \leqslant b = \begin{bmatrix} 50 \\ 140 \\ 6 \end{bmatrix} \\ x = \begin{bmatrix} x_1 \\ x_2 \end{bmatrix} \geqslant 0 \end{cases}$$

下面是利用 Excel 求解规划结果的详细步骤：

第一步，录入数据，定义有关单元格。

在 Excel 中，将有关数据资料按一定的规范录入，最好按照资料表格录入。其中，单元格 B3、B4 中的数值为预设的迭代初始值（相当于 $x_1(0) = 1$，$x_2(0) = 1$），当然可以设为其他数值（如 $x_1(0) = 0$，$x_2(0) = 1$）。

	A	B	C	D	E	F
1	目标函数					
2	产品名称	数量	工效	储藏量	定点量	收益
3	果汁杯	1	6	10	1	600
4	鸡尾酒杯	1	5	20	0	400
5	限量		50	140	6	
6	约束条件					
7						

图 1-29　录入数据，预设迭代初始值

接着是定义单元格，方法与步骤如下：

①定义目标函数。

在B1单元格中输入公式"=F3*B3+F4*B4"，回车，这相当于建立目标函数公式：

$$f(x) = 600x_1 + 400x_2$$

②定义约束条件。

在C6单元格中输入公式"=C3*B3+C4*B4"，回车；在D6单元格中输入公式"=D3*B3+D4*B4"，回车；在E6单元格中输入"=E3*B3+E4*B4"，回车。如果想一步到位，则可在C6单元格中输入公式"=$B$3*C3+$B$4*C4"（即在选中B3、B4单元格时，先后按功能键F4），回车以后，用鼠标指向C6单元格的右下角，按住左键，右拖至E6单元格。这几步相当于输入约束条件左半边：

$$\begin{cases} 6x_1 + 5x_2 \\ 10x_1 + 20x_2 \\ 6x_1 + 0x_2 \end{cases}$$

定义完毕以后，数据表给出了基于初始值（$x_1(0) = 1$，$x_2(0) = 1$）的结果（如图1-30所示）。当然，如果初始值的设置不同，结果也会不同，但不影响最终求解答案。

图1-30　定义过单元格后的数据表

第二步，规划选项。

沿着主菜单的"工具→规划求解"路径打开"规划求解参数"对话框（如图1-31所示），进行如下设置：

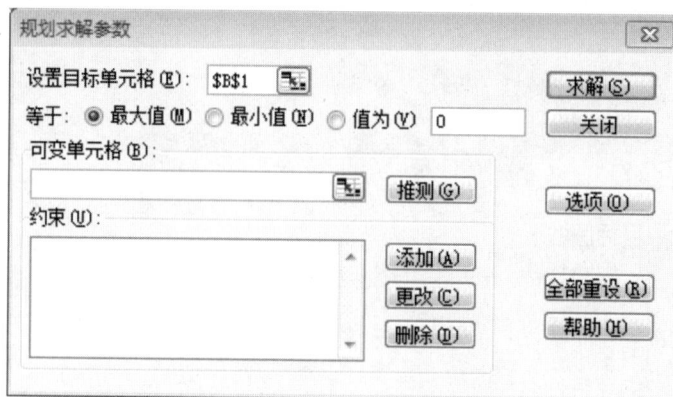

图1-31　规划求解参数对话框

①将光标置入"设置目标单元格"对应的空白栏中，再用鼠标选中B1单元格，这相

当于将目标函数公式导入。

②在下面的最大值、最小值等选项中，默认"最大值（**M**）"——因为本题是寻求最大收益。

③将光标置于"可变单元格"对应的空白栏中，用鼠标选中B3：B4单元格，这相当于令B3为x_1，B4为x_2。

④接下来是添加约束条件：点击图1-31中的添加（A）按钮，弹出"添加约束"对话框，将光标置于"单元格引用位置"对应的空白栏，用鼠标选中C6单元格；中间的小于等于号（<=）不变；再将光标置于"约束值"对应的单元格，用鼠标选中C5单元格（如图1-32所示）。点击"添加（A）"或"确定"按钮，这一步相当于表达式：

$$6x_1 + 5x_2 \leq 50$$

图1-32　添加约束第一步

再次点击图1-31中的添加按钮，分别在有关位置设置D6单元格、小于等于号（<=），以及D5单元格（如图1-33所示）。点击"添加（A）"或"确定"按钮，这一步相当于公式：

$$10x_1 + 20x_2 \leq 140$$

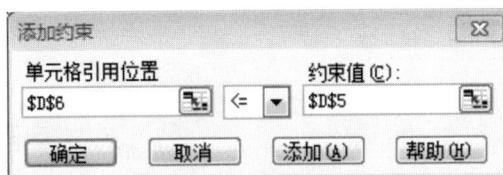

图1-33　添加约束第二步

第三次点击图1-31中的添加按钮，分别在有关位置设置E6单元格、小于等于号（<=），以及E5单元格（如图1-34所示）。点击"添加（A）"或"确定"按钮，这一步相当于公式：

$$x_1 + 0x_2 \leq 6$$

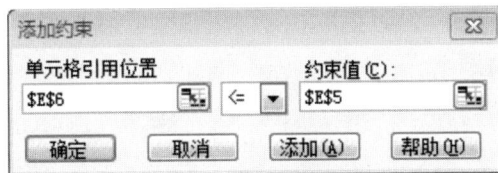

图1-34　添加约束第三步

第四次点击图1-31中的添加按钮，将光标置于"单元格引用位置"对应的空白栏，用鼠标选中B3单元格；中间的小于等于号（<=）改为大于等于号（>=）；再将光标置于"约束值"对应的单元格，输入0（如图1-35所示）。点击"添加（A）"或"确定"按钮，这一步相当于公式：

$$x_1 \geq 0$$

图1-35　添加约束第四步

第五次点击图1-31中的添加按钮，分别在有关位置设置B4单元格、大于等于号（>=），以及0（如图1-36所示）。点击"确定"按钮，这一步相当于公式：

$$x_2 \geq 0$$

图1-36　添加约束第五步

全部设置完毕以后，对话框的各项内容如图1-37所示。如果打开"选项"对话框，还有更多的参数可以设置，不过对于简单的规划求解（如本例），那些选项暂时用不到。

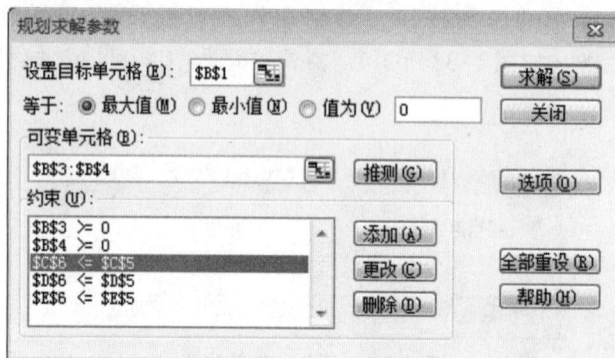

图1-37　设置完毕以后的规划求解参数对话框

第三步，输出结果。

在如图1-37所示的对话框中，点击"求解"按钮，随即弹出"规划求解结果"选项框。若想知道详细的求解情况，可以选中"报告（R）"中的三个报告名称（如图1-38所示）。

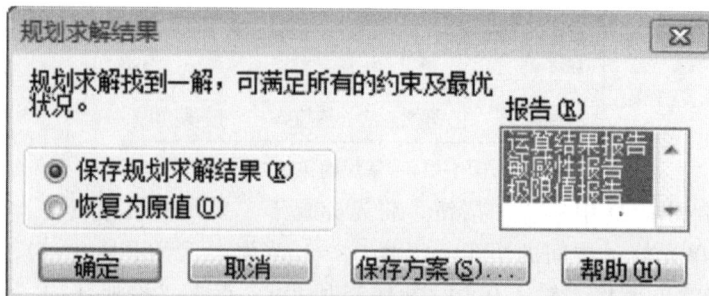

图1-38　规划求解结果对话框

点击图1-38中的"确定"按钮，立即得到求解结果（如图1-39所示）。

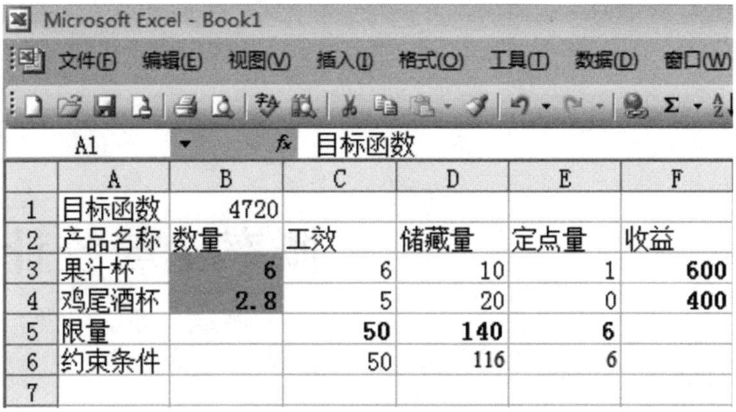

图 1-39　规划求解结果

1.3.4　数据分析工具库

Excel提供了一组数据分析工具，称为"分析工具库"。它包括方差分析、相关系数分析、协方差分析、描述统计分析、指数平滑分析、F-检验、傅里叶分析、直方图分析、移动平均分析、随机数发生器、排位与百分比排位、回归分析、抽样分析、t-检验、z-检验等，利用这些数据分析工具，可为实际的财务和金融管理与分析工作提供很大帮助，解决许多实际问题，如财务预测问题、金融风险分析等。有关数据分析工具库在金融与财务管理中的应用，将在以后的有关章节中陆续予以介绍。

第 2 章

概率论与统计基础

概率论与统计知识是金融综合实验的理论基础，是财务管理和金融等专业人员依据数据进行描述和推断的主要理论依据。对概率论与统计基本概念的清晰理解有助于更加深入地学习与应用复杂的计量工具，并利用这些工具对金融数据进行统计分析和预测。本书将以一章的篇幅对有关概率与统计的重要概念和原理进行复习和回顾，并结合实例说明这些概念在金融市场理论中的应用。

| 2.1 | 随机变量的统计特征

为了描述和研究某些金融指标的统计性质，可以将该指标看作随机变量。例如，在实际经济生活中，受宏观经济因素及市场力量等因素的影响，金融资产价格走势和金融投资的收益率是不确定的。针对不同的金融资产投资，价格或收益率的变化特征及决定因素是分析师和投资经理进行投资决策时思考的重点，也成为现代财务与金融市场理论中极为重要的研究内容。而金融资产的价格或收益率具有不确定性这一特征使得我们可以将其看作随机变量，进而借助统计学及计量经济学的方法加以研究。为此，本节对随机变量的基本概念及主要统计特征加以介绍。

2.1.1 总体、样本和随机变量

随机变量分为两类：离散型随机变量和连续型随机变量。若随机变量 X 只取有限个特定值，且 X 以确定的概率取到这些值，则称 X 为离散型随机变量。而连续型随机变量的取值则可以是整个数轴或数轴上某个区间内的任何值。随机变量 X 所取的一列值 x 及其相应的概率称作概率分布 f(x)。通常用大写字母，如 X、Z 等代表随机变量；而用小写字母 x、z 表示随机变量 X、Z 等的数值。

对于离散型随机变量，可将其所有可能取值及相应概率列成如表 2-1 所示的概率分布表。

表 2-1 离散型随机变量取值及相应概率

X	x_1	x_2	⋯	x_i	⋯
概率 p	p_1	p_2	⋯	p_i	⋯

同时，X 的概率分布情况也可用一系列等式表示：

$$P(X|X = x_i) = p_i (i = 1, 2, \dots) \tag{2-1}$$

其含义为随机变量 X 取 x_i 的概率为 $p_i (i = 1, 2, \dots)$。

【例 2-1】假定证券 A 的收益率分布如表 2-2 所示。

表 2-2　　　　　　　　　　　　　　证券 A 的收益率分布列表

收益率（%）	r_i	-40	-10	0	15	30	40	50
概率	p_i	0.03	0.07	0.30	0.10	0.05	0.2	0.25

那么，该证券 A 的预期收益率为：

$$E(r) = \sum_{i=1}^{n} p_i r_i = 0.03 \times (-40) + 0.07 \times (-10) + 0.30 \times 0 + 0.10 \times 15 + 0.05 \times 30 + 0.2 \times 40 + 0.25 \times 50 = 21.6$$

使用 Excel 里的 SUMPRODUCT（）函数，计算结果如图 2-1 所示。

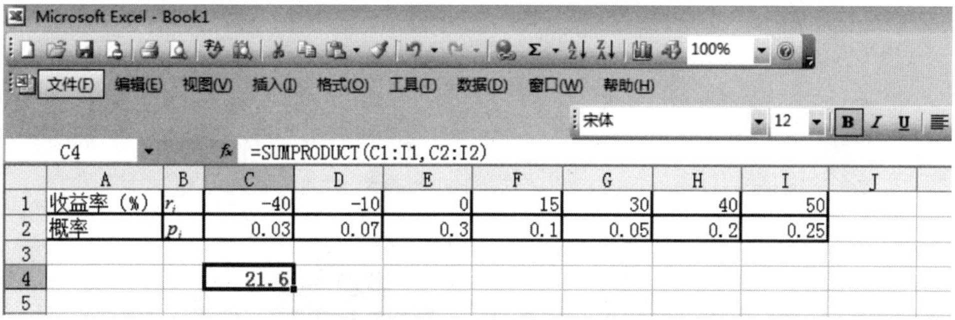

图 2-1　证券 A 预期收益率的计算

但事实上，由于在实际应用中很难获知随机变量每一个取值的概率，故通常用直方图来描述观察值分布的范围及频数。典型的做法是将所有观察值按数值最大值与最小值之间的距离分成相等的区间，表示在二维空间的横轴上；用纵轴表示落在每个区间内的观测值个数。这样落在某个区间内的观测值个数越多，反映出随机变量落在这一区间内的概率越大。因此，直方图可近似反映出离散型随机变量的概率分布。

【例 2-2】从同花顺软件导出上证指数 2014 年 1—6 月份每日收益率数据，利用这些数据制作直方图，具体步骤如下：

第一步：从同花顺软件导出数据（可参见第 3 章里的如何从同花顺软件里导出交易数据相关内容）。

第二步：根据导出的数据确定组距：考虑到中国股票交易实行涨停板限制，根据上证指数历史数据，每日收益率大部分介入正负 1% 之间，因此确定组距为 0.5%，分组区间为 [-3，3]，共分 12 组。

第三步：在 Excel 菜单中点击"工具——数据分析——直方图"，输入区域数据为所需要分组的样本数据，接收区域数据为分组的区间数据，具体如图 2-2 所示。

第四步：对输出的结果图表格式进行相应的调整：双击直方图，在弹出的菜单"选项"里将"分类间距"数据改为 0，另外调整字体、直方图颜色，达到自己满意的结果，具体如图 2-3 所示。从直方图结果来看，日收益率大部分介于 -0.5% 至 1% 之间。

图2-2 直方图的制作过程

分组区域	频率
-3	0
-2.5	1
-2	1
-1.5	5
-1	8
-0.5	17
0	29
0.5	26
1	22
1.5	4
2	1
2.5	3
3	1
其他	0

图2-3 直方图输出结果

若 X 为连续型随机变量，则用概率密度函数 f(x) 表示其概率分布，f(x) 满足：$P(X|a \leq X \leq b) = \int_a^b f(x)dx$，表示 X 取值在区间 [a，b] 内的概率为曲线 f(x) 下的面积。$\int_{-\infty}^{+\infty} f(x)dx = 1$，说明 X 所有可能取值的概率之和为 1。对应的图示如图2-4所示。

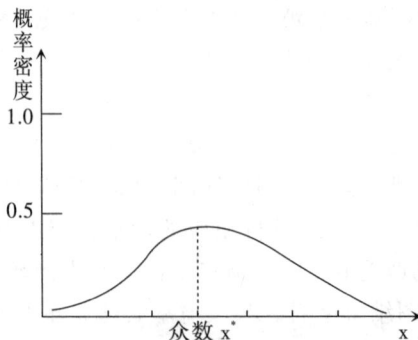

图2-4 连续型随机变量

使概率密度函数 f(x) 取最大值时的变量 x^* 被称为众数。随机变量 X 小于或等于 x 的概率记为 F(x)，F(x) 被称为累积分布函数，显然有：

$$F(x) = P(X|X \leq x) = \int_{-\infty}^{x} f(x)dx \qquad (2-2)$$

随机变量 X 在某个区间[a, b]上取值的概率 $P(X|a \leq X \leq b)$ 也可表示为 F(b) − F(a)。可见，若已知 X 的概率密度函数或累积分布函数，就可知道其在任一区间取值的概率，所以概率密度函数及累积分布函数较完整地描述了随机变量的变化情况。根据概率密度函数形式的不同，有几种常用的概率分布，如正态分布、χ^2 分布、t 分布、F 分布、二项式分布等。在具体介绍这些概率分布的形式之前，我们需要了解描述随机变量的一些重要的统计指标。这些统计指标有的是概率密度函数公式的参数，有的可以用来间接判断随机变量是否服从某种形式的概率分布。

2.1.2　随机变量的数学期望

若 X 为离散型随机变量，有 n 个不同的可能取值 $x_1, x_2, \cdots, x_n$，而 $p_1, p_2, \cdots, p_n$ 是它们相应被取到的概率，则随机变量 X 的期望值或均值是所有可能结果的一个加权平均值，表示为：

$$E(X) = \mu_x = p_1 x_1 + p_2 x_2 + \cdots + p_n x_n = \sum_{i=1}^{n} p_i x_i \qquad (2-3)$$

相应地，若 X 为连续型随机变量，则其期望值被定义为：

$$E(X) = \mu_x = \int_{-\infty}^{+\infty} x f(x)dx \qquad (2-4)$$

其中，f(x) 为概率密度函数。

数学期望是用来描述随机变量取值的一般水平。在实际应用中，常常只能得到随机变量 X 的一组观察值（称之为样本），如 $x_1, x_2, \cdots, x_n$，而无法得到每种取值的概率，在这种情况下，可用样本平均数 $\overline{X}$ 来描述该样本的一般水平。

$$\overline{X} = \frac{1}{n} \sum_{i=1}^{n} x_i \qquad (2-5)$$

2.1.3　方差及标准差

随机变量的方差（Variance）描述了随机变量相对于其期望（均值）的偏差程度，记作 Var(X)，或 σ_x^2。这种偏差越大，表明随机变量的取值在其均值周围的分布越分散。其定义公式是：

$$Var(X) = \sigma_x^2 = E[(x - \mu_x)^2]，其中 \mu_x = E(X) \qquad (2-6)$$

方差的正平方根 σ_x 被称为标准差（Standard Deviation）。

在 X 为离散型随机变量的情况下：

$$Var(X) = \sigma_x^2 = E[(x - \mu_x)^2] = \sum_{i=1}^{n} p_i (x_i - \mu_x)^2 \qquad (2-7)$$

在 X 为连续型随机变量的情况下：

$$Var(X) = \sigma_x^2 = \int_{-\infty}^{+\infty} (x - \mu_x)^2 f(x)dx \qquad (2-8)$$

相应地，对于样本（$x_1, x_2, \cdots, x_n$），称

$$\hat{\sigma}^2 = \frac{1}{n-1}\sum_{i=1}^{n}(x_i - \bar{x})^2 \tag{2-9}$$

以及 $\hat{\sigma} = \sqrt{\dfrac{1}{n-1}\sum_{i=1}^{n}(x_i - \bar{x})^2}$ 为样本方差和样本标准差。

可见，方差描述随机变量的离散程度，而期望（均值）描述随机变量的一般水平，如图 2-5 所示。

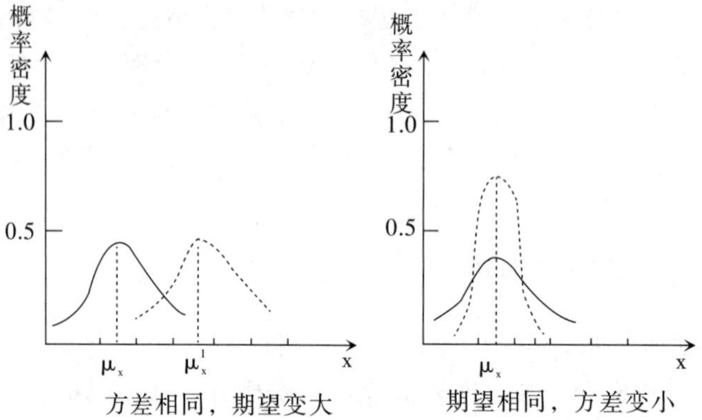

图 2-5　方差与期望

股票投资风险指未来投资收益的不确定性，即实际收益率可能偏离期望收益率的幅度。1952 年马科威茨（Markovitz）在其发表的《资产组合选择》一文中，将股票收益率 $\Theta(L)$ 作为一个随机变量，用随机变量的数学期望值来表示在一定时期内该种股票的平均收益水平，而用随机变量的标准差（即实际收益率与期望值的偏离程度）来表示其风险水平。因此，对于单种股票 j 有：

期望收益率 $E(R_j) = \sum p_t R_{jt}$ \hfill (2-10)

其中，p_t 为收益率为 R_{jt} 时的概率。

风险水平，即随机变量 R_j 的标准差为：

$$\sigma_j = [\sum p_t \cdot (R_{jt} - E(R_j))^2]^{\frac{1}{2}} \tag{2-11}$$

在实际应用中，由于我们无法事先知道该种证券 j 收益率为 R_{jt} 时的概率 p_t，只知道 R_j 的许多观察值 $R_{j1}, R_{j2}, \cdots, R_{jn}$ 因此对于 T 个研究周期内的收益率 R_{jt}（$t=1,2,\cdots,T$），用其样本均值来表示其总体收益水平，即：

$$\bar{R}_j = \frac{1}{T}\sum_{t=1}^{T} R_{jt} \tag{2-12}$$

而用样本标准差

$$\sigma_j = [\frac{1}{T-1}\sum_{t=1}^{T}(R_{jt} - \bar{R}_j)^2]^{\frac{1}{2}} \tag{2-13}$$

来表示其风险水平。

【例 2-3】据同花顺交易软件数据显示，南天信息（000948）2014 年 4 月股价为：8.86；8.85；8.93；9.04；9.06；9.04；9.55；9.45；9.22；9.22；9.11；9.2；9.24；8.89；8.63；8.68；8.66；8.46。利用 Excel 中的 STDEV（）和 VAR（）函数求解标准差与方差，Excel 返回值为标准差 0.289，方差 0.084，如图 2-6 所示。

B4		f_x =VAR(A1:I2)							
	A	B	C	D	E	F	G	H	I	J
1	8.86	8.85	8.93	9.04	9.06	9.04	9.55	9.45	9.22	
2	9.22	9.11	9.2	9.24	8.89	8.63	8.68	8.66	8.46	
3	平均值	方差	标准差							
4	9.005	0.084	0.289							
5										

图 2-6　南天信息 2014 年 4 月收盘价标准差、方差

2.1.4　偏度

偏度（Skewness）是统计数据分布偏斜方向和程度的度量，是统计数据分布非对称程度的数字特征。其定义公式是 $E[(x-\mu_x)^3]$，又称为三阶矩，用于衡量随机变量的概率分布是否围绕其均值对称。当概率分布围绕均值 μ_x 对称时，对于其概率密度函数 $f(x)$，应有 $f(\mu_x - x) = f(\mu_x + x)$，如图 2-7 所示。

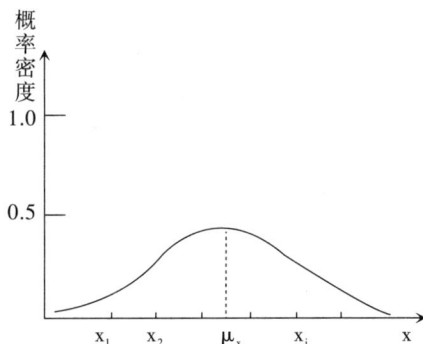

图 2-7　偏度为 0 时的概率密度函数

此时，偏度 $E[(x-\mu_x)^3] = 0$。若随机变量 X 的少数取值远远大于均值 μ_x，使概率密度曲线右侧尾部拖得很长，则称概率分布呈现为正偏态，此时偏度 $E[(x-\mu_x)^3] > 0$；反之，若少数变量值很小，使曲线左侧尾部拖得很长，则称负偏态（如图 2-8 所示）。

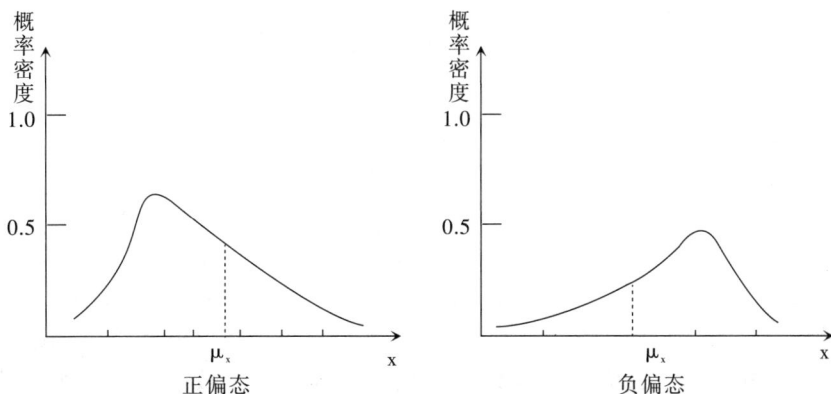

图 2-8　正偏态和负偏态的概率密度函数

【例 2-4】据国家统计局网站统计数据显示，2011 年 1—12 月中国 CPI 的数值如下：104.9；104.9；105.4；105.3；105.5；106.4；106.5；106.2；106.1；105.5；104.2；104.1。利用 Excel 中的 SKEW（）函数求解偏度（如图 2-9 所示），Excel 返回值为 -0.47767。

图2-9 偏度

对概率分布的对称性通常用偏度系数 S 来表示。其定义式为:

$$偏度系数 S = \frac{E[(x - \mu_x)^3]}{\sigma^3} \qquad (2-14)$$

其中, σ 为变量的标准差。

对于离散型随机变量 X 的一系列观察值 ($x_1, x_2, \cdots, x_n$) 组成的样本, 其偏态系数 S 的计算方法是:

$$S = \frac{1}{n} \sum \frac{(x_i - \bar{x})^3}{\hat{\sigma}^3} \qquad (2-15)$$

如果序列的分布是对称的, S 值为 0; 正的 S 值意味着序列分布有长的右拖尾, 负的 S 值意味着序列分布有长的左拖尾。这可以通过前面讲的直方图得到近似反映。如图 2-10 所示的样本分布呈右偏态。

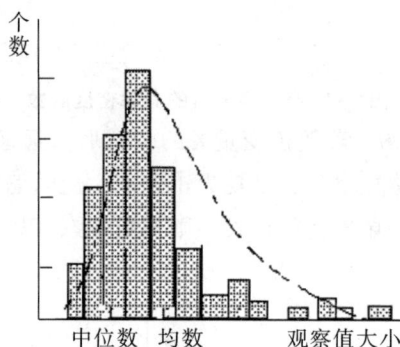

图2-10 右偏态下的直方图

判断离散型随机变量的分布是否对称的一种粗略方法是对其中位数 (Median) 和均值的大小进行比较。所谓中位数, 是对一系列观察值从小到大排列时, 位于中间位置 (而不是中间大小) 的数据点。对于观测值个数为偶数的情况, 中位数一般是两个中间数据的平均值。中位数的作用与算术平均数相近, 也是作为所研究数据的代表值。在一个等差数列或一个正态分布数列中, 中位数就等于算术平均数。但是当数列中出现了极端变量值的情况下, 用中位数作为代表值要比用算术平均数更好, 因为中位数不受极端变量值的影响。如果研究的目的就是反映中间水平, 当然也应该用中位数。显然, 从直方图上可见, 若序列基本上关于其均值呈对称分布, 则中位数的数值应接近均值; 而序列分布出现较长的右尾巴时, 意味着有少数数据点远远游离在大多数点的右侧, 均值受这些点的影响将也会偏向右侧, 而中位数受到的影响将会较小, 结果是均值在中位数的右侧, 或者说, 中位数会显著低于均值; 若序列分布出现较长的左尾巴时, 均值受到异常点的影响而偏左的幅度要大于中位数受到的影响，故中位数会显著高于均值。可见，在统计数据的处理和分析时，可结合使用中位数。

关于收益率变量是否呈对称分布的实证研究对于现代金融理论有着深刻含义。比如在资产组合理论和CAPM中，通常用方差来度量风险，这就意味着投资者对股价向上与向下的波动是同等看待的，而如果收益率分布是非对称的，从数据上就能否定这一基本假设。

2.1.5 峰度

峰度（Kurtosis）表示概率密度分布曲线在平均值处峰值高低的特征数。这一统计指标反映随机变量概率密度函数尾巴的厚度（或称之为宽度），通常用于判断某个随机变量的概率分布是否呈正态分布。由于许多计量方法有效的前提是所研究的变量服从正态分布，因此对随机变量是否服从正态分布的检验具有十分重要的意义。

在实际应用中，通常将峰度值作减3处理，使得正态分布的峰度为0。因此，在使用统计软件进行计算时，应注意该软件默认的峰度值计算公式。如Eviews默认的正态分布峰度为3。

峰度的定义公式为$E[(x-\mu_x)^4]$，又称为四阶矩。

峰度系数则是在峰度的基础上进行标准化，计算式为：

$$K = \frac{E[(x-\mu_x)^4]}{\sigma^4} \tag{2-16}$$

若随机变量服从我们后面讲到的正态分布，则其K值接近3。若随机变量的K值显著大于3，意味着该变量概率分布的尾巴要比正态分布的尾巴厚，其分布密度曲线在距离均值较远的地方位于正态分布曲线的上方。这就意味着随机变量出现异常值（极大，表现为落在均值的极右端；极小，表现为落在均值的极左端）的概率要大于正态分布时的概率，即所谓的尖峰（Leptokurtosis）厚尾（Heavy-tailed）现象。如图2-11所示，对于具有尖峰厚尾现象的概率密度函数（如虚线所示），变量X大于某一极端值（如x^*）的概率要大于正态分布情况下（如实线所示）的概率。此时可不严格地得出结论：该变量的概率分布不服从正态分布。

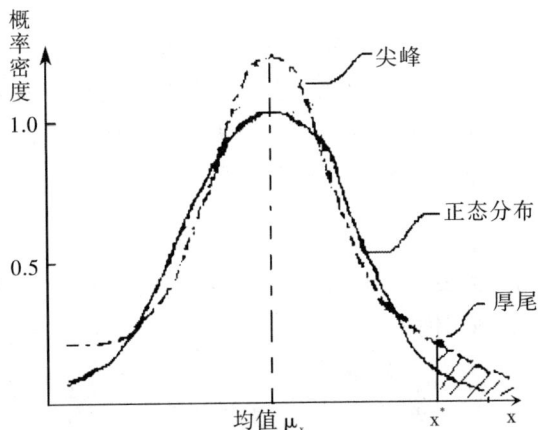

图2-11 尖峰厚尾的分布与正态分布对比

【例2-5】通过同花顺股票软件数据获得2013年第四季度的沪深300数值，利用Excel

中的KURT（）函数进行峰度数值求解（如图2-12所示），Excel返回值为-0.8533。

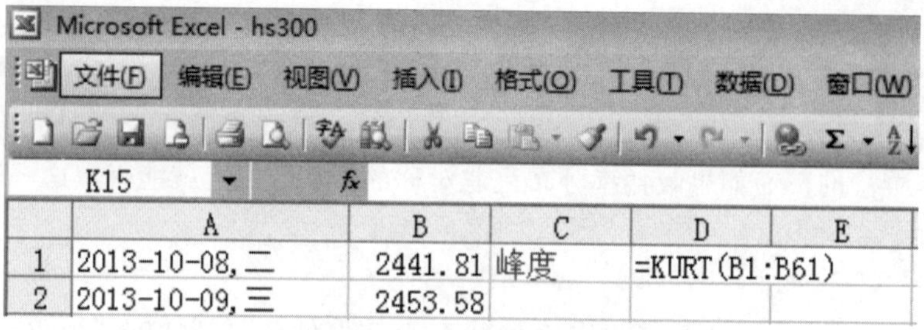

图2-12　峰度的计算

另外，有些书上直接以正态分布的峰度为基准，将峰度系数定义为：

$$K = \frac{E[(x - \mu_x)^4]}{\sigma^4} - 3 \tag{2-17}$$

在这种情况下，若峰度系数为正，表示该分布具有尖峰厚尾的特性；若峰度系数为负，则表示该分布具有低峰薄尾的特征。

对于离散型随机变量X的一系列观察值（$x_1, x_2, ..., x_n$）组成的样本，其峰度系数记为K，计算公式是：

$$K = \frac{1}{n}\sum_{i=1}^{n}\left(\frac{x_i - \bar{x}}{\hat{\sigma}}\right)^4 \tag{2-18}$$

造成随机变量的概率分布呈现尖峰厚尾现象的主要原因是由于存在大幅偏离均值的异常值，且异常值成群出现。

2.1.6　协方差和相关系数

这两个指标用于研究多变量之间的关系。对于随机变量X和随机变量Y之间的协方差定义为：

$$Cov(X, Y) = \sigma_{xy} = E[(X - E(X))(Y - E(Y))] \tag{2-19}$$

对于两个随机变量X和Y的样本（$x_1, x_2, ..., x_n$），（$y_1, y_2, ..., y_n$），样本协方差表示为：

$$\hat{\sigma}_{xy} = \frac{1}{n-1}\sum_{i=1}^{n}(x_i - \bar{x})(y_i - \bar{y}) \tag{2-20}$$

协方差是X与Y之间线性相关关系的一个度量。如果两个变量总是同时大于或小于各自的均值，则协方差为正。若两者相对于各自均值呈相反变化，如Y小于其均值时X大于其均值，或者Y大于其均值时X小于其均值，则协方差为负。协方差的值依赖于X和Y的度量单位。为了消除量纲的影响，经常用相关系数

$$\rho(X, Y) = \frac{Cov(X, Y)}{\sigma_X \sigma_Y} \tag{2-21}$$

来表示X和Y之间的相关关系。其中σ_X和σ_Y分别代表X和Y的标准差。

样本相关系数则可按下式计算：

$$r_{XY} = \frac{\sum_{i=1}^{n}(X_i - \bar{X})(Y_i - \bar{Y})}{\sqrt{\sum_{i=1}^{n}(X_i - \bar{X})^2 \sum_{i=1}^{n}(Y_i - \bar{Y})^2}} \tag{2-22}$$

相关系数的取值在 -1 和 +1 之间。相关系数的绝对值越接近于1，X和Y之间的关联

度就越强。但它无法表明是Y影响X，还是X影响Y，或者是X和Y相互影响，或者另外因素引起X和Y的共同变化。这些问题可以用后面讲到的线性回归及时间序列分析等方法来回答。

【例2-6】通过同花顺股票软件数据获得2013年12月的300ETF收盘价与HS300数值，利用Excel中的COVAR（）函数进行计算变化率的协方差（两数值均取对数）（如图2-13所示），Excel返回值为0.000842，证明两数值相关程度非常小，基本上不相关。

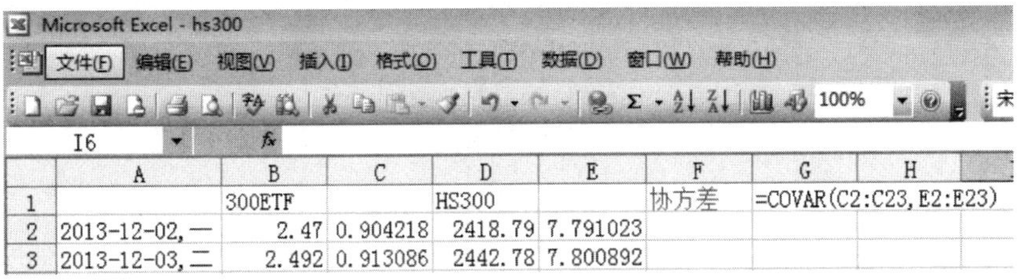

	A	B	C	D	E	F	G	H
1		300ETF		HS300		协方差	=COVAR(C2:C23,E2:E23)	
2	2013-12-02,一	2.47	0.904218	2418.79	7.791023			
3	2013-12-03,二	2.492	0.913086	2442.78	7.800892			

图2-13　协方差

2.2　常用的概率分布

正如我们前面讲到的，如果一个随机变量的概率分布是已知的，那么这个随机变量主要的变化规律便是已知的。常用的概率分布主要包括正态分布、χ^2分布、t分布和F分布。

2.2.1　正态分布

若连续型随机变量X的概率密度函数具有如下形式：

$$f(x)=\frac{1}{\sqrt{2\pi\sigma}}e^{-(x-\mu)^2/(2\sigma^2)} \tag{2-23}$$

其中，μ和σ分别为随机变量X的期望和标准差，则称X服从正态分布。由公式可见，已知期望和标准差，便可以完全确定正态分布的形式，因此，可将随机变量X服从正态分布直接简记为：$X\sim N(\mu,\sigma^2)$。

【例2-7】从同花顺股票软件下载上证指数2013年全年每交易日收盘数据，计算日平均收益率（%），计算每一收益率的累积概率分布，画出收益率概率密度分布图，步骤如下：

第一步：从同花顺股票软件下载上证指数数据，删除不需要的时间段数据，只保留2013年全年数据（具体方法可参考第3章数据的下载）。

第二步：利用上证指数收益数据，计算日收益率数据，计算公式为：

$$X=\ln(p_t/p_{t-1})$$

其中，p_t为第t日的收益价格。

第三步：利用函数AVERAGE（）计算上证指数2013年全年的日平均收益率；

第四步：根据公式2-23计算每一收益率的累积概率分布f(x)，计算结果如图2-14所示。

图 2-14 概率密度函数计算过程

第五步：以 X 数据为横坐标，以 f(x) 数据为纵坐标，制作上证指数收益率概率密度分布图，如图 2-15 所示。

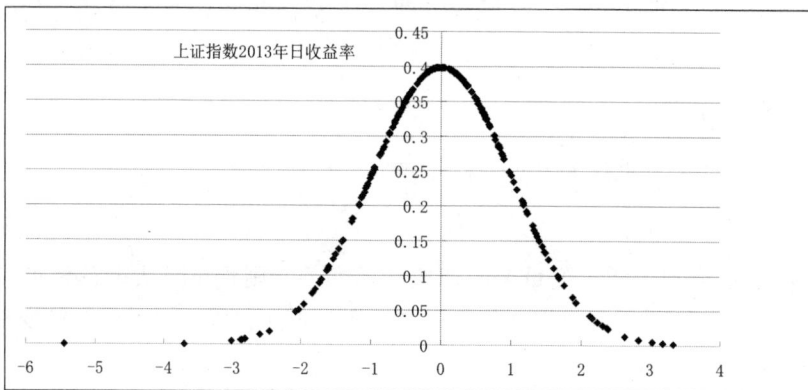

图 2-15 概率密度函数分布图

若已知随机变量 X 只是服从正态分布而不是标准正态分布，即 $X \sim N(\mu, \sigma^2)$，则仍可以将其化为标准正态分布，再利用标准正态分布的累积分布函数确定随机变量 X 的取值 x 落在某一区间内的概率。由于变量 $z = \dfrac{x-\mu}{\sigma} \sim N(0,1)$，因此对于常用的关系式：

$$P(-1.96 \le z \le 1.96) \approx 1 - 0.05 = 0.95$$

有 $\quad P\left(-1.96 \le \dfrac{x-\mu}{\sigma} \le 1.96\right) \approx 1 - 0.05 = 0.95$

即 $\quad P(\mu - 1.96\sigma \le x \le \mu + 1.96\sigma) \approx 1 - 0.05 = 0.95$

综合得：若随机变量 X 服从均值为 μ、标准差为 σ 的正态分布，则其值 x 落在区间 $[\mu - 1.96\sigma, \mu + 1.96\sigma]$ 内的概率是 0.95。相应地，随机变量 X 取值大于 $\mu + 1.96\sigma$，或小于 $\mu - 1.96\sigma$ 的概率只有 0.025，如图 2-16 所示。

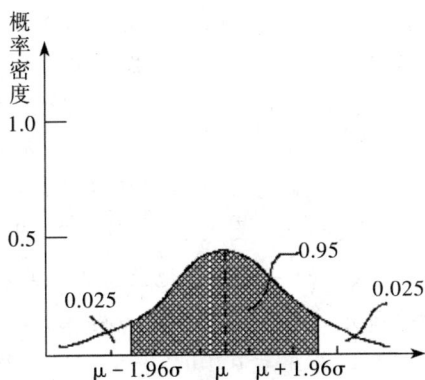

图 2-16 正态分布不同取值区间对应的概率

与正态分布相关，对数正态分布在金融理论与实践中有着较为广泛的应用。如果一个变量的自然对数是正态分布，则称这个变量服从对数正态分布，记为 $\ln X \sim N(\mu, \sigma^2)$。可以证明：对于变量 X 本身：

数学期望 $E(X) = e^{\mu + \frac{\sigma^2}{2}}$

方差 $Var(X) = e^{2\mu + \sigma^2}(e^{\sigma^2} - 1)$

X 的概率密度函数的形状大致如图 2-17 所示。

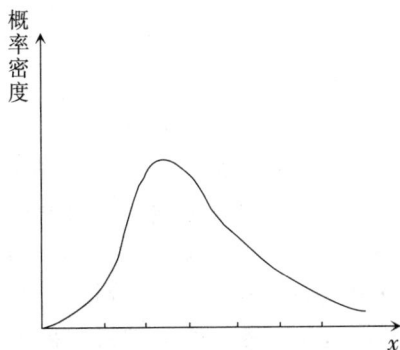

图 2-17 对数正态分布的概率密度函数

著名的布莱克-斯科尔斯期权定价模型就假定股票价格 P 服从对数正态分布，只是其均值和方差都与时间长度有关。例如，初始时刻 t 时股票价格为 P_t，则未来 T 时刻股票价格 P_T 将服从如下形式的对数正态分布：

$$\ln P_T \sim N[\ln S_t + (\mu - \frac{\sigma^2}{2})(T - t), \sigma^2(T - t)]$$

进一步可以看出，若股票价格 P 服从对数正态分布，这实际上意味着股票价格之比的自然对数（即对数形式收益率）$r_t = \ln P_t / P_{t-1} = \ln P_t - \ln P_{t-1}$ 服从正态分布。

【拓展阅读】

股票收益率是正态分布吗？

收益率分布函数的确定可以说是整个金融计量研究的基础。对于许多广泛应用的金融计量理论与模型，如资产组合理论、资本资产定价模型（CAPM）以及期权的 Black-Scholes 定价公式等，都是以收益率服从正态分布为基础的。

例如，马柯维茨的资产组合理论假定股票投资收益率变量满足正态分布，此时仅仅使用均值和方差便能够完整地、唯一地表达出收益率变量的分布规律，因而可用数学期望和方差来分别度量股票的收益水平和风险水平，并且投资者的效用函数也只依赖于均值和方差这两个变量。在这种"均值-方差"分析框架下，投资者追求效用最大化的行为将得到一个最优资产组合，由此可以将所有的资产或资产组合表示为均值-方差二维空间内的点，如图2-18所示，而将投资者的资产选择问题转变为在一定约束条件下，目标函数（即效用函数 $U(E(R_p), \sigma_p^2)$）的最大化问题。20世纪60年代以后，以夏普（Sharpe）、林特纳（Lintner）为代表的一批学者把注意力从马柯维茨的对单个投资者的微观主体研究转向对整个市场的研究，考虑所有遵循马柯维茨均值-方差原则下的投资者的共同行动将导致怎样的市场状态，并先后在1964年和1965年得出了股票收益与系统风险存在线性关系的资本资产定价模型（CAPM）。

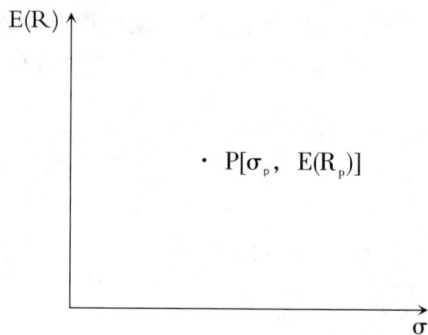

图2-18　均值和方差二维图

可见，投资收益满足正态分布的假定在整个资产组合理论与资产定价模型的建立中起到基础性的作用。由于用方差来度量风险，正态分布对收益的正离差和负离差是平等处理的，都表现为相同的标准差 σ，这意味着投资者对股价向上与向下的波动是同等看待的。但如果收益率分布是非对称的，即使两种资产收益率分布的均值与方差都相同，但彼此具有不同的偏度，这两种资产给投资者带来的效用是不同的。简单地说，比如资产A的收益率变量与资产B的收益率变量概率分布的均值与方差均相等，若收益率的概率分布是对称的，这两种资产在均值-方差的二维空间中表现为同一个点，对投资者而言是无差异的。但若收益率变量的概率分布具有非对称性，其中A的收益率变量具有正偏态，即三阶矩 >0，意味着可能由于少数的收益率数据异常大，对均值具有往增大方向的拉动作用，大部分的收益率数据是低于这种受异常数据影响的平均收益率水平的；而若资产B的收益率具有负偏态，则意义恰好相反，少数过低的收益率数据使得概率密度曲线左侧尾部拖得很长，大部分的收益率水平高于平均收益率水平。显然，这两种资产给投资者带来的效用是不一样的。这一问题在传统的资产组合理论与资产定价模型中是无法得到解决的。

计量金融学家们在大量的实证研究中还发现：除了上面谈到的股票收益率呈非对称分布之外，收益率分布偏离正态分布的状况还表现在收益率处于高收益区域和高亏损区域的概率大于正态分布所决定的概率，即收益率的概率密度曲线呈现一种"尖峰厚尾"特性，表现为金融资产价格及收益的大幅波动，导致发生极端事件的可能性大于正态分布下的概率，如图2-19所示。

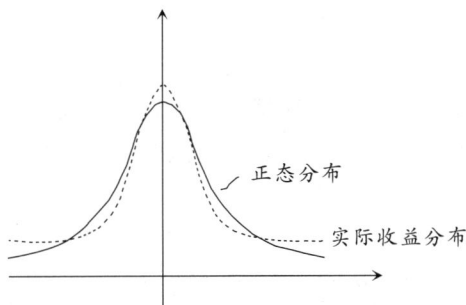

图2-19　正态分布与实际收益分布差异

例如，1987年10月29日美国标准普尔指数的日收益率偏离平均日收益率的幅度高达20倍标准差，而在正态分布下，日收益率偏离均值超过5倍标准差的情况要隔7 000年才会出现一次。当临界值分别设为 $\mu+3\sigma$、$\mu+4\sigma$、$\mu+5\sigma$ 时，上证A股指数收益率大于相应临界值的概率分别为 0.0144、0.0103、0.0030，远远超过了正态分布下的正常概率，如表2-3所示。

表2-3　　　　　　　　　　　　　　　处于不同临界值的概率

临界值	$\mu+3\sigma$	$\mu+4\sigma$	$\mu+5\sigma$
正态分布下大于临界值的概率	0.0013	0.0009	0
上证A股指数实际收益率大于临界值的概率	0.0144	0.0103	0.003

对于造成收益率分布具有厚尾特征的原因，一种解释是所谓的"羊群效应"。简单地说，当市场投资主体相互独立时，市场价格可以看作是大量独立随机事件的总和，根据中心极限定理，即便投资主体间存在着较弱的相关性，当投资主体数目足够大时，收益率的分布应符合正态分布。因此，现实金融市场中收益的非正态分布只能说明：市场投资主体相互独立或弱相关的假设立不住脚。投资主体之间的联动性是市场结构本身具有的特性之一，证券市场存在着所谓的"羊群效应"，即市场参与者的行为相互联系、相互仿效，例如，下跌时的集体恐慌，上涨时的集体狂热。这种"从众"的市场微观特性是市场整体供需发生剧烈波动的内在原因，在收益分布上表现为厚尾特性。另一种对厚尾特征的解释是从价格变化存在波动聚类（Cluster）现象入手。所谓波动聚类是指价格的一个大波动后面接着一个大的价格波动，而一个小波动随后的波动也较小。这一发现说明用不变方差时序模型来描述金融数据是不可行的。1982年，美国经济学家Robert F. Engle 提出了自回归条件异方差模型（ARCH模型）来描述金融资产的价格行为，被证明能够刻画金融时序数据中的厚尾现象，为此他与另一位经济学家共同获得了2003年诺贝尔经济学奖。

不论通过哪个方面来解释，股票收益率不服从正态分布及厚尾的特征，使得通过基于正态分布的方法如传统的CAPM模型、APT模型等来预测股价走势的精度将很差。针对这些实证研究引出来的问题，计量金融学家们努力在原有的理论框架中包容收益率分布的尖峰、厚尾以及有偏性等经验特征，使得金融经济理论有了许多新的进展。

2.2.2　χ^2分布、t分布和F分布

前面讲的正态分布是对于一个变量的概率分布而言的，而 χ^2 分布、t 分布和 F 分布则可以处理多个变量组合后的概率分布问题，因此会引出所谓"自由度"的问题。一般而言，"自由度"与所研究的变量数目有关。

例如，若随机变量 $z\sim N(0,1)$ ，则称变量 $x=z^2$ 服从的概率分布为"自由度是 1 的 χ^2 分布"，记为 $x=z^2\sim\chi^2(1)$ 。而 n 个服从标准正态分布的独立随机变量的平方和，其概率分布为"自由度是 n 的 χ^2 分布"，即： $x=(\sum_{i=1}^{n}z_i^2)\sim\chi^2(n)$ ，其中， $z_i\sim N(0,1),i=1,2,\cdots,n$ 。

与正态分布具有唯一的形式不同， χ^2 分布的形状取决于自由度 n 的大小，如图 2-20 所示。

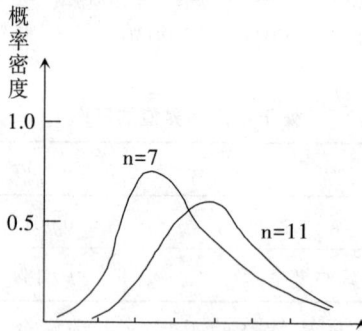

图2-20　χ^2分布的概率密度函数

确定了自由度 n 的大小后，即可获得相应的 χ^2 分布，进而可求出服从该分布的变量落在某一区间内的概率，即 $\chi^2(n)$ 的概率密度函数包围的某一阴影部分的面积。如 n=7 时， $\chi^2(7)$ 的概率密度函数大致如图 2-21 所示。

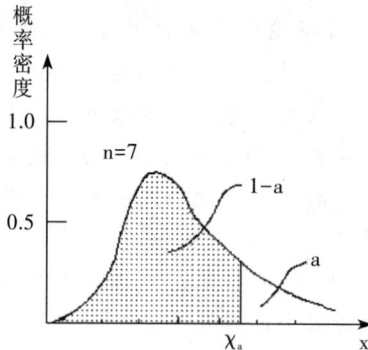

图2-21　χ^2分布的概率密度函数

此时， $P(x\geq\chi_a)=\alpha$ 或 $P(x\leq\chi_a)=1-\alpha$ 。显然， χ^2 分布对 n 的每一个值都需要一个单独的表来反映随机变量落在某一区间内的概率。通常的统计表只给出对于不同自由度，一些特定概率下对应的临界值。

【例2-8】求显著性水平为 $\alpha=0.01$ 、自由度为 10 的 χ^2 分布上 $\alpha/2$ 分位点 $\chi^2_{\alpha/2}$ ，即双侧置信区间的右临界值，试求该临界值（ χ^2 分布为非对称分布，所以分别求左右临界值）。

Excel实验操作步骤：

步骤一：在A1单元格中直接输入公式"=CHIINV（0.005，10）"（注意P的取值与T是不同的），输入完成后单击回车键，输出结果如图2-22所示。

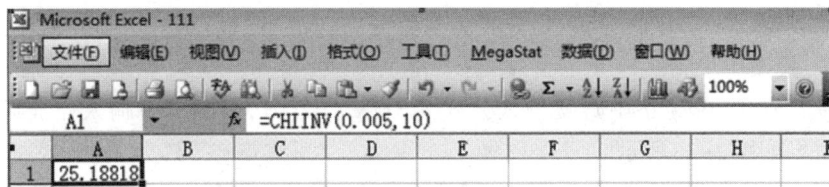

图2-22　χ^2分布的逆函数CHIINV

步骤二：选择菜单栏中的"MegaStat/Probability/chi-distribution"（注：需要先下载一个统计插件工具MegaStat，通过加载宏，安装在Excel里），在弹出的对话框中将概率P修改为0.005（右临界值）和0.995（左临界值），自由度df修改为10，输出结果如图2-23所示。

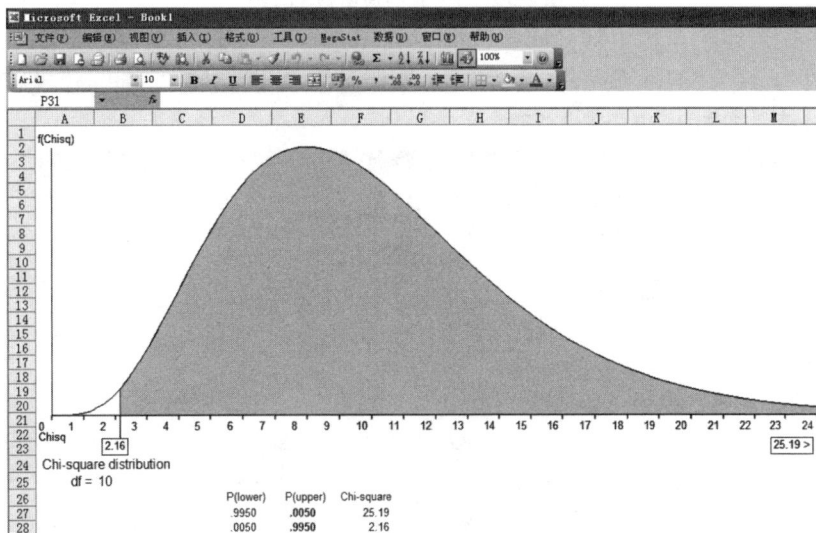

图2-23　χ^2分布图形

若z是一个N（0，1）变量，而变量x独立于z，且x服从于自由度为n的χ^2分布，则比率

$$t(n) = \frac{z}{\sqrt{\sigma/n}} \tag{2-24}$$

服从自由度为n的t分布。t分布概率密度函数的形状与正态分布相同，但尾部更厚，如图2-24所示。

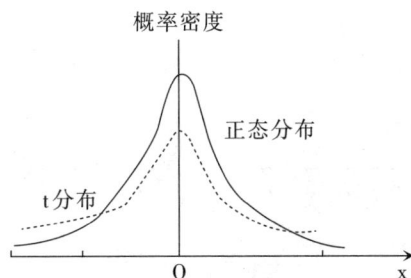

图2-24　t分布与正态分布差异

　　与 χ^2 分布一样，通常的统计表中给出了不同自由度 n 的情况下与某些特定概率对应的临界值。t 分布可以用于对正态总体数学期望值的假设检验。

　　【例 2-9】求显著性水平为 $\alpha = 0.01$、自由度为 10 的 t 分布上 $\alpha/2$ 分位点 $t_{\alpha/2}$，即双侧置信区间的临界值，试求该临界值（t 分布为对称分布，故也只需求一个临界值）。

　　Excel 实验操作步骤：

　　步骤一：在 A1 单元格中直接输入公式 "=TINV（0.01，10）"，输入完成后单击回车键，输出结果如图 2-25 所示。

图 2-25　t 分布的逆函数 TINV

　　步骤二：选择菜单栏中的 "MegaStat/Probability/t-distribution"，在弹出的对话框中将概率 P 修改为 0.01，自由度 df 修改为 10，为保证双侧值，将 "Stading" 修改为 "two-tails"，输出结果如图 2-26、图 2-27 所示。

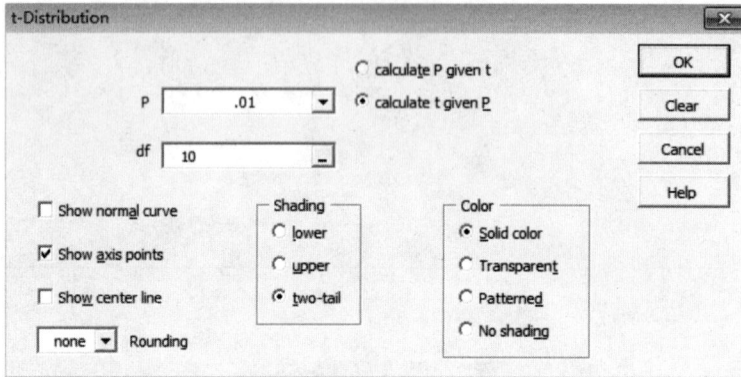

图 2-26　绘制 t 分布图形

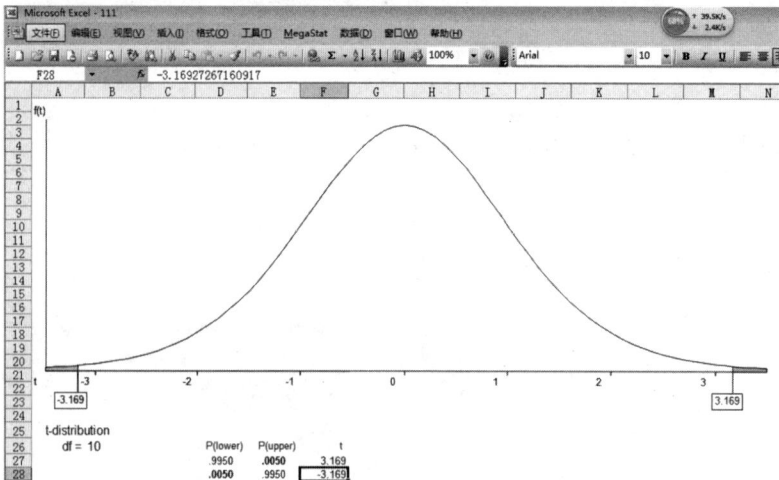

图 2-27　t 分布图形

若变量 x_1 和 x_2 是两个独立的 χ^2 分布，其自由度分别为 n_1 和 n_2 ，则比率 $F(n_1, n_2) = \dfrac{x_1/n_1}{x_2/n_2}$ 服从 F 分布，两个自由度参数 n_1 和 n_2 分别是分子和分母自由度。F 分布的概率密度函数大致如图 2-28 所示。

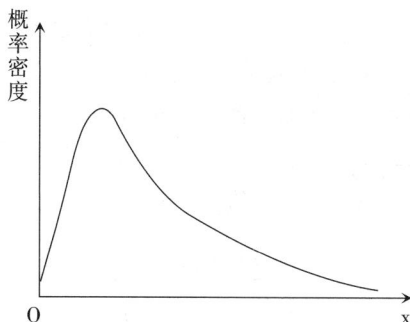

图 2-28　F 分布

F 分布表给出了不同的自由度参数（n_1，n_2）情况下，某些特定概率及与之对应的临界值。

【例2-10】求显著性水平为 $\alpha = 0.01$ 、第一与第二自由度都为 10 的 F 分布上 $\alpha/2$ 分位点 $F_{\alpha/2}$ ，即 F 分布的右临界值（因 F 分布为非对称分布，所以得分别求左右临界值）。

Excel 实验操作步骤：

步骤一：在 A1 单元格中直接输入公式"=FINV（0.005，10，10）"，输入完成后单击回车键，输出结果如图 2-29 所示。

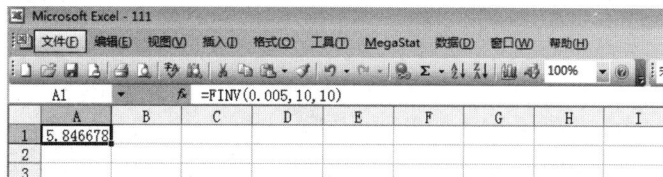

图 2-29　F 分布的逆函数 FINV

步骤二：选择菜单栏中的"MegaStat/Probability/f-distribution"，在弹出的对话框中将概率 P 修改为 0.005（右临界值）和 0.995（左临界值），自由度 df 均修改为 10，输出结果如图 2-30 所示。

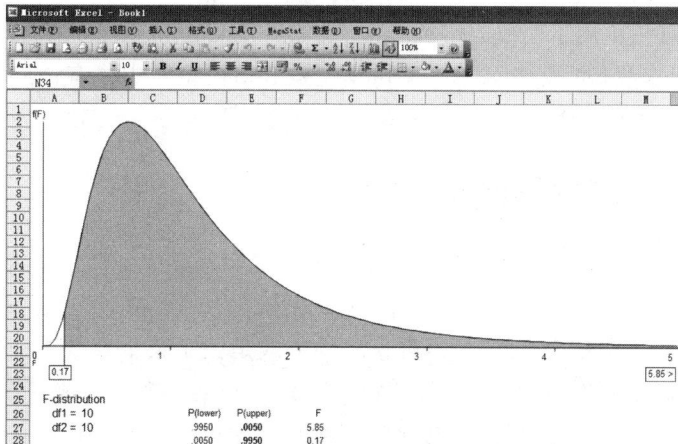

图 2-30　F 分布图形

2.2.3 二项式分布

二项式分布是金融理论与实证中一种十分重要的离散变量分布。它主要来自于贝努利试验。所谓贝努利试验，是指试验在同样条件下重复进行 n 次，每次试验结果相互独立，且每一次试验只有两种结果 A 和 $\bar{A}$，发生的概率分别为 $P(A)=p$，$P(\bar{A})=1-p$。若以 X 记 n 次贝努利试验结果 A 发生的次数，则 X 所有可能的取值为 0，1，2，$\cdots$，n，显然 X 是一个离散型随机变量，其取值的概率分布被称为二项式分布，记为 $X\sim B(n,p)$。可以证明：

$$P\{X=k\}=C_n^k p^k (1-p)^{1-k}, k=0,1,2,\cdots,n \qquad (2-25)$$

其中，$C_n^k=\dfrac{n!}{k!(n-k)!}$ 为 n 中 k 次的组合数。

二项式分布在生活中的例子如重复抛掷硬币，我们想知道在抛了 n 次之后，出现某一面朝上 k 次的概率。在金融中的应用主要是在期权定价的二叉树模型（Binominal Tree Model）中，我们可以把期权的有效期分为 n 个很小的时间间隔 Δt，并假设在每一个时间间隔 Δt 内标的股票价格只有两种运动的可能（对应着两种结果）：从开始的 S 上升到原先的 u 倍，即到达 Su；下降到原先的 d 倍，即 Sd。其中，$u>1$，$d<1$。价格上升的概率假设为 p，下降的概率假设为 $1-p$（如图 2-31 所示）。

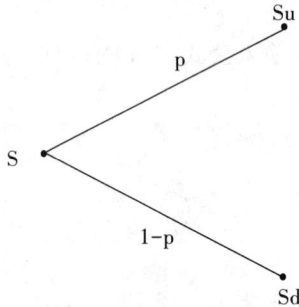

图 2-31　股票价格的变化

假定每次交易都是独立的，即上一时刻股票价格对下一时刻股票价格没有任何影响，则我们可将 n 个 Δt 间隔内股票价格变化看成是一个 n 重贝努利试验。在这 n 次试验中，股票价格出现上涨（或下跌）的次数服从二项式分布，其概率与对应的价格相乘，可用来计算期望价格，并进一步用于期权的定价。

此处 Excel 操作我们在第 9 章 "二叉树模型及 B-S 模型" 中将有详细理论阐述及实例分析，请读者参阅第 9 章学习。

|2.3| 假设检验与置信区间

统计假设检验的问题可归结为：从一组观测值得到的某一统计量是否与声称的假设相符？这一 "声称的假设" 用统计学的语言说，即所谓的 "虚拟假设"，又叫零假设（Null Hypothesis），并用符号 H_0 表示。其通常采取的形式是关于某个参数或变量取值范围的陈述。如对于某随机变量期望值 u 的虚拟假设，"H_0：u=某一个值 u_0"；又如，后面讲到的计量经济模型 $y_t=\alpha+\beta x_t+\varepsilon_t$，关于其回归系数 β 的虚拟假设，"H_0：$\beta>0$"，等等。通常在检验虚拟假设时要有一个对立假设，又叫备择假设（Alternative Hypothesis），记为 H_1 或 H_a，则对于上述两个虚拟假设 H_0，备择假设可分别为"$H_1：u$ 不等于 u_0""$H_1：\beta < 0$"。以上所说的"虚拟假设"只是一个设想，至于它是否成立，在建立假设时我们并不知道。假设检验的任务即根据随机变量 X 的一组观察值（即样本）提供的信息，来确定拒绝或不拒绝某个虚拟假设。值得一提的是，在有些情况下，检验关于某个参数或变量取值范围的虚拟假设只是一个工具，而目的是推断随机变量本身（总体）的统计性质。如在第 5 章中时间序列的单位根检验，即是通过对模型 $X_t = \rho X_{t-1} + \varepsilon_t$ 中的系数 ρ 建立零假设"$H_0：\rho = 1$"，来推断时间序列 X_t 是否平稳。

假设检验的一种方法是置信区间法。例如，已知随机变量 X 服从正态分布，但不知道期望值 μ 的真实值到底是多少，而只有 X 的一系列观察值（样本）$x_1, x_2, ..., x_n$。对于虚拟假设，"$H_0：\mu = \mu_0$"，检验方法是构造一区间 $[\theta_1, \theta_2]$，并且能确定待检验变量（此处为期望值 μ）的真值有 $1-\alpha$ 的概率落在这一区间内，即 $P(\theta_1 \leq \mu \leq \theta_2) = 1-\alpha$，而只有 α 的概率落在区间 $[\theta_1, \theta_2]$ 之外。这一区间被称为置信区间，置信区间的端点被称为临界值，$1-\alpha$ 被称为置信系数，α 被称为显著性水平，如图 2-32 所示。

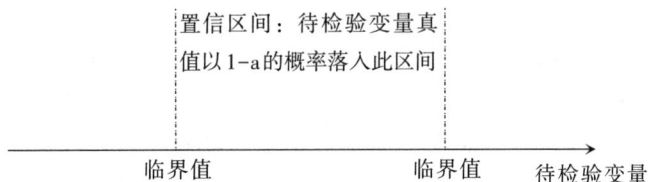

图 2-32 置信区间

α 可以设定为一较小值，如 1%、5% 等。当显著性水平 α 设定为 1% 时，意味着 μ 有 $1-\alpha = 99\%$ 的概率落在区间 $[\theta_1, \theta_2]$ 内，而只有较小的概率 1% 落在区间 $[\theta_1, \theta_2]$ 之外。如果将虚拟假设中的 μ_0 与置信区间 $[\theta_1, \theta_2]$ 进行对照，发现 μ_0 落在这一区间之外，则显然应拒绝 $\mu = \mu_0$ 的假设（因为这一假设成立的概率只有 1%）；反之，若 μ_0 落在置信区间之内，则可以接受 $\mu = \mu_0$ 的假设。置信区间越大，就越可能将 μ_0 包括进去，接受虚拟假设的概率也就越大。

【例 2-11】现在采用 Excel 进行置信区间的估计。数据来源：1979 年 1 月至 2010 年 10 月我国货币供应量中 M1 数额（取对数、月数据）。

（1）统计描述法

运用"描述统计"工具，只要在"描述统计"对话框中同时选择"平均数置信度"，就可以得到与置信度对应的边际误差值（见输出结果的最后一行），从而得到置信区间（如图 2-33 所示）。

（2）手工法

由区间估计理论知，本例样本总体均值 μ 在 $1-\alpha$ 置信水平下的置信区间为：

$$\left(\bar{x} - Z_{\alpha/2} \frac{S}{\sqrt{n}}, \bar{x} + Z_{\alpha/2} \frac{S}{\sqrt{n}} \right)$$

其中，$Z_{\alpha/2}$ 为标准正态分布上 $\alpha/2$ 分位点，$\bar{x}$ 为样本均值，σ 为总体标准差。

本例可用 NORMSINV 函数求得 $Z_{\alpha/2}$（单击某一单元格输入"=NORMSINV (0.995)"），为 2.58，样本均值 $\bar{x} = 9.65$，总体标准差 $s = 1.67$，样本容量 $n = 381$，所以可

得置信区间为[9.56，9.74]。

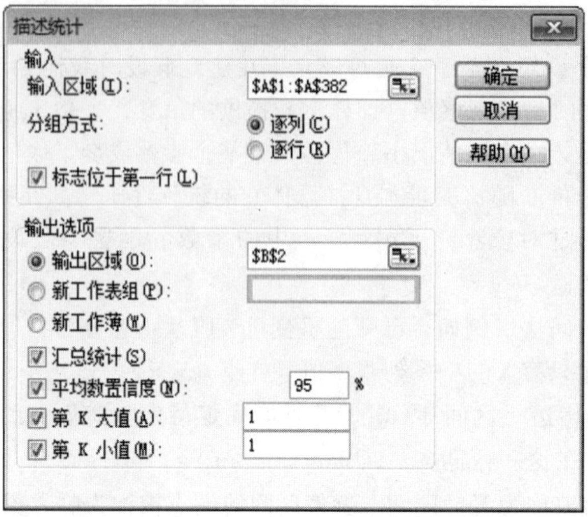

<table>
<tr><th></th><th>M1</th></tr>
<tr><td>平均</td><td>9.65467362</td></tr>
<tr><td>标准误差</td><td>0.08554797</td></tr>
<tr><td>中位数</td><td>9.83510699</td></tr>
<tr><td>众数</td><td>#N/A</td></tr>
<tr><td>标准差</td><td>1.66982978</td></tr>
<tr><td>方差</td><td>2.7883315</td></tr>
<tr><td>峰度</td><td>-1.2643962</td></tr>
<tr><td>偏度</td><td>-0.1084487</td></tr>
<tr><td>区域</td><td>5.74635788</td></tr>
<tr><td>最小值</td><td>6.69597196</td></tr>
<tr><td>最大值</td><td>12.4423298</td></tr>
<tr><td>求和</td><td>3678.43065</td></tr>
<tr><td>观测数</td><td>381</td></tr>
<tr><td>最大(1)</td><td>12.4423298</td></tr>
<tr><td>最小(1)</td><td>6.69597196</td></tr>
<tr><td>置信度(95.0</td><td>0.16820667</td></tr>
</table>

图2-33　描述统计

（3）CONFIDENCE 函数法

注意：只适用于总体标准差已知的正态总体均值或大样本非正态总体均值的区间估计。

步骤：打开工具栏中函数公式列表，选择"CONFIDENCE"函数，在 Alpha（显著性水平）一栏中填入0.05，在 Standard_dev（总体标准差）中填入1.67，在 Size（样本容量）中填入381，点击"确定"，或者直接在单元格中输入函数公式"=CONFIDENCE（0.05，1.67，381）"，按回车键即得到结果，如图2-34所示。

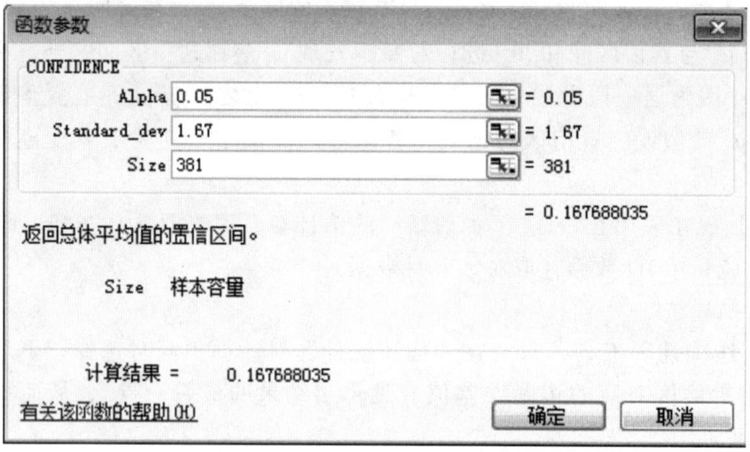

图2-34　CONFIDENCE 参数估计

Excel 返回值为0.17，即置信区间为[9.48，9.82]。

注意：此方法与手工法结果有少许差异，是因为上例手工法中临界值按四舍五入原则只保留了两位小数。

（4）表格法

表格法指用表格的形式，一步步求出所需的置信区间。

这是一种正态总体但方差未知的情况，可用样本方差代替总体方差。

以自由度为 n-1 的 t 统计量对总体均值进行区间估计，公式如下：

$$\left(\bar{x} - t_{\alpha/2} \frac{s_{n-1}}{\sqrt{n}}, \bar{x} + t_{\alpha/2} \frac{s_{n-1}}{\sqrt{n}} \right)$$

其中，$t_{\alpha/2}$ 为 t 分布上 $\alpha/2$ 分位点，$\bar{x}$ 为样本均值，s_{n-1} 为总体标准差。

下面用表格法求出了所需的置信区间，如表 2-4 所示（抽样数为 10）。

表 2-4   表格法置信区间估计

样本数据	计算指标	计算公式	结果
10.9802439	样本个数	COUNT(D2：D11)	10
7.63320991	样本均值	AVERAGE(D2：D11)	9.174746076
10.4151129	样本标准差	STDEV(D2：D101)	1.40008972
8.44081094	抽样平均误差	G4/SQRT(G2)	0.442747244
10.9933085	置信水平	0.95	0.95
9.55682517	自由度	G2-1	9
10.1297462	t 值	TINV（（1-G6）/2，G7）	2.685010847
8.28280415	误差范围	G8*G5	1.188781153
7.94521885	置信下限	G3-G9	7.985964922
7.37018026	置信上限	G3+G9	10.36352723

从表 2-4 的计算结果可以看出，在 95% 的置信度下 M1 的置信区间为 [7.99，10.36]。

读者也许会发现，此处的置信区间求解与前文相差较大，是因为总数据 381 个，但此处抽样仅 10 个，故会产生误差。

在确定置信区间时，有些情况下需要构造一个含有待检验变量（此时为期望值 μ）的统计量 π(μ)，称其为"检验统计量"，并且已知这一新统计量 π(μ) 遵循某种概率分布，通过 π(μ) 的累积分布函数，得到 π(μ) 落在某个区间内的概率，即：

$$P(\pi_1 \le \pi(\mu) \le \pi_2) = 1 - \alpha$$

进而再反算出 μ 的取值区间及概率，即 $P(\theta_1 \le \mu \le \theta_2) = 1 - \alpha$。

例如，对于随机变量正态分布期望值的检验，在方差未知的情况下，构造含有待检验变量 (μ) 的统计量 π(μ) 的形式是：

$$\pi(\mu) = \frac{(\bar{x} - \mu)}{\sqrt{s^2/n}}$$

其中，$\bar{x} = \frac{1}{n} \sum_{i=1}^{n} x_i$ 为样本均值，$s^2 = \frac{1}{n-1} \sum_{i=1}^{n} (x_i - \bar{x})^2$ 为样本方差。

可以证明，π(μ) 服从自由度为 n-1 的 t 分布，即 π(μ)~t(n-1)。这样通过 t 分布的概率密度函数及累积分布函数，即可得到 π(μ) 落在某个区间内的概率 $P(\pi_1 \le \pi(\mu) \le \pi_2) = 1 - \alpha$（如图 2-35 如示）。

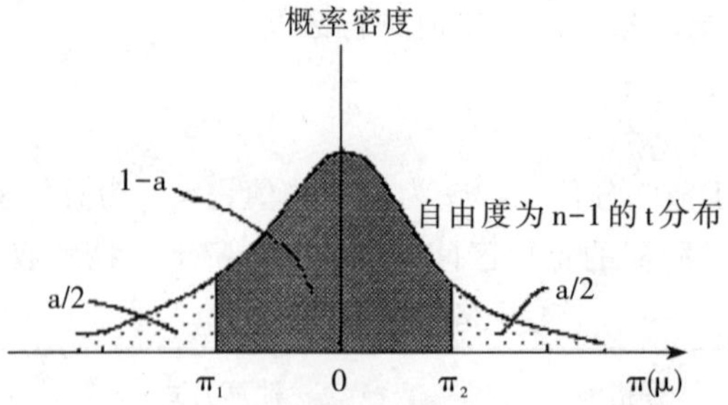

图2-35 π(μ)落在某个区间内的概率示意图

根据t分布为对称分布等知识，从图2-35中可见，对于预先设定的置信水平α，$\pi_2 = t_{\frac{\alpha}{2}}(n-1)$，而$\pi_1 = -t_{\frac{\alpha}{2}}(n-1)$。通过t分布的临界值表，查出$t_{\frac{\alpha}{2}}(n-1)$的值。这样由$P\{-t_{\frac{\alpha}{2}}(n-1) \leqslant \pi(\mu) = \frac{(\overline{x} - \mu)}{\sqrt{s^2/n}} \leqslant t_{\frac{\alpha}{2}}(n-1)\} = 1 - \alpha$，可反算出$P(\theta_1 \leqslant \mu \leqslant \theta_2) = 1 - \alpha$，即得到置信区间$\theta_1, \theta_2$。对照虚拟假设中的$\mu_0$，即可作出拒绝或不拒绝虚拟假设"$H_0$: $\mu = \mu_0$"的判断。这一方法在第4章事件分析法中用来检验平均异常收益率或累积异常收益率是否显著为0。

在上述检验过程中，显著性水平α的大小，决定了临界值区间的大小，进而直接影响了待检验统计量π与临界值区间的比较，最终左右了假设检验的结果。在实际的计量经济过程中，我们除了可以人为地设定显著性水平α的大小，如1%、5%、10%等之外，另一种常见的方法是直接给出虚拟假设成立时的概率P，称之为p值。显然，p值越大，虚拟假设成立的概率就越大，就越不应该拒绝虚拟假设；相反，p值越小，虚拟假设成立的概率就越小，拒绝虚拟假设就越放心。因此，较高的p值意味着接受虚拟假设，而较低的p值意味着拒绝虚拟假设。这样直接给出虚拟假设成立的概率p，让检验者自己去决定在这一水平上是否拒绝虚拟假设。现在大多数的计量经济软件直接给出某一虚拟假设成立的概率p。

【例2-12】我们将用Excel为读者演示三种t检验工具下的假设检验：

◆假定两总体方差相同

数据来源：2013年3月与2014年3月南天信息（000948）收盘价。

采用0.05的显著性水平，检验同比3月的收盘价是否存在差异。

步骤：将数据分别输入到Excel表中（A1：A22；B1：B22），在菜单栏中选择"工具/数据分析"，"数据分析"列表中选择"t-检验：双样本等方差假设"，回车进入该工具对话框，在弹出的对话框中输入如图2-36（a）所示的内容，点击"确定"，输出结果如图2-36（b）所示。

结果分析：

（1）合并方差是两样本方差的加权平均数，其计算公式为：

$$S_p^2 = \frac{(n_1 - 1)s_1^2 + (n_2 - 1)s_2^2}{n_1 + n_2 - 2}$$

（2）df为自由度。本例t检验统计量的自由度为21+21-2=40。

（3）t-Stat是t检验统计量，其计算公式为：

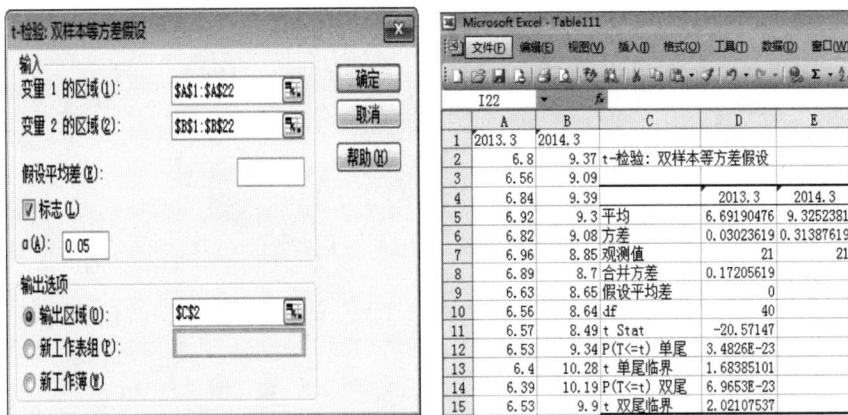

（a）　　　　　　　　　　　　　　　（b）

图2-36　t检验（一）

$$t = \frac{(\bar{x}_1 - \bar{x}_2) - (\mu_1 - \mu_2)}{s_p \sqrt{\dfrac{1}{n_1} + \dfrac{1}{n_2}}}$$

（4）将t统计量与临界值比较，本例采用双尾检验，20.57>2.02，所以不接受原假设，认为同比3月收盘价存在显著差异。

◆假定两总体方差不同

数据来源：2013年3月南天信息（000948）与2013年3月华夏幸福（600340）收盘价。

这是一个两总体均值的假设检验问题，用 μ_1 表示"000948 2013年3月收盘价格"，μ_2 表示"600340 2013年3月收盘价格"，则此问题转变为：

H_0：$\mu_1 - \mu_2 \leqslant 0$　　H_1：$\mu_1 - \mu_2 > 0$

采用0.05的显著性水平，检验同比3月的收盘价是否存在差异。

步骤：将数据分别输入到Excel表中（A1：A22；B1：B22），在菜单栏中选择"工具/数据分析"，"数据分析"列表中选择"t-检验：双样本异方差假设"，回车进入该工具对话框，在弹出的对话框中输入如图2-36（a）所示的内容，点击"确定"，输出结果如图2-37所示。

图2-37　t检验（二）

结果分析：

（1）自由度df计算公式为：

$$df=\left(\frac{s_1^2}{n_1}+\frac{s_2^2}{n_2}\right)\bigg/\left(\frac{(s_1^2/n_1)^2}{n_1-1}+\frac{(s_2^2/n_2)^2}{n_2-1}\right)$$

（2）t统计量的计算公式为：

$$t=\frac{(\bar{x}_1-\bar{x}_2)-(\mu_1-\mu_2)}{\sqrt{s_1^2/n_1+s_2^2/n_2}}$$

（3）将t统计量与临界值相比，本例为单尾检验，-60.89<1.71，所以接受原假设，认为600340收盘价大于000948收盘价。

◆基于成对数据的t检验

在使用t检验工具的介绍中，上面两个例子的样本都是独立样本。然而在可能情况下采用相关样本，可以进一步提高效率。

数据来源：2010年上半年（1—6月）与2009年上半年（1—6月）中国货币供应量中“流通中的现金 M_0”数额。

步骤：方法同上，只需在“数据分析”列表中选择“t-检验：成对双样本均值分析”，仍采用0.05的显著性水平，最后输出结果如图2-38所示。

Microsoft Excel - 中国历年货币供应量数据

H17

	A	B	C	D	E
1	2010	2009	t-检验：成对双样本均值分析		
2	38,904.85	33,640.98			
3	38,652.97	33,559.52		2010	2009
4	39,657.54	34,257.27	平均	39986.7183	35238.033
5	39,080.58	33,746.42	方差	2552718.57	8544071.2
6	42,865.79	35,141.64	观测值	6	6
7	40,758.58	41,082.37	泊松相关系数	0.42287276	
8			假设平均差	0	
9			df	5	
10			t Stat	4.35097905	
11			P(T<=t) 单尾	0.00367621	
12			t 单尾临界	2.01504837	
13			P(T<=t) 双尾	0.00735242	
14			t 双尾临界	2.57058183	

图2-38 t检验（三）

结果分析：

（1）此分析方法的原理实际上是对D列数据进行t检验，问题转化为：

H_0: $\mu_d \leqslant 0$ H_1: $\mu_d > 0$

（2）df自由度=23-1=12，t Stat为检验统计量，其计算公式为：

$$t=\frac{\bar{d}-0}{s_{n-1}/\sqrt{n}}$$

其中，$\bar{d}$，s_{n-1}^2 分别为$d_1, d_2, ..., d_n$的样本均值和样本方差。

（3）泊松相关系数应为“皮尔逊相关系数”，反映两组数据线性相关程度。

（4）将 t-Stat 统计量与临界值相比，本例为单尾检验，4.35>2.01，所以不接受原假设，认为两年货币供应量存在显著差异。

在掌握了统计检验的思想之后，我们就可以给出正态分布的正式检验。前面讲过，正态分布的对称性表明，其均值和中位数应该相等，偏度 S 应接近于 0；另外，峰度 K 应接近于 3。这些都可用来作为检验正态分布的非正式方法。检验某个变量是否服从正态分布的正式方法是 Jarque-Bera 检验。检验统计量是：

$$JB = \frac{N-k}{6}\left[S^2 + \frac{1}{4}(k-3)^2\right] \tag{2-26}$$

当虚拟假设"随机变量服从正态分布"成立时，Jarque-Bera 统计量服从自由度为 2 的 χ^2 分布，即 $JB \sim \chi^2(2)$。因此，设定一显著性水平 α，当计算的 JB 值大于 $\chi^2_\alpha(2)$ 时，拒绝"随机变量服从正态分布"的虚拟假设（如图 2-39 所示）。

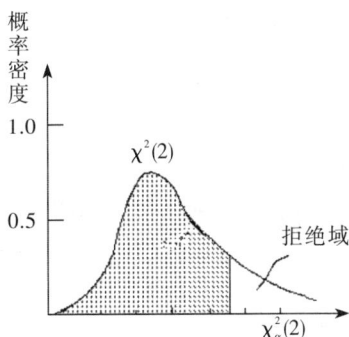

图 2-39　Jarque-Bera 统计量的 χ^2 检验

Eviews 软件可直接给出 Jarque-Bera 统计量超出原假设下的观测值的概率，即 p 值。如果该值很小，则拒绝原假设。

【例 2-13】我国股市收益率的分布特征

选取上证指数从 2010 年 1 月到 2014 年 8 月的全部日收盘数据为研究样本，计算出百分比形式的对数日收益率（如图 2-40 所示）。

	A	B	C	D
1	时间	收盘价	LN(收盘价)	对数收益率（%）
2	2010-01-04，一	3243.76	8.08	——
3	2010-01-05，二	3282.18	8.10	0.15
4	2010-01-06，三	3254.22	8.09	-0.11
5	2010-01-07，四	3192.78	8.07	-0.24
6	2010-01-08，五	3196.00	8.07	0.01
7	2010-01-11，一	3212.75	8.07	0.06
8	2010-01-12，二	3273.97	8.09	0.23
9	2010-01-13，三	3172.66	8.06	-0.39

图 2-40　上证指数收盘价对数收益率

（1）Excel统计分析（见表2-5）

表2-5 　　　　　　　　　　Excel描述统计分析结果

时间	均值	中位数	标准差	最大值	最小值	峰度	偏度	置信度(95%)
2010	2 830.99	2 856.19	231.85	3 282.18	2 363.95	−1.16	−0.03	29.36
2011	2 666.89	2 706.51	232.03	3 057.33	2 166.21	−0.92	−0.033	29.26
2012	2 221.60	2 213.61	132.78	2 460.69	1 959.77	−1.21	0.04	16.06
2013	2 191.70	2 203.49	111.01	2 434.48	1 950.01	−0.53	−0.13	14.18
2014	2 077.19	2 054.39	66.32	2 245.33	1 991.25	0.40	1.22	10.26

（2）Excel统计折线图（如图2-41所示）

图2-41　上证指数对数收益率

通过折线图我们可以很明显地发现，上证指数对数收益率一直围绕0.00%呈现不规则波动，波动范围趋近于−0.06%~0.06%。

（3）Eviews统计描述

利用Eviews计量软件，在主菜单或序列对象窗口的工具条中选择"View→Descriptive Statistics→Histogram Stats"，视图变为显示直方图和简单描述统计量，如图2-42所示。

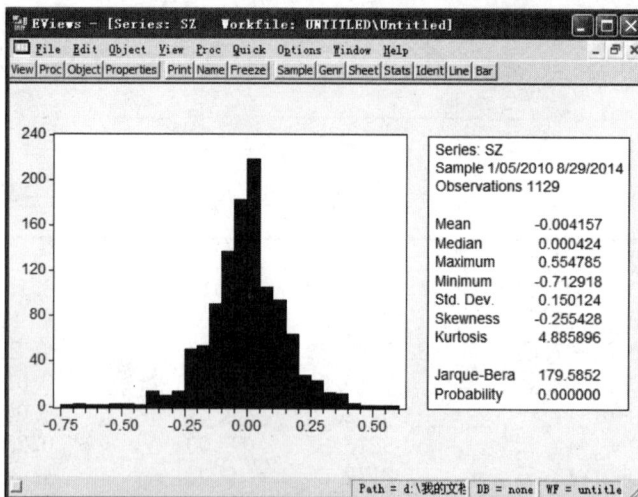

图2-42　上证指数日收益率的统计特征

从标准差看风险，股价剧烈的波动隐藏着金融市场的风险。

偏度与峰度分析：从图 2-42 中可以看到上证指数的收益率偏度为负值，说明大多数投资者可能处于一个负收益状态。

正态性检验：从上证指数的收益率偏度和峰度已可看出不同于正态分布。

同时，Jarque-Bera 正态检验的结果也显示：上证指数的对数收益率不是正态分布的。

综上所述，通过分析计算出来的统计量，可知股票投资是具有风险的，任何的收益或亏损都不是绝对的。从 2010 年至 2013 年 8 月，中国股市一直处于一个相对低迷的状态，其收益率并未出现大幅度的波动，整体趋势向稳，但投资者应谨记：股市有风险，入市须谨慎。

第3章

金融数据统计分析实验

金融统计分析的主要任务是运用统计学原理和方法，对金融活动内容进行分类、量化、数据收集和整理以及进行描述和分析，反映金融活动的规律性和揭示其基本数量关系，为金融制度的设计、理论研究和宏观调控的实施提供参考依据，也为金融投资决策提供方法和工具。金融统计分析实验是金融实践教学的重要形式，是学生巩固、融通金融基本理论与知识，培养创新能力的重要途径。本章将从总体上阐述金融数据的收集渠道和如何下载金融数据，以及如何利用 Excel 工具对收集的金融数据进行简单的描述性统计、绘制直方图以及对数据进行简单的统计计算分析等相关内容。

3.1 金融数据的分类

1）宏观金融数据

宏观金融数据是从中央银行、金融监管机构的视角进行统计、监测的数据，主要包括货币类数据、金融投资类数据、保险经营类数据等。货币类数据有货币供应量（见表3-1）、金融机构信贷、外汇、黄金储备等；金融投资类数据有股票、债券的存量、交易额等数据，以及外汇交易数据、基金发行交易数据、期货交易数据等；保险经营类数据主要有保险收入、赔付状况、保费结构等数据。

表3-1 中国货币供应量数据表

月份	货币和准货币（M2）			货币（M1）			流通中的现金（M0）		
	数量（亿元）	同比增长	环比增长	数量（亿元）	同比增长	环比增长	数量（亿元）	同比增长	环比增长
2016年6月份	1 490 500.00	11.80%	1.97%	443 600.00	24.60%	4.55%	62 800.00	7.20%	0.00%
2016年5月份	1 461 700.00	11.80%	1.14%	424 300.00	23.70%	2.61%	62 800.00	6.30%	-2.48%
2016年4月份	1 445 200.00	12.80%	-0.07%	413 500.00	22.90%	0.46%	64 400.00	6.00%	-0.46%
2016年3月份	1 446 200.00	13.40%	1.52%	411 600.00	22.10%	4.87%	64 700.00	4.40%	-6.77%
2016年2月份	1 424 600.00	13.30%	0.59%	392 500.00	17.40%	-4.89%	69 400.00	-4.80%	-4.28%
2016年1月份	1 416 300.00	14.00%	1.72%	412 700.00	18.60%	2.92%	72 500.00	15.10%	14.72%

月份	货币和准货币（M2）			货币（M1）			流通中的现金（M0）		
	数量（亿元）	同比增长	环比增长	数量（亿元）	同比增长	环比增长	数量（亿元）	同比增长	环比增长
2015 年 12 月份	1 392 300.00	13.30%	1.33%	401 000.00	15.20%	3.46%	63 200.00	4.90%	4.81%
2015 年 11 月份	1 374 000.00	13.70%	0.95%	387 600.00	15.70%	3.14%	60 300.00	3.20%	0.67%
2015 年 10 月份	1 361 020.70	13.50%	0.09%	375 806.45	14.00%	3.13%	59 900.48	3.80%	-1.84%
2015 年 9 月份	1 359 824.06	13.10%	0.21%	364 416.90	11.40%	0.45%	61 022.97	3.70%	3.32%
2015 年 8 月份	1 356 907.98	13.30%	0.27%	362 793.73	9.30%	2.74%	59 061.79	1.80%	0.09%
2015 年 7 月份	1 353 210.92	13.30%	1.49%	353 122.19	6.60%	-0.83%	59 010.71	2.90%	0.69%
2015 年 6 月份	1 333 375.36	11.80%	1.99%	356 082.86	4.30%	3.79%	58 604.26	2.90%	-0.80%
2015 年 5 月份	1 307 357.63	10.80%	2.08%	343 085.86	4.70%	1.99%	59 075.97	1.80%	-2.79%
2015 年 4 月份	1 280 779.14	10.10%	0.43%	336 388.24	3.70%	-0.24%	60 772.46	3.70%	-1.90%
2015 年 3 月份	1 275 332.78	11.60%	1.43%	337 210.52	2.90%	0.83%	61 949.81	6.20%	-15.02%
2015 年 2 月份	1 257 380.48	12.50%	1.18%	334 439.22	5.60%	-3.93%	72 896.19	17.00%	15.63%
2015 年 1 月份	1 242 710.22	10.80%	1.17%	348 109.50	10.60%	0.02%	63 040.51	-17.60%	4.62%
2014 年 12 月份	1 228 374.81	12.20%	1.64%	348 056.41	3.20%	3.86%	60 259.53	2.90%	3.12%
2014 年 11 月份	1 208 605.95	12.30%	0.78%	335 114.13	3.20%	1.67%	58 438.53	3.50%	1.29%

2）微观金融数据

微观金融数据是金融市场上单个经济主体的数据，如上市公司的资产负债表、保险公司的资产负债表；部分项目的金融数据，如三峡工程、青藏铁路等项目的融资数据；居民个人的金融数据等。微观金融数据一般需要通过社会调查和互联网才能获得。

|3.2| 金融数据的收集渠道

每天我们都会通过各种传媒获得一些金融信息。互联网各大门户网站会在主页面上发布最新的股票价格指数、外汇与黄金行情、中央银行的货币统计、国家统计局发布的物价指数等数据，我们可以通过这些网址来获得金融数据，也可以购买一些专业金融数据公司提供的数据，如国外的 Bloomberg、Thomson Reuters、Capital IQ，国内上市的有大智慧、同花顺、恒生电子（收购了恒生数据库），还没有上市的有港澳讯、万德、国泰安等。为了便于教学和学习，以下是一些常用的金融数据下载网址：

国际：

世界银行数据库：www.worldbank.org/data

亚洲开发银行：www.adb.org

OECD：www.oecd.org

美联储：www.federalreserve.gov

SEC：www.sec.gov

LSE：www.londonstockexchange.com

芝加哥商品交易所：http：//www.cmegroup.com/

美国金融学会（AFA）：www.afajof.org

耶鲁大学社会科学数据库：statlab.stat.yale.edu/SSDA/ssda.html

美国统计署：www.census.gov

国内：

中国人民银行：www.pbc.gov.cn

国家统计局：www.stats.gov.cn

国家外汇管理局：www.safe.gov.cn

证监会：www.csrc.gov.cn

保监会：www.circ.gov.cn

银监会：www.cbrc.gov.cn

上海证券交易所：www.sse.com.cn

深圳证券交易所：www.szse.cn

上海期货交易所：www.shfe.com.cn

大连商品交易所：www.dce.com.cn

郑州商品交易所：www.czce.com.cn

Wind 资讯：http：//www.wind.com.cn/

慧博智能策略终端：http：//www.hibor.com.cn/

债券信息网：www.chinabond.com.cn

晨星中国：cn.morningstar.com

另外，国研网（www.drcnet.com.cn）和中经网（newibe.cei.gov.cn）请通过学校图书馆链接。

论坛：

人大经济论坛：www.pinggu.org

中国经济学教育科研网：bbs.cenet.org.cn

文献：

ocial science research network：www.ssrn.com

National Bureau of Economic Research：www.nber.org

谷歌学术搜索：http：//scholar.google.com/

国内文献搜索如中国学术期刊全文数据库、维普全文数据库，请通过学校图书馆链接。

另外，在收集股票交易数据资料时，经常使用一些证券交易软件如同花顺、新浪通达信等来下载数据。

|3.3| 金融数据的收集方法

为了便于收集后面的金融实验所需要用的各种数据，下面介绍几种常用的数据收集方法：

方法1：通过"雅虎"网站收集"标准普尔500"数据

步骤一：通过网址 http：//finance.yahoo.com/进入雅虎官网的财经专栏。

步骤二：先将指数板块选定为 US（美国板块），再点击"S&P500"（标准普尔500指数），选择内容如图3-1所示。

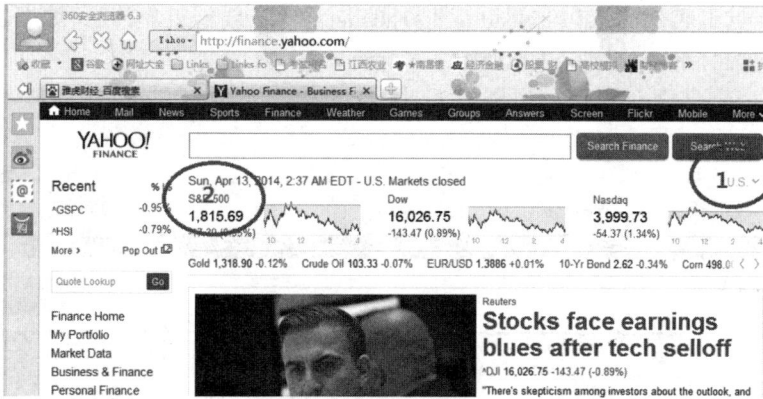

图 3-1　收集标准普尔 500 数据需要选择的内容

步骤三：进入界面后，选择左下方"History Prices"（历史价格），点击进入，如图 3-2 所示。

图 3-2　打开历史价格界面

步骤四：在"Set Date Prices"（设定价格范围）设定自己所需要的时间范围，按"Get Prices"（获取价格）键，获得自己所需查询的历史价格，如图 3-3 所示。

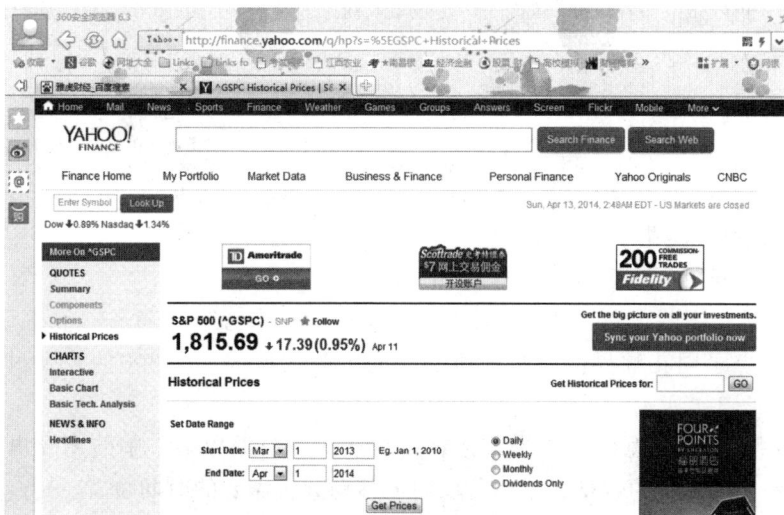

图 3-3　所需历史价格查询

步骤五：点击底部的“Download to Spreadsheet”（下载到工作簿），如图3-4所示，将文档保存到所需的路径，打开结果如图3-5所示。

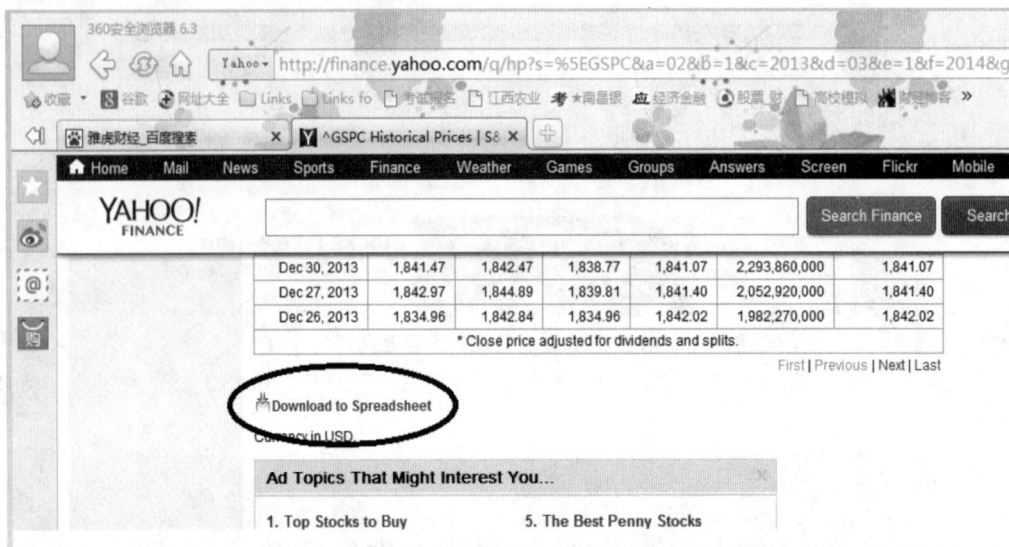

图3-4　下载数据至Excel表格

Date	Open	High	Low	Close	Volume	Adj Close
2014/4/1	1873.96	1885.84	1873.96	1885.52	3336190000	1885.52
2014/3/31	1859.16	1875.18	1859.16	1872.34	3274300000	1872.34
2014/3/28	1850.07	1866.63	1850.07	1857.62	2955520000	1857.62
2014/3/27	1852.11	1855.55	1842.11	1849.04	3733430000	1849.04
2014/3/26	1867.09	1875.92	1852.56	1852.56	3480850000	1852.56
2014/3/25	1859.48	1871.87	1855.96	1865.62	3200560000	1865.62
2014/3/24	1867.67	1873.34	1849.69	1857.44	3409000000	1857.44
2014/3/21	1874.53	1883.97	1863.46	1866.52	5270710000	1866.52
2014/3/20	1860.09	1873.49	1854.63	1872.01	3327540000	1872.01
2014/3/19	1872.25	1874.14	1850.35	1860.77	3289210000	1860.77
2014/3/18	1858.92	1873.76	1858.92	1872.25	2930190000	1872.25
2014/3/17	1842.81	1862.3	1842.81	1858.83	2860490000	1858.83
2014/3/14	1845.07	1852.44	1839.57	1841.13	3285460000	1841.13

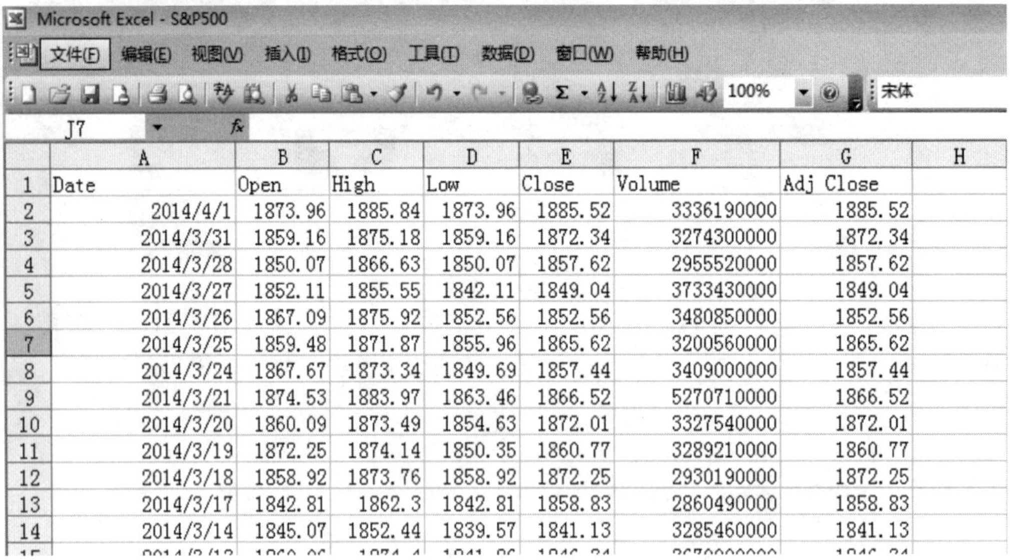

图3-5　雅虎网站下载标准普尔500数据结果

方法2：通过“同花顺”软件收集“沪深300”数据

步骤一：打开同花顺网站（http：//www.10jqka.com.cn）。

步骤二：软件下载、安装并注册账号（详细过程可参考第10章）。

步骤三：登录同花顺界面，打开所需要的个股数据或沪深300的K线图界面，点击“F1”，出现如图3-6所示的界面。

步骤四：在屏幕任意位置单击鼠标右键，选择“数据导出”中的“导出所有数据”，注意，如果要导出更早的数据，鼠标可以向上移动到所需要的时间位置。

图 3-6   数据导出—导出所有数据

步骤五：在"浏览"处选择合适的储存路径，将文件名修改为"hs300.xls"，点击"下一步"，如图 3-7 所示。

图 3-7   修改文件名

步骤六：留下"时间"与"收盘价"选项，其余全部勾除（如图 3-8 所示），点击"下一步"，完成数据导出。300ETF 数据导出方法与此相同。

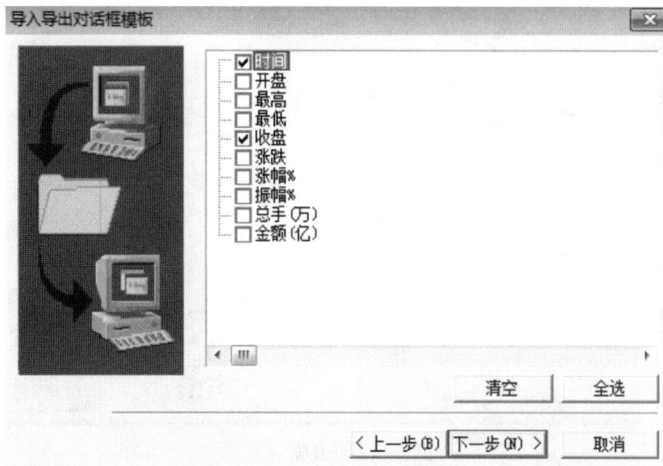

图 3-8   勾选所需导出数据内容

步骤七：导出结果如图3-9所示。

图3-9　同花顺数据导出结果

方法3：通过"新浪通达信"导出"上证50"数据

步骤一：参见下载"同花顺"软件步骤。

步骤二：登录界面，使用键盘输入"SZ50"会弹出如图3-10所示界面，在上证50线图界面的菜单栏选择"系统—数据导出"，如图3-11所示。

图3-10　选择"上证50"数据

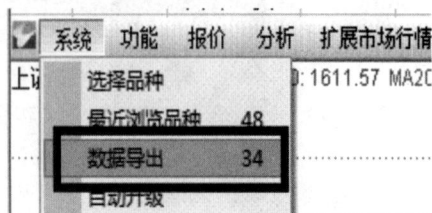

图3-11　数据导出上证50

步骤三：选择合适的保存路径，点击"导出"，并修改导出文档形式Excel为xls，如图3-12所示。

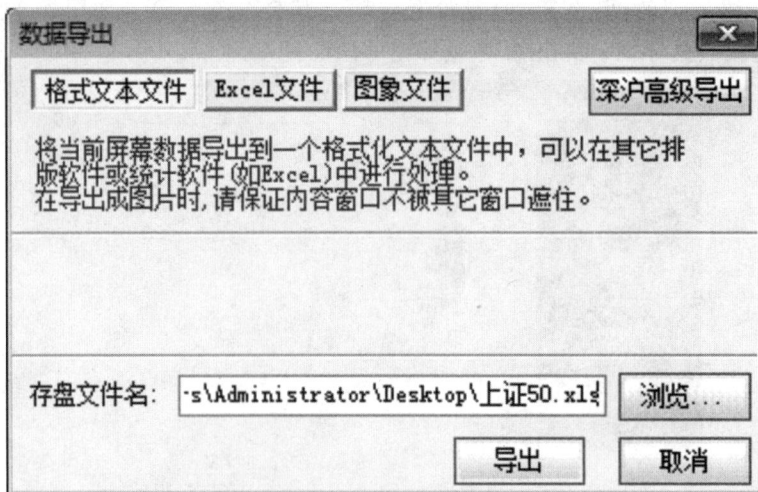

图3-12　数据导出

步骤四：导出结果如图3-13所示。

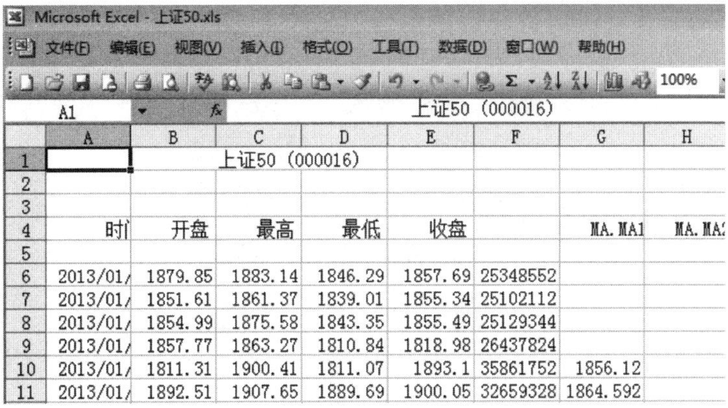

Microsoft Excel - 上证50.xls

	A	B	C	D	E	F	G	H
1		上证50（000016）						
2								
3								
4	时|	开盘	最高	最低	收盘		MA.MA1	MA.MA
5								
6	2013/01/	1879.85	1883.14	1846.29	1857.69	25348552		
7	2013/01/	1851.61	1861.37	1839.01	1855.34	25102112		
8	2013/01/	1854.99	1875.58	1843.35	1855.49	25129344		
9	2013/01/	1857.77	1863.27	1810.84	1818.98	26437824		
10	2013/01/	1811.31	1900.41	1811.07	1893.1	35861752	1856.12	
11	2013/01/	1892.51	1907.65	1889.69	1900.05	32659328	1864.592	

图3-13　新浪通达信上证50数据导出结果

方法4：通过“东方财富网”导出“1周同业拆借利率”数据

步骤一：打开东方财富网（http：//www.eastmoney.com/），点击“拆借利率”，如图3-14所示。

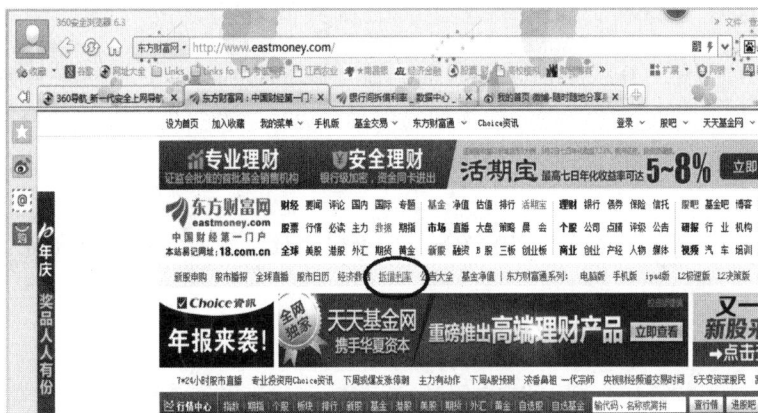

图3-14　打开东方财富网

步骤二：选择一周数据（如图3-15所示），并将2014年1月3日至9日的数据复制下来，粘贴于Excel工作表，将工作表命名修改为“回归分析.xls”。

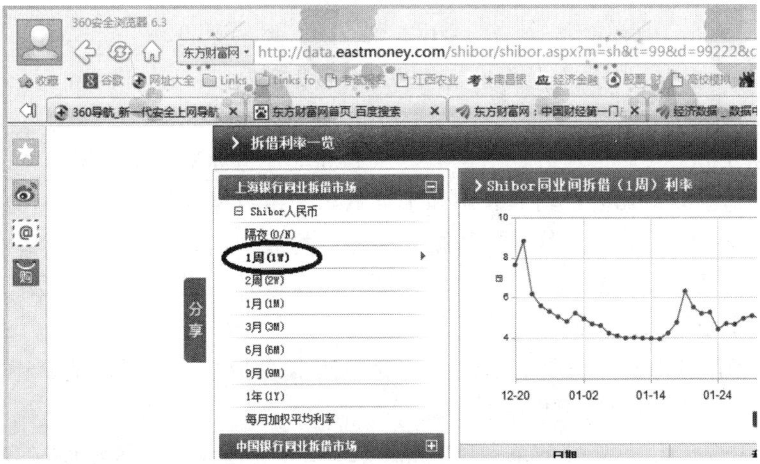

图3-15　选择“1周同业拆借利率”

步骤三：数据导出结果如图3-16所示。

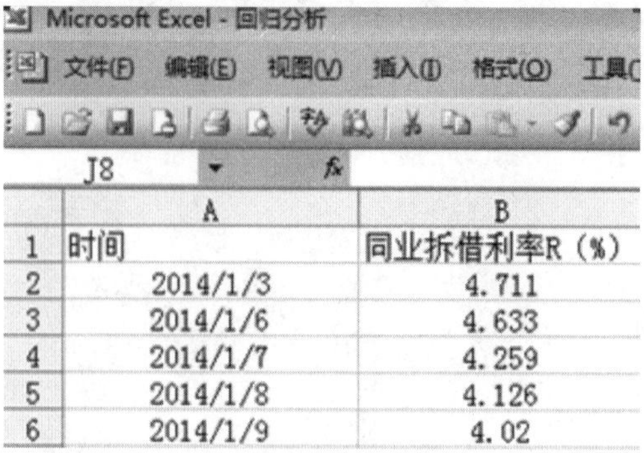

	A	B
1	时间	同业拆借利率R（%）
2	2014/1/3	4.711
3	2014/1/6	4.633
4	2014/1/7	4.259
5	2014/1/8	4.126
6	2014/1/9	4.02

图3-16　1周同业拆借利率导出结果

3.4　金融统计分析的基本方法

3.4.1　描述性分析方法（可参见第2章共同学习）

描述性统计分析（Descriptive Analysis）是对调查总体所有变量的有关数据作统计性描述，主要包括数据的频数分析、数据的集中趋势分析、数据的离散程度分析、数据的分布以及绘制一些基本的统计图形。描述性统计分析的目的是发现其内在规律，再选择进一步分析的方法。

注意：本小节例题数据均为2014.01—2014.12上证指数开盘价、最高价、最低价和收盘价四个价格（图3-17已隐藏4—241行）。

	A	B	C	D	E
1	日期	开盘	最高	最低	收盘
2	2014-01-02,四	2112.13	2113.11	2101.02	2109.39
3	2014-01-03,五	2101.54	2102.17	2075.9	2083.14
242	2014-12-25,四	2992.46	3073.35	2969.87	3072.54
243	2014-12-26,五	3078.01	3164.16	3064.18	3157.6
244	2014-12-29,一	3212.56	3223.86	3126.94	3168.02
245	2014-12-30,二	3160.8	3190.3	3130.35	3165.82
246	2014-12-31,三	3172.6	3239.36	3157.26	3234.68

图3-17　2014年收盘指数

1）集中趋势分析

集中趋势分析主要靠平均数、中位数、众数等统计指标来表示数据的集中趋势。平均数可分为算术平均数、几何平均数和调和平均数。一组数据的简单算术平均数或加权算术平均数，适合于正态分布或对称分布数据；几何平均数和调和平均数都是算术平均数的变形，专门用来处理特殊数据，如经济发展速度等。众数是出现频率最高的数。中位数是将数据排序后位于正中间的数值。

【例3-1】请通过Excel获取上证指数2014年度收盘指数的日平均值、中位数、众数，以了解2014年中国股市的发展集中趋势。

步骤：选中需要进行处理的数据单元格B1：B246（包含该列标题），在菜单栏中选择“工具/数据分析/描述统计”，在弹出的对话框（如图3-18所示）中，勾选“标志位于第一行"，读者可根据需要选择"输出单元格"（本工作簿）或"新工作簿"，输出统计结果。

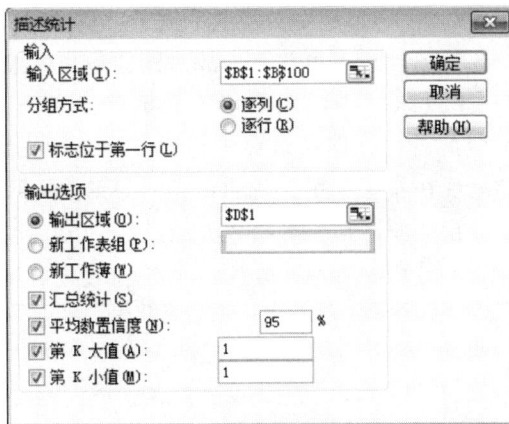

图 3-18 描述统计

输出结果：日平均值为 2 238.22 点；中位数为 2 103.67 点；众数为 2 034.57 点。据统计结果可知，2014 年度上证指数大多数时间集中于 2 100 点附近震荡，但由于没有离中趋势的佐证，未能表示其是否存在极端值。

2）离中趋势分析

离中趋势是指数列中各变量值之间的差距和离散程度。离中趋势小，平均数的代表性高；反之，则平均数的代表性低。离中趋势分析通过计算极差、标准差、方差、最大值、最小值、偏度、峰度、偏度系数、峰度系数等加以描述。极差是数据最大值减去最小值，也是最简单的离散程度测度值；标准差和方差是最常用的离散程度测度值，一般适合于正态分布数据资料。当分布对称时，偏度系数为 0。当偏度系数为正值时，可以判断为右偏（正偏）；反之，判断为左偏（负偏）。峰度系数是对数据分布平峰或尖峰程度的测度。峰度是针对标准正态分布而言的。峰度系数为 0，表明数据为标准正态分布。若峰度系数大于 0，则数据为尖峰分布；反之，为平峰分布。

【例 3-2】请通过 Excel 获取上证指数 2014 年度收盘指数的极差、标准差、方差、最大值、最小值、峰度，以了解 2014 年中国股市的发展离散趋势。

操作方法同图 3-18，极差值只需通过"最大值减去最小值"即可得。

输出结果：极差为 1 243.43，标准差为 288.78，方差为 83 395.76，最大值为 3 234.68 点，最小值为 1 991.25 点，峰度为 2.58，偏度为 1.79。可见，2014 年度上证指数波动较大，存在极端值情况，但从其峰度值来看，该数值全年波动接近正态分布（峰度减 3 为 0，则为正态分布），但存在正偏离。

3）统计图形分析

一般采用直方图、PP 图、茎叶图、箱线图等对观察数据进行直观描述，可以清晰地看出数据的分布特征和结构状况，是用于观察数据的分布形态的辅助工具。

【例 3-3】请通过 Excel 绘制上证指数 2014 年开盘、最高、最低、收盘指数的箱线图，以了解 2014 年中国股市的整体变化趋势。

步骤一：选定 A1：E246 单元格，在菜单栏中选择"插入/图表/（标准类型）股价图"，选中"子图表类型"中的"开盘-盘高-盘低-收盘图"。注意，所选数据系列必须按此标题次序排列，点击"完成"，输出结果如图 3-19（a）所示（关于如何消除背景色、调整坐标格式等方法，详见本章 3.6 节，此处不再赘述）。

由于数据数量过大，此处图片也不可放大，故对图像呈现效果造成一定影响，但从整体可以看出，2014 年第三季度末，中国股票市场开始整体上扬，一扫前期市场萎靡状况，开始小幅整理攀升，故此处可证明通过离中趋势分析得到的数据波动较大猜测有误，数据走势稳定，极值分别出现在年头年尾，说明市场开始走向活跃。

为让读者更清晰地观察箱线图图形，现将 2014 年 12 月 15 日至 31 日数据再次绘图，如图 3-19（b）所示。

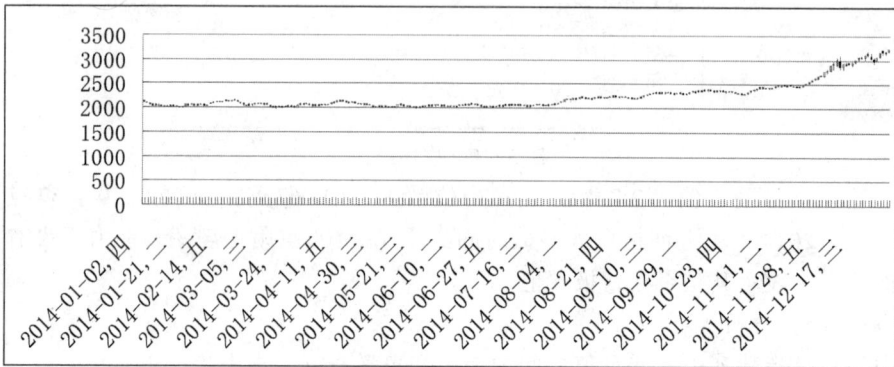

（a）

（b）

图 3-19　箱线图统计

3.4.2　回归分析方法

回归分析（Regression Analysis）是确定两种或两种以上变量间相互依赖的定量关系的一种统计分析方法。在回归分析中，有一个因变量、一个或多个自变量，自变量和因变量常被假设为定距的（即间隔或比率尺度一定）。运用最小二乘法可以拟合一个能够更好地描述数据关系的模型。

【例 3-4】请通过 Excel 求得 2014 年度上证指数（HZ）与 HS300 之间关系，以便了解指数之间的相关性（此处旨在为读者作基本演示，故只考虑一元线性回归方程）。

注意：因为编制上证指数所采用的个股数量大于 HS300，故此处采用上证指数作为自变量，HS300作为因变量，探究二者之间的关系（如图 3-20 所示）。

	A	B	C
1	时间	HS300收盘	上证指数收盘
2	2014-01-02，四	2321.98	2109.39
3	2014-01-03，五	2290.78	2083.14
4	2014-01-06，一	2238.64	2045.71
5	2014-01-07，二	2238	2047.32
6	2014-01-08，三	2241.91	2044.34
7	2014-01-09，四	2222.22	2027.62
8	2014-01-10，五	2204.85	2013.3
9	2014-01-13，一	2193.68	2009.56

图 3-20　HS300 与 HZ 收盘数据

步骤一：与前文方法相似，通过菜单栏构建"上证指数（HZ）收盘"与"HS300 收盘"散点图（以 HZ 数据为横轴，以 HS300 数据为纵轴），为避免重复说明，此处不再介绍如何插入图表，可参见上下文，构建结果如图 3-21 所示。

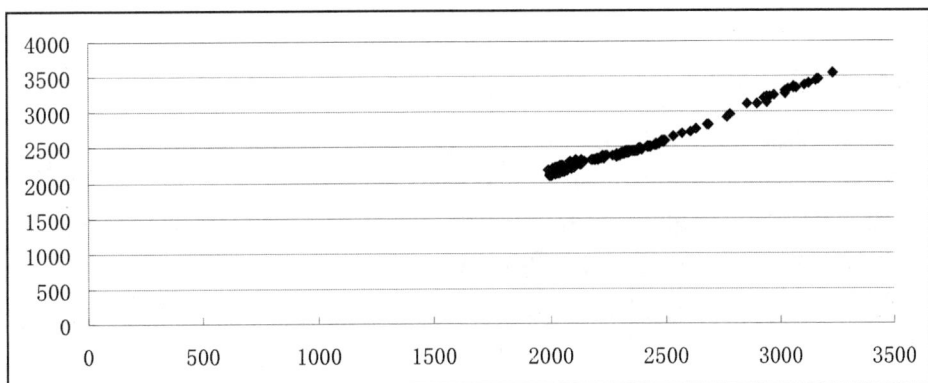

图 3-21　绘制散点图

步骤二：在 XY 散点图中，选中图中的序列对象，单击鼠标右键，选择"添加趋势线"，添加结果如图 3-22 所示。因为散点图结果已明显显示为线性，故在弹出"添加趋势线"窗口的"类型"中选择"趋势预测/回归分析类型——线性"，在"选项"窗口中勾选"显示公式"与"显示 R 平方值"，如图 3-23 所示，点击"确定"。

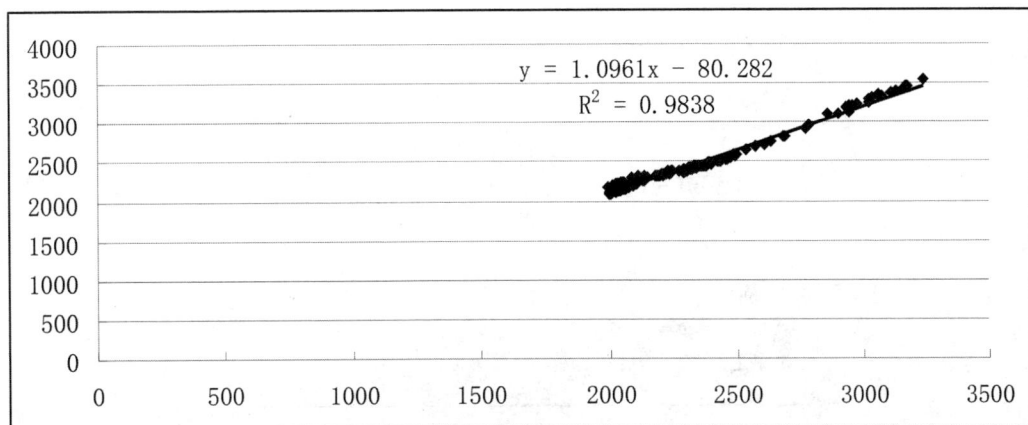

$$y = 1.0961x - 80.282$$
$$R^2 = 0.9838$$

图 3-22　散点图和趋势线

图 3-23　设置趋势线

当然也可以用函数等方式求得，本章重点介绍图表绘制，其他方法请参见第 2 章或其他章节共同学习。

3.4.3　方差分析方法

金融统计分析的对象一般是比较复杂的系统，其中往往有许多因素互相制约又互相依存。方差分析（Analysis of Variance）的目的是通过数据分析找出对该事物有显著影响的因素\各因素之间的交互作用，以及显著影响因素的最佳水平等。用于两个及两个以上样本均值差别的显著性检验也称为变异数分析或 F 检验。

【例 3-5】请通过 Excel 求得 2014 年度上证指数（HZ）与 HS300 之间是否存在相互制约或依存的关系，以便了解指数之间的相关性（此处旨在为读者作基本演示，故只进行单因素方差分析，所需数据请参见例 3-4）。

步骤：

设定原假设：HZ 的收盘结果与 HS300 收盘结果没有显著关系。

选定 HZ 与 HS300 所需数据，在菜单栏中选择"工具/数据分析"，选定"方差分析：单因素方差分析"，在弹出的对话框中进行如图 3-24 所示设置，设置完成后点击"确定"（指定显著性水平为 0.05）。

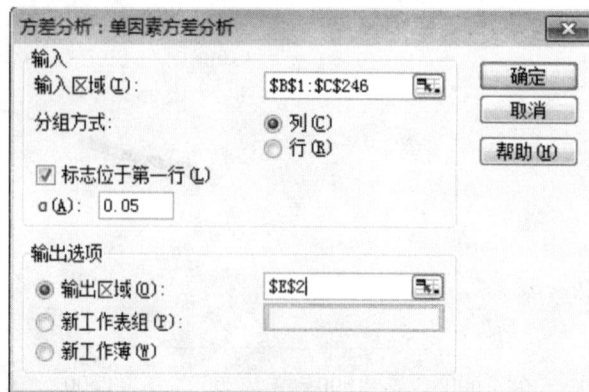

图 3-24　方差分析：单因素方差分析

单因素方差分析结果如图 3-25 所示。

方差分析：单因素方差分析			
SUMMARY			
组	观测数	求和	平均	方差
HS300收盘	245	581373.2	2372.952	101840
上证指数	245	548362.8	2238.216	83395.76

方差分析					
差异源	SS	df	MS	F	P-value	F crit
组间	2223847	1	2223847	24.011	1.31E-06	3.860584
组内	45197515	488	92617.86			
总计	47421363	489				

图3-25 单因素方差分析结果

在图3-25中，表"SUMMARY"是有关各样本的一些描述性统计结果，可作为方差分析的参考信息；表"方差分析"是单因素方差分析的结果，其中SS代表的是平方和，df代表的是自由度，MS代表的是平均方差，F代表的是检验统计量，P-value代表的是用于检验的P值，F crit代表的是给定α水平下的临界值。从本次方差分析结果可知，由于F=24.011大于临界值结果3.86，所以拒绝原假设，HZ的收盘结果与HS300收盘结果之间存在显著关系。

3.4.4 主成分分析与因子分析方法

主成分分析（Principal Components Analysis）是通过高精度转换将一个多变量数据系统转化为低维系统或一维系统，用于分析系统中最主要的变量，为构建模型奠定基础。

因子分析（Factor Analysis）是将多个实测变量转换为少数几个不相关的综合指标的多元统计方法，目的是定义数据矩阵的基本结构。它通过定义一套通用的基本维度（因子）来解决那些多变量之间相关性的结构分析问题。具体操作可参见SPSS相关软件说明。

3.4.5 判别与聚类分析方法

判别分析（Discriminant Analysis）是在已知的分类下，遇到有新的样本时，利用已经选定的判别标准，判定如何将新样本放置于哪个族群中。它是一种预测导向型的统计方法，通常用于事后分析。

聚类分析（Cluster Analysis）是对金融经济统计指标进行分类的一种多元统计分析方法，它能够分析事物的内在特点和规律，并根据相似性原则对事物进行分组，是数据挖掘中常用的一种技术和探索性的方法。具体操作可参见SPSS相关软件说明。

除了上述主要的分析方法外，在金融统计分析过程中还要使用指数分析、时间序列分析及弹性分析等方法。

|3.5| 金融数据统计整理

研究分析的数据收集、调查阶段所取得的原始资料是零散的、非规范化的、不完整的，需要依照研究目标进行科学的分类、汇总，使数据达到系统化、规范化，进而可以从数据中得出所研究对象的必要信息，如基本特征、规律和趋势等，这一过程就是统计整理的过程，是对基础数据处理的初级阶段。统计整理的结果一般是数据库表格，或者是统计表，在此基础上绘制统计图形。

统计表（Statistical Table）是由纵横交叉的线条形成的表格，用以显示统计数据资料。统计表的基本要素包括总标题、横栏标题、纵栏标题、数字资料、主词和宾词等。总标题用于概括统计表中全部资料的内容，是表的名称；横栏标题表示各组的名称，说明统计表要说明的对象；纵栏标题表示汇总项目，即统计指标的名称；数字资料是各组、各汇总项目的数值；主词是说明总体的，它可以是各个总体单位的名称、总体各个分组名称，形式上表现为横栏标题；宾词是说明总体的指标名称和数值的，形式上表现为纵栏标题和指标数值。图3-26显示了统计表基本要素的构成状况。

总标题	2014.02主要货币数据相关数值		
	货币数据相关变量	数值	横栏标题
纵栏标题	货币和准货币（M2）供应量 同比增长率（%）	13.3	数值
	人民币兑美元汇率	6.1722	
	CPI当月（%）	102	
	银行同业拆借率（%）	3.01	
	主词	宾词	

图3-26　统计表的基本要素

按照主词的加工方法不同，统计表可以分为简单表、分组表和复合表。简单表的主词多以时间顺序排列，也可按照总体各单位名称排列。分组表的主词是按照某一标志进行分组的，它可以提示不同类型现象的特征，说明现象内部结构，分析现象之间的关系。复合表中的主词按照两个或两个以上的标志进行复合分组，能够更为深刻、更为详细地反映客观现象。

数据统计整理步骤如下：

第一步：数据的预处理。

数据整理的前期工作是对统计数据的预处理，主要包括数据审核、筛选和排序等。数据筛选一方面将某些不符合要求的数据或有明显错误的数据予以删除，另一方面将符合某种特定条件的数据筛选出来，对不符合特定条件的数据予以剔除。数据排序则是按一定顺序将数据排序，同时有助于对数据进行检查纠错，以及为重新归类或分组等提供方便。

第二步：数据的分组和汇总。

对于不同类型的数据所采取的处理方式和所适用的处理方法是不同的。对品质数据主要是作分类整理，对数值型数据则主要是作分组整理。分类数据本身就是对事物的一种分类，因此，在整理时除了要列出所分的类别外，还要计算出每一类别的频数、频率或比例、比率。在整理数值型数据时通常要进行数据分组，就是根据统计研究的需要，将数据按照某种标准分成不同的组别。分组后再计算出各组中出现的次数或频数，就形成了一张频数分布表。分组的方法有单变量值分组和组距分组两种。

采用组距分组需要经过以下几个步骤：首先确定级数；然后确定各组的组距；最后根据分组整理成频数分布表。出于统计分析的需要，有时需要观察某一数值以下或某一数值以上的频数或频率之和，因此还需要计算出累积频数或累积频率。

第三步：分组数据的显示。

条形图、圆形图、环形图及累积分布图等都适用于显示定距数据和定比数据。此外，对定距数据和定比数据还有直方图、折线图、茎叶图及线图等图示方法，这些方法并不适用于定类数据和定序数据。在日常生活和经济管理中，常见的频数分布曲线主要有正态分布、偏态分布、J形分布、U形分布等几种类型。

|3.6| 金融数据绘图处理

古语有云，工欲善其事必先利其器，数据绘图处理方法则在数据处理中表现了其优越性。金融数据具有的高度复杂性及低观测性限制了投资者了解其特性并从中获得改善方法，投资者往往难以直接从中获取所需信息，而相比并不算太直观的数字符号，以图像方式呈现的数据规律则可以有效地为投资者解决这一问题，为投资者提供直观清晰的数据处理结果。本节将着重介绍 Excel 数据处理中常用的直方图、柱状图及饼状图的绘制方法。

3.6.1 安装"数据分析"工作栏

步骤一：选择菜单栏中的"工具/加载宏"，如图 3-27 所示。

图 3-27 加载宏

步骤二：在弹出的"加载宏"对话框中勾选"分析工具库"，单击"确定"，完成加载，查看是否加载成功，选择菜单栏中的"工具"，查看是否出现"数据分析"栏目，若出现，则加载成功，反之，则失败。

3.6.2 数据整理与绘图

本小节以"同花顺（300033）2014-03-19—2015-03-19收盘价"为例对金融数据主要图形绘制作详细介绍。

首先将从同花顺炒股软件导出的收盘价数据放置在 Excel 表格 B2：B246 单元格中，如图 3-28 所示（为方便读者看到 B246 单元格的数字，图 3-28 对部分数值进行了隐藏操作）。

方法 1：利用"数据分析工具"绘制频数分布表及直方图

步骤一：为便于直方图绘制，根据公式"=min（B2：B246）=10.78""=max（B2：B246）=96.75"，故本例对同花顺（300033）收盘价进行分组，组距为 10，将分组结果设定

	A	B
1	时间	收盘
2	2014-03-19，三	11.75
3	2014-03-20，四	11.48
4	2014-03-21，五	11.63
5	2014-03-24，一	11.77
6	2014-03-25，二	11.6
7	2014-03-26，三	11.73
242	2015-03-13，五	86.3
243	2015-03-16，一	91.96
244	2015-03-17，二	89.5
245	2015-03-18，三	91
246	2015-03-19，四	96.75

图 3-28 同花顺全年收盘价

为接受区域，但由于接收区域不能有非数值数据，故将分组上限（每组最大值）作为接收区域，如图3-29所示。

	A	B	C	D	E	F
1	时间	收盘				
2	2014-03-19,三	11.75		Min	10.78	
3	2014-03-20,四	11.48		Max	96.75	
4	2014-03-21,五	11.63				
5	2014-03-24,一	11.77		20		
6	2014-03-25,二	11.6		30		
7	2014-03-26,三	11.73		40		
8	2014-03-27,四	11.32		50		
9	2014-03-28,五	10.78		60		
10	2014-03-31,一	10.8		70		
11	2014-04-01,二	11.08		80		
12	2014-04-02,三	10.81		90		
13	2014-04-03,四	11.4		100		

接收区域

图3-29　设定接受区域

步骤二：在菜单栏中选择"工具/数据分析"，在"数据分析—分析工具"列表中选择"直方图"，点击"确定"，在弹出的直方图中，将"输入区域"修改为\$B\$2：\$B\$246，将"接受区域"修改为\$D\$5：\$D\$13，"输出区域"设定为\$F\$1，勾选"累积分布率"与"图表输出"，如图3-30所示。点击"确定"，生成直方图及频数分布表，如图3-31所示。

直方图

输入
输入区域(I)：　\$B\$2:\$B\$246
接收区域(R)：　\$D\$5:\$D\$13
□ 标志(L)

输出选项
◉ 输出区域(O)：　\$F\$1
○ 新工作表组(P)：
○ 新工作簿(W)：
□ 柏拉图(A)
☑ 累积百分率(M)
☑ 图表输出(C)

确定　取消　帮助(H)

图3-30　直方图数据设置

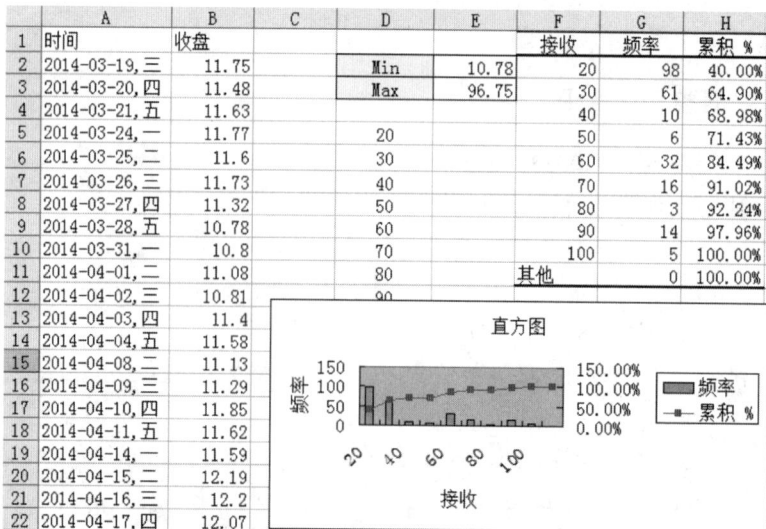

	A	B	C	D	E	F	G	H
1	时间	收盘				接收	频率	累积 %
2	2014-03-19,三	11.75		Min	10.78	20	98	40.00%
3	2014-03-20,四	11.48		Max	96.75	30	61	64.90%
4	2014-03-21,五	11.63				40	10	68.98%
5	2014-03-24,一	11.77		20		50	6	71.43%
6	2014-03-25,二	11.6		30		60	32	84.49%
7	2014-03-26,三	11.73		40		70	16	91.02%
8	2014-03-27,四	11.32		50		80	3	92.24%
9	2014-03-28,五	10.78		60		90	14	97.96%
10	2014-03-31,一	10.8		70		100	5	100.00%
11	2014-04-01,二	11.08		80		其他	0	100.00%
12	2014-04-02,三	10.81		90				
13	2014-04-03,四	11.4						
14	2014-04-04,五	11.58						
15	2014-04-08,二	11.13						
16	2014-04-09,三	11.29						
17	2014-04-10,四	11.85						
18	2014-04-11,五	11.62						
19	2014-04-14,一	11.59						
20	2014-04-15,二	12.19						
21	2014-04-16,三	12.2						
22	2014-04-17,四	12.07						

直方图

频率　累积 %

接收

图3-31　直方图及频数分布表生成结果

步骤三：更改频数分布表部分内容（如图3-32所示）。

（1）将"收盘价"更改为"接收"。

（2）将"频率"更改为"频数"（输出结果的频率实际上为频数）。

（3）将"各区间上限"更改为"各区间实际值"。

（4）将"其他"行的内容更改为相应的"合计"内容。

F 收盘价	G 频率	H 累积 %
[10, 20)	98	40.00%
[20, 30)	61	64.90%
[30, 40)	10	68.98%
[40, 50)	6	71.43%
[50, 60)	32	84.49%
[60, 70)	16	91.02%
[70, 80)	3	92.24%
[80, 90)	14	97.96%
[90, 100)	5	100.00%
其他	0	100.00%

图3-32　频数分布表修改结果

步骤四：二次绘制直方图。

（1）在直方图灰色区域及右侧"指示"区域单击鼠标右键，选择"清除"，清除灰色背景及"指示"（因可从表格及图中直接获取信息，故删除"指示"区域），如图3-33所示。

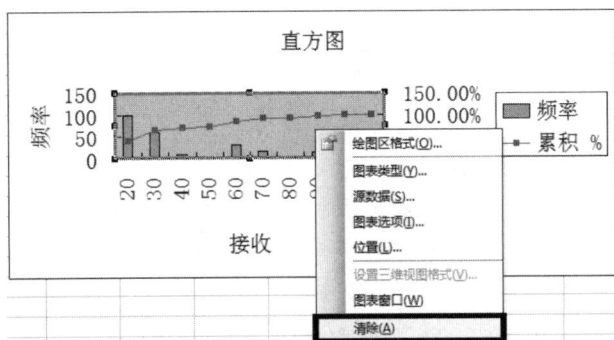

图3-33　直方图二次绘制（1）

（2）单击"横坐标—接收"与"纵坐标—频率"，修改"横纵坐标"的名称，分别更改为"收盘价"与"频数"，并单击标题"直方图"，更改为"'同花顺'收盘价频数分布直方图"，更改结果如图3-34所示。

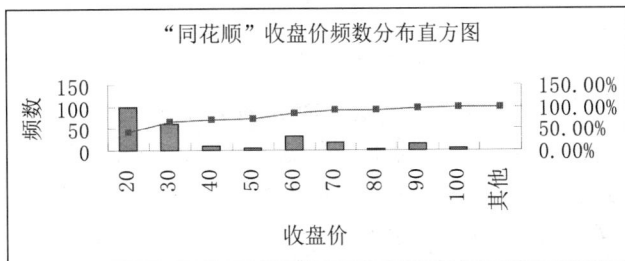

图3-34　直方图二次绘制（2）

（3）为方便读者观察横坐标数值，在横坐标"收盘价上限"任意区域单击鼠标右键，选择"坐标轴格式",如图3-35所示。

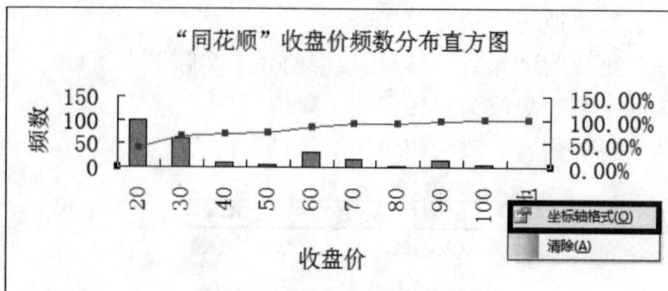

图3-35　直方图二次绘制（3）

在弹出的"坐标轴格式"对话框中，选择"对齐"菜单，将文本方向调整为0度，如图3-36所示，即可将横坐标"收盘价区间上限"调整为水平方向（若水平方向的坐标数据不可完整显示，可适当倾斜方向或调整图片框的长度），如图3-37所示。

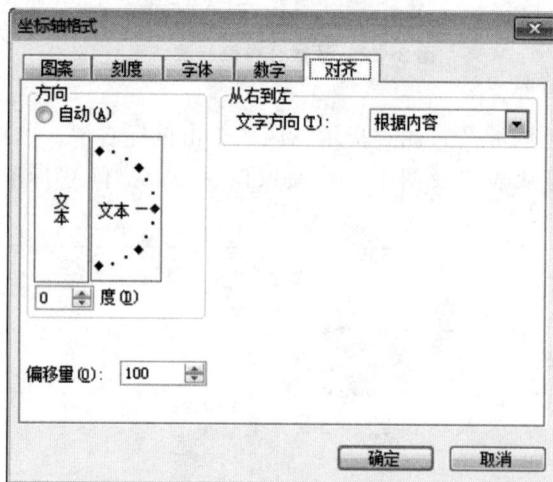

图3-36　直方图二次绘制（4）

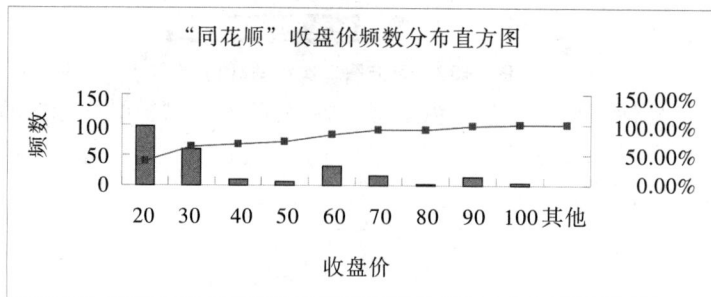

图3-37　直方图二次绘制（5）

（4）为进一步方便读者直接了解柱状图数据，在"柱状图"区域双击鼠标左键，在弹出的"数据系列格式"对话框中选择"数据标志"菜单，勾选"值"选项，点击"确定"，完成柱状图数据显示，如图3-38所示；在"选项"菜单中将"分类间距"调整为0，同时为增强绘图美观性，同时勾选"依数据点分色"完成直方图二次绘制，如图3-39所示。

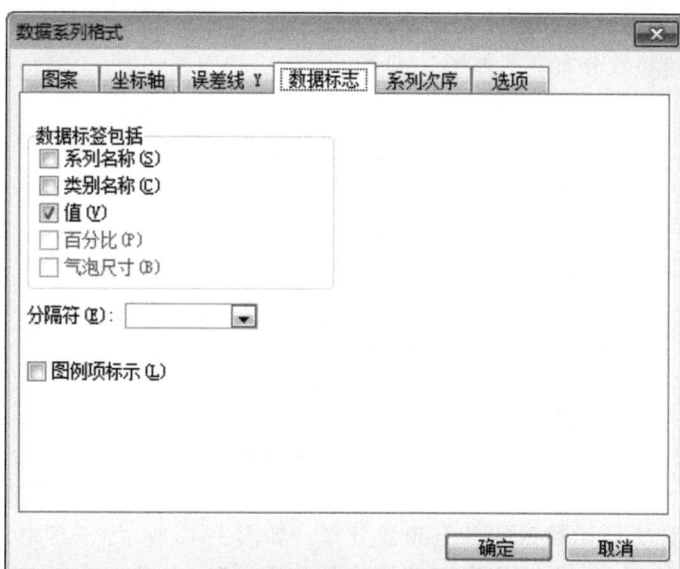

图 3-38　直方图二次绘制（6）

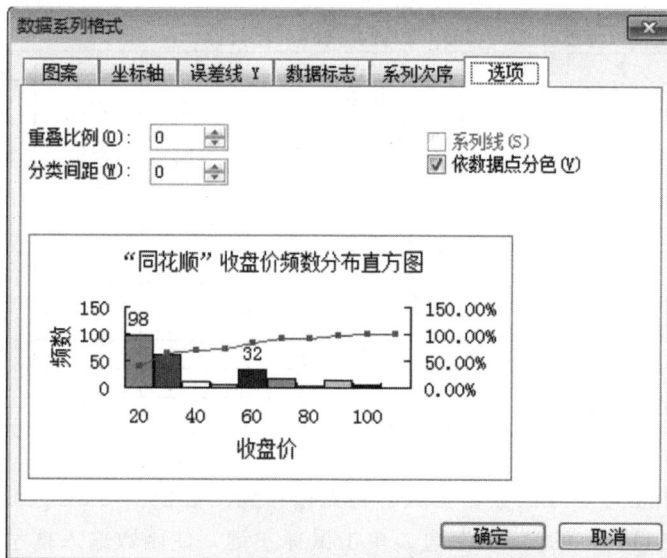

图 3-39　直方图二次绘制（7）

直方图终图如图 3-40 所示。

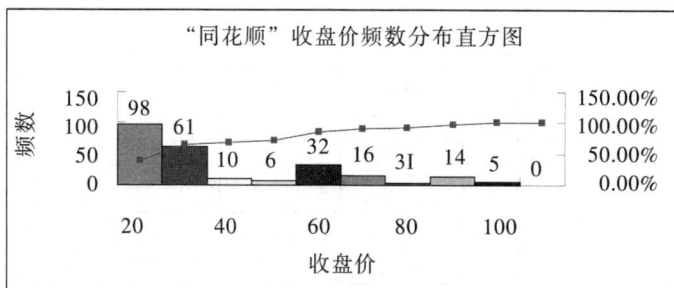

图 3-40　直方图二次绘制终图

方法2：利用函数绘制频数分布表及直方图

步骤一：构建频数分布表，如图3-41所示。

收盘价		频数	占比
下限	上限		
10	20		
20	30		
30	40		
40	50		
50	60		
60	70		
70	80		
80	90		
90	100		
合计			

图3-41　构建频数分布表

步骤二：在图3-41单元格F3中输入"=FREQUENCY（$B$2：$B$246，$E$3：$E$11）"，是为了计算原始数据的各组频数分布（如图3-42所示），其中，B2：B246代表"计算频率的数组"，E3：E11代表"数据接收分段点"，完成F2的频率计算，输出结果为98。

				=FREQUENCY($B$2:$B$246, $E$3:$E$11)	
B	C	D	E	F	G
收盘		收盘价		频数	占比
11.75		下限	上限		
11.48		=FREQUENCY($B$2:$B$246, $E$3:$E$11)			
11.63		20	FREQUENCY(data_array, bins_array)		
11.77		30	40		
11.6		40	50		
11.73		50	60		
11.32		60	70		
10.78		70	80		
10.8		80	90		
11.08		90	100		
10.81		合计			

图3-42　分组频数计算

步骤三：选择F3：F11的数据区域，将光标移到函数栏"=FREQUENCY（$B$2：$B$246，$E$3：$E$11）"的"="左边，单击鼠标左键，使函数输入框呈现输入状态，同时按住Ctrl、Shift和Enter键，得到如图3-43所示的结果，并通过SUM公式进行样本数据数量汇总计算，输出结果为245。

D	E	F	G
收盘价		频数	占比
下限	上限		
10	20	98	
20	30	61	
30	40	10	
40	50	6	
50	60	32	
60	70	16	
70	80	3	
80	90	14	
90	100	5	
合计		=SUM(F3:F11)	

图3-43　频数计算结果

步骤四：逐一计算比例和百分比，计算结果如图 3-44 所示。

公式：占比情况=各自频数/频数合计×100%

D	E	F	G
收盘价		频数	占比
下限	上限		
10	20	98	40.00%
20	30	61	24.90%
30	40	10	4.08%
40	50	6	2.45%
50	60	32	13.06%
60	70	16	6.53%
70	80	3	1.22%
80	90	14	5.71%
90	100	5	2.04%
合计		245	100.00%

图 3-44　占比情况计算结果

步骤五：按住 Ctrl 键，选中单元格 E3：E11 以及 F3：F11，G3：G11，在菜单栏中选择"插入/图表"，在弹出的"图表向导—4 步骤之 1—图表类型"中选择"自定义类型—'两轴线—柱图'"，点击"下一步"，如图 3-45 所示。

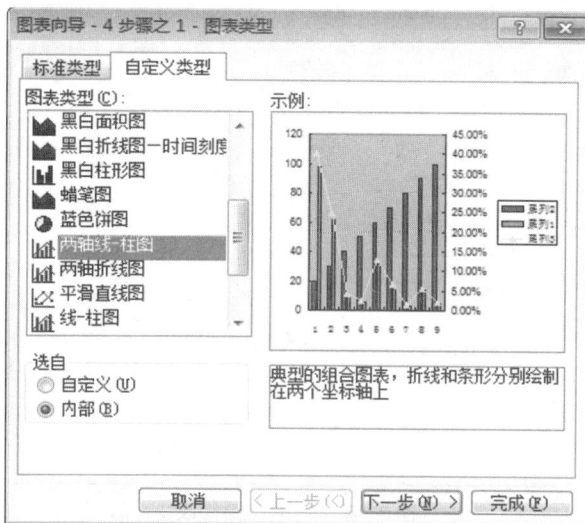

图 3-45　"两轴线—柱图"选择

步骤六：可从图 3-45 的"示例"图中明显发现，绘制结果并不是将 E3：E11 设定为横坐标，故在"图表向导—4 步骤之 2"的对话框中，应对"系列"选择作出调整：

（1）重新设定 X 轴数据，选中系列 2（E3：E11），点击"删除"，在"分类（X）轴标志"中重新添加 E3：E11。

（2）更改系列 1、3 名称，选中需要更改的系列，在右侧"名称"中进行更改，系列 1 更改为"频数"，系列 3 更改为"占比情况"，点击"完成"，如图 3-46 所示。

步骤七：用"方法一步骤四（1）"的方法消除"灰色"背景，为使绘制的图片更加清晰，在折线部分双击鼠标左键，在弹出的"数据系列格式"对话框中，将左侧"线形—粗细"部分调整为较粗的线条，点击"确定"（读者还可根据自身需要更改线条颜色及数据标记），如图 3-47 所示。

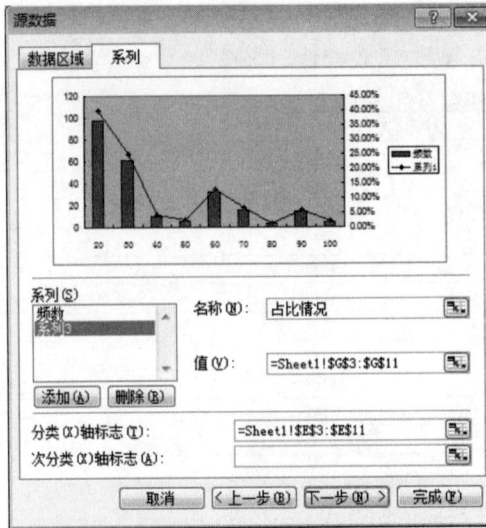

图 3-46　数据修改

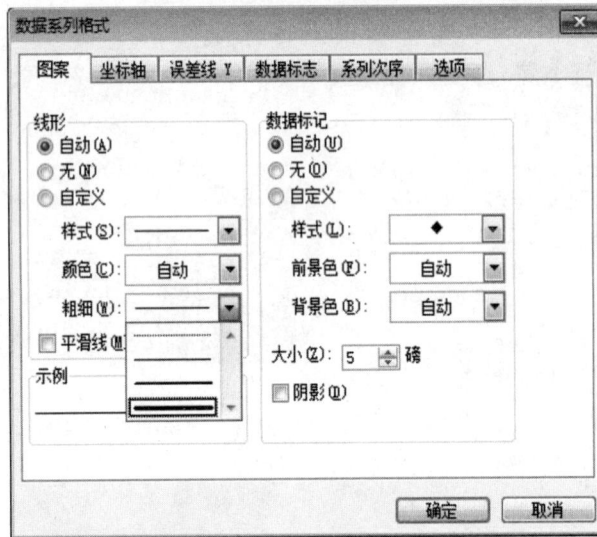

图 3-47　线形粗细修改

经过调整后的最后图形如图 3-48 所示。

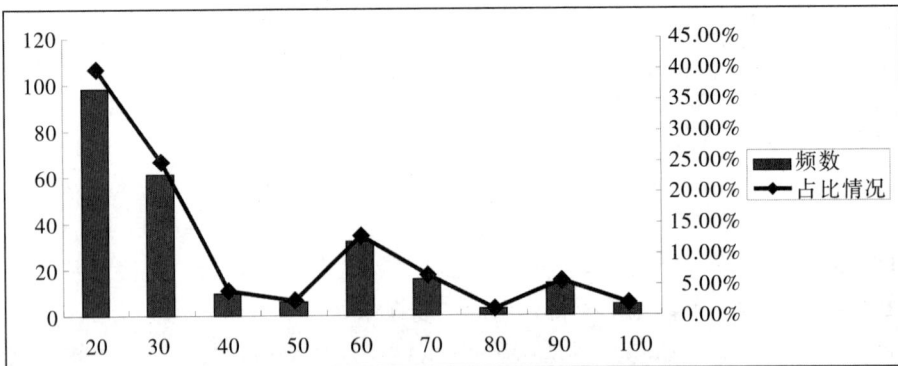

图 3-48　收盘价频数及占比情况分布状态

步骤八：除将"频数"与"占比情况"同时绘图外，也可针对"频数"进行单独绘图，通过"饼状图"的绘制了解各组收盘价所含天数占比情况。

按住Ctrl键，选中单元格E3：E11以及F3：F11，在菜单栏中选择"插入/图表"，在弹出的"图表向导4—步骤之1—图表类型"中选择"标准类型—饼图"，点击"下一步"（饼图的子类型可根据需要自行选择）。

与图3-45中的情况一样，示例图中未将E3：E11设定为横轴，故仍需在"源数据—系列"中对其进行调整，将"系列1"删除，在"分类标志"中添加E3：E11，点击"下一步"，如图3-49所示。

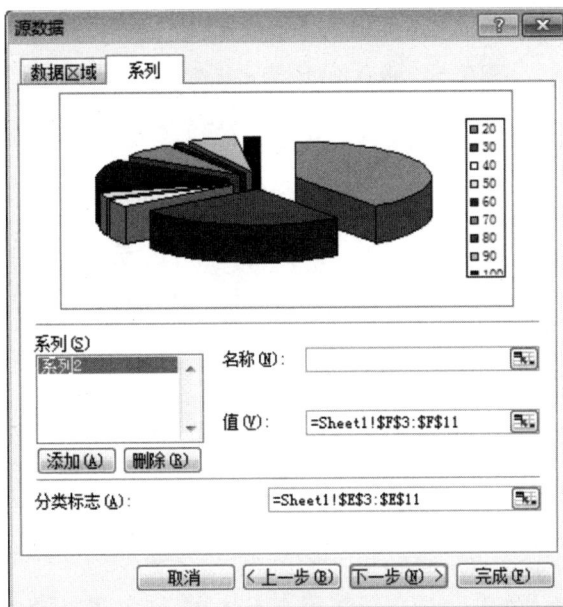

图3-49　源数据修改结果

步骤九：在"图表向导4—步骤之3—图表选项"中的"数据标志"菜单的"数据标签包括"中，勾选"值"与"百分比"，点击"完成"，如图3-50所示。

图3-50　数据标签修改结果

由于"频数数值"与"百分比"在排版上过于紧凑，故可通过拉动每组标签进行微调，经过调整后的饼状图如图3-51所示。

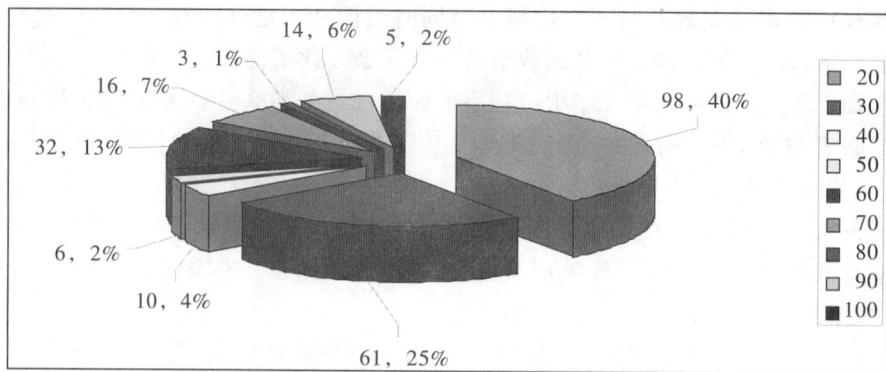

图 3-51　收盘价频数及占比情况分布状态

|3.7| 股票技术指标统计分析

股票技术指标属于统计学的范畴，一切以数据来论证股票趋向、买卖等。技术指标主要分为三大类：一是属于趋向类的技术指标；二是属于强弱的技术指标；三是属于随机买入的技术指标。技术指标是由股价、成交量或涨跌指数等数据计算而来的。

3.7.1　股票数据的收集

第一步：从股票软件"同花顺"中导出数据，具体方法参照第2章的"数据收集"。

第二步：打开"南天信息000948技术分析".xls文件工作簿（如图3-52所示），将工作簿更改为所需计算的各项指标名称。

图3-52　南天信息数据

3.7.2 技术指标计算分析——移动平均线（MA）

（1）定义：移动平均线是以道·琼斯的"平均成本概念"为理论基础，采用统计学中"移动平均"的原理，将一段时期内的股票价格平均值连成曲线，用来显示股价的历史波动情况，进而反映股价指数未来发展趋势的技术指标。

（2）计算方法：

$$MA = \frac{最近N日收盘价的累计和}{N}$$

步骤一：在 Excel "南天信息000948技术分析"工作簿中出现如图3-53所示文档。

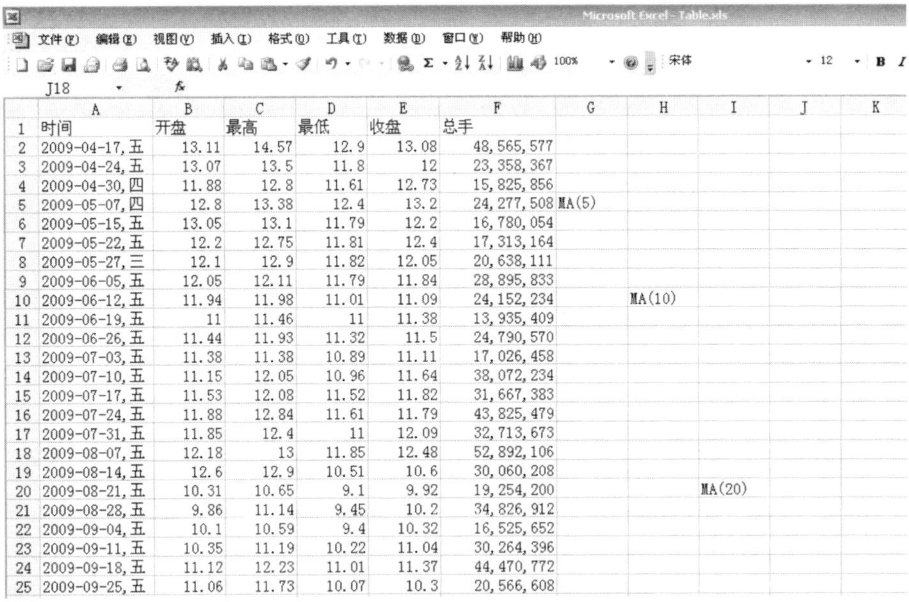

图3-53 南天信息数据（移动平均线（1））

步骤二：选定单元格，在图3-54中单击上方的fx，出现命令窗口，选择"AVERAGE"。

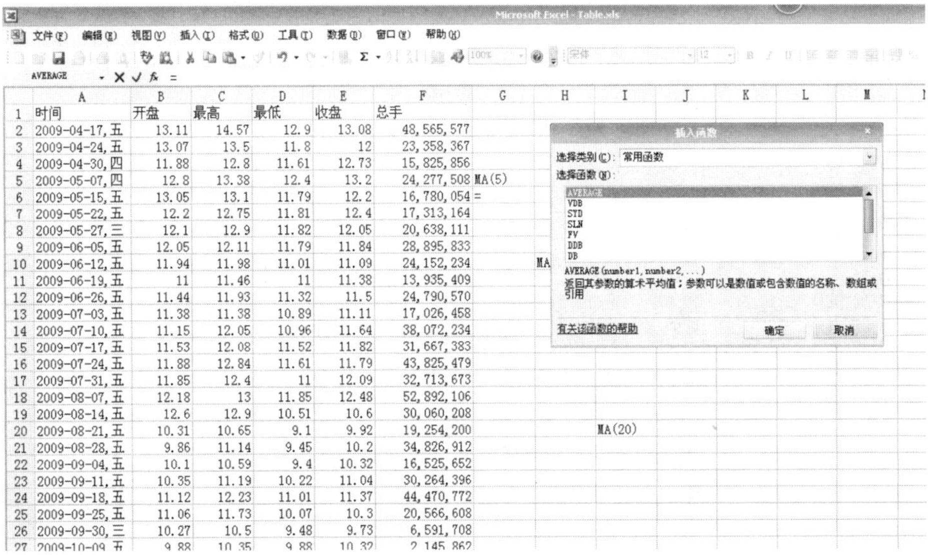

图3-54 南天信息数据（移动平均线（2））

步骤三：选定计算所需单元格，单击"确定"，计算得出MA（5），如图3-55所示。选定单元格，单击鼠标右键，选择"设置单元格格式"，在"数值"选项中将小数位改为2位，单击"确定"，如图3-56所示。

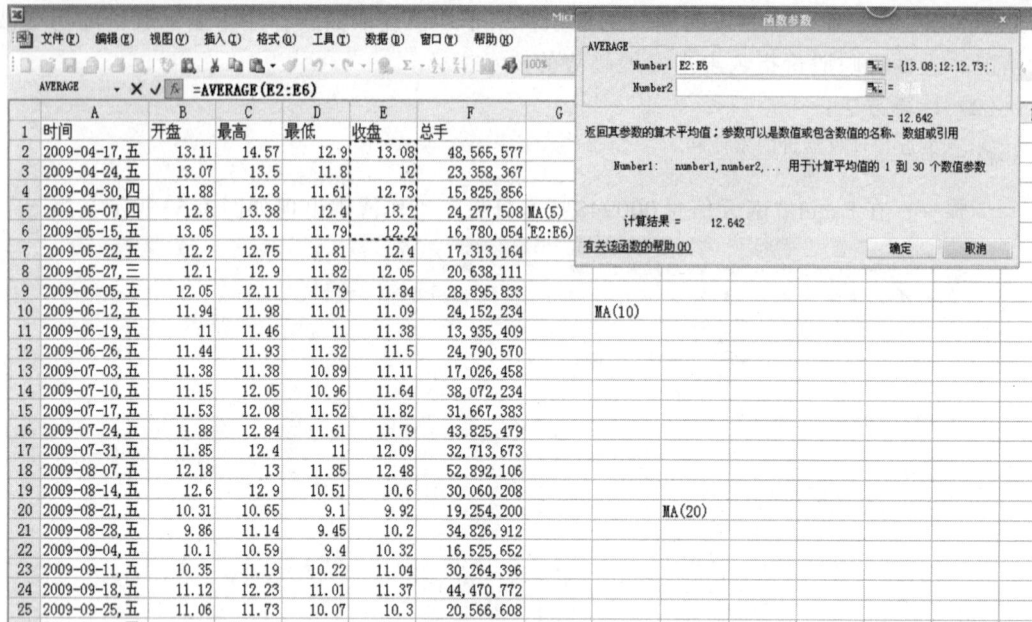

图3-55　南天信息数据（移动平均线（3））

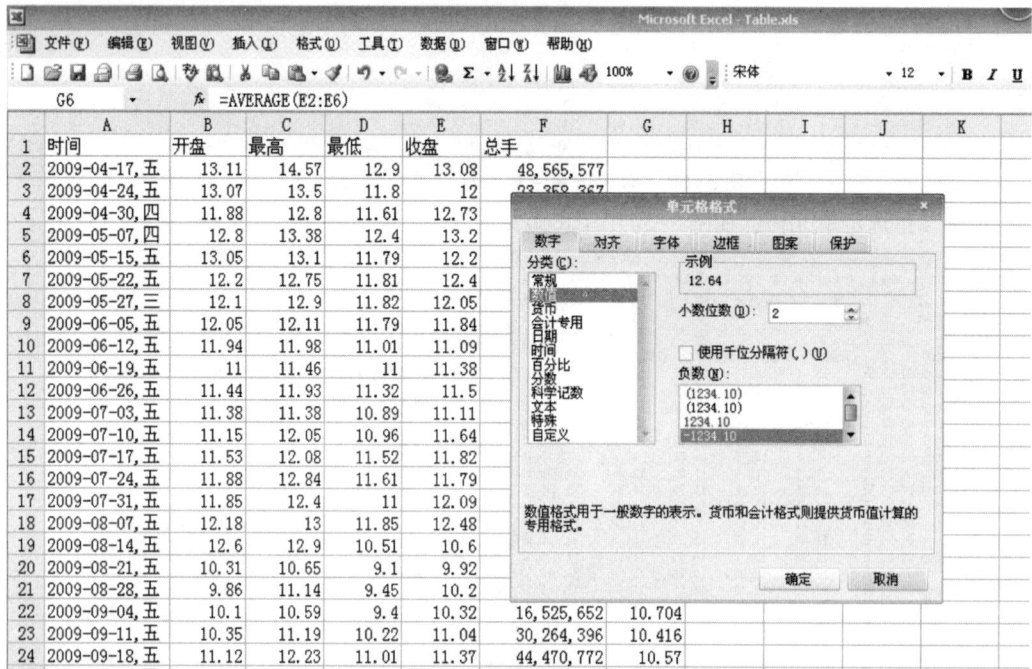

图3-56　南天信息数据（移动平均线（4））

步骤四：计算MA（10）、MA（20）、MA（30），方法同步骤三，计算结果如图3-57所示。

							MA(5)	MA(10)	MA(20)
231	2013-10-11, 五	8.34	8.84	8.11	8.57	20,610,474	8.50	8.48	7.96
232	2013-10-18, 五	8.53	8.57	7.98	8.23	19,449,587	8.39	8.49	8.00
233	2013-10-25, 五	8.24	8.71	8.01	8.2	18,782,732	8.31	8.51	8.07
234	2013-11-01, 五	8.14	8.16	7.4	7.78	7,693,914	8.22	8.36	8.11
235	2013-11-08, 五	7.75	7.96	7.41	7.5	6,699,001	8.06	8.29	8.13
236	2013-11-15, 五	7.5	7.85	7.23	7.68	7,998,641	7.88	8.19	8.18
237	2013-11-22, 五	7.7	7.92	7.64	7.66	14,463,887	7.76	8.08	8.21
238	2013-11-29, 五	7.65	7.98	7.62	8.14	23,706,085	7.75	8.03	8.23
239	2013-12-06, 五	7.99	7.99	7.4	7.76	15,081,821	7.75	7.99	8.22
240	2013-12-13, 五	7.75	7.85	7.6	7.79	8,808,079	7.81	7.93	8.19
241	2013-12-20, 五	7.8	7.81	7.37	7.43	6,478,467	7.76	7.82	8.15
242	2013-12-27, 五	7.47	7.75	7.25	7.69	7,253,503	7.76	7.76	8.13
243	2014-01-03, 五	7.7	7.86	7.65	7.84	7,718,731	7.70	7.73	8.12
244	2014-01-10, 五	7.82	8.35	7.4	7.4	31,546,025	7.63	7.69	8.02
245	2014-01-17, 五	7.43	7.7	7.3	7.63	8,801,180	7.60	7.70	8.00
246	2014-01-24, 五	7.58	8.24	7.58	8.18	14,329,612	7.75	7.75	7.97
247	2014-01-30, 四	8.1	8.57	7.98	8.34	15,885,236	7.88	7.82	7.95
248	2014-02-07, 五	8.35	8.66	8.2	8.6	4,386,843	8.03	7.87	7.95
249	2014-02-14, 五	8.6	8.91	8.47	8.62	23,428,058	8.27	7.95	7.97
250	2014-02-21, 五	8.62	9.27	8.55	8.8	29,757,220	8.51	8.05	7.99
251	2014-02-25, 二	8.71	9.46	8.56	8.61	14,883,499	8.59	8.17	7.99
252							MA(5)	MA(10)	MA(20)
253									

图 3-57　南天信息数据（移动平均线（5））

步骤五：按住 Ctrl 键选定"时间"、MA（5）、MA（10）、MA（20），选定空白单元格，点击菜单栏"插入—图表—折线图"，绘图结果如图 3-58 所示。

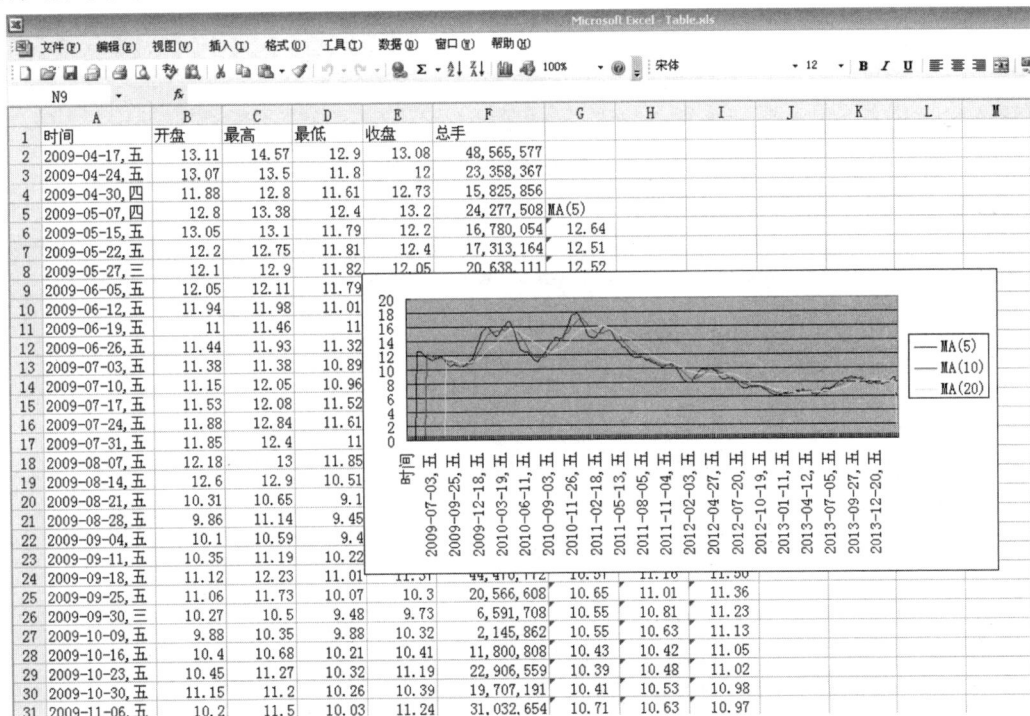

图 3-58　南天信息数据（移动平均线（6））

3.7.3　技术指标计算分析——指数平滑移动平均线（EXPMA）

（1）定义：指数平滑移动平均线是一种趋向类指标，其构造原理是对价格收盘价进行算术平均，并根据计算结果进行分析，用于判断价格未来走势的变动趋势。

（2）计算方法：

EXPMA$_{n+1}$（12）=EXPMA$_n$（12）×11/（12+1）+P$_{n+1}$×2/（12+1）

EXPMA$_{n+1}$（26）=EXPMA$_n$（26）×25/（26+1）+P$_{n+1}$×2/（26+1）

步骤一：选定单元格，采用参数12和26，两组数据初始值为当日收盘价6.68，输入EXPMA（12）公式，如图3-59所示。

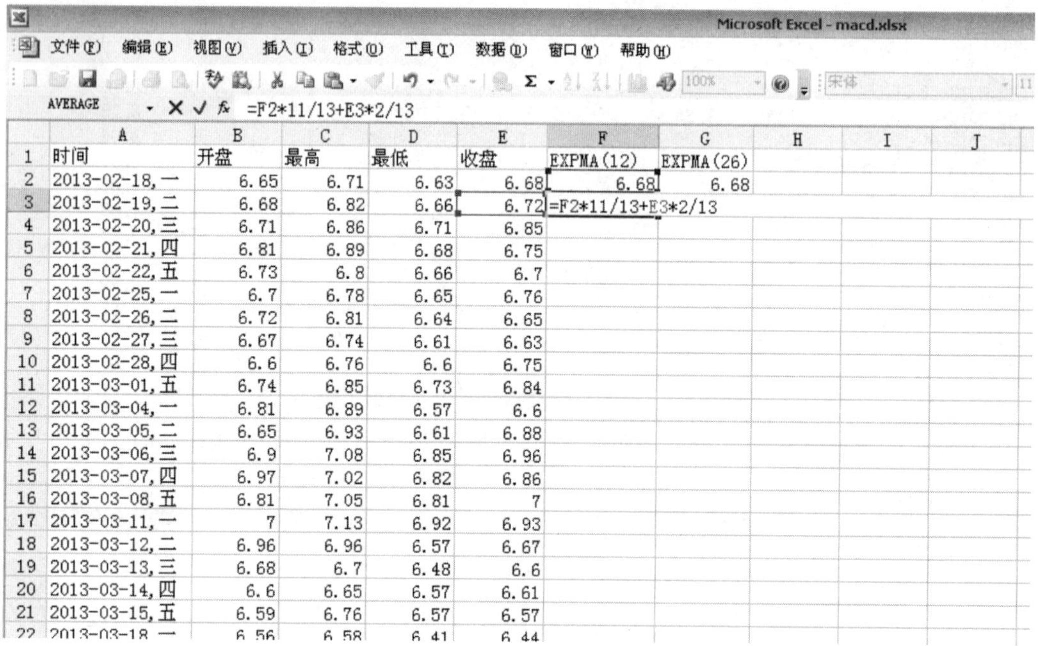

图3-59 南天信息数据（指数平滑（1））

步骤二：同理计算EXPMA（26），如图3-60所示。

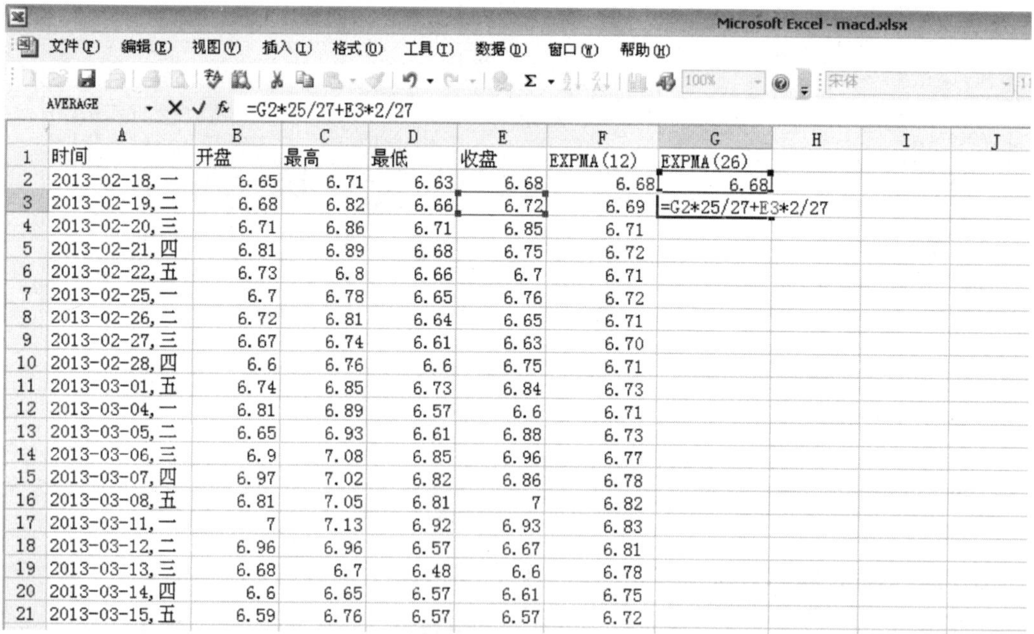

图3-60 南天信息数据（指数平滑（2））

步骤三：结果如图3-61所示。

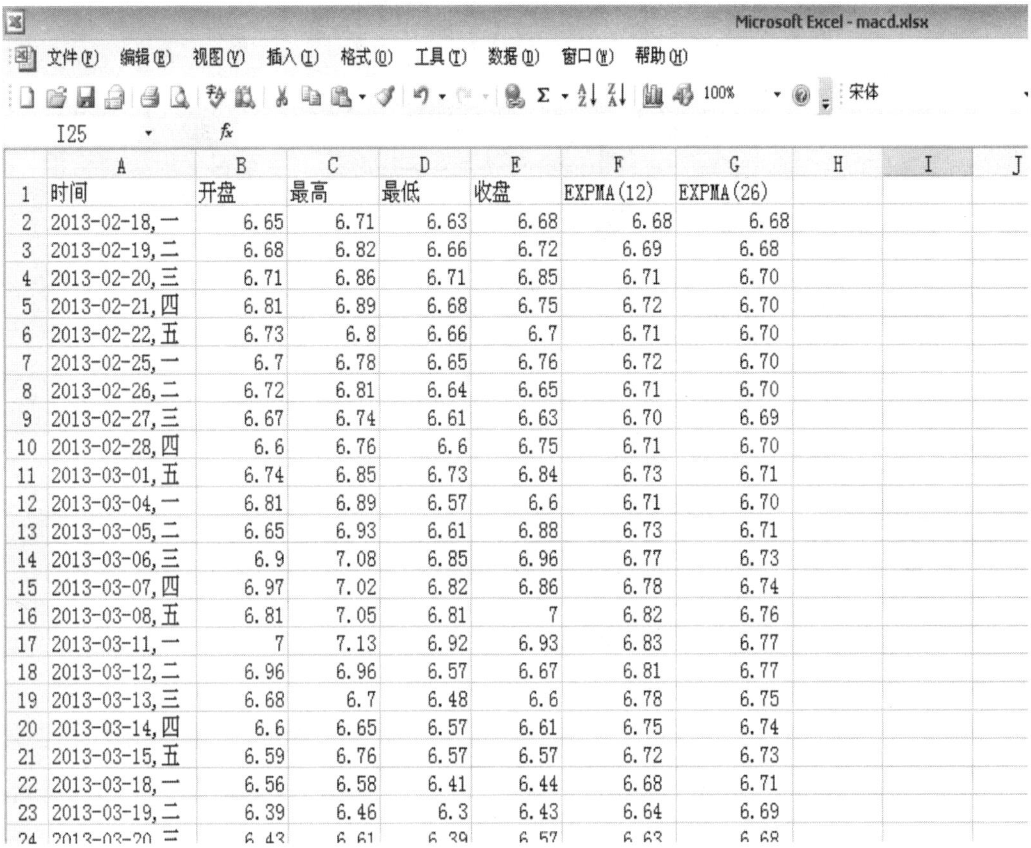

图3-61　南天信息数据（指数平滑（3））

3.7.4　技术指标计算分析——平滑异同移动平均线（MACD）

（1）定义：MACD是从双移动平均线发展而来的，由快的移动平均线减去慢的移动平均线得到。

MACD从负数转向正数，是买的信号；MACD从正数转向负数，是卖的信号。

当MACD以大角度变化时，表示快的移动平均线和慢的移动平均线的差距非常迅速地拉开，代表了一个市场大趋势的转变。

（2）计算方法：

①$EXPMA_{n+1}(12) = EXPMA_n(12) \times 11/(12+1) + P_{n+1} \times 2/(12+1)$

$EXPMA_{n+1}(26) = EXPMA_n(26) \times 25/(26+1) + P_{n+1} \times 2/(26+1)$

②$DIF = EXPMA(12) - EXPMA(26)$

③$DEA_t = \frac{7}{9} \times DIF_{t-1} + \frac{2}{9} \times DIF_t$

④$BAR = 2 \times (DIF - MACD)$

⑤$MACD = (DIF_{t+1} + DIF_{t+2} + \cdots + DIF_{t+10})/10$

步骤一：选定单元格，利用DIF公式得出结果，如图3-62所示。

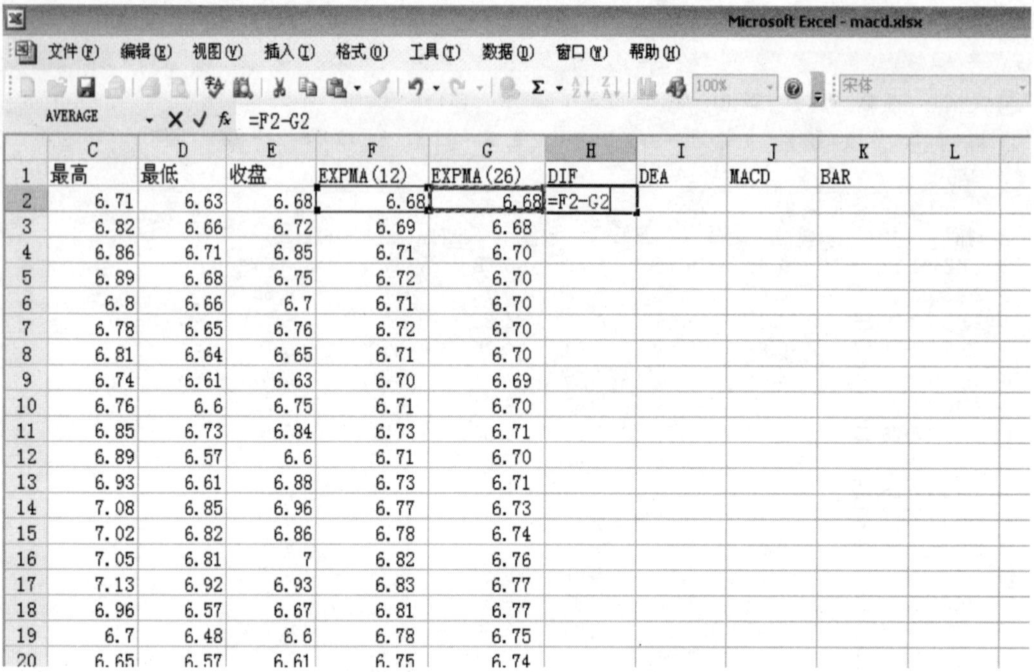

图 3-62　南天信息数据（MACD（1））

步骤二：DIF结果如图3-63所示。

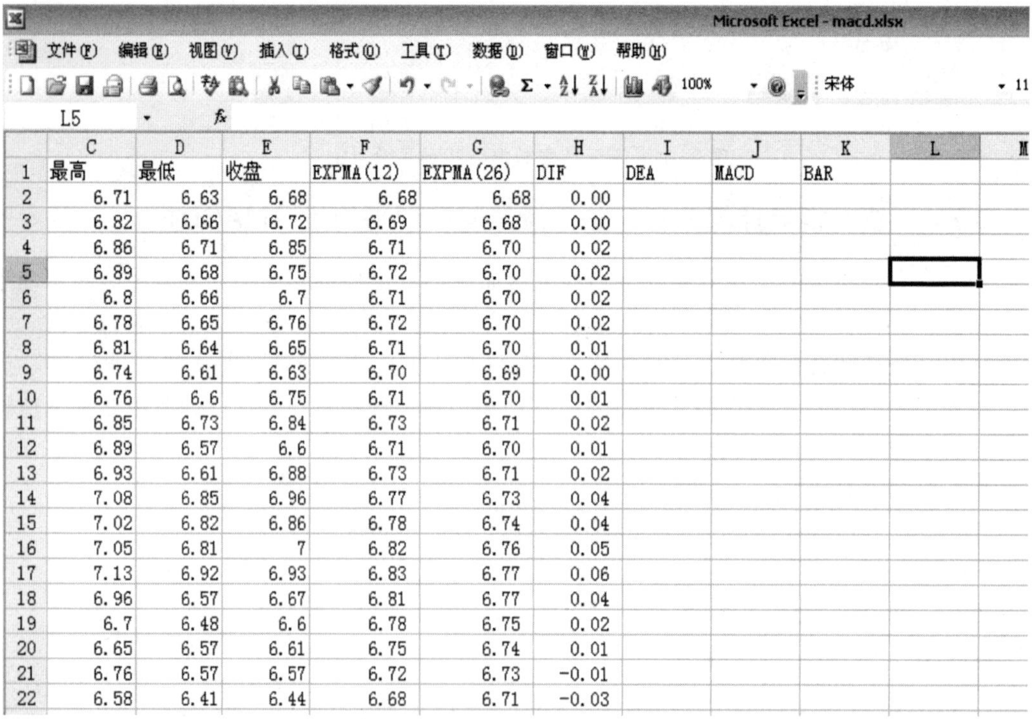

图 3-63　南天信息数据（MACD（2））

步骤三：选定单元格，利用DEA公式得出结果，如图3-64所示。

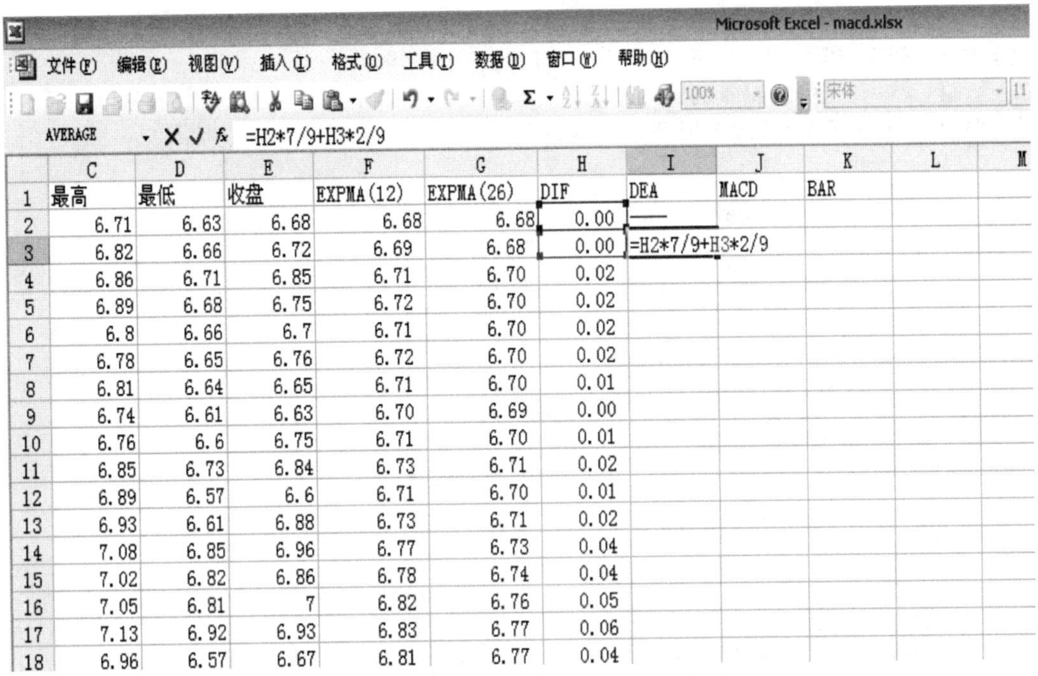

	C	D	E	F	G	H	I	J	K	L	M
1	最高	最低	收盘	EXPMA(12)	EXPMA(26)	DIF	DEA	MACD	BAR		
2	6.71	6.63	6.68	6.68	6.68	0.00	——				
3	6.82	6.66	6.72	6.69	6.68	0.00	=H2*7/9+H3*2/9				
4	6.86	6.71	6.85	6.71	6.70	0.02					
5	6.89	6.68	6.75	6.72	6.70	0.02					
6	6.8	6.66	6.7	6.71	6.70	0.02					
7	6.78	6.65	6.76	6.72	6.70	0.02					
8	6.81	6.64	6.65	6.71	6.70	0.01					
9	6.74	6.61	6.63	6.70	6.69	0.00					
10	6.76	6.6	6.75	6.71	6.70	0.01					
11	6.85	6.73	6.84	6.73	6.71	0.02					
12	6.89	6.57	6.6	6.71	6.70	0.01					
13	6.93	6.61	6.88	6.73	6.71	0.02					
14	7.08	6.85	6.96	6.77	6.73	0.04					
15	7.02	6.82	6.86	6.78	6.74	0.04					
16	7.05	6.81	7	6.82	6.76	0.05					
17	7.13	6.92	6.93	6.83	6.77	0.06					
18	6.96	6.57	6.67	6.81	6.77	0.04					

图3-64　南天信息数据（MACD（3））

步骤四：DEA结果如图3-65所示。

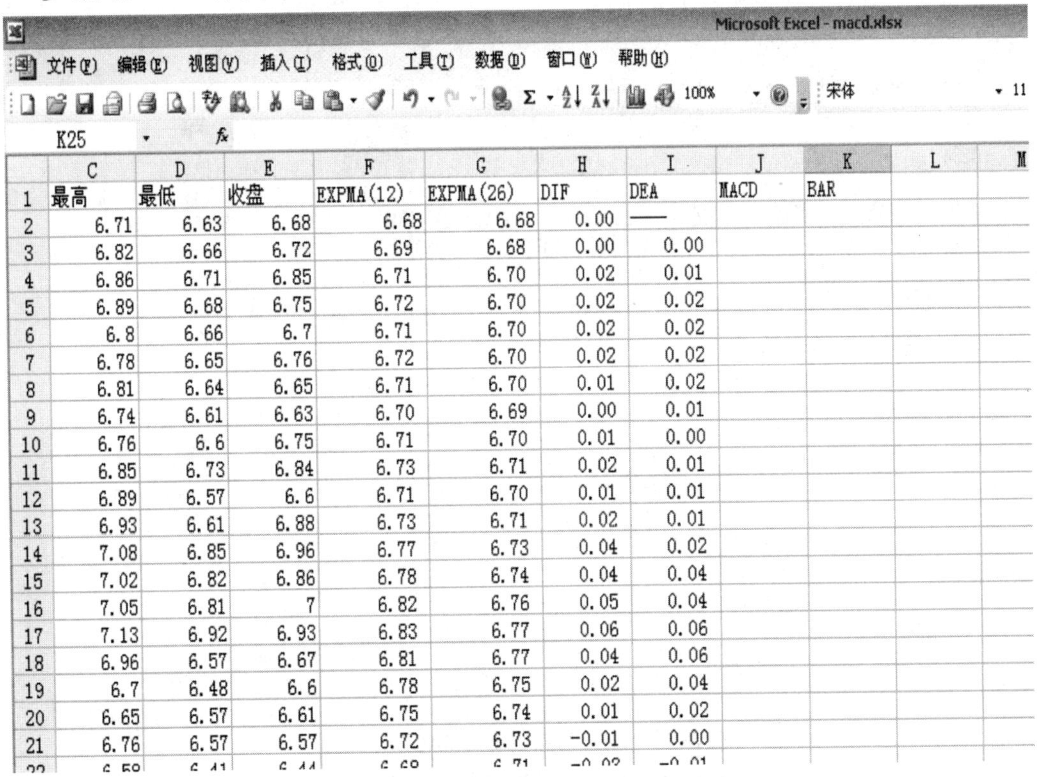

	C	D	E	F	G	H	I	J	K	L	M
1	最高	最低	收盘	EXPMA(12)	EXPMA(26)	DIF	DEA	MACD	BAR		
2	6.71	6.63	6.68	6.68	6.68	0.00	——				
3	6.82	6.66	6.72	6.69	6.68	0.00	0.00				
4	6.86	6.71	6.85	6.71	6.70	0.02	0.01				
5	6.89	6.68	6.75	6.72	6.70	0.02	0.02				
6	6.8	6.66	6.7	6.71	6.70	0.02	0.02				
7	6.78	6.65	6.76	6.72	6.70	0.02	0.02				
8	6.81	6.64	6.65	6.71	6.70	0.01	0.02				
9	6.74	6.61	6.63	6.70	6.69	0.00	0.01				
10	6.76	6.6	6.75	6.71	6.70	0.01	0.00				
11	6.85	6.73	6.84	6.73	6.71	0.02	0.01				
12	6.89	6.57	6.6	6.71	6.70	0.01	0.01				
13	6.93	6.61	6.88	6.73	6.71	0.02	0.01				
14	7.08	6.85	6.96	6.77	6.73	0.04	0.02				
15	7.02	6.82	6.86	6.78	6.74	0.04	0.04				
16	7.05	6.81	7	6.82	6.76	0.05	0.04				
17	7.13	6.92	6.93	6.83	6.77	0.06	0.06				
18	6.96	6.57	6.67	6.81	6.77	0.04	0.06				
19	6.7	6.48	6.6	6.78	6.75	0.02	0.04				
20	6.65	6.57	6.61	6.75	6.74	0.01	0.02				
21	6.76	6.57	6.57	6.72	6.73	-0.01	0.00				

图3-65　南天信息数据（MACD（4））

步骤五：选定单元格，利用MACD公式得出结果，如图3-66所示。

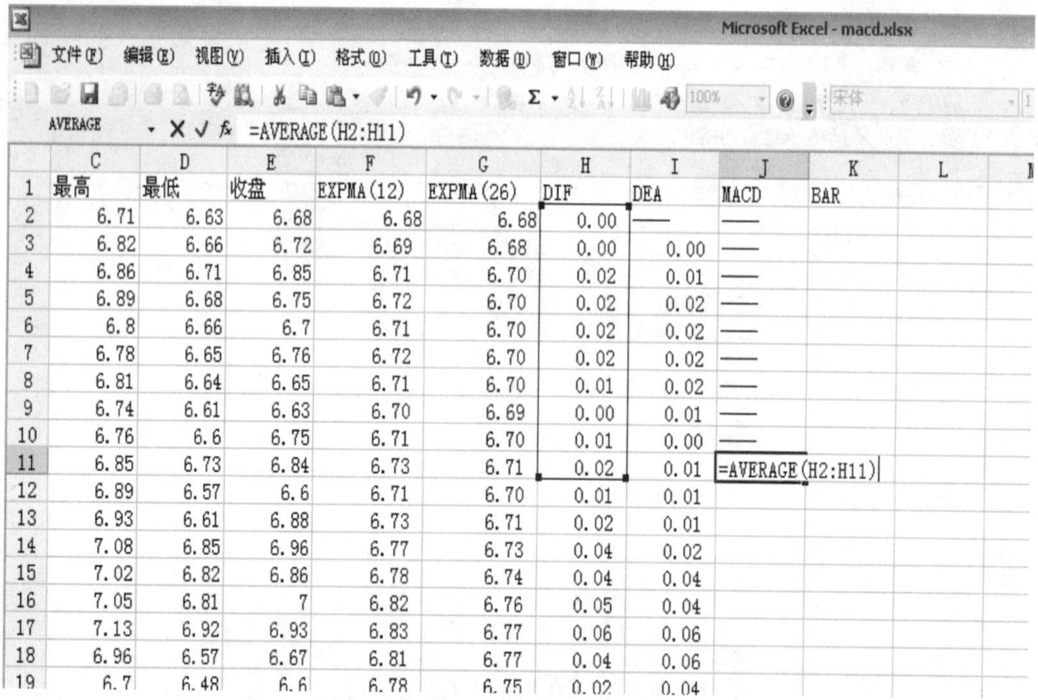

图3-66　南天信息数据（MACD（5））

步骤六：MACD结果如图3-67所示。

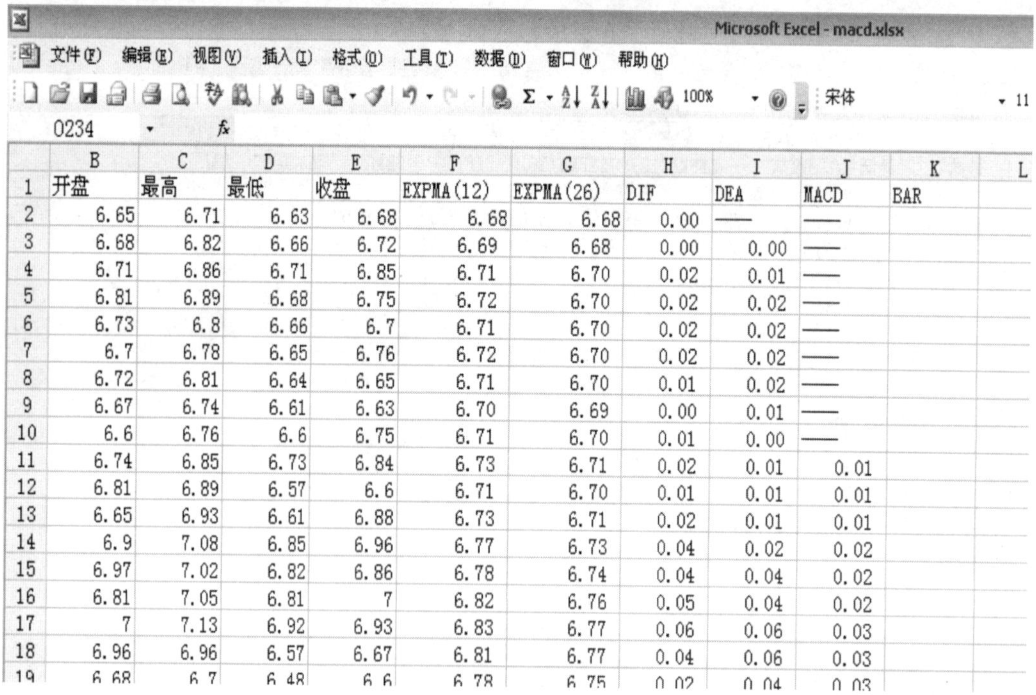

图3-67　南天信息数据（MACD（6））

步骤七：选定单元格，利用BAR公式得出结果，如图3-68所示。

Microsoft Excel - macd.xlsx

文件(F) 编辑(E) 视图(V) 插入(I) 格式(O) 工具(T) 数据(D) 窗口(W) 帮助(H)

AVERAGE ✗ ✓ fx =2*(H11-J11)

	B 开盘	C 最高	D 最低	E 收盘	F EXPMA(12)	G EXPMA(26)	H DIF	I DEA	J MACD	K BAR	L
2	6.65	6.71	6.63	6.68	6.68	6.68	0.00	——		
3	6.68	6.82	6.66	6.72	6.69	6.68	0.00	0.00		——
4	6.71	6.86	6.71	6.85	6.71	6.70	0.02	0.01		——
5	6.81	6.89	6.68	6.75	6.72	6.70	0.02	0.02		——
6	6.73	6.8	6.66	6.7	6.71	6.70	0.02	0.02		——
7	6.7	6.78	6.65	6.76	6.72	6.70	0.02	0.02		——
8	6.72	6.81	6.64	6.65	6.71	6.70	0.01	0.02		——
9	6.67	6.74	6.61	6.63	6.70	6.69	0.00	0.01		——
10	6.6	6.76	6.6	6.75	6.71	6.70	0.01	0.00		——
11	6.74	6.85	6.73	6.84	6.73	6.71	0.02	0.01	0.01	=2*(H11-J11)
12	6.81	6.89	6.57	6.6	6.71	6.70	0.01	0.01	0.01	
13	6.65	6.93	6.61	6.88	6.73	6.71	0.02	0.01	0.01	
14	6.9	7.08	6.61	6.85	6.77	6.73	0.04	0.02	0.02	
15	6.97	7.02	6.82	6.86	6.78	6.74	0.04	0.04	0.02	
16	6.81	7.05	6.81	7	6.82	6.76	0.05	0.04	0.02	
17	7	7.13	6.92	6.93	6.83	6.77	0.06	0.06	0.03	
18	6.96	6.96	6.57	6.67	6.81	6.77	0.04	0.04	0.03	
19	6.68	6.7	6.48	6.6	6.78	6.75	0.02	0.02	0.03	
20	6.6	6.65	6.57	6.61	6.75	6.74	0.01	0.02	0.03	
21	6.59	6.76	6.57	6.57	6.72	6.73	-0.01	0.00	0.02	
22	6.56	6.58	6.41	6.44	6.68	6.71	-0.03	-0.01	0.02	
23	6.39	6.46	6.3	6.43	6.64	6.69	-0.05	-0.03	0.01	
24	6.43	6.61	6.39	6.66	6.63	6.68	-0.05	-0.05	0.01	
25	6.55	6.68	6.55		6.63	6.68	-0.04	-0.05		

图3-68 南天信息数据（MACD（7））

步骤八：BAR结果如图3-69所示。

Microsoft Excel - macd.xlsx

文件(F) 编辑(E) 视图(V) 插入(I) 格式(O) 工具(T) 数据(D) 窗口(W) 帮助(H)

M22 ▼ fx

	B 开盘	C 最高	D 最低	E 收盘	F EXPMA(12)	G EXPMA(26)	H DIF	I DEA	J MACD	K BAR
2	6.65	6.71	6.63	6.68	6.68	6.68	0.00	——		
3	6.68	6.82	6.66	6.72	6.69	6.68	0.00	0.00		——
4	6.71	6.86	6.71	6.85	6.71	6.70	0.02	0.01		——
5	6.81	6.89	6.68	6.75	6.72	6.70	0.02	0.02		——
6	6.73	6.8	6.66	6.7	6.71	6.70	0.02	0.02		——
7	6.7	6.78	6.65	6.76	6.72	6.70	0.01	0.02		——
8	6.72	6.81	6.64	6.65	6.71	6.70	0.01	0.01		——
9	6.67	6.74	6.61	6.63	6.70	6.69	0.00	0.01		——
10	6.6	6.76	6.6	6.75	6.71	6.70	0.01	0.00		——
11	6.74	6.85	6.73	6.84	6.73	6.71	0.02	0.01	0.01	0.01
12	6.81	6.89	6.57	6.6	6.71	6.70	0.01	0.01	0.01	-0.01
13	6.65	6.93	6.61	6.88	6.73	6.71	0.02	0.01	0.01	0.04
14	6.9	7.08	6.61	6.85	6.96	6.77	0.04	0.02	0.02	0.04
15	6.97	7.02	6.82	6.86	6.78	6.74	0.04	0.04	0.02	0.05
16	6.81	7.05	6.81	7	6.82	6.76	0.05	0.04	0.02	0.07
17	7	7.13	6.92	6.93	6.83	6.77	0.06	0.06	0.03	0.07
18	6.96	6.96	6.57	6.67	6.81	6.77	0.04	0.04	0.03	0.03
19	6.68	6.7	6.48	6.6	6.78	6.75	0.02	0.04	0.03	-0.02
20	6.6	6.65	6.57	6.61	6.75	6.74	0.01	0.02	0.03	-0.05
21	6.59	6.76	6.57	6.57	6.72	6.73	-0.01	0.00	0.03	-0.07
22	6.56	6.58	6.41	6.44	6.68	6.71	-0.03	-0.01	0.02	-0.11
23	6.39	6.46	6.3	6.43	6.64	6.69	-0.05	-0.03	0.02	-0.13

图3-69 南天信息数据（MACD（8））

（3）使用方法：

黄线：DEA。白线：DIF。

①当DIF与DEA两指标位于0轴上方时，说明大势处于多头市场，投资者应当以持股为主要策略（注意：若DIF由下向上与DEA产生交叉，并不代表一种买入信号，此时的大盘走势已是一个短期高点，应当采用高抛低吸的策略）。

②当DIF与DEA两指标位于0轴下方时，说明大势属于空头市场，投资者应当以持币为主要策略（注意：若DIF由上向下交叉DEA时，会产生一个调整低点。一般情况下，在此之后会有一波反弹行情，这是投资者一次很好的平仓机会）。

③金叉：黄线由上而下交叉白线。

④死叉：白线由下而上交叉黄线。

⑤BAR的使用：当横轴下面的绿线缩短的时候买入；当横轴上面的红线缩短的时候卖出。

实验任务

作业1.通过某证券行情软件，下载3只股票从2010年年初至2015年12月底的日收盘价格（后复权）和涨跌幅度，以Excel形式保存。

作业2.从国家统计局网站（www.stats.gov.cn）下载1978—2015年我国国内生产总值（GDP）年数据、1989—2015年居民消费价格指数（1985=100）年数据和1980—2014年居民消费水平年数据，并以Excel形式保存。

作业3.从中国人民银行网站（www.pbc.gov.cn）下载2000年1月—2015年12月我国货币发行量（M_0、M_1和M_2）月度数据，并以Excel形式保存。

作业4.从美联储网站（www.federalreserve.gov/releases/h15/data.htm）下载3个月期短期国库券（3-month T-bill）、30年期国库债券（30-year T-bond）、Aaa级公司债券、Baa级公司债券的月度收益率和消费价格指数（CPI）月度数据，并以Excel形式保存。

作业5.根据作业1的数据，计算3只股票的日收益率（百分比收益率）和标准差，并选择一只股票绘制价格的直方图。

作业6.参考3.7节股票指标计算方法，计算动向指标DMI，并绘制折线图。

第 4 章

久期计算及风险模拟实验

久期是一种测度债券发生现金流的平均期限的方法，是债券投资中一个十分重要的工具。在证券投资学教学过程中同学们普遍反映这一概念非常抽象并难以理解。为此，本章在介绍利率期限结构的理论基础上通过 Excel 软件一步一步指导学生们如何计算债券的久期，并通过久期来测算当利率波动时债券价格的变化率和商业银行的资产负债风险管理。

|4.1| 久期理论及经济含义

1938 年，麦考莱（Macaulay）提出了债券久期的概念，他利用债券的加权平均期限来计算债券的平均到期时间，权重由第 i 期的现金流对债券价格的比例决定，用公式可以表示为：

$$D = \frac{\sum_{i=1}^{n} PV(C_i) \times i}{P} = \frac{\sum_{i=1}^{n} \frac{C_i}{(1+r)^i} \times i}{P} \tag{4-1}$$

其中，P 表示债券的市场价格，PV（C_i）表示债券第 i 期收到的现金流的现值；C_i 表示第 i 期的现金流；r 表示贴现率。麦考莱认为债券的实际投资期限，即投资者收回债券的实际期限并不一定就是票面约定期限。对于某种分期付息的债券而言，尽管每期支付利息的绝对额是相同的，但它们的现值是不同的。假定贴现率是固定的，距离当期越远的现金流现值越小，那么对于收回债券初始投资成本的贡献就越小。

为了体现出久期的真正价值，研究者们对久期进行了深入研究。由于债券的价格等于债券所有未来现金流的现值之和，即：

$$P = \sum_{i=1}^{n} \frac{C_i}{(1+r)^i} \tag{4-2}$$

将公式（4-2）对 r 求导得：

$$\frac{dP}{dr} = -\sum_{i=1}^{n} \frac{C_i \cdot i}{(1+r)^{i+1}} \tag{4-3}$$

整理得出：

$$\frac{dP}{P} = -D \cdot \frac{dr}{1+r} \tag{4-4}$$

由公式（4-4）可以看出，债券价格变动率等于久期乘以（1+债券的到期收益率）的变动率。为了更加直观地反映出利率变动对债券价格变动的影响，Hicks于1939年提出了修正久期，修正久期 $D^*=D/(1+r)$，则公式（4-4）变为：

$$\Delta P/P = -D^* \times \Delta r \tag{4-5}$$

公式（4-5）表示，债券价格变化的百分比刚好等于修正久期与债券到期收益率变化的乘积。负号表示债券到期收益率与价格呈反向变化。而且，D^* 越大，单位利率变动引起的债券价格变动就越大，利率风险也就越大；反之，D^* 越小，利率风险就越小。

简单来说，久期就是债券价格相对于利率水平正常变动的敏感度。如果一只短期债券型基金的投资组合久期是2.0，那么利率每变化1个百分点，该基金价格将上升或下降2%；如果一只长期债券型基金的投资组合久期是12.0，那么利率每变化1个百分点，其价格将上升或下降12%。

4.1.1　利用久期控制利率风险

在债券投资里，久期可以被用来衡量债券或者债券组合的利率风险，一般来说，久期和债券的到期收益率成反比，和债券的剩余年限及票面利率成正比。

对于一个普通的附息债券，如果债券的票面利率和其当前的收益率相当的话，该债券的久期就等于其剩余年限。当一个债券是贴现发行的无票面利率债券，那么该债券的剩余年限就是其久期。

债券的久期越大，利率的变化对该债券价格的影响也越大，因此风险也越大。在降息时，久期大的债券上升幅度较大；在升息时，久期大的债券下跌幅度也较大。因此，预期未来升息时，可选择久期小的债券。在债券分析中，久期已经超越了时间的概念，投资者更多地把它用来衡量债券价格变动对利率变化的敏感度，并且经过一定的修正，以使其能精确地量化利率变动对债券价格造成的影响。修正久期越大，债券价格对收益率的变动就越敏感，收益率上升所引起的债券价格下降幅度就越大，而收益率下降所引起的债券价格上升幅度也越大。

债券对利率变动的反应特征如下：债券价格与利率变化反向变动；在给定利率变化水平下，长期债券价格变动较大，因此债券价格变化直接与期限有关；随着到期时间的增加，债券对于利率变化的敏感度是以一个递减的速度增长的；由相同幅度的到期收益率的绝对变化带来的价格变化是非对称的，具体来说，在期限给定条件下，到期收益率降低引起的价格上升大于到期收益率上升（相同幅度）引起的价格下降；票息高的债券比那些票息低的债券对利率的敏感性要低。

4.1.2　利用久期进行免疫

所谓免疫，就是构建这样的一个投资组合，在组合内部，利率变化对债券价格的影响可以互相抵消，因此组合在整体上对利率不具有敏感性。而构建这样的组合的基本方法就是通过久期的匹配，使附息债券可以精确地近似于零息债券。利用久期进行免疫是一种消极的投资策略，组合管理者并不是通过利率预测去追求超额报酬，而只是通过组合的构建，在回避利率波动风险的条件下实现既定的收益率目标。在组合品种的设计中，除了国债可以选入组合外，部分收益率较高的企业债券及金融债券也能加入投资组合，条件是控制好匹配的久期。

但是，免疫策略本身带有一定的假设条件。首先，收益率曲线的变动不是很大，到期收益率的高低与市场利率的变化之间有一个平衡点，一旦收益率确实发生了很大的变动，则投资组合不再具有免疫作用，需要进行再免疫，或是再平衡；其次，免疫严格限定了到期支付日，对于那些支付或终止期不能确定的投资项目而言并不是最优的；最后，投资组合的免疫作用仅对于即期利率的平行移动有效，对于其他变动，需要进一步拓展应用。

4.1.3 利用久期优化投资组合

进行免疫后的投资组合，虽然降低了利率波动的风险，但是组合的收益率却会偏低。为了实现在免疫的同时也能增加投资的收益率，可以使用回购放大的办法来改变某一个债券的久期，然后修改免疫方程式，找到新的免疫组合比例，这样就可以提高组合的收益率。但是，在回购放大操作的同时，投资风险也在同步放大，因此要严格控制放大操作的比例。

|4.2| 利率期限结构理论

为了更直观地解释久期，我们必须先对利率期限结构进行推导。利率期限结构（Term Structure of Interest Rates）是指在某一时点上，不同期限资金的收益率（Yield）与到期期限（Maturity）之间的关系。

债券期限的长短对其收益率有着重要的影响。具有相同风险、流动性和税收待遇的债券，由于离到期日的时间不同，其利率也可能不同。债券的收益率与债券到期期限构成的"利率-期限"曲线被称为收益率曲线，两者之间的关系就是利率期限结构。利率的期限结构反映了不同期限的资金供求关系，揭示了市场利率的总体水平和变化方向，为投资者从事债券投资和政府有关部门加强债券管理提供可参考的依据。

4.2.1 利率的计算方法

1）单利

单利（Simple Interest）就是在计算借贷资金的到期利息时只考虑借贷的本金金额，而不考虑期间利息的因素。这是计算利息的一种最简单的方法。利用单利方式计算的借贷利息额是三个变量的线性函数：

$$I = P_0 \cdot r \cdot n \tag{4-6}$$

$$S = P_0(1 + r \cdot n) \tag{4-7}$$

其中，I表示到期后的利息额；P_0表示本金额；r表示年利率；n表示年期数；S表示到期本利和。

【例4-1】A银行向B企业发放一笔为期5年、年利率为10%的100万元贷款，则到期日B企业应付利息额与本利和分别为：

$$I = P_0 \cdot r \cdot n = 100 \times 10\% \times 5 = 50 （万元）$$

$$S = P_0(1 + r \cdot n) = 100 （1 + 10\% \times 5） = 150 （万元）$$

2）复利

复利（Compound Interest）是单利的对称，是指将按本金计算出的利息额再计入本金，重新计算利息的方法。其计算公式为：

$$I = P_0[(1 + r)^n - 1] \tag{4-8}$$

$$S = P_0(1 + r)^n \tag{4-9}$$

接上例，若其他条件不变，按复利计算到期日应付利息额与本利和分别为：

$$I = P_0[(1 + r)^n - 1] = 100 \times [(1 + 10\%)^5 - 1] = 61.051（万元）$$

$$S = P_0(1 + r)^n = 100 \times (1 + 10\%)^5 = 161.051（万元）$$

3）连续复利

连续复利（Continuous Compounding）又称无穷复利，是指付息频率趋于无穷的情况下的利息计算方法。

假设本金 P_0 以利率 r 投资了 n 年。如果利息按每一年计一次复利，则上述投资的终值为：$S = P_0(1 + r)^n$。

如果每年计 m 次复利，则终值为：$S = P_0\left(1 + \dfrac{r}{m}\right)^{mn}$。

上式当 m 趋于无穷大时，就称为连续复利：

$$\lim_{m \to \infty}\left(1 + \frac{r}{m}\right)^{mn} = e^{rn}$$

其中，e 是自然常数，其值为 2.71828。

此时的终值为：$S = P_0 e^{rn}$。

应付利息额为：$I = P_0(e^{rn} - 1)$。

接上例，若其他条件不变，按连续复利计算到期日应付利息额与本利和分别为：

$$I = P_0(e^{rn} - 1) = 100 \times (e^{0.1 \times 5} - 1) = 64.87（万元）$$

$$S = P_0 e^{rn} = 100 \times e^{0.1 \times 5} = 164.87（万元）$$

4.2.2 远期利率

远期利率（Forward Interest Rate）是指现在时刻确定的将来一定期限的利率。远期利率是由一系列即期利率决定的。我们可以用远期对远期交易来理解和计算远期利率。

【例4-2】根据题目给出条件计算第 n-1 年开始的1年期远期利率，如图4-1所示。

	A	B	C
1	年数	即期利率（实际利率）	第n-1年开始的1年期远期利率
2	1	2.00%	2.00%
3	2	3.00%	
4	3	4.00%	
5	4	5.00%	
6	5	6.00%	
7	6	7.00%	
8			

图4-1 题目给定利率

解答：

现实中我们可以观测到即期利率，并根据无套利原理将之用于远期利率的计算。以2年期的投资为例，我们可以采用两种投资策略：

（1）直接投资于2年期的利率工具，可以获得2年期利率对应的收益：

收益=（1+3.00%）^2

（2）先投资于1年期即期利率工具，并锁定第1年开始的1年期远期利率收益：

收益$=(1+2.00\%)^{\wedge}1\times(1+f_{1\times2})$

$f_{1\times2}$代表的是第1年开始至第2年的远期利率（即第1年开始的1年期远期利率）。

由此我们可以推导出第1年开始的1年期远期利率：

$f_{1\times2}=(1+3.00\%)^{\wedge}2/(1+2.00\%)^{\wedge}1-1$

Excel操作步骤：

步骤一：在Excel表格中输入公式"C3=（1+B3）^A3/（1+B2）^A2-1"。

步骤二：将光标移动至C3单元格的右下角，直至其显示为小黑十字；双击小黑十字，则单元格C4至C7的公式填充将自动完成，计算结果如图4-2所示。

	A	B	C
	C3		fx =(1+B3)^A3/(1+B2)^A2-1
1	年数	即期利率（实际利率）	第n-1年开始的1年期远期利率
2	1	2.00%	2.00%
3	2	3.00%	4.01%
4	3	4.00%	6.03%
5	4	5.00%	8.06%
6	5	6.00%	10.10%
7	6	7.00%	12.14%

图4-2　第n-1年开始的1年期远期利率计算结果

远期对远期交易：

（1）借入长期、贷出短期的综合远期交易

如果某公司实际的资金需求期是未来的6—12个月的期间，那么在0时刻，借款方可以借入期限为12个月的资金，贷出期限为6个月的资金，这样他可以立即锁定将来6—12个月期间的借款利率。

【例4-3】某客户向银行借款100万美元，借期6个月，借款从6个月之后开始执行。已知市场信息如下：银行对6个月期贷款利率标价为9.500%，12个月期贷款利率标价为9.875%。6个月以后开始的6个月期贷款的利率如何确定（如图4-3所示）？

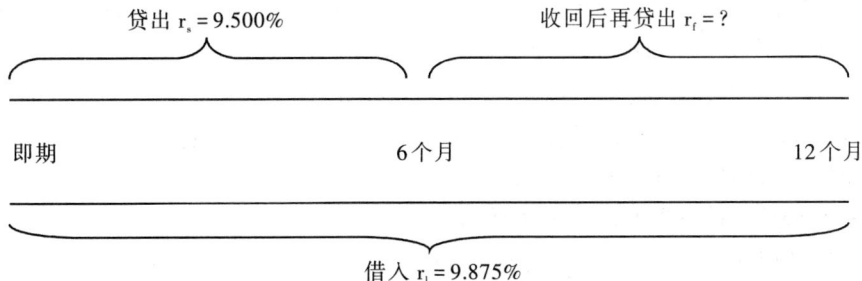

图4-3　远期利率示意图

为确定6个月以后开始的6个月期贷款的利率，银行可以做如下无风险组合操作，借入12个月期的资金来为6个月后的6个月期贷款融资，则由无风险套利理论有如下公式：

$$P\times(1+r_l)=P\times\left(1+\frac{r_s}{2}\right)\times\left(1+\frac{r_f}{2}\right)$$

即　　$$(1+r_l)=\left(1+\frac{r_s}{2}\right)\times\left(1+\frac{r_f}{2}\right) \tag{4-10}$$

其中，P表示本金； r_s 表示期限较短的利率； r_l 表示期限较长的利率； r_f 表示远期利率。

将数据代入公式：

$(1+9.875\%) = (1+9.500\%/2)(1+r_f/2)$

计算得出： $r_f = 9.780\%$ 。

（2）借入短期、贷出长期的综合远期交易

如果已知将来某一时期会有一笔资金到位，并希望到时将这笔资金用于投资，为了确定这笔资金将来的投资收益，可以借入3个月期资金，并立即存款6个月。3个月过后，将预期收到的资金用于归还借款。我们把这种组合交易所构成的金融结构称作借入短期、贷出长期的综合远期结构。

【例4-4】某银行按10%的年利率借入100万美元的资金，借期为30天；同时按15%的年利率进行贷款，贷款期限为60天。银行需要确定第二个30天的借款利率是多少，才能确保这笔交易没有风险（如图4-4所示）。

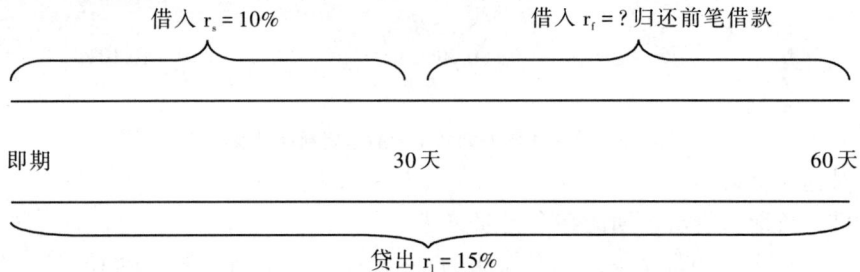

图 4-4 远期利率示意图

（1）按10%的年利率借款，支付的借款利息为：1 000 000×30/360×10% = 8 333.33（美元）。

（2）按15%的年利率贷款，收入的贷款利息为：1 000 000×60/360×15% = 25 000（美元）。

（3）为了对第二个30天的借款进行融资，并偿还第一个30天的借款利息，银行还需借入资金：1 000 000 + 8 333.33 = 1 008 333.33（美元）。

（4）银行的利差收入为：25 000 – 8 333.33 = 16 666.67（美元）。

这笔利差收入应该等于第二笔借款的利息支出，银行才能避免亏损，即：

16 666.67 = 1 008 333.33×30/360×r

则 r = 19.83% ，即远期利率为19.83%。

计算公式如下：

$$r_f = \frac{r_l \times N_l - r_s \times N_s}{(N_l - N_s) \times [1 + (r_s \times N_s) \div B]} \quad (4-11)$$

其中，N、B为天数；其他同式（4-10）。

尽管客户对远期贷款的需求量很大，但银行没有热情，原因如下：

（1）占用信贷额度和资金；

（2）表内业务要交纳准备金（资本充足率要求）。

重要的创新就是表外业务、不用本金的远期利率协议（FRA）。

4.2.3 远期利率协议

1）远期利率协议的概念

远期利率协议（Forward Rate Agreements，FRA）是买卖双方同意从未来某一商定的时期开始在某一特定时期内按协议利率借贷一笔数额确定、以具体货币表示的名义本金的协议。

远期利率协议的买方是名义借款人，卖方则是名义贷款人。

到期日时，根据约定利率与参考利率差，协议一方向另一方补偿利息差额，不发生本金交换，也没有借贷本金的义务。

按照协议双方对风险的偏好可分为：避险者：避开利率变动的风险；投机者：获得希望的利率风险。

远期利率协议是 20 世纪 80 年代初诞生的利率风险管理中的重要工具，是由银行提供的场外交易品种，一般发生于一家客户与一家银行或两家银行之间。

远期利率协议的优点是：简便、灵活、不需支付保证金，具体要求双方协商，仅凭信用成交。其缺点是：场外交易信用风险高，信用等级不好的交易者很难找到对手；每笔交易独立，不能出卖或冲销。

2）交易流程和重要术语

远期利率协议交易流程可以简单地用图 4-5 表示。

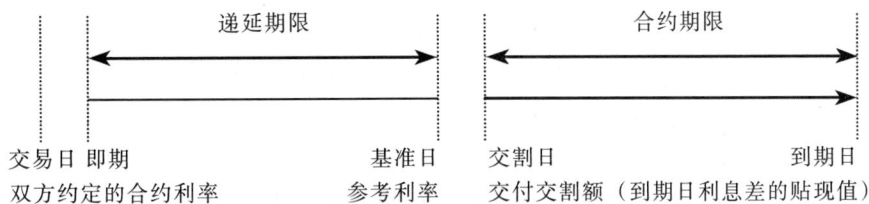

图 4-5　远期利率协议流程示意图

一些常用的术语包括：

交易日：指双方签订的 FRA 协议的执行日。

结算日（交割日）：指 FRA 协议中的名义贷款或存款的开始日，也是进行利息清算的日期。

确定日（基准日）：指决定参考利率的日子，一般在结算日（交割日）前 2 天。

到期日：指名义贷款或存款的到期日。

参照利率：指通常作为结算标准的市场利率。

结算金：指根据约定利率与参考利率差，协议一方向另一方补偿的利息差额。

3）远期利率协议的本金

远期利率协议的本金为形式本金，它与利率互换的名义本金相似，买卖双方不进行本金支付。

4）远期利率协议的参照利率

通常为 LIBOR，即伦敦同业拆放利率。

5）远期利率协议的期限

远期利率协议的期限通常为 3 个月期和 6 个月期。

6) 远期利率协议的报价

假定某日美元远期利率报价为：3×6，6.04 - 6.23。

上述报价表示在这一日起 3 个月后开始的 3 个月期限的美元存款利率，该远期利率协议买入价为 6.04%，卖出价为 6.23%。

7) 远期利率协议理论价格公式

$$i_F = \frac{i_n N - i_d D}{(N - D)\left(1 + i_d \frac{D}{360}\right)} \quad \left(\text{比较 } r_f = \frac{r_l \times N_l - r_s \times N_s}{(N_l - N_s) \times [1 + (r_s \times N_s) \div B]}\right)$$

其中，N 表示贷款或存款长期限，i_n 为其相应利率；D 表示借款或贷款短期限，i_d 为其相应利率；i_F 为远期利率。

或可用下列公式推导：

$$P\left(1 + i_n \frac{N}{360}\right) = P\left(1 + i_d \frac{D}{360}\right) \times P\left(1 + i_F \frac{N - D}{360}\right)$$

8) 结算金的计算

结算金的计算即远期利率协议利息交付差额的计算。在远期利率协议下，如果参照利率超过合同利率，那么卖方就要支付买方一笔结算金，以补偿买方在实际借款中因利率上升而产生的损失。其计算公式如下：

$$M = \frac{P(i_A - i_F)\frac{n}{360}}{1 + i_A \frac{n}{360}} = \frac{(i_A - i_F)nP}{360 + i_A n}$$

其中，i_A 为交割日参考利率 LIBOR；M 表示交割额；n = N - D。

若在交割日远期利率 i_F > LIBOR，即 $i_F > i_A$（可理解为资金价格下跌），则远期利率协议买方支付利息差额 M，卖方则为利息收取方。

如果在交割日协议利率小于参考利率，即 $i_F < i_A$（可理解为资金价格上涨），则协议卖方为净利息支付方；买方则为净利息收取方，收取金额为 M。

【例 4-5】2004 年 9 月 4 日，星期一，协议双方买卖 "1×4FRA"，面额 100 万美元，协议利率 6.25%（注：起算日通常为交易日后 2 天，即 9 月 6 日，名义贷款或存款从 10 月 6 日开始到 2001 年 1 月 8 日，因为 1 月 6 日为星期六，延到下一工作日）。结算日是 10 月 6 日，到期日是 2001 年 1 月 8 日，协议期限 94 天。参考利率将在基准日（结算日前 2 天）10 月 4 日决定。例如，10 月 4 日 LIBOR 为 7%。试计算交割额。

$$M = \frac{P(i_A - i_F)\frac{n}{360}}{1 + i_A \frac{n}{360}} = \frac{1\,000\,000 \times (7\% - 6.25\%) \times \frac{94}{360}}{1 + 7\% \times \frac{91}{360}} = 1\,923.18$$

当参考利率为 7.9% 时，$SS = \dfrac{1\,000\,000 \times (7.9\% - 8\%) \times \frac{91}{360}}{1 + 7\% \times \frac{91}{360}} = -2\,478.31$，该行付出 2 478.31 美元。

当参考利率为 8.1% 时，$SS = \dfrac{1\,000\,000 \times (8.1\% - 8\%) \times \frac{91}{360}}{1 + 8.1\% \times \frac{91}{360}} = 2\,477.08$，该行得到 2 477.08 美元。

【例4-5】根据国债数据（如图4-6所示）推算某期"零息债券收益率"。

	A	B	C
1	年数	票面利率	债券价格（面额100元）
2	0.25	0.00%	99.17
3	0.75	0.00%	97.22
4	1.00	0.00%	96.18
5	1.50	5.00%	101.12
6	1.75	5.00%	101.75
7			

图4-6　题目给定条件

假设国债每半年支付一次利息，根据以上国债价格信息，以0.25年（3个月）为间隔推算0.25年至1.75年的利率期限结构（零息债券收益率曲线）。

注意：期限在1年以下的国债均不支付利息，市场价格与面额的差额即为到期利息，因此也称零息债券或者折扣债券。收益率公式为：

收益率=（面额/市场价格）^（1/期限）-1 　　　　　　　　　　　　　　　（4-12）

解答：

步骤一：计算零息债券收益率。

如图4-6所示，期限为0.25年、0.75年及1年的国债均有市场报价，因此其收益率可以通过公式（4-12）计算：

B2=（100/D2）^（1/A2）-1

复制公式可得：

B4=（100/D4）^（1/A4）-1

B5=（100/D5）^（1/A5）-1

0.25年、0.75年及1年的债券收益率如图4-7所示。

	A	B	C	D
1	年数	零息债券收益率	票面利率	债券价格（面额100元）
2	0.25	3.39%	0.00%	99.17
3	0.50		0.00%	
4	0.75	3.83%	0.00%	97.22
5	1.00	3.97%	0.00%	96.18
6	1.25		5.00%	
7	1.50		5.00%	101.12
8	1.75		5.00%	101.75

图4-7　零息债券收益率

步骤二：通过线性插值法可近似推算出0.5年和1.25年的债券收益率。

$R_{0.50}=0.5*（R_{0.25}+R_{0.75}）$　　　$R_{1.25}=0.5*（R_{1.00}+R_{1.50}）$

在B2和B6中分别输入对应的公式，由于$R_{1.50}$还未计算，因此图4-8中$R_{1.25}$的数据不是最终的结果。

	A	B	C	D
1	年数	零息债券收益率	票面利率	债券价格（面额100元）
2	0.25	3.39%	0.00%	99.17
3	0.50	3.61%	0.00%	
4	0.75	3.83%	0.00%	97.22
5	1.00	3.97%	0.00%	96.18
6	1.25	1.99%	5.00%	
7	1.50		5.00%	101.12
8	1.75		5.00%	101.75

图4-8　计算0.5年和1.25年的债券收益率

步骤三：计算1.5年期的债券收益率。

1.5年期的附息债券（票面利率5%）存在3期现金流（0.5年、1年及1.5年）。同时在到期时点1.5年时会有100元的本金返还。有如下方程：

$$P_{1.5} = \frac{5}{(1+R_{0.5})^{0.5}} + \frac{5}{(1+R_1)^1} + \frac{5+100}{(1+R_{1.5})^{1.5}}$$

在E7单元格输入公式"E7=5/（1+B3）^0.5+5/（1+B5）+105/（1+B7）^1.5"。

利用单变量求解可计算出$R_{1.5}$的值。选择"工具—单变量求解"，设置目标单元格为E7，目标值为101.12，即债券1.5年期价格，可变单元格为B7，如图4-9所示。

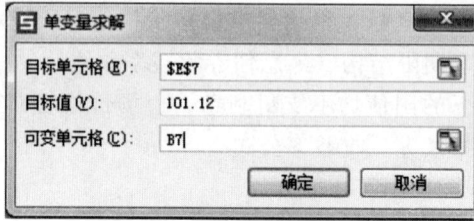

图4-9　单变量求解计算$R_{1.5}$

通过单变量求解得出$R_{1.5}=9.69\%$，而此时的$R_{1.25}=6.83\%$，如图4-10所示。

	A	B	C	D	E
1	年数	零息债券收益率	票面利率	债券价格（面额100元）	
2	0.25	3.39%	0.00%	99.17	
3	0.50	3.61%	0.00%		
4	0.75	3.83%	0.00%	97.22	
5	1.00	3.97%	0.00%	96.18	
6	1.25	6.83%	5.00%		
7	1.50	9.69%	5.00%	101.12	101.1199938
8	1.75		5.00%	101.75	

图4-10　计算1.5年期的债券收益率

步骤四：求解1.75年期的收益率。

1.75年期的付息债券在0.25年、0.75年、1.25年、1.75年共有4期现金流，我们有如下方程：

$$P_{1.75} = \frac{5}{(1+R_{0.25})^{0.25}} + \frac{5}{(1+R_{0.75})^{0.75}} + \frac{5}{(1+R_{1.25})^{1.25}} + \frac{100+5}{(1+R_{1.75})^{1.75}}$$

E8=5/（1+B2）^0.25+5/（1+B4）^0.75+5/（1+B6）^1.25+105/（1+B8）^1.75

在E8单元格内输入公式，求得1.75年期的价格。单变量求解方法和步骤三类似，选择菜单栏中的"工具—单变量求解"，在"目标单元格"处输入"E8"，在"目标值"处输入"101.75"，在"可变单元格"处选择B8，按"确定"键，即可得到1.75年到期收益率11.11%，如图4-11所示。

	A	B	C	D	E
1	年数	零息债券收益率	票面利率	债券价格（面额100元）	
2	0.25	3.39%	0.00%	99.17	
3	0.50	3.61%	0.00%		
4	0.75	3.83%	0.00%	97.22	
5	1.00	3.97%	0.00%	96.18	
6	1.25	6.83%	5.00%		
7	1.50	9.69%	5.00%	101.12	101.1199938
8	1.75	11.11%	5.00%	101.75	101.7501033

图4-11　收益率求解最终结果

4.2.4 利率期货

利率期货合约是由交易双方在交易中达成的、规定在未来交割月份交割一定数量带利息金融凭证的标准化契约（不带利息的，即已贴现）。

债券交易的报价有两种方式：净价和全价。前者不包括应计利息，而后者包括应计利息。我们在应用期货定价公式时考虑的价格是全价，但在实际操作中市场报价却是净价。

【例4-6】应计利息的计算。

本月到期的某国债票面价值为100，半年付息一次，结算价为97-02，票面利率为6%，假设上次利息支付日为2011年1月1日，下次支付日为7月1日，那么5月20日交割的该国债买方，实际应支付的金额为多少？

应计利息计算公式为：

$$应计利息 = \frac{计息日期}{参考期日期} \times 参考期利息 \tag{4-13}$$

通常来说，美国中长期国债和我国的国债均采用"实际日数/实际日数"的计算方案，而公司债和市政债在计算日数时将每年定义为360日，每月30日。

注意：对于相同的实际日数和相同的参考期间会有一定不同。

解答：

步骤一：利用DATE（）函数，计算1月1日至5月20日之间的日数（计息日数），然后计算1月1日至7月1日的日数（参考期日数）：

=date（2011，5，20）−date（2011，1，1）=139

=date（2011，7，1）−date（2011，1，1）=181

步骤二：计算应计利息 $= 100 \times \frac{6\%}{2} \times \frac{139}{181}$。Excel返回的数值为2.3039。

步骤三：计算债券全价（债券的报价为97-02，表示92+2/32）=97+2/32+2.3039。由此可以计算出该债券的全价为99.3664。

对于中长期国债期货来说，不同的期货都可以拿来作交割品。但在实际进行交割时，不同国债由于期限和票面利率各不相同，因此价格需要有一个折算的标准。这个标准就是通常说的债券转换因子。

目前芝加哥期货交易所的长期债券转换因子计算过程如下：

（1）首先将到期期限进行以3个月为单位的取整，不足3个月的舍去多余的月份（二舍三入）。

（2）对于取整到期期限为半年倍数的债券，计算时假设其第一笔利息支付将在6个月后，按6%的年率，每年两次计息折现。

（3）对于取整到期期限不为半年倍数的国债，计算时假设其第一笔利息支付将在3个月后，按6%的年率，每年两次计息折现。

【例4-7】债券转换因子的计算。

计算以下两种长期国债的转换因子：

（1）离到期日还有10年2个月，票面利率8%的长期国债A。

（2）离到期日还有10年5个月，票面利率6%的长期国债B。

解答：

步骤一：首先对两种债券的期限进行3倍数的取整，国债A和B取整后的期限分别为10年和10年零3个月。

步骤二：转换因子计算。

国债A转换因子：

我们假设半年付息一次，那么总共20期（10×2）的利息支付。第一笔利息支付在6个月后。公式："=pv（6%/2，10*2，-1*8%/2，-1）"。Excel返回的数值为1.15。

国债B转换因子：

我们假设第一笔利息支付发生在3个月后，总共有（10×2+1）期利息支付。公式："=（1+6%/2）^（-3/6）*（6%/2+pv（6%/2，20，-1*6%/2，-1））"。Excel返回的数值为1.0149。

其中，6%/2+pv（6%/2，20，-1*6%/2，-1）为债券贴现到第一次支付利息时，即3个月后的利率；（1+6%/2）^（-3/6）为3个月期的折现因子。

因为债券的报价通常为净价，理论计算通常采用全价，所以我们需要反复地在净价和全价之间转换。

中长期债券价格的计算流程如下：①计算最佳交割债券的现金价格（全价）；②利用期货价格公式计算现金价格对应的期货价格（全价）；③计算期货价格对应的净价；④将净价除以转换因子，得到最终期货价格（报价）。

其中，最佳交割债券为交割收益最高的债券，交割收益可以通过如下公式计算：

交割收益=国债期货报价×转换因子 - 债券现货价格

【例4-8】中长期国债期货价格的计算。

假设某长期国债期货合约的最佳交割债券为年率10%、面额100元、转换率1.3000的长期国债。这种债券上一次利息支付为85天以前，目前离下一次利息支付还有120天，离下下一次利息支付还有280天，离期货合约交割日还有210天。假设无风险连续利率在各个期限上都是8%。目前最佳交割债券的净价为100.00元。问期货合约的报价应该是多少？

解答：

时间线如图4-12所示。

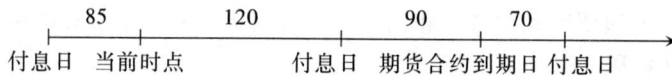

85	120	90	70
付息日 当前时点		付息日 期货合约到期日 付息日	

图4-12 时间线示意图

计算国债期货的理论价格：

● 即期最佳交割品的全价

$$应计利息 = 100 \times \frac{10\%}{2} \times \frac{85}{85 + 120} = 2.07（元）$$

$$全价 = 100 + 2.07 = 102.07（元）$$

● 到期之前交割品的现金流入折现值

$$利息发放 = 100 \times \frac{10\%}{2} \times e^{-0.08 \times 120 \div 365} = 4.87（元）$$

在Excel中输入公式 "=100*10%/2*EXP（-0.08*120/365）"。EXP（）函数即e的n次幂。

● 期货价格（全价）

$$F = (102.07 - 4.87) \times e^{-0.08 \times \frac{120 + 90}{365}} = 101.78（元）$$

● 期货价格（净价）

到期时债券应计利息 = 100×10%÷2×90÷160 = 2.8125（元）

到期时最佳交割品远期净价 = 101.78 − 2.8125 = 98.9675（元）

期货报价 = 98.9675÷1.3000 = 76.129（元）

|4.3| 债券久期的计算

1）利用久期公式计算

【例4-9】2005年记账式（一期）国债（简称：05国债（1）；代码：010501），票面价值为100元，票面利率为4.44%，每半年付息一次，2005年2月28日平价发行，2015年2月28日到期，2009年3月31日其成交价格为107.68元（净价），求2009年3月31日该债券的久期。

解答：

步骤一：在单元格A1：B10中输入05国债（1）的基本信息（如图4-13所示），注意日期采用DATE（）语句输入，如图4-14所示。

	A	B
1	债券代码	10501
2	发行日期	2005/2/28
3	票面价格	100
4	票面利率	4.44%
5	到期日	2015/2/28
6	付息频率	1次/半年
7	成交日期	2009/3/31
8	成交价格	107.68
9	应付利息	0.1885
10	全价	107.8685

图4-13　05国债（1）基本信息

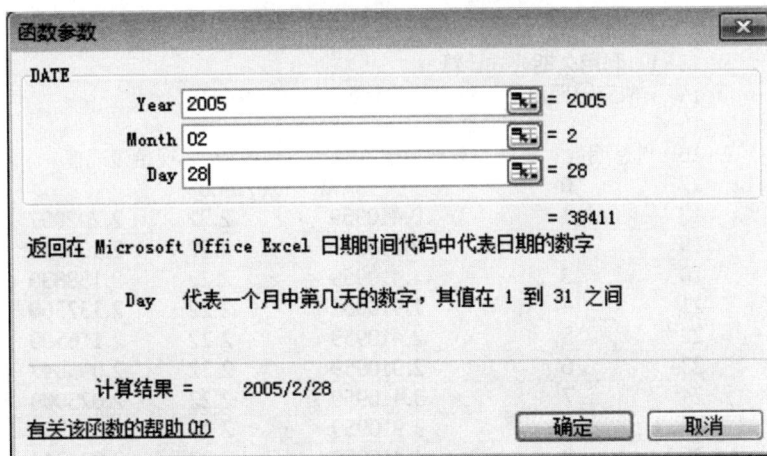

图4-14　DATE语句表示日期

步骤二：计算应计利息。

由于成交日（2009年3月31日）距离上一次利息支付日（2008年2月28日）有31天，故应计利息$= 100 \times \dfrac{31}{365} \times \dfrac{4.44\%}{2} = 0.1885$（元），全价为107.68 + 0.1885 = 107.8685（元）。

步骤三：计算成交日距下一付息日的年数。

=（DATE（2009，8，28）-DATE（2009，3，31））/365=0.411（年）

步骤四：在A16：C30单元格输入债券现金流及发生的信息。

D18=C18/（1+$C$15）^B18

复制公式可得各期现金流，如图4-15所示。

	A	B	C
13	1、利用久期公式计算		
14	成交日距离下一付息日的年数		0.410959
15	到期收益率		2%
16	付息期数	每期距离成交日年数	现金流
17	0	0	-107.8685
18	1	0.410959	2.22
19	2	0.910959	2.22
20	3	1.410959	2.22
21	4	1.910959	2.22
22	5	2.410959	2.22
23	6	2.910959	2.22
24	7	3.410959	2.22
25	8	3.910959	2.22
26	9	4.410959	2.22
27	10	4.910959	2.22
28	11	5.410959	2.22
29	12	5.910959	2.22
30	13	6.410959	102.22

图4-15　债券现金流及发生信息

步骤五：利用单变量求解求当期收益率。

（1）在C15单元格输入到期收益率的初始值（2%），利用该收益率计算各期现金流的现值，如第一期为 $\dfrac{2.22}{(1+2\%)^{0.410959}}=2.202$（元）（其余期数同理可算），如图4-16所示。

	A	B	C	D
13	1、利用久期公式计算			
14	成交日距离下一付息日的年数		0.410959	
15	到期收益率		2%	
16	付息期数	每期距离成交日年数	现金流	现金流现值
17	0	0	-107.8685	
18	1	0.410959	2.22	2.202007
19	2	0.910959	2.22	2.180312
20	3	1.410959	2.22	2.158830
21	4	1.910959	2.22	2.137560
22	5	2.410959	2.22	2.116500
23	6	2.910959	2.22	2.095647
24	7	3.410959	2.22	2.075000
25	8	3.910959	2.22	2.054556
26	9	4.410959	2.22	2.034314
27	10	4.910959	2.22	2.014271
28	11	5.410959	2.22	1.994425
29	12	5.910959	2.22	1.974775
30	13	6.410959	102.22	90.032753

图4-16　计算第一期的现金流现值

（2）选中单元格D13：D23，在D24单元格输入公式"=SUM（D18：D30）"，得到债券在2%的到期收益率初始值下的价值为115.07095元，如图4-17所示。

	A	B	C	D
13	1、利用久期公式计算			
14	成交日距离下一付息日的年数		0.410959	
15		到期收益率	2%	
16	付息期数	每期距离成交日年数	现金流	现金流现值
17	0	0	-107.8685	
18	1	0.410959	2.22	2.202007
19	2	0.910959	2.22	2.180312
20	3	1.410959	2.22	2.158830
21	4	1.910959	2.22	2.137560
22	5	2.410959	2.22	2.116500
23	6	2.910959	2.22	2.095647
24	7	3.410959	2.22	2.075000
25	8	3.910959	2.22	2.054556
26	9	4.410959	2.22	2.034314
27	10	4.910959	2.22	2.014271
28	11	5.410959	2.22	1.994425
29	12	5.910959	2.22	1.974775
30	13	6.410959	102.22	90.032753
31				115.0709517

图4-17 债券在2%的到期收益率初始值下的价值

（3）选择菜单栏中的"工具—单变量求解"。

在"目标单元格"处输入"D31"，在"目标值"处输入"107.8685"，在"可变单元格"处选择"C15"，按"确定"键，即可得到到期收益率为3.168%，如图4-18所示。

步骤六：计算久期。

计算各期现金流的现值占总价值的比重（即权数），如第一期的权数为G18=D18/B10，填充至E30。

在F18单元格处输入"=E18*B18"，填充至F30。

在F31单元格处输入"=SUM（H18：H30）"，即可得到债券的久期为5.66年。

在F32单元格处输入"=H31/（1+F16）"，即可得到债券的修正久期为5.49年。

	A	B	C	D	E	F
13	1、利用久期公式计算					
14	成交日距离下一付息日的年数		0.410959			
15		到期收益率	3.168%			
16	付息期数	每期距离成交日年数	现金流	现金流现值	权数	久期计算
17	0	0	-107.8685			
18	1	0.410959	2.22	2.191727	2.03%	0.01
19	2	0.910959	2.22	2.157814	2.00%	0.02
20	3	1.410959	2.22	2.124426	1.97%	0.03
21	4	1.910959	2.22	2.091554	1.94%	0.04
22	5	2.410959	2.22	2.059191	1.91%	0.05
23	6	2.910959	2.22	2.027328	1.88%	0.06
24	7	3.410959	2.22	1.995959	1.85%	0.06
25	8	3.910959	2.22	1.965075	1.82%	0.07
26	9	4.410959	2.22	1.934668	1.79%	0.08
27	10	4.910959	2.22	1.904733	1.77%	0.09
28	11	5.410959	2.22	1.875260	1.74%	0.09
29	12	5.910959	2.22	1.846244	1.71%	0.10
30	13	6.410959	102.22	83.694989	77.59%	4.97
31				107.86897	久期	5.66
32					修正久期	5.49

图4-18 权数的计算

2）利用Excel久期函数计算

【例4-10】同例4-9题设。

解答：

步骤一：利用YIELD（）函数计算债券的到期收益率。

选择C34单元格，点击"插入/函数"，在"选择函数"处选中"YIELD"，此时出现如图4-19所示对话框。分别在"Settlement"处选择"B7"（成交日），"Maturity"处选择"B5"（到期日），"Rate"处选择"B4"（票面利率），"Pr"处选择"B8"（成交净价），"Redemption"处选择"B3"（到期偿还值即票面价值），"Frequency"处选择"2"（付息频率），"Basis"处选择"3"（日期计算基准类型，3为"实际/365"），点击"确定"，即可得到到期收益率的值为3.0124%。

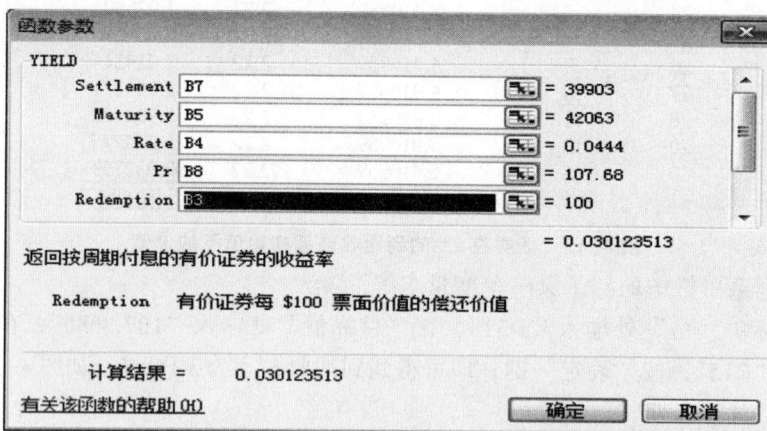

图4-19 YIELD函数计算到期收益率

步骤二：选择C35单元格，点击"插入/函数"，在"选择函数"处选中"DURATION"，此时出现如图4-20所示对话框。分别在"Coupon"处选择"B4"（票面利率），"Yld"处选择"C34"（到期收益率），其余参数选择同步骤一，点击"确定"，即可得到久期为5.2775年。

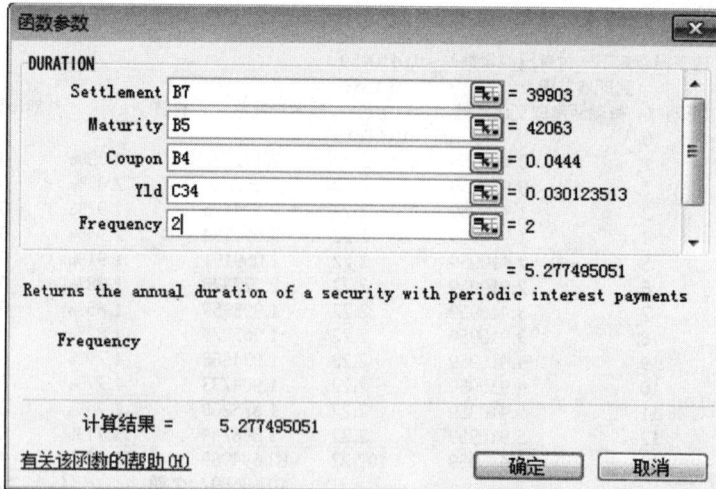

图4-20 DURATION 函数，即久期计算

步骤三：选择 C36 单元格，点击"插入/函数"，在"选择函数"处选中"MDURATION"，此时出现如图 4-21 所示对话框。所有参数选择同步骤一、二，点击"确定"，即可得到修正久期为 5.1992 年。

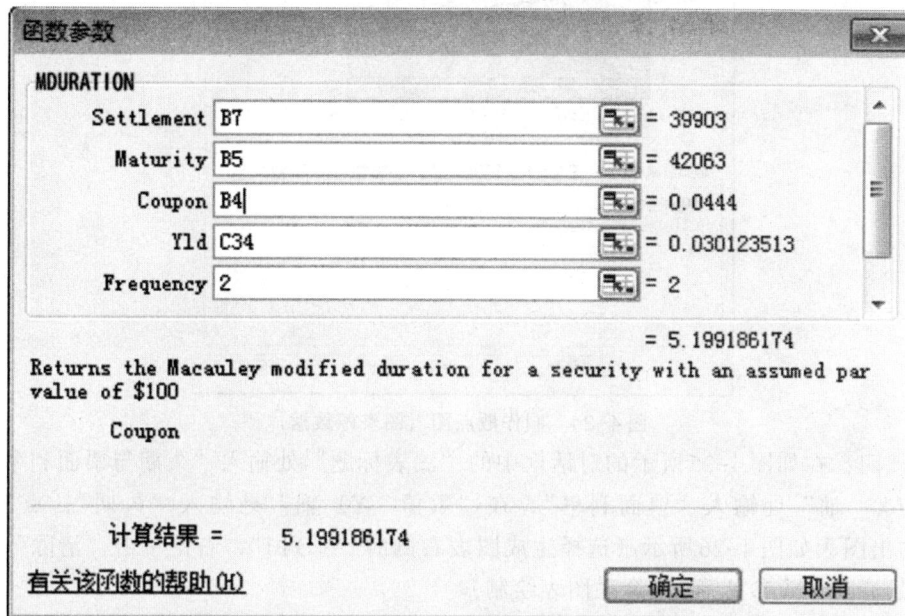

图 4-21　MDURATION 函数，即修正久期计算

3）久期与票面利率的关系

【例 4-11】求久期与票面利率的关系。

解答：

步骤一：在"B37：B64"单元格输入各种票面利率情形。

步骤二：选择区域"B36：C64"，点击"数据/模拟运算表"，出现如图 4-22 所示对话框，在"输入引用列的单元格"处输入"B4"（即票面利率单元格），按"确定"即计算出各种票面利率情形下债券的久期，结果如图 4-23 所示。

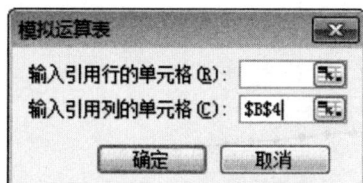

图 4-22　模拟运算表

	B	C
34	到期收益率：	0.030123513
35	久期	5.277495051
36		5.199186174
37	1.50%	5.680916909
38	2.00%	5.594491684
39	2.50%	5.509974907
40	3.00%	5.427315267
41	3.50%	5.346463031

图 4-23　各票面利率对应久期值

步骤三：选择区域"B37：C64"，点击"插入/图表"，在弹出的对话框中的图表类型处"选择"XY 散点图"，在"子图表类型"处选择"平滑线散点图"，点击"下一步"。在如图 4-24 所示的对话框中的"数据区域"处输入"B37：C64"，在"系列产生在"处选择"列"，点击"下一步"。

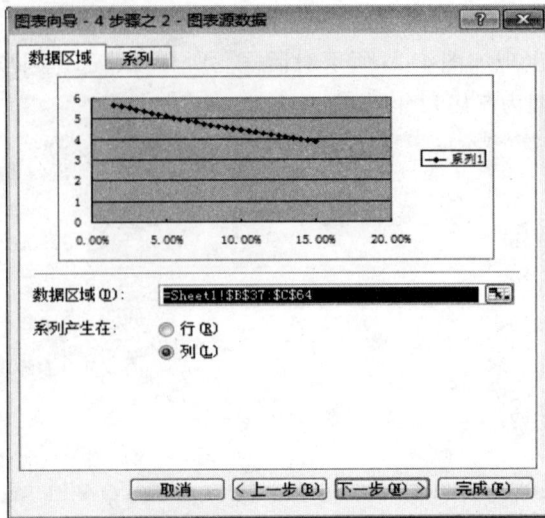

图4-24 制作散点图（图表源数据）

步骤四：在如图4-25所示的对话框中的"图表标题"处输入"久期与票面利率"，在"数值（X）轴"处输入"票面利率"，在"数值（Y）轴"处输入"久期"，点击"完成"，输出图表如图4-26所示（选择生成图表右侧的"系列1"，右键单击"清除"，图表灰色背景清除方式参见第3章金融图表绘制）。

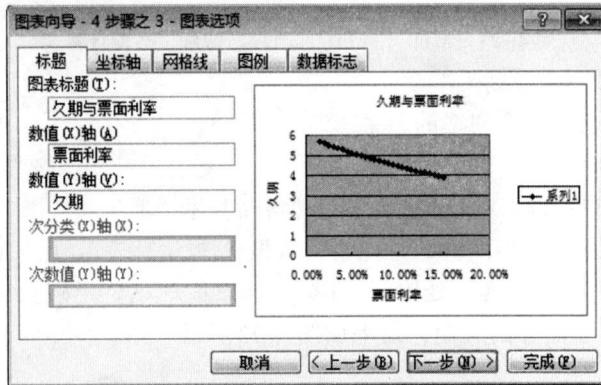

图4-25 制作散点图（图表选项）

图4-26 久期与票面利率散点图

4）久期与到期期限之间的关系

【例4-12】求久期与到期期限的关系。

解答：

步骤一：在G35单元格输入"=C35"，在"F36：F50"单元格输入各种到期时间情形。

步骤二：选择区域"F35：G50"，点击"数据/模拟运算表"，出现如图4-27所示的对话框，在"输入引用列的单元格"处输入"B5"（即到期时间单元格），按"确定"即计算出各种到期时间情形下的债券久期，结果如图4-28所示。

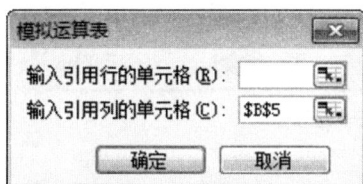

图4-27　模拟运算表

	F	G
35		5.277495051
36	2011/3/20	1.908345035
37	2011/9/15	2.354488462
38	2011/12/31	2.602546517
39	2012/3/20	2.818489442
40	2012/6/8	2.980836486
41	2012/9/15	3.245859992

图4-28　各到期日对应久期值

步骤三：选择区域"F36：G50"，点击"插入/图表"，出现如图4-29所示的对话框，在图表类型处选择"XY散点图"，在"子图表类型"处选择"平滑线散点图"，点击"下一步"。在如图4-30所示的对话框中的"数据区域"处输入"F36：G50"，在"系列产生在"处选择"列"，点击"下一步"。

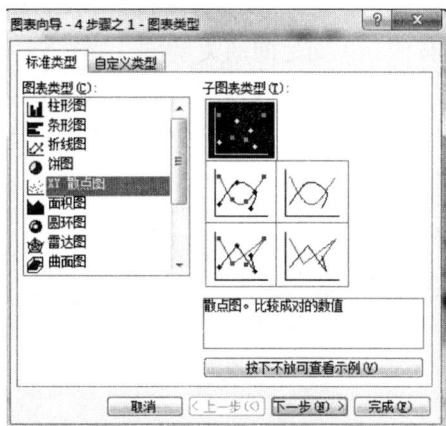

图4-29　选择图表类型

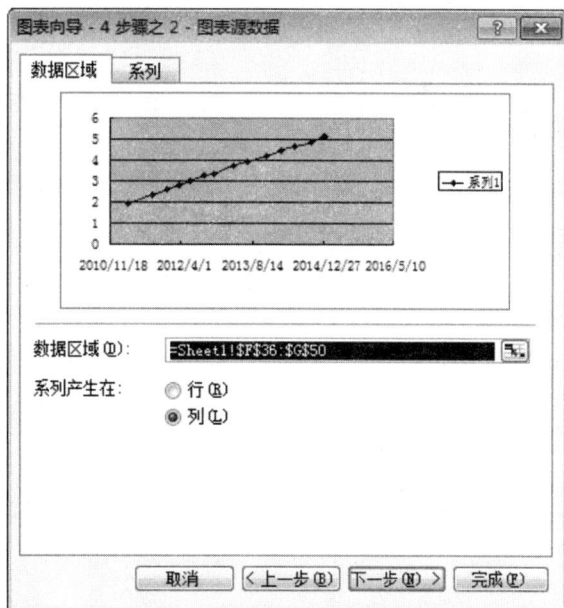

图4-30　制作散点图（图表源数据）

步骤四：在如图4-31所示的对话框中的"图表标题"处输入"久期与到期时间"，在"数值（X）轴"处输入"到期时间"，在"数值（Y）轴"处输入"久期"，点击"完成"，输出图表如图4-32所示（背景清除及"系列"删除方式参见前例）。

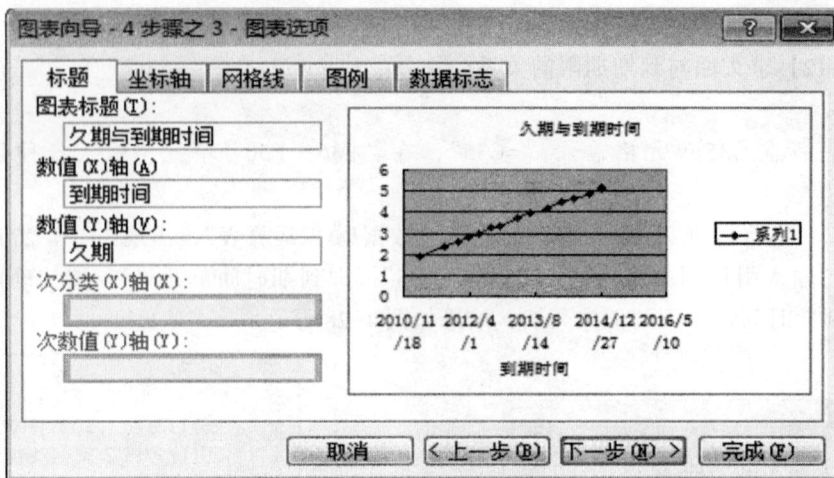

图 4-31　制作散点图（图表选项）

图 4-32　久期与到期时间散点图

5）债券久期与到期收益率之间的关系

【例4-13】今天是2015年4月6日，假设某债券的票面利率为8%，每年付息1次，期限为20年，2035年4月6日到期。请分析到期收益率与债券久期之间的关系。

解答：

步骤一：在D2：D22单元格输入到期收益率变化的系列数字，从0到20%，在单元格E2中输入如图4-33所示的公式，计算在到期收益率为0的情况下的麦考勒久期。

	A	B	C	D	E	F
				=duration($B$1,$B$3,$B$4,D2,$B$5)		
1	当前日期	2015/4/6		到期收益率	麦考勒久期	
2	期限（年）	20		=duration($B$1,$B$3,$B$4,D2,$B$5)		
3	到期日期	2035/4/6		1%		
4	票面利率	8%		2%		
5	年付息次数	1		3%		

图 4-33　麦考勒久期计算过程

步骤二：拖动单元格，求得不同到期收益率条件下的麦考勒久期，并插入折线图直观显示结果，如图4-34所示。

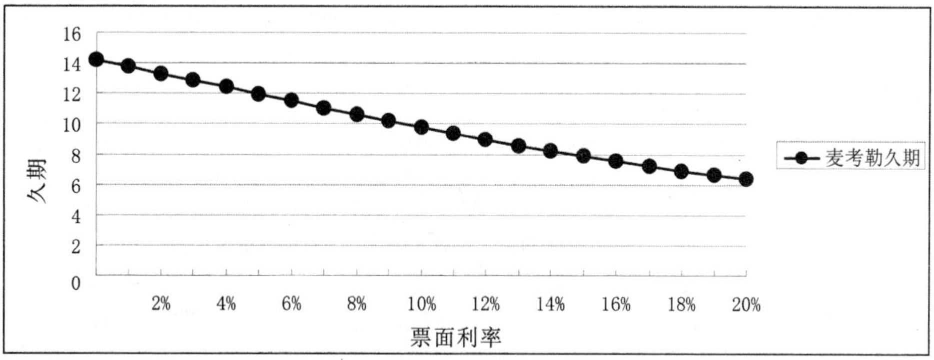

图 4-34　不同到期收益率条件下的麦考勒久期

|4.4| 风险模拟

4.4.1　风险模拟简介

金融资产可分为股票、利率产品、外汇、商品、另类资产、衍生品等。

从某种意义上来说，金融机构的资产价值是这些资产价格的函数，而金融机构的负债也主要是付息资产，如借款、发行的债券等。金融机构的净资本为其资产与负债价值的差额。因此，我们也可以说金融机构的净资本额，或者说金融机构的净价值是这些资产价格的函数。由于这些资产价格会出现波动，因此金融机构的价值也会出现波动。

通常来说，资产价格会服从一定模式的概率分布，如果我们能够完全确定这些概率分布的形式，我们便可以估算金融机构价值波动的风险。这对于高度负债经营的金融机构（如银行和保险公司）来说具有重要的意义。银行的负债比例一般在90%以上，一旦负债价值高于资产价值，那么银行便事实上处于破产状态。如何准确估算金融机构资产和负债的风险，也是学术界和金融业致力解决的问题。

在很多情况下，金融机构的风险并不能如解数学方程一样有封闭形式的公式解。事实上，我们更多地通过随机模拟的方式来估算金融机构风险。蒙特卡罗模拟是我们常用的一种方法。

4.4.2　场景分析

【例4-14】本题为只考虑利率风险的模拟。

假设某银行的资产负债基本情况如图4-35所示。

	A	B	C	D
1		面值	票面利率	到期收益率
2	现金	25	0.00%	0.00%
3	5年期商业贷款	65	6.50%	6.50%
4	10年期国债	30	7.00%	7.00%
5	资产总计	120		
6				
7	活期存款	55	1.20%	1.20%
8	2年期定期存款	25	4.88%	4.88%
9	5年期金融债券	20	7.92%	7.92%
10	负债总计	100		
11	股东权益	20		
12	负债及股东权益总计	120		

图 4-35　银行资产负债基本情况

我们想知道如果利率出现波动，银行的股权价值会如何变动。为简单起见，我们先考虑所有利率平行变动的风险（即久期风险）。

解答：

（1）从图4-36的公式中可以看出，这家金融机构的资产和负债都由付息工具构成。

E3	▼	fx	=-PV(D3,5,C3,1)*B3	
	A	B	C	D	E
1		面值	票面利率	到期收益率	市值
2	现金	25	0.00%	0.00%	25
3	5年期商业贷款	65	6.50%	6.50%	65
4	10年期国债	30	7.00%	7.00%	30
5	资产总计	120			
6					
7	活期存款	55	1.20%	1.20%	55
8	2年期定期存款	25	4.88%	4.88%	25
9	5年期金融债券	20	7.92%	7.92%	20
10	负债总计	100			
11	股东权益	20			
12	负债及股东权益总计	120			

图4-36　计算除现金和活期存款外付息工具的价值

步骤一：对于久期是0的现金和活期存款，我们不需要计算它们的利率风险：

E2=25，E7=55

步骤二：对于商业贷款、国债、定期存款、金融债券这些付息工具，我们可以通过债券价值公式PV（）来计算它们的价值。以5年期商业贷款为例：

E3=-PV（D3，5，C3，1）*B3

步骤三：利用SUM（）函数将它们汇总后分别得到资产总计和负债总计，资产总额与负债总额的差额即为股东权益价值，如图4-37所示。

E5	▼	fx	=SUM(E2:E4)	
	A	B	C	D	E
1		面值	票面利率	到期收益率	市值
2	现金	25	0.00%	0.00%	25
3	5年期商业贷款	65	6.50%	6.50%	65
4	10年期国债	30	7.00%	7.00%	30
5	资产总计	120			120
6					
7	活期存款	55	1.20%	1.20%	55
8	2年期定期存款	25	4.88%	4.88%	25
9	5年期金融债券	20	7.92%	7.92%	20
10	负债总计	100			100
11	股东权益	20			
12	负债及股东权益总计	120			

图4-37　资产、负债及股东权益价值

（2）引入利率变量参数（假设利率变动为0.0028，即0.28%，见图4-38中单元格B15），由于我们假设利率为平行变动，因此在估值时，我们只需要在付息工具的到期收益率上加上一个相同的变动量。如图4-38所示，我们加入了B15的共同利率变动量。

随着单元格B15值的改变，股权价值也会出现相应的变化。当利率曲线向上平行移动0.28%时，我们虚拟的这家银行资产价值由120变为118.67，负债价值变为99.65，股东权益也因此减少为19.02。

	A	B	C	D	E
1		面值	票面利率	到期收益率	市值
2	现金	25	0.00%	0.00%	25.00
3	5年期商业贷款	65	6.50%	6.78%	64.25
4	10年期国债	30	7.00%	7.28%	29.42
5	资产总计	120			118.67
6					
7	活期存款	55	1.20%	1.20%	55.00
8	2年期定期存款	25	4.88%	5.16%	24.87
9	5年期金融债券	20	7.92%	8.20%	19.78
10	负债总计	100			99.65
11	股东权益	20			19.02
12	负债及股东权益总计	120			118.67
13					
14		利率变动			
15		0.28%			
16					

图 4-38　引入利率变动参数的结果

（3）类似地，我们还可以估算这家银行的股东权益在各种场景下的变化。这里，我们假设利率变化为 ±2.00% 、 ±1.50% 、 ±1.00% 、 ±0.5% ，利用"模拟运算表"求对应的股东权益：首先设置公式 C15=E11；D16=C16-20，D 列复制公式。然后选择"B15：C24"，点击"数据—模拟运算表"，"输入引用列的单元格"选择"B15"，单击"确定"，如图4-39 所示。得到的估计股东权益变化值如图 4-40 所示。

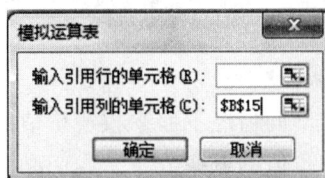

图 4-39　模拟运算表

	A	B	C	D	E
1		面值	票面利率	到期收益率	市值
2	现金	25	0.00%	0.00%	25.00
3	5年期商业贷款	65	6.50%	6.78%	64.25
4	10年期国债	30	7.00%	7.28%	29.42
5	资产总计	120			118.67
6					
7	活期存款	55	1.20%	1.20%	55.00
8	2年期定期存款	25	4.88%	5.16%	24.87
9	5年期金融债券	20	7.92%	8.20%	19.78
10	负债总计	100			99.65
11	股东权益	20			19.02
12	负债及股东权益总计	120			118.67
13					
14		利率变动	股东权益	股东权益变化值	
15		0.28%	19.02		
16		-2.00%	27.69	7.69	
17		-1.50%	25.65	5.65	
18		-1.00%	23.69	3.69	
19		-0.50%	21.81	1.81	
20		0.00%	20.00	0.00	
21		0.50%	18.26	-1.74	
22		1.00%	16.60	-3.40	
23		1.50%	14.99	-5.01	
24		2.00%	13.45	-6.55	

图 4-40　估计股东权益变化值

按住 Ctrl 键选中"B16：B24"与"D16：D24"两列单元格，选择菜单栏中的"插入/图表"，在图表导向中选择"自定义类型/两轴线—柱图"并更正需要修改的内容，蓝色折线图代表股东权益的数值变化，柱状图代表利率变动，通过结果我们可以发现，随着利率变动正方向幅度的加大，股东权益呈递减状态，如图 4-41 所示。

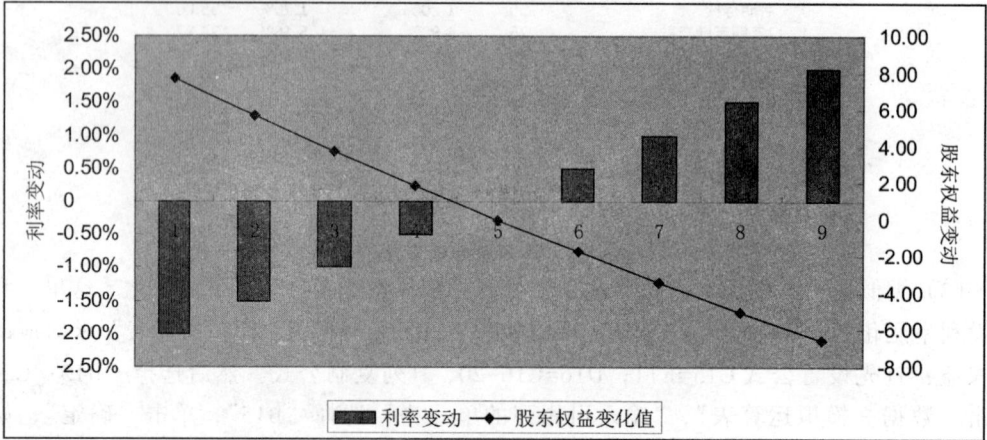

图 4-41　引入利率变动对股东权益的影响

4.4.3　单因子分析

场景分析能够帮助我们分析不同情况下股东权益价值的变化，但是无法确定每种场景出现的可能性。如果要知道股权价值的概率分布，我们必须知道利率变动的概率分布。在现实中，我们有各种利率模型来对利率的波动进行描述。这里为简单起见，我们假设利率波动服从正态分布，由此我们来估算银行股权价值的变化。

【例 4-15】假设利率波动服从均值为 0、年度标准差为 5% 的正态分布，估算银行股权价值的变化。

解答：

步骤一：为达到这个目的，我们可以将 B15 的值设定为：

＝（rand（）+rand（）+rand（）+rand（）+rand（）+rand（）+rand（）+rand（）+rand（）+rand（）+rand（）+rand（）-6）*5%

这样每按一次回车，我们将获得一个新的利率变动，如图 4-42 所示。

注意：rand（）函数表示随机产生 0 到 1 之间的数值，这里写入 12 个 rand（）函数再减去 6，表示削减随机性。

图 4-42　设定利率变动

步骤二：利用利率变动修改到期收益率。在付息工具的到期收益率上加上一个相同的变动量。

步骤三：设股东权益变动为市值与面值的差额，该差额为因变量函数。接下来，我们输入公式"C15=E11-B11"，如图 4-43 所示。

	A	B	C	D	E
		面值	票面利率	到期收益率	市值
1					
2	现金	25	0.00%	0.00%	25.00
3	5年期商业贷款	65	6.50%	11.17%	53.83
4	10年期国债	30	7.00%	11.67%	21.98
5	资产总计	120			100.80
6					
7	活期存款	55	1.20%	1.20%	55.00
8	2年期定期存款	25	4.88%	9.55%	22.96
9	5年期金融债券	20	7.92%	12.59%	16.68
10	负债总计	100			94.64
11	股东权益	20			6.16
12	负债及股东权益总计	120			100.80
13					
14			利率变动	股东权益变动	
15			4.67%	(13.84)	

图 4-43　股东权益变动

步骤四：我们更想了解的是股权价值在未来各种情况下的变动状况。为达到这个目的，我们需要借助 Excel 的模拟运算表功能。假设我们需要做 300 次模拟来分析股权价值的变动，那么我们可以通过在 B15 中输入如下公式，并且双击黑色小十字进行复制公式：

= (rand () +rand () +rand () +rand () +rand () +rand () +rand () +rand () +rand () +rand () +rand () +rand () -6) *5%

由于产生的随机数列的值会随着我们的操作不断出现变化，不符合模拟运算表的输入要求，因此我们需要通过"选择性粘贴"操作（仅复制结果，不复制公式）将随机数列转变成为固定的值，如图 4-44 所示。虽然经过粘贴的数列已经不再变化，但它们是随机产生的。

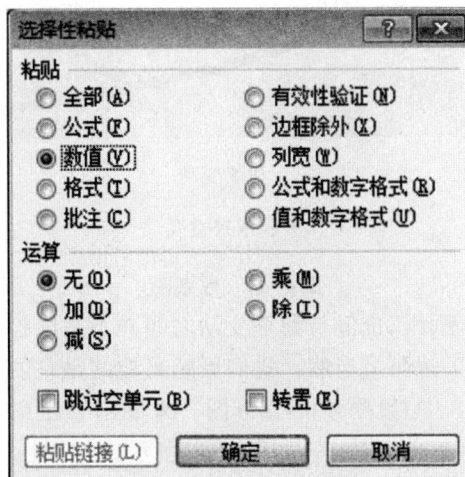

图 4-44　选择性粘贴

步骤五：由于将数值选择性粘贴到了C列，因此到期收益率的公式需要将B15改成C15。然后，我们选定"C15：D15"单元格，同时按Ctrl+Shift+向下的方向键，即可快速选择"C15：D314"，点击"数据/模拟运算表"。在出现的对话框中，将"输入引用列的单元格"设定为我们引入的利率变动单元格C15，如图4-45所示，点击"确定"后在空白数据列上我们会得到300次随机模拟的股权价值变动。

	A	B	C	D	E	F
1		面值	票面利率	到期收益率	市值	
2	现金	25	0.00%	0.00%	25.00	
3	5年期商业贷款	65	6.50%	8.37%	60.19	
4	10年期国债	30	7.00%	8.87%	26.37	
5	资产总计	120			111.56	
6						
7	活期存款	55	1.20%	1.20%	55.00	
8	2年期定期存款	25	4.88%	6.75%	24.15	
9	5年期金融债券	20	7.92%	9.79%	18.57	
10	负债总计	100			97.72	
11	股东权益	20			13.84	
12	负债及股东权益总计	120			111.56	
13						
14		利率变动	利率变动		股东权益变动	
15		1	4.87%	1.87%		
16		2	3.31%	-2.66%		
17		3	-6.14%	4.74%		
18		4	-8.01%	1.83%		
19		5	12.19%	-1.83%		
20		6	10.40%	0.70%		
21		7	1.37%	2.99%		

模拟运算表

输入引用行的单元格(R)：
输入引用列的单元格(C)：$C$15

确定　取消

图4-45　模拟运算表

步骤六：选中单元格"C15：D314"，在菜单栏中选择"插入/图表/散点图"，修改X、Y轴名称信息，生成散点图，如图4-46所示。

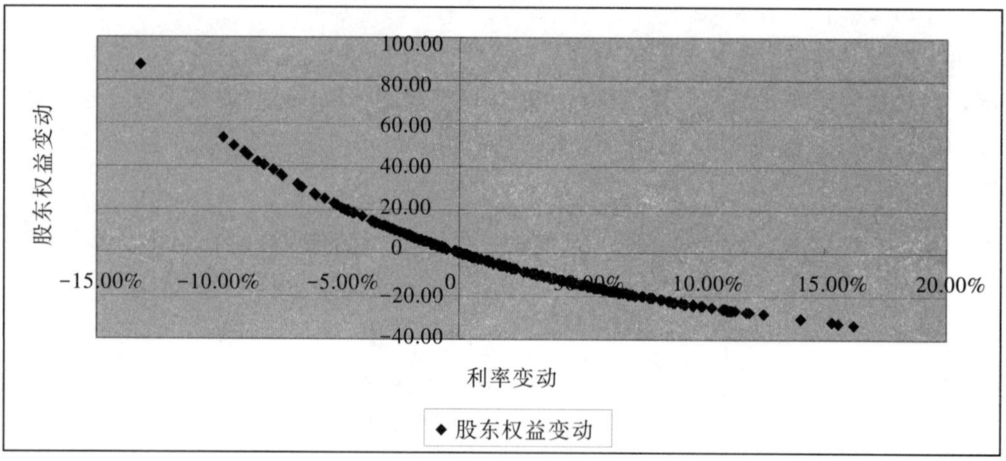

图4-46　散点图

步骤七：我们可以发现股权价值与利率变动之间并不是纯粹的线性关系，而是有一定的凸度，并且有一定的偏正倾向。当然，我们更感兴趣的是它的概率分布图，我们通过直方图，选择菜单栏中的"工具/数据分析/直方图"来展示。注意，在此之前应设好接受区域，此题设-30：50的区间，组距为5，如图4-47所示。

	D	E	F	G	H	I
14	**股东权益变动**					
15	-6.16		接收		接收	频率
16	10.51		-30		-30	5
17	-14.02		-25		-25	13
18	-6.03		-20		-20	25
19	6.97		-15		-15	44
20	-2.40		-10		-10	45
21	-9.42		-5		-5	36
22	-8.60		0		0	32
23	-9.78		5		5	24
24	12.35245177		10		10	26
25	-26.16607615		15		15	20
26	6.601394098		20		20	6
27	38.3462786		25		25	8
28	-10.60356109		30		30	2
29	13.42278655		35		35	4
30	-1.326286521		40		40	3
31	-33.08603903		45		45	2
32	-5.416035147		50		50	3
33	-2.780266287				其他	2
34	-12.52401519					

图 4-47　直方图表格结果

根据结果可通过"插入/图表"生成直方图,如图 4-48 所示。

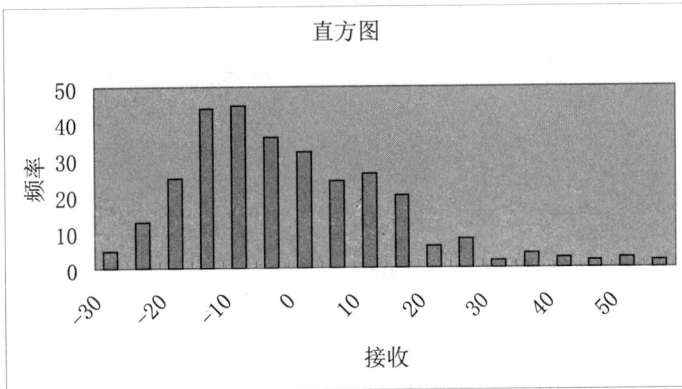

图 4-48　直方图

步骤八:我们可以明显看出,在利率变动为正态分布的情况下,股权价值变动趋近于对称分布。我们还可以对这些数据进行进一步的分析,应用 Excel 的描述统计工具(工具/数据分析/描述统计),我们可以得到如图 4-49 所示结果(每次结果可能不同)。

	I	J	K	L	M
16	利率变动		股东权益变动		
17					
18	平均	0.003257	平均	0.666165	
19	标准误差	0.002799	标准误差	0.617115	
20	中位数	0.000399	中位数	-0.08155	
21	众数	#N/A	众数	#N/A	
22	标准差	0.048557	标准差	10.70655	
23	方差	0.002358	方差	114.6303	
24	峰度	0.161836	峰度	2.489119	
25	偏度	-0.2265	偏度	1.17408	
26	区域	0.273322	区域	65.38323	
27	最小值	-0.14566	最小值	-19.1524	
28	最大值	0.127664	最大值	46.23087	
29	求和	0.980381	求和	200.5157	
30	观测数	301	观测数	301	
31	最大(1)	0.127664	最大(1)	46.23087	
32	最小(1)	-0.14566	最小(1)	-19.1524	
33	置信度(95)	0.005508	置信度(95.0%)	1.214423	
34					

图 4-49　描述统计结果

4.4.4　双因子分析

在现实中，所有利率的变化并非同步的。这可能是由于对应工具的信用风险不同引起的，如市政债券、公司债、国债的信用风险不同，也可能是由于期限不同引起的。对于银行来说，存贷利率是不一样的。因此，即便是在考虑利率风险时，风险因子也不是单一的。这里我们通过增加一个新的风险因子来介绍双风险因子条件下的风险模拟。当然，我们还可以将结论推广到多因子，但是在 Excel 这种二维运算表中演示就不太方便了。

【例4-16】双风险因子条件下的风险模拟。

解答：

步骤一：我们假设构成资产和负债的工具遵循不同的利率变动模式，我们将利率变动分成两部分：资产利率变动和负债利率变动，设其变动率分别为0.28%和0.29%，如图4-52所示。

	D3		fx	=6.5%+B14	
	A	B	C	D	E
1		面值	票面利率	到期收益率	市值
2	现金	25	0.00%	0.00%	25.00
3	5年期商业贷款	65	6.50%	6.78%	64.25
4	10年期国债	30	7.00%	7.28%	29.42
5	资产总计	120			118.67
6					
7	活期存款	55	1.20%	1.20%	55.00
8	2年期定期存款	25	4.88%	5.17%	24.87
9	5年期金融债券	20	7.92%	8.21%	19.77
10	负债总计	100			99.64
11	股东权益	20			19.03
12	负债及股东权益总计	120			118.67
13					
14	资产利率变动	0.0028			
15	负债利率变动	0.0029			

图4-50　利率变动后的到期收益率

步骤二：在双因子模型下，我们还是可以对利率变动引起的股权价值变化进行场景分析。模拟运算表可以帮助我们实现这一过程。

首先，我们以行向量构造资产利率变动，以列向量构造负债利率变动，在矩阵的左上角引用股东权益变动函数，之后选定数据区域，点击"数据/模拟运算表"，在"输入引用行的单元格"中输入"B14"，在"输入引用列的单元格"中输入"B15"，点击"确定"，如图4-51所示。

通过模拟运算表，我们得出各种资产和负债利率变动组合条件下的股权价值变动。

步骤三：选择所有数据区域，记住要删除左上角的B16单元格数据，在菜单栏中选择"插入/图表/曲面图/三维曲面图"，修改相应信息，作图结果如图4-52所示（注意，作图时将系列产生修改为"列"）。

我们可以看到，当资产利率下降且负债利率上涨时，银行的股权价值达到最高点。但是，利率通常具有较强的相关性，存贷利率差额有可能会出现调整，但是利率变动一般是同方向的。在假设利率变动时，我们需要更加现实的假设。譬如，我们可以假设资产利率与负债利率都服从正态分布，但是两者之间具有一定的相关性。

	A	B	C	D	E	F
14	资产利率变动	0.0028				
15	负债利率变动	0.0029				
16	股东权益变动	-0.97	-2.00%	-1.80%	-1.60%	-1.40%
17		-2.00%				
18		-1.80%				
19		-1.60%				
20		-1.40%				
21		-1.20%				
22		-1.00%				
23		-0.80%				
24		-0.60%				
25		-0.40%				
26		-0.20%				
27		0.00%				
28		0.20%				
29		0.40%				

模拟运算表

输入引用行的单元格(R): $B$14
输入引用列的单元格(C): $B$15

确定　　取消

图4-51　模拟运算表的设定

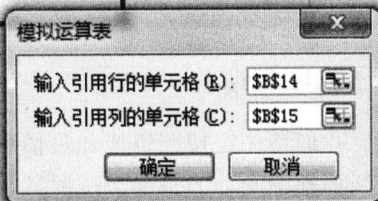

图4-52　三维立体图

要实现这一操作，我们只需要对利率变动的设定进行一定修改。

步骤四：我们将负债利率变动设定为（如图4-53所示）：

B15=C15*0.8+（（rand（）+rand（）+rand（）+rand（）+rand（）+rand（）+rand（）+rand（）+rand（）+rand（）+rand（）+rand（）-6）*5%）*SQRT（1-0.8^2）

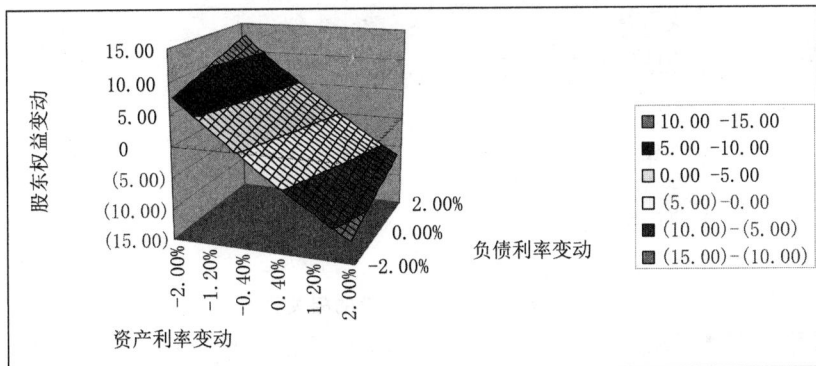

图4-53　负债利率变动

也就是说，负债利率变动由资产利率变动的0.8倍以及一个新的正态分布随机变量构成。上述公式使得负债利率变动与资产利率变动均为期望值为0、标准差为5%的正态分布，并且两者之间的相关系数为0.8，或者说两种利率变动服从相关系数为0.8的联合正态分布。这样的假设应该更加接近现实。

4.4.5 多因子风险模拟

在实际操作中，我们不一定按照资产和负债利率来划分风险因子。我们可以依照利率期限进行划分，以某种利率变动为基准，按照其他期限利率与其相关系数构造出多维联合正态分布。在著名的风险管理模型RiskMetrics中，利率风险便是按照期限来划分的。

在我们之前的模型中，我们需要考虑的期限有三个：2年期、5年期和10年期。

我们假设根据历史数据，这三个期限利率的相关系数如图4-54所示。

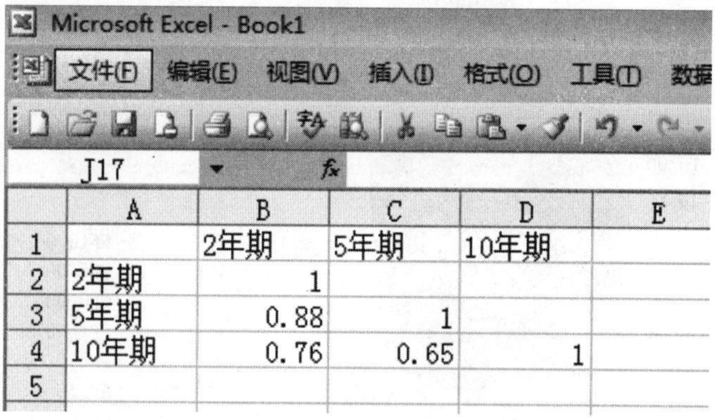

	A	B	C	D	E
1		2年期	5年期	10年期	
2	2年期	1			
3	5年期	0.88	1		
4	10年期	0.76	0.65	1	
5					

图4-54 三个期限利率的相关关系

假设三种利率都服从均值为0、标准差为5%的正态分布，那么我们可以通过如下方式来构造具备上述相关系数矩阵的联合正态分布：

C15=（rand（）+rand（）+rand（）+rand（）+rand（）+rand（）+rand（）+rand（）+rand（）+rand（）+rand（）+rand（）-6）*5%

C16=C15*0.88+（（rand（）+rand（）+rand（）+rand（）+rand（）+rand（）+rand（）+rand（）+rand（）+rand（）+rand（）+rand（）-6）*5%）*SQRT（1-0.88^2）

C17=C16*0.8/7+C15*3.6/7+（（rand（）+rand（）+rand（）+rand（）+rand（）+rand（）+rand（）+rand（）+rand（）+rand（）+rand（）+rand（）-6）*5%）*SQRT（1-（0.8/7）^2-（3.6/7）^2-2*0.8*3.6*0.88/7^2）

其中，第三个方程需要对C16和C15的系数进行方程求解，求出的答案分别为0.8/7和3.6/7，读者可以依照我们的假设自行求解。

4.5 久期与风险免疫

大型基金管理机构或保险公司有两个重要的金融目标：首先，要对资产组合将来某一特定时点的价值进行保值；其次，对于投资要获得预定的年收益率（一般要等于现行到期收益率）。市场利率的变动不影响资产组合的期末价值，资产组合具有免疫性。在投资期末，资产组合的总价值等于投资期初预计的价值。这个过程即风险免疫。

利率风险表现在两个方面：价格风险和再投资风险。价格风险是由于市场利率上升引起债券价格下跌给债券投资者带来的资产损失；再投资风险是由于市场利率下降引起利息的再投资收入减少给债券投资者带来的收入损失。当市场利率上升时，债券投资者面临着资产损失和再投资收入增加；而当市场利率下降时，债券投资者面临着资产增加和再投资收入损失。因此，债券的价格风险和再投资风险有相互抵消的特性。正是基于这一抵消特性，投资者产生了免疫的想法，并提出免疫策略（Immunization Strategy），用以规避利率变动给投资者带来的价格风险或再投资风险。

在诸多免疫策略中，被学术界重点关注和被投资界广泛应用的一类免疫策略是持续期配比策略（Duration-matched Strategy）。考虑一个每年付息一次的中长期附息债券，如果持有期小于一年，投资者面临的风险只有价格风险，没有再投资风险。随着持有期的增加，价格风险减少而再投资风险增加。如果持有到期，则投资者面临的风险只有再投资风险，没有价格风险。由于价格风险和再投资风险具有相互抵消的特性，于是存在一个适当的持有期，使得在该持有期下投资者的利率风险为零，我们将它称为持续期（Duration）。因此，持续期配比策略就是持有期等于持续期的投资策略。

对于债券投资者而言，如果利率下降，从短期看，债券价格将上涨，债券的短期投资者将会从利率下降中获取资本利得；反之，则会受损失。但从长期投资看，情况会相反，因为债券到期时价格一定等于面值，但利率下降导致了债券利息的再投资收益率下降，因而债券投资者在长期内的全部收益下降。

利率变动在长期与短期出现相反的结果，意味着它们之间存在一个"中期"。

从"中期"看，投资者的收益基本不受利率变动的影响，就相当于投资一个期限与这个"中期"相等的贴现债券，在持有的"中期"内，其投资收益不受利率变动的影响。如果投资者建立的债券组合的久期等于这个"中期"，则可实现投资收益不受利率变动影响的目标，这就是债券投资组合管理中所通常采用的久期免疫策略。

免疫策略的目的就是通过持有债券至一定期限，利用两种风险互相抵消的作用来锁定投资收益率。通常的免疫策略是将债券持有到久期长度的期限，当长、短期利率平行变化时，则不论利率如何变动，到期时投资组合的价值将与预期的资产价值相同，而期末的实现报酬率也会等于目标报酬率。

零息债券显然本身是免疫的，因为它没有息票收入的再投资，零息债券的久期等于债券的期限。债券息票收入再投资收益率的变动是问题的关键。

【例4-17】某人3年后需要200万元资金，目前市场利率为8%。有三个方案解决这个问题。

方案1：如果有一个3年期债券，本金和利息再投资收益率都是8%，则现在投入158.77万元（$200/1.08^3$）即可。

方案2：找到一个3年期的零息债券，其年收益率也为8%，则200万元的到期面额债券，现在的发行和购买价格都是158.77万元（$200/1.08^3$），购买即可。

方案3：方案1和2要么没有保证，要么不存在。目前只有收益率为8%，还有2年和5年到期的债券（面额都是100万元，票面利率分别为6%和8%，每年支付利息，到期还本），可以采取组合的方式。

解答：

步骤一：先计算2年期债券和5年期债券的久期。

2年期债券的久期$=\dfrac{\dfrac{6}{1+8\%}}{96.43347}\times 1+\dfrac{\dfrac{106}{(1+8\%)^2}}{96.43347}\times 2=0.05761024212+0.9423897631\times 2=1.9424$（年）

（$\dfrac{6}{1+8\%}+\dfrac{106}{(1+8\%)^2}=96.43347$，此为2年期债券的现值和卖价）

2年期债券的修正久期$=1.9424\div（1+0.08）=1.7985$（年）

5年期债券的久期$=\dfrac{\dfrac{8}{1+8\%}}{100}\times 1+\dfrac{\dfrac{8}{(1+8\%)^2}}{100}\times 2+\dfrac{\dfrac{8}{(1+8\%)^3}}{100}\times 3+\dfrac{\dfrac{8}{(1+8\%)^4}}{100}\times 4+\dfrac{\dfrac{8}{(1+8\%)^5}}{100}\times 5=4.3121$（年）

（$\dfrac{8}{1+8\%}+\dfrac{8}{(1+8\%)^2}+\dfrac{8}{(1+8\%)^3}+\dfrac{8}{(1+8\%)^4}+\dfrac{8}{(1+8\%)^5}=100$，此为5年期债券的现值和卖价）

5年期债券的修正久期$=4.3121\div（1+0.08）=3.9927$（年）

步骤二：计算投资于2年期和5年期债券的权重，分别为w_1和w_2，解下面的方程组即可：

$1.9424w_1+4.3121w_2=3$

$w_1+w_2=1$

得：$w_1=55.37\%$，$w_2=44.63\%$

若用修正久期则得出：

$w_1=0.4524$，$w_2=0.5476$

步骤三：最后将现在准备的158.77万元，分别按照该比例投资即可。2年期的债券投资87.910949万元，5年期的债券投资70.859051万元，即买面额为100万元的2年期债券0.9116227903张（87.910949÷96.43347），买面额为100万元的5年期债券0.70859张（70.859051÷100）。

若用修正久期得出的比例，买2年期债券71.8275万元（158.77×0.4524），即0.7448399399张（71.8275÷96.43347）面额100万元债券，买5年期债券86.9426万元（158.77×0.5476），即0.869246张（86.9426÷100）面额为100万元的债券。

这样，今后无论市场利率从现在的8%升或者降，都会因为债券价格和再投资收益率的相反变动而抵消，不影响3年后200万元本利和目标的实现。

假设市场利率1年后升到9%或下跌到7%，我们看看投资3年后的本利和是多少。

先看升到9%的情况。

（1）1年后升到9%时，投资2年期债券3年后的本利和：

2年期债券第2年利息=6×0.7448399399=4.469039639（万元）

第2年的本利和=74.48399399+4.469039639=78.95303363（万元）

到第3年年底，第1年的利息再投资2年和第2年的本利和再投资1年的本利和为：

4.469039639×1.09²+78.95303363×1.09=91.36847265（万元）

（2）1年后升到9%时，投资5年期债券3年后的本利和：

5年期债券，前3年每年利息为6.953968万元（8×0.869246）。

前两年利息再投资的本利和加上第3年的利息为22.7958025万元（6.953968×（1.09²+1.09+1））。

第3年年底该5年期债券的卖价为85.39549964万元（6.953968×（1/1.09+1/1.09²）+86.9246/1.09²）。

到第3年年底投资该5年期债券所获收入为108.1913021万元。

（3）投资这两种证券到第3年年底可获得：

91.36847265+108.1913021=199.5597748（万元）

接近200万元。

下跌到7%的情况读者可以自己演算一下。

【例4-18】假定一家养老基金出售一种新的保单，这种保单承诺在今后的15年内基金将每年支付100美元给投保人。折现率为10%。

解答：

步骤一：计算负债的持续期。表4-1给出了整个计算过程和结果。

表4-1 　　　　　　　　　　　　　　　持续期的计算　　　　　　　　　　　　　金额单位：美元

时间	现金流	现金流的折现值	权重	乘积
1	100	90.909	0.120	0.120
2	100	82.645	0.109	0.217
3	100	75.131	0.099	0.296
…	…	…	…	…
15	100	23.939	0.031	0.472
合计		760.608	1.000	6.279
		修正持续期=6.279÷1.1=5.708		

由表4-1可以看出，负债的现值为760.61美元。现在的问题在于如何将出售保单的收入760.61美元进行投资，以保证未来的每一时点投资的资产价值至少与负债的价值相当。

步骤二：投资资产的选择。因为负债的折现率用的是10%，这意味着保单对投保人的收益率为10%。所以，所构造的投资组合每年至少有10%的收益。假定基金选择了两种金融工具：30年期的长期国债，年利率为12%，按面值出售；6个月期的短期国债，收益率为年利率8%。用步骤一的方法分别计算出它们的持续期为8.080和0.481。

步骤三：确定两种债券的投资比例和投资额。为此，先求出两种债券的投资比例，只需解下列方程组：

$$\begin{cases} w_1D_1 + w_2D_2 = D_L \\ w_1 + w_2 = 1 \end{cases}$$

其中，D_1, D_2 表示30年和6个月期债券的持续期；D_L 表示负债的持续期；w_1, w_2 表示30年和6个月期债券的投资份额。

这里要解的方程组是：

$$\begin{cases} 8.080w_1 + 0.481w_2 = 5.708 \\ w_1 + w_2 = 1 \end{cases}$$

解得：$w_1 = 68.79\%, w_2 = 31.21\%$

因此，养老基金应当将其出售保单所得收入的68.79%投资于30年期的长期国债，其余的投资于6个月期的短期国债，即523.23美元投资于长期国债，其余的237.38美元用于购买短期国债。

最后，我们来考察这种方法的效果。假定收益曲线向上平移了10个基点。此时，负债的折现率变成10.1%，长期国债的收益率变为12.1%，短期国债的收益率变为8.1%。比较变化前后价值的变化（见表4-2）。

表4-2　　　　　　　　　　　　　　　组合免疫的绩效　　　　　　　　　　　　　　单位：美元

	负债	资产	
	养老基金	30年期国库券	6个月期国库券
原价值	760.61	523.23	237.38
变化后价值	756.29	519.03	237.26
价值的变化	-4.32	-4.2	-0.12

可以看出，变化后资产的总价值为756.29美元（519.03+237.26），刚好等于负债总价值。

【例4-19】假定某商业银行拥有一笔账面价值为100万元的贷款，其目前正处于平价状态。它的久期为7.4387，凸度为68.7748。再假定目前的市场利率为6%。为了规避市场利率上升的风险，该商业银行准备构造一个等价的新资产组合。假定有下列三种债券资产可以用来构造新组合：1年期的贴现债券，目前价格为94.2596元，久期为0.9709，凸度为1.4139；5年期的平价债券，久期为4.2651，凸度为21.7665；30年期的平价债券，久期为13.8378，凸度为296.47。

解答：

为了构造与原有资产"久期匹配"的新资产组合，假定三种债券的需要量分别为X、Y和Z，则有：

0.9709×94.2596X+4.2651×100Y+13.8378×100Z=7.4387×100

1.4139×94.2596X+21.7665×100Y+296.47×100Z=68.7748×100

94.2596X+100Y+100Z=100

上述三个计算式分别保证了新组合与原有的资产具有相同的久期、凸度和现价。解之得：

X=-0.6302，Y=1.4667，Z=0.1271

因此，新组合的结构为：买进94.2596×0.6302万元1年期的贴现债券；卖空100×1.4667万元5年期的平价债券；再卖空100×0.1271万元30年期的平价债券。

实验任务

作业1：已知A银行计划在3个月后筹集3个月短期资金1 000万美元，为避免市场利率上升，该行买入远期利率协议。设协议利率为8%，金额为1 000万美元，协议天数为91天，参照利率为3个月的LIBOR。在结算日LIBOR分别为7.9%和8.10%两种情况下，该行会受到什么影响（保留小数点后2位，即0.01美元）？

作业2：2013年记账式（二十期）国债（简称：13国债（20）；代码：101320）票面价值为100元，票面利率为4.07%，每年付息一次，2013年10月17日平价发行，2023年10月17日到期，2015年6月26日其成交价格为97.57元（净价），求2015年6月26日该债券的久期。

第 5 章

筹资决策实验

资金的时间价值是企业财务管理的一个重要概念，在企业筹资、投资、利润分配中都要考虑资金的时间价值。企业的筹资、投资和利润分配等一系列财务活动，都是在特定的时间进行的，因而资金时间价值是影响财务活动的一个基本因素。本章主要讲解资金时间价值及有关筹资决策的相关知识，利用 Excel 练习相关的财务函数，并能设计和建立相关的筹资决策模型。

| 5.1 | 筹资决策概述

筹资决策是指为满足企业融资的需要，对筹资的途径、筹资的数量、筹资的时间、筹资的成本、筹资风险和筹资方案进行评价和选择，从而确定一个最优资金结构的分析判断过程。筹资决策的核心，就是在多种渠道、多种方式的筹资条件下，如何利用不同的筹资方式力求筹集到最经济、资金成本最低的资金来源，其基本思想是实现资金来源的最佳结构，即使公司平均资金成本率达到最低限度时的资金来源结构。

筹资决策所影响和改变的是企业的财务结构或资本结构。一般而言，企业的资金来源不外三条途径，即短期负债筹资、长期负债筹资与股权资本筹资。其中，具有长期影响的、战略意义的筹资决策通常是指长期负债筹资决策与股权资本筹资决策，又被称为资本结构决策。企业所采取的股利政策决定了企业自留资金的多少，在很大程度上也决定了企业筹资决策的制定。

企业在筹资、投资和生产经营活动各环节中无不承担一定程度的风险。其中在筹资环节的风险就是我们常说的筹资风险。

筹资决策的内容通常包括：确定筹资的数量；确定筹资的方式；确定债务或股权的种类；确定债务或股权的价值。

资金成本是指企业为筹措和使用资金所必须支付的代价。资金成本包括用资费用和筹资费用两部分内容：（1）用资费用。用资费用是指企业在生产经营、投资过程中因使用资金而付出的代价，如向股东支付的股利、向债权人支付的利息等。（2）筹资费用。筹资费用是指企业在筹措资金过程中为获取资金而付出的费用，如向银行支付的借款手续费，发行股票、债券需支付的发行费等。

资金成本在企业筹资决策中的作用：资金成本是影响企业筹资总额的重要因素；资金成本是企业选择资金来源的基本依据；资金成本是企业选用筹资方式的参考标准；资金成本是确定最优资金结构的主要参数。

资金成本在投资决策中的作用：在利用净现值指标决策时，常以资金成本作为折现率；在利用内部收益率指标进行决策时，一般以资金成本作为基准收益率。

| 5.2 | 资金的时间价值及函数

5.2.1 资金的时间价值的概念与计算公式

1）复利终值

复利终值又称未来值，是指现在的货币经过若干年后的本利和。其计算公式为：

$$V_f = V_p \cdot (1 + I)^n \tag{5-1}$$

其中，V_f 为第 n 年之后的终值；V_p 为期初数额或现值；I 为利率，一般为年利率；n 为时间周期数，一般为年数。

如果每年复利 m 次，则每期的利率为 I/m，时间周期数为 m·n，此时复利终值公式为：

$$V_f = V_p \cdot (1 + I/m)^{m \cdot n} \tag{5-2}$$

2）复利现值

复利现值是指未来某一时期一定数额的货币折合成现在的价值。其计算公式为：

$$V_p = V_f \cdot \frac{1}{(1 + I)^n} \tag{5-3}$$

其中，V_f 为第 n 年之后的终值；V_p 为期初数额或现值；I 为利率，一般为年利率；n 为时间周期数，一般为年数。

如果每年复利 m 次，则每期利率为 I/m，时间周期数为 m·n，此时复利终值公式为：

$$V_p = V_f \cdot \frac{1}{(1 + I/m)^{m \cdot n}} \tag{5-4}$$

3）年金终值

年金是指定期、等额的系列收支。年金按复利计算，于若干期期末可得的本利和被称为年金终值。

普通年金终值：每次收支发生在每期期末。其计算公式为：

$$FV = A \cdot \frac{(1 + I)^n - 1}{I} \tag{5-5}$$

其中，I 为年利率；n 为年金周期数；A 为年金，即每年固定支付或收入的数额。

如果每年固定支付或收入 m 期，每期收支为 A，则每期利率为 I/m，总期数为 m·n。此时年金终值计算公式为：

$$FV = A \cdot \frac{(1 + I/m)^{m \cdot n} - 1}{I/m} \tag{5-6}$$

先付年金终值：每次收支发生在每期期初。其计算公式为：

$$FV = A \cdot \left[\frac{(1 + I)^{n+1} - 1}{I} - 1 \right] \tag{5-7}$$

4）年金现值

普通年金现值：在每期期末取得相等金额，现在需要投入的金额。若每年复利一次，其计算公式为：

$$PV = A \cdot \frac{1-(1+I)^{-n}}{I} \qquad (5-8)$$

如果每年固定支付或收入 m 期，每期收支为 A，则每期利率为 I/m，总期数为 m·n。此时年金现值计算公式为：

$$PV = A \cdot \frac{1-(1+I/n)^{-m \cdot n}}{I/m} \qquad (5-9)$$

先付年金现值：在每期期初取得相等金额，现在需要投入的金额。若每年复利一次，其计算公式为：

$$PV = A \cdot \left[\frac{1-(1+I)^{-(n-1)}}{I} + 1 \right] \qquad (5-10)$$

如果每年固定支付或收入 m 期，每期收支为 A，则每期利率为 I/m，总期数为 m·n。此时年金现值计算公式为：

$$PV = A \cdot \left[\frac{1-(1+I/m)^{-(m \cdot n-1)}}{I/m} + 1 \right] \qquad (5-11)$$

5）永续年金

如果年金定期等额支付一直持续到永远，则被称为永续年金。其计算公式为：

$$永续年金现值 = \frac{每期的等额支付}{利率} = \frac{A}{I} \qquad (5-12)$$

6）年金的计算

$$A = FV \cdot \frac{I}{(1+I)^n - 1} \quad 或 \quad A = PV \cdot \frac{I}{1-(1+I)^{-n}} \qquad (5-13)$$

7）利率、期数的计算

根据年金现值、年金终值公式进行推导，求出现值系数或终值系数，然后查表，便可求出利率和期数。

5.2.2 资金时间价值函数

1）年金终值函数 FV（）

格式：FV（rate，nper，pmt，pv，type）。

功能：在已知期数、利率及每期付款金额的条件下，返回年金终值数额。

说明：rate 为各期利率，是一固定值。

nper 为总投资（或贷款）期，即该项投资（或贷款）的付款期总数。

pmt 为各期所应付给（或得到）的金额，其数值在整个年金期间（或投资期内）保持不变。通常 pmt 包括本金和利息，但不包括其他费用及税款。如果忽略 pmt，则必须包括 pv 参数。

pv 为现值，即从该项投资（或贷款）开始计算时已经入账的款项，或一系列未来付款当前值的累积和，也称为本金。如果省略 pv，则假设其值为零，并且必须包括 pmt 参数。

　　type为数字0或1，用以指定各期的付款时间是在期初还是期末。0表示在期末，1表示在期初。如果省略type，则假设其值为零。

　　注意：应确认所指定的rate和nper单位的一致性。例如，同样是4年期年利率为12%的贷款，如果按月支付，rate应为12%/12，nper应为4×12；如果按年支付，rate应为12%，nper应为4。

　　在所有参数中，支出的款项表示为负数；收入的款项表示为正数。

　　【例5-1】某人为保证退休后的生活，打算每年年初存入2 000元，在整个投资期间，平均投资回报率为7%，此人今年30岁，到他60岁时，有多少存款？

　　解答：

　　步骤一：在Excel表格中输入如图5-1所示内容。

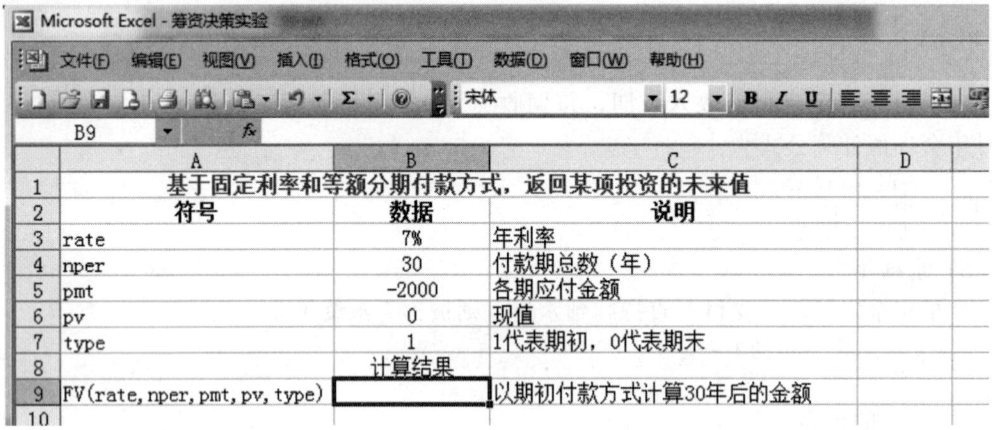

图5-1　求终值时的计算公式

　　步骤二：选择Excel工作簿上方"fx"，在出现的"插入函数"中，将选择类别修改为"财务"，并选择"FV"，在"函数参数"的对应位置，选定所需单元格，如图5-2所示。

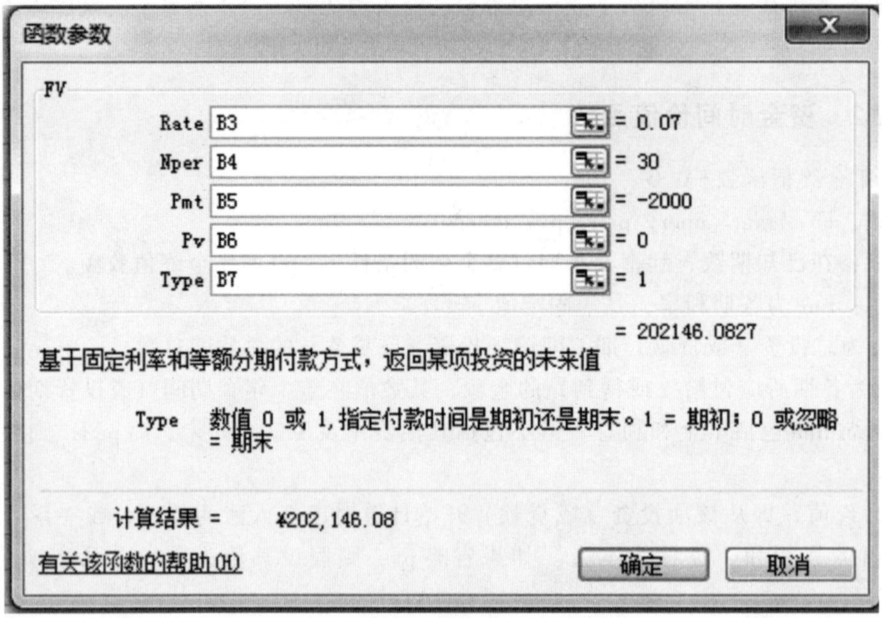

图5-2　FV函数公式内容

步骤三：计算结果如图 5-3 所示。

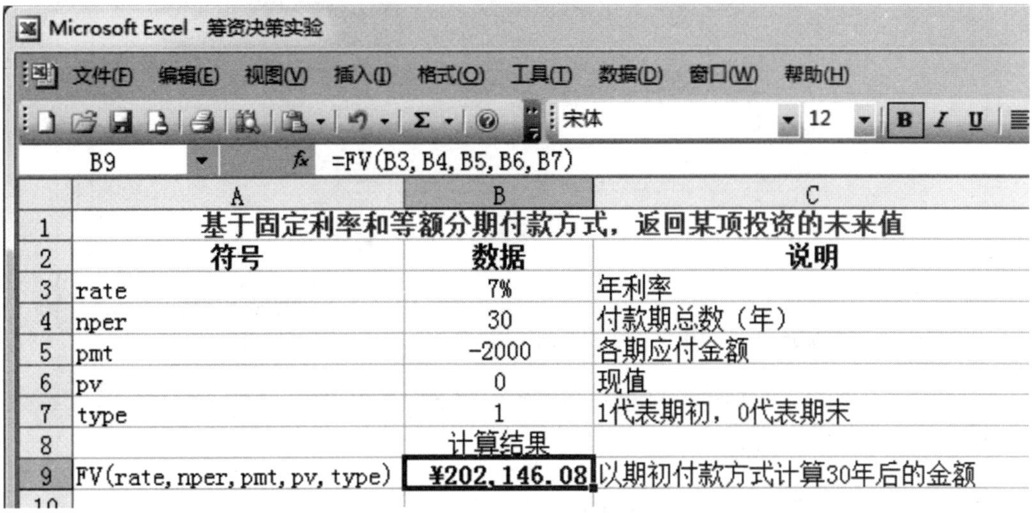

图 5-3　终值最终计算结果

经计算求得，当他 60 岁时，可获得存款 202 146.08 元。

2）年金现值函数 PV（）

格式：PV（rate，nper，pmt，fv，type）。

功能：在已知期数、利率及每期付款金额的条件下，返回年金现值数额。

说明：rate、nper、pmt、fv、type 等各参数含义及要求同上。

【例 5-2】某人想买一笔养老保险，该保险可以在今后 25 年内于每月末支付 500 元。购买成本为 75 000 元，假定年投资回报率为 6.7%，该保险是否值得投资？

解答：

步骤一：在 Excel 表格中输入如图 5-4 所示内容。

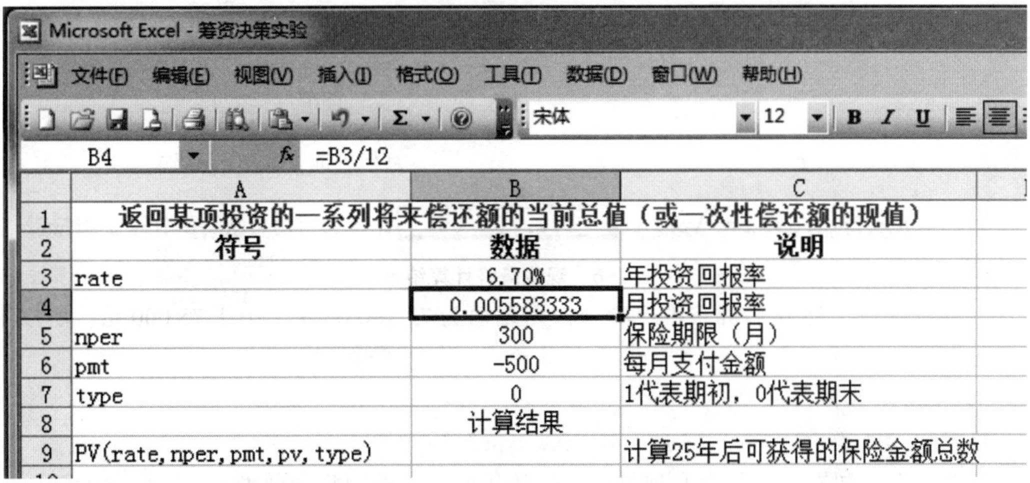

图 5-4　求现值时的计算公式

步骤二：选择 Excel 工作簿上方"fx"，在出现的"插入函数"中，将选择类别修改为"财务"，并选择"PV"，在"函数参数"的对应位置，选定所需单元格，如图 5-5 所示。

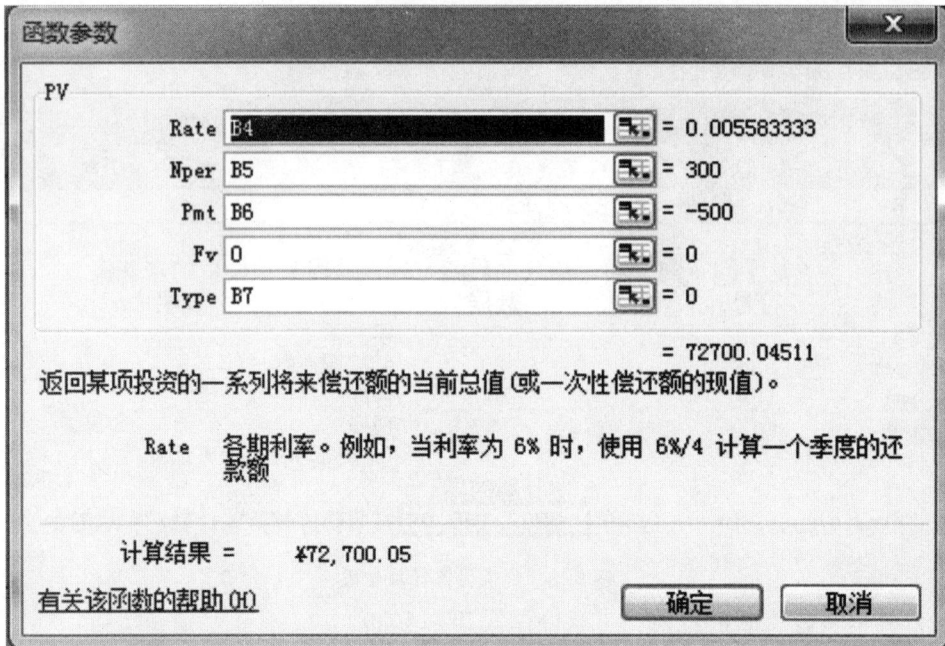

图5-5　PV函数公式内容

步骤三：计算结果如图5-6所示。

图5-6　现值最终计算结果

经计算求得，25年后可获得保险金额贴现值为72 700.05元，小于75 000元，所以不值得投资。

3）年金函数PMT（）

格式：PMT（rate，nper，pmt，pv，fv，type）。

功能：在已知期数、利率及现值或终值的条件下，返回年金数额。

说明：rate、nper、pmt、fv、type、pv等各参数含义及要求同上。

【例5-3】某人买房子，贷款20万元，利率为7%，分10个月付清，付款期在期末，则他的月支付额为多少？

解答：

步骤一：在Excel表格中输入如图5-7所示内容。

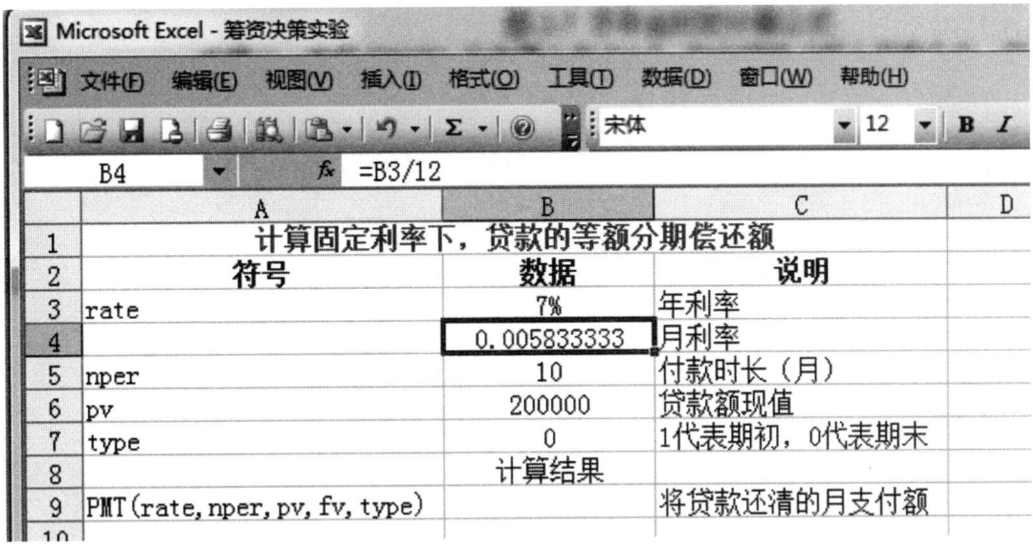

图5-7 求年金时的计算公式

步骤二：选择Excel工作簿上方"fx"，在出现的"插入函数"中，将选择类别修改为"财务"，并选择"PMT"，在"函数参数"的对应位置，选定所需单元格，如图5-8所示。

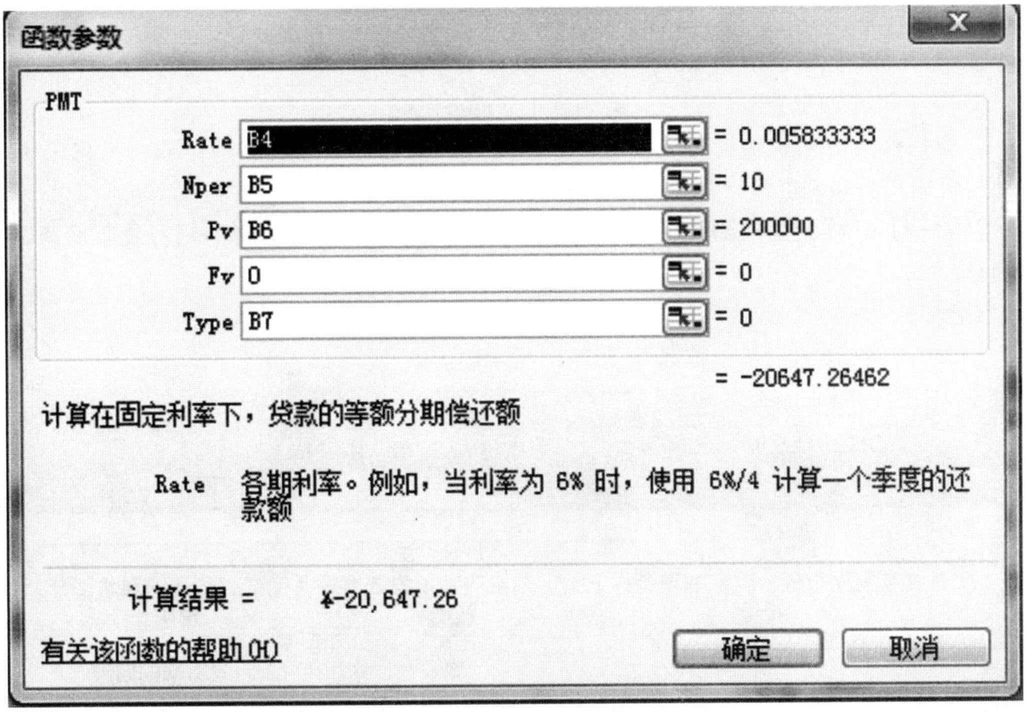

图5-8 PMT函数公式内容

步骤三：计算结果如图5-9所示。

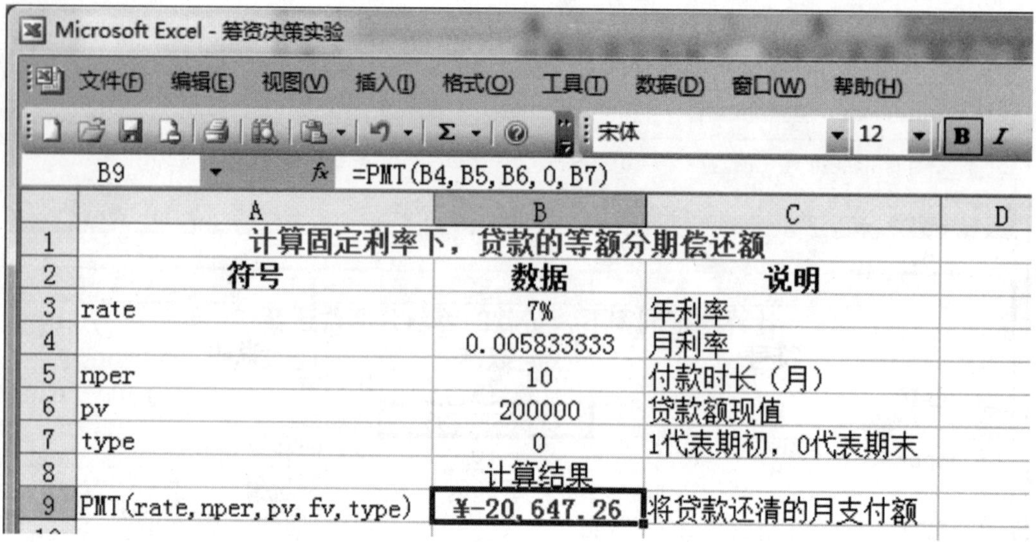

图5-9　年金最终计算结果

经计算求得，将贷款还清的月支付额为20 647.26元。

4）年金中的利息函数IPMT（）

格式：IPMT（rate，per，nper，pmt，pv，fv）。

功能：在已知期数、利率及现值或终值的条件下，返回年金处理的每期固定付款所含的利息。

说明：rate、nper、fv、type等各参数含义及要求同上。

per用于计算利息数额的期数，必须在1至nper之间。

pv为现值，即从该项投资（或贷款）开始计算时已经入账的款项，或一系列未来付款当前值的累积和，也称为本金。

【例5-4】计算贷款期限为3年、本金为8 000元、年利率为10%的银行贷款的第3年的利息。

解答：

步骤一：在Excel表格中输入如图5-10所示内容。

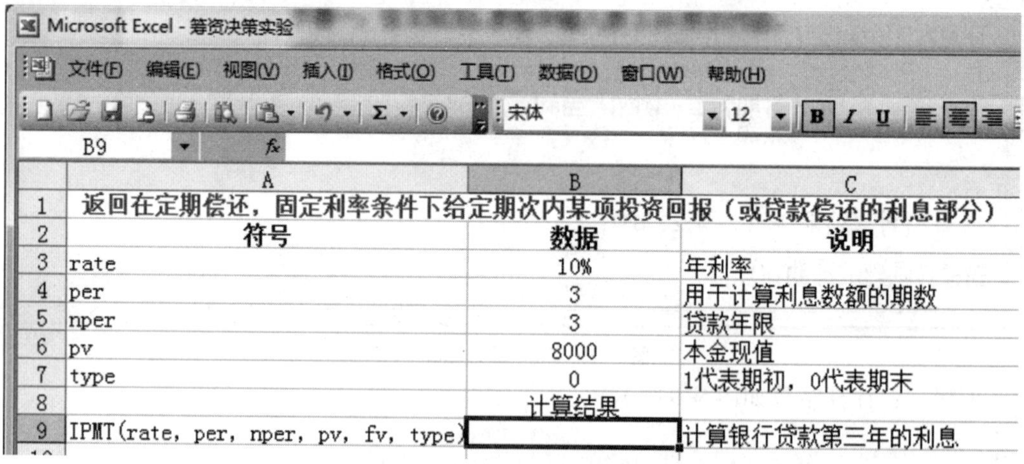

图5-10　求年金利息函数的计算公式

步骤二：选择Excel工作簿上方"fx"，在出现的"插入函数"中，将选择类别修改为"财务"，并选择"IPMT"，在"函数参数"的对应位置，选定所需单元格，如图5-11所示。

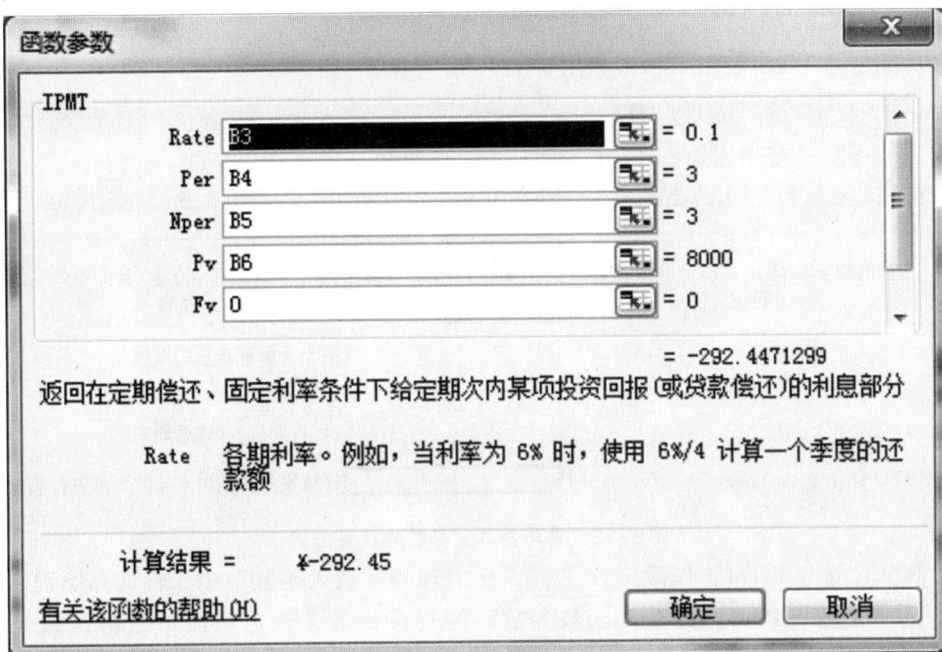

图5-11　IPMT函数公式内容

步骤三：计算结果如图5-12所示。

图5-12　年金利息最终计算结果

经计算求得，银行贷款第3年的利息为292.45元。

5）年金中的本金函数PPMT（）

格式：PPMT（rate，per，nper，pv，fv，type）.

功能：在已知期数、利率及现值或终值的条件下，返回年金处理的每期固定付款所含的本金。

说明：rate、per、nper、pv、fv、type等各参数含义及要求同上。

【例5-5】计算贷款金额为12万元、年利率为7%的10年期贷款的最后一年的本金支付额为多少？

解答：

步骤一：在Excel表格中输入如图5-13所示内容。

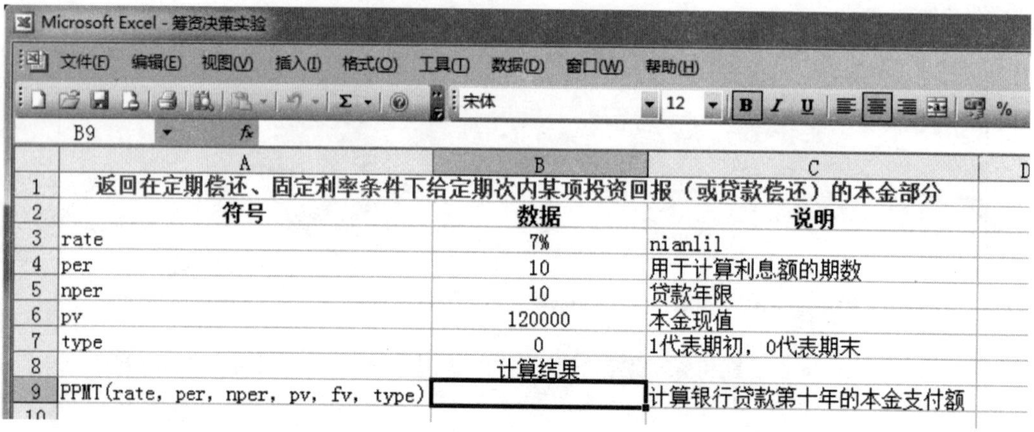

	A	B	C	D
1	返回在定期偿还、固定利率条件下给定期次内某项投资回报（或贷款偿还）的本金部分			
2	符号	数据	说明	
3	rate	7%	nianlil	
4	per	10	用于计算利息额的期数	
5	nper	10	贷款年限	
6	pv	120000	本金现值	
7	type	0	1代表期初，0代表期末	
8		计算结果		
9	PPMT(rate, per, nper, pv, fv, type)		计算银行贷款第十年的本金支付额	
10				

图5-13　求年金本金函数的计算公式

步骤二：选择Excel工作簿上方"fx"，在出现的"插入函数"中，将选择类别修改为"财务"，并选择"PPMT"，在"函数参数"的对应位置，选定所需单元格，如图5-14所示。

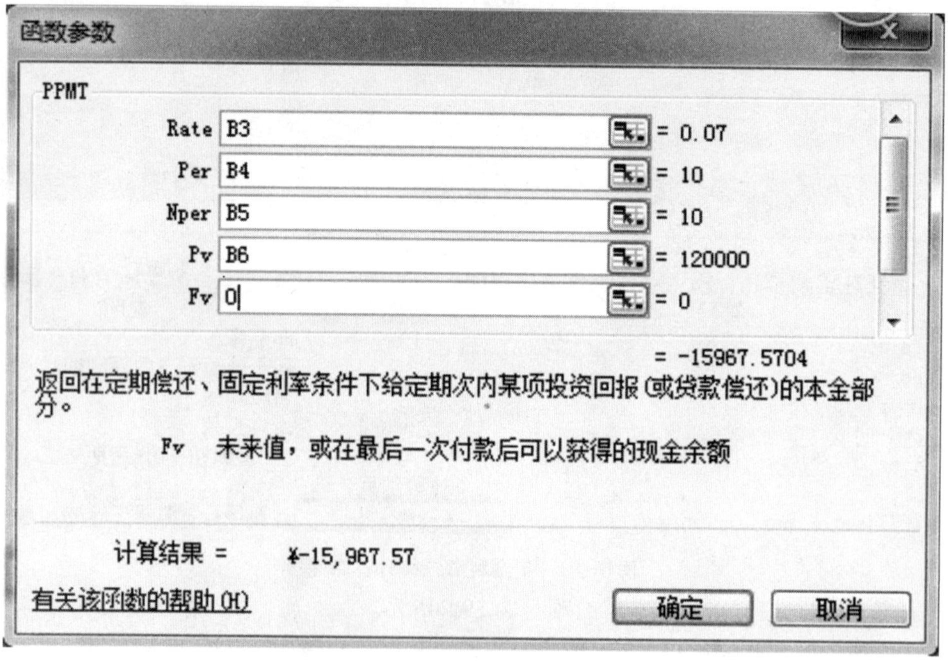

图5-14　PPMT函数公式内容

步骤三：计算结果如图5-15所示。

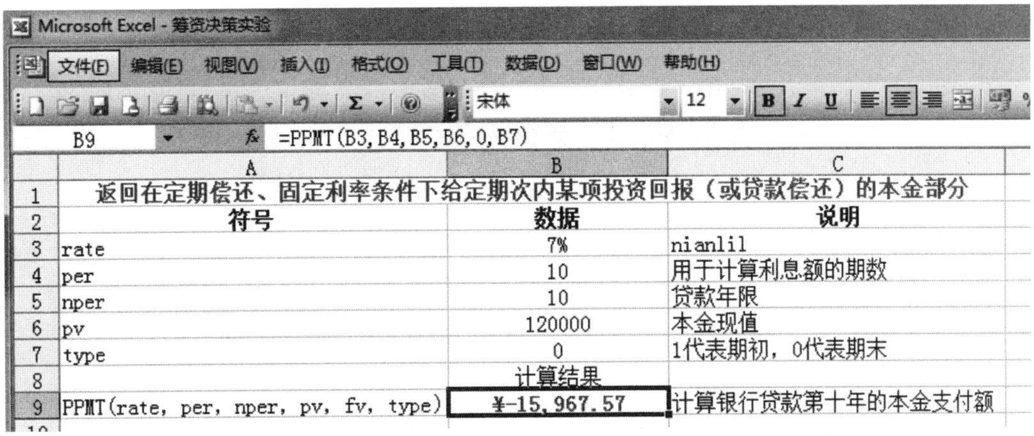

图 5-15 年金本金最终计算结果

经计算求得，贷款第 10 年的本金支付额为 15 967.57 元.

6）计息期数函数 NPER （）

格式：NPER （rate，pmt，pv，fv，type）。

功能：返回每期付款金额及利率固定的某项投资或贷款的期数。

说明：rate、pmt、pv、fv、type 等各参数含义及要求同上。

【例 5-6】某人从银行贷款 150 000 元，年利率为 6%，每月可偿还 1 200 元，多久才能还清？

解答：

步骤一：在 Excel 表格中输入如图 5-16 所示内容。

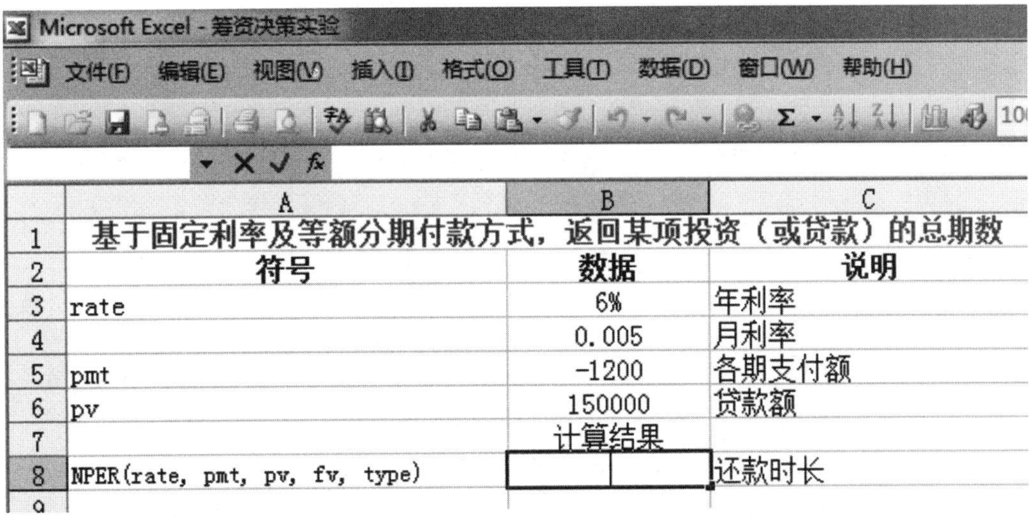

图 5-16 求计息期数函数的计算公式

步骤二：选择 Excel 工作簿上方"fx"，在出现的"插入函数"中，将选择类别修改为"财务"，并选择"NPER"，在"函数参数"的对应位置，选定所需单元格，如图 5-17 所示。

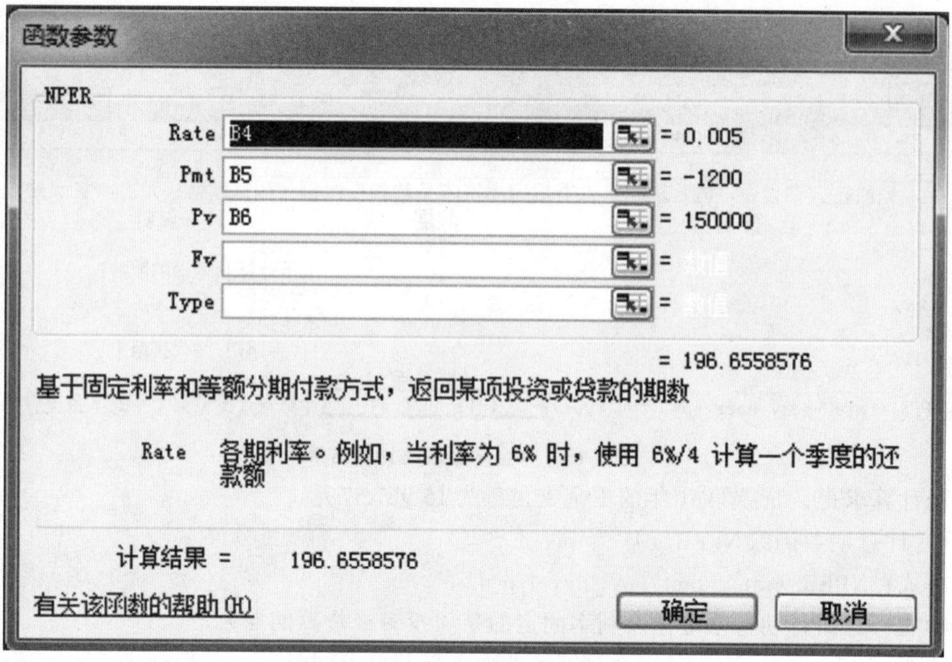

图5-17 NPER函数公式内容

步骤三：计算结果如图5-18所示。

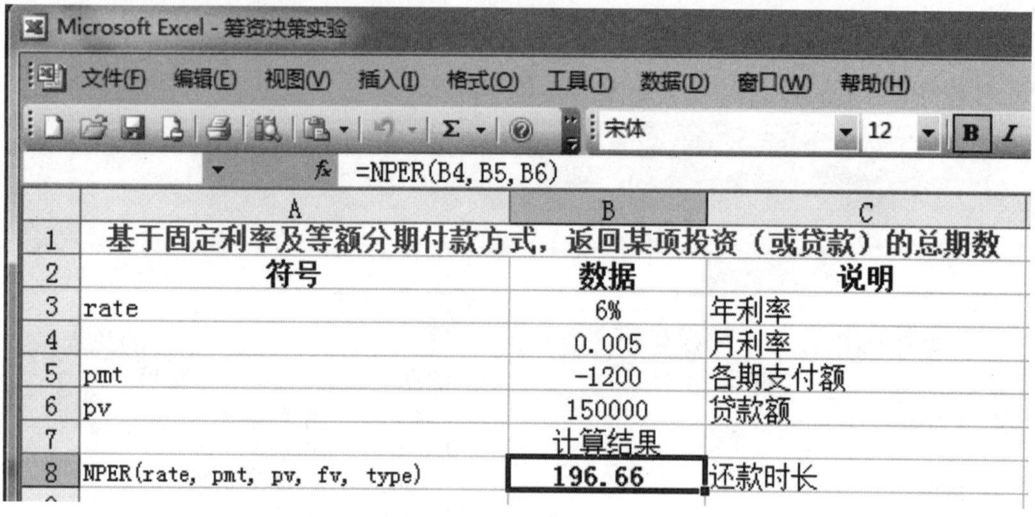

图5-18 计息期数最终计算结果

经计算求得，需要196.66个月，约16年才可还清。

7）利率函数RATE（）

格式：RATE（nper, pmt, pv, fv, type, guess）。

功能：在已知期数、期付款金额及现值的情况下，返回年金的每期利率。

说明：nper、pmt、pv、fv、type等各参数含义及要求同上。

guess为预期利率（估计值）。如果省略预期利率，则假设该值为10%。

【例5-7】存款年限是10年，现在存入3 600元，每月末存入600元，想要10年后有100 000元，请计算每月利率是多少？

解答：

步骤一：在 Excel 表格中输入如图 5-19 所示内容。

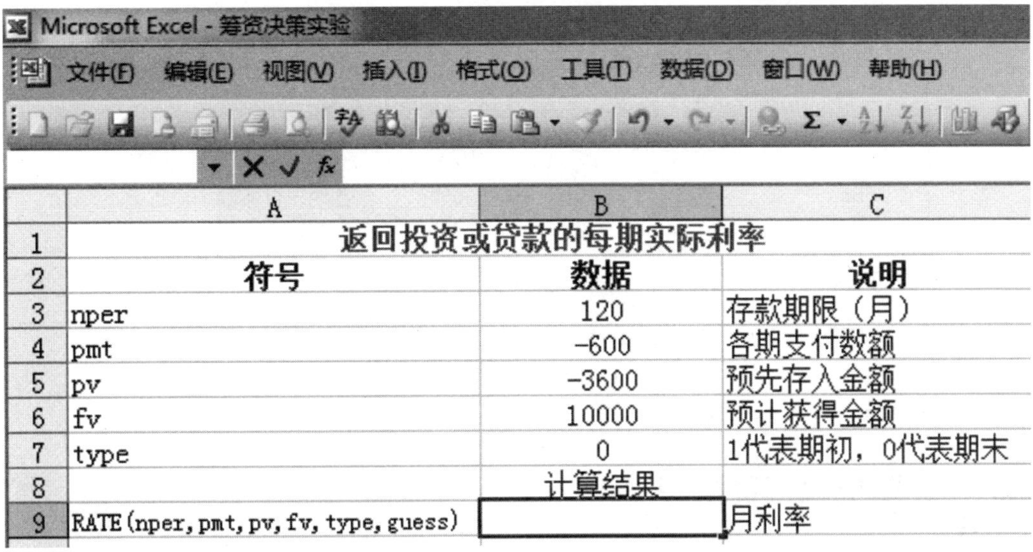

	A	B	C
1	返回投资或贷款的每期实际利率		
2	符号	数据	说明
3	nper	120	存款期限（月）
4	pmt	-600	各期支付数额
5	pv	-3600	预先存入金额
6	fv	10000	预计获得金额
7	type	0	1代表期初，0代表期末
8		计算结果	
9	RATE (nper, pmt, pv, fv, type, guess)		月利率

图 5-19　求利率函数的计算公式

步骤二：选择 Excel 工作簿上方"fx"，在出现的"插入函数"中，将选择类别修改为"财务"，并选择"RATE"，在"函数参数"的对应位置，选定所需单元格，如图 5-20 所示。

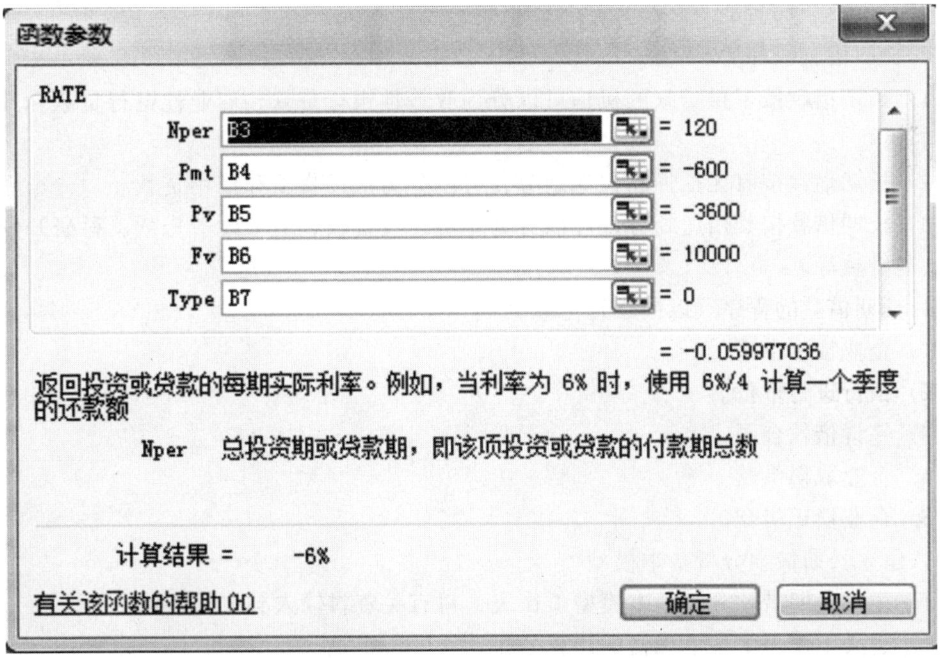

图 5-20　RATE 函数公式内容

步骤三：计算结果如图 5-21 所示。

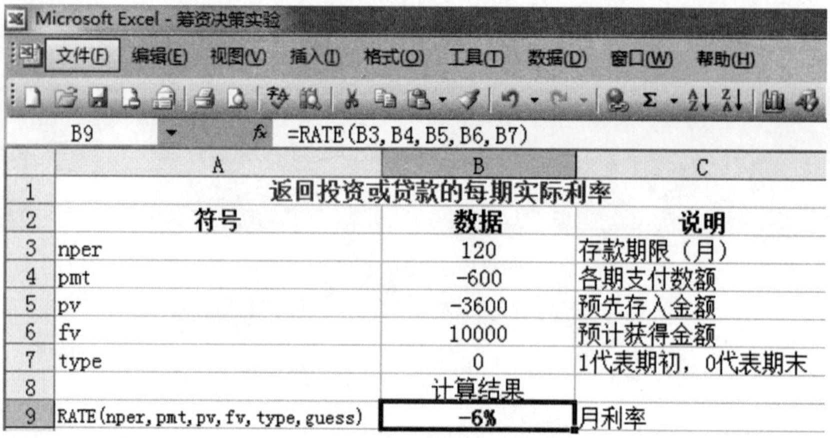

图 5-21　利率函数最终计算结果

经计算求得，月利率为6%。

|5.3| 长期借款筹资模型

建立长期借款筹资模型就是利用Excel提供的筹资函数和工具，对贷款金额、贷款利率、贷款期限和归还期等因素进行多种测算，在多种方案中选择一种比较合理的贷款方案。

5.3.1　长期借款

1）长期借款的种类

（1）长期借款按提供贷款的机构可以分为政策性银行贷款、商业性银行贷款和其他金融机构贷款。

（2）长期借款按有无抵押品担保划分，可以分为抵押贷款和信用贷款。

（3）长期借款按其用途划分，可以分为基本建设贷款、更新改造贷款、科研开发和新产品试制贷款等。

2）长期借款的程序（以向银行借款为例）

（1）企业提出申请。

（2）银行进行审批。

（3）签订借款合同。

（4）企业取得借款。

（5）企业偿还借款。

3）建立长期借款分析基本模型

（1）建立长期借款分析基本模型工作表，将有关资料输入到工作表中。

（2）定义工作表中各单元格的计算公式。

5.3.2　长期借款模拟运算表分析模型

在实际工作中，长期借款中的各项因素，如本金、利率、还款期限等是相互影响的。借款期限的长短会影响利率的高低，本金的多少会影响支付利息的多少，而其中每一项因素的变化都最终会对长期借款决策产生一定影响。

1）长期借款单变量模拟运算表分析模型

（1）创建单变量模拟运算表的步骤

①在一列或一行中输入要替换工作表上的输入单元格的数值序列。

②如果输入数值被排成一列，则在第一个数值的上一行且处于数值列右侧的单元格中定义所需的公式。在同一行中第一个公式的右边分别定义其他公式。

如果输入数值被排成一行，则在第一个数值左边一列且处于数值行下方的单元格中定义所需的公式。在同一列中第一个公式的下方分别定义其他公式。

③选定包含公式和需要被替换的数值的单元格区域。

④打开"数据"菜单，选择"模拟运算表"命令。

⑤如果模拟运算表是列方向的，则在"输入引用列的单元格"编辑框中为输入单元格确定引用。

如果模拟运算表是行方向的，则在"输入引用行的单元格"编辑框中为输入单元格确定引用。

（2）利用单变量模拟运算表创建长期借款分析模型

【例5-8】假设某公司拟向银行申请贷款20万元，借款期限为15年，年利率为5%，财务管理人员预测利率有可能会调整，企业如果迟一周或迟一月作出决策，利率就可能不同，从而每月还款额也会不同。利用单变量模拟运算表工具分析在利率发生变化的情况下，企业每期偿还金额变化的情况。

解答：

步骤一：在Excel表中输入如图5-22所示内容。

图5-22　长期借款单变量模拟运算表

步骤二：在B6单元格输入公式"=PMT（A6/12，B2*12，B1，0，0）"。输入公式时要注意还款时间是每月月末，因此年利率要折算成月利率，而还款期限15年要乘以12，折算为月份，如图5-23所示。

图5-23　计算3%利率时的月支付额

步骤三：选取包括公式和需要进行模拟运算的单元格区域A6：B15，如图5-24所示。

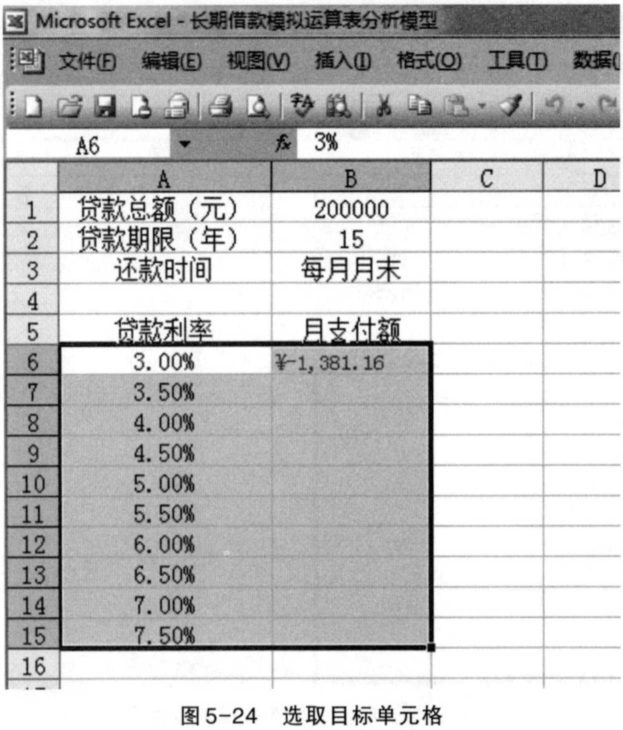

图5-24　选取目标单元格

步骤四：单击"数据"菜单，选择"模拟运算表"项，弹出"模拟运算表"对话框，如图5-25所示。由于本例中引用的是列数据，故在"输入引用列的单元格"中输入"$A$6"。单击"确定"按钮，即得到单变量的模拟运算表。

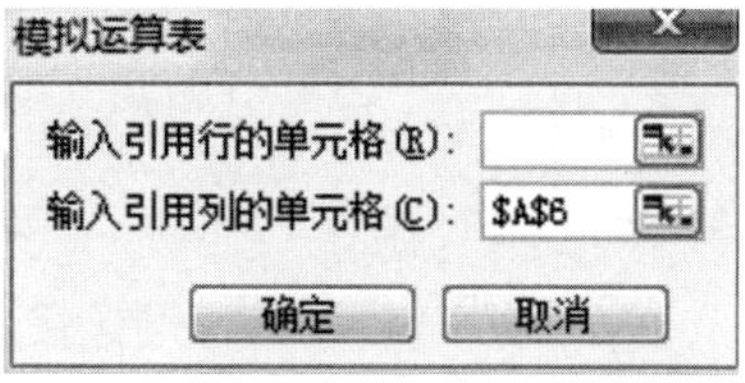

图5-25 模拟运算表对话框

实验运算结果如图5-26所示，可知该公司在不同贷款利率条件下的月还款额。

图5-26 长期借款单变量模拟运算表计算结果

2）长期借款双变量模拟运算表分析模型

在长期借款分析决策中，如果是两个因素同时变化，如借款期限有长有短、利率有高有低，这时，在分析这些因素对最终决策的影响时，必须使用Excel的双变量模拟运算表。

（1）创建双变量模拟运算表的步骤

①在工作表的某个单元格内输入所需引用的两个输入单元格的公式。

②在公式下面同一列中输入一组数值，在公式右边同一行中输入第二组数值。

③选定包含公式以及数值行和列的单元格区域。

④打开"数据"菜单，选择"模拟运算表"命令。

⑤在"输入引用行的单元格"编辑框中输入要由行数值替换的输入单元格的引用。

⑥在"输入引用列的单元格"编辑框中输入要由列数值替换的输入单元格的引用。

（2）建立长期借款双变量模拟运算表分析模型

【例5-9】某人买房需资金90万元，一部分由银行贷款取得，年利率假设为4%，采取每月等额还款的方式，贷款数额是80万元、70万元、60万元、50万元、40万元还是30万元，还款期限是10年、15年、20年、25年还是30年？

解答：利用Excel模拟运算表的具体步骤如下：

步骤一：将住房贷款有关的基本数据输入工作表，如图5-27中"B2：C6"单元格区域所示。

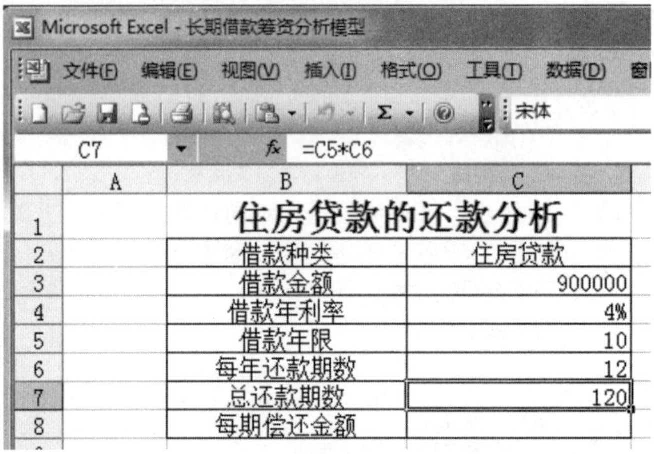

图5-27 住房贷款还款的Excel模拟运算表分析表

步骤二：计算总付款期数。总付款期数是借款年限与每年付款期数的乘积（借款年限×每年付款期数），在选择C7单元后，输入公式"=C5*C6"即可。

步骤三：计算每期偿还金额。每期偿还金额属于年金问题，因此，计算每期偿还金额可使用PMT（）函数。选择C8单元后，输入公式"=PMT（C4/C6，C7，C3，0，0）"即可，如图5-28所示。计算结果显示每期应偿还9 112.06元。

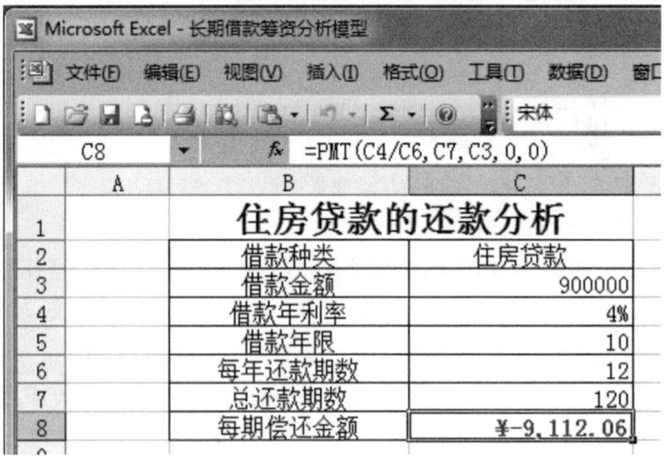

图5-28 计算住房贷款每期偿还金额

步骤四：列示住房贷款"贷款金额"和"总付款期数"各种可能的数据，如图5-29中"A12：A17""B11：F11"单元格区域所示，并在行与列交叉的A11单元格中输入目标函数PMT（），即在该单元格中输入公式"=PMT（C4/C6，C7，C3，0，0）"，如图5-29所示。

步骤五：选择目标单元区域"A11：F17"，点击"工具"下拉菜单，选择"数据—模拟运算表"命令，出现如图5-30所示的对话框。在对话框的"输入引用行的单元格"中输入"$C$7"，"输入引用列的单元格"中输入"$C$3"，再单击"确定"按钮。

图5-29　列示住房贷款"贷款金额"和"总付款期数"各种可能的数据

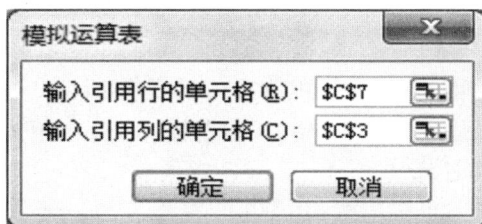

图5-30　模拟运算表工具使用示意图

各分析值自动填入双因素分析表中，如图5-31中"B12：F17"单元格区域所示。

图5-31　长期借款双变量模拟运算表计算结果

由于在工作表中，每期偿还金额与借款金额（单元格C3）、借款年利率（单元格C4）、借款年限（单元格C5）、每年偿还期数（单元格C6）以及各因素可能组合（单元格区域A12：A17和B11：F11）之间建立了动态链接，因此，财务人员可通过改变单元格C3、单元格C4、单元格C5或单元格C6中的数据，或调整单元格区域A12：A17和B11：F11中的各因素可能组合，各分析值将会自动计算，不用再重复上述步骤。

人们可以一目了然地观察到不同期限、不同借款金额下，每期应偿还金额的变化，从而可以根据自己的收入情况，选择一种当前家庭力所能及的房屋贷款方案。

|5.4| 租赁与举债筹资模型

建立租赁筹资分析实验模型，模型中各单元格之间建立了有效的链接，用户可以根据所需要承租的设备，将租金数额、利息率、租赁期限、支付方式等基本数据输入实验模型，实验模型立即自动计算出每期应付的租金数。

5.4.1 租赁分类与计算

租赁是以支付一定租金的形式取得一项资产的使用权的经济业务，涉及出租人、承租人、租约。

1）租赁分类

（1）营业租赁：经营租赁（服务性租赁），一般为短期。

（2）融资租赁：财务租赁（资本租赁），租期较长，一般租赁期满后，设备归承租户。

2）租金的支付方式与计算

支付方式有不同分类方法：

（1）按支付期长短分：年付、半年付、季付、月付。

（2）按支付期先后分：先付租金、后付租金。

（3）按每期支付是否等额：等额支付与不等额支付。

租金计算方法：一般为定期等额支付方式下的计算，可归入年金问题。

5.4.2 融资筹资相关函数

1）INDEX函数

格式：INDEX（array，row-num，column-num）。

功能：使用索引从单元格区域或数组中选取值。

参数：（1）array为单元格区域或数组常量。

（2）row-num为数组或引用中要返回值的行序号。

（3）column-num为数组或引用中要返回值的列序号。

2）IF函数

格式：IF（logical-test，if-true，if-false）。

功能：用来判断某一条件是否成立，以继续进行其他处理或显示某一特定条件下的结果。当条件表达式ogical-test的值为真时，返回value-if-true值，当条件表达式ogical-test的值为假时，返回value-if-false值。

5.4.3 租赁筹资模型设计

租赁分析与长期借款分析有相似之处。承租单位要按合同向租赁公司付租金，因此，财务管理人员也需对不同的租赁途径、租金数、利率、租期、支付方式、支付租金等因素进行分析，对多个方案进行比较后，选择一种本单位力所能及的方案，为本单位租赁筹资提供重要决策依据。

建立租赁筹资分析模型，通过窗体在单元格之间建立联系，在相关单元格写入公式后，当我们选择租赁设备时，在单元格可直接得出与该设备相对应的租金总额、租金支付方式。只要确定付款次数、年利率、租赁期限，便可直接计算出总付款次数和每期应付租金。

【例5-10】某企业从租赁公司租赁资产，租赁公司已经向该企业提供了租赁设备的价格表。该企业想通过分析每年付款次数、租金支付方式、租金总额等因素确定其是否选择租赁筹资的方式，如图5-32所示。

图5-32 租赁筹资分析模型

解答：

针对该案例，采用Excel中的窗体工具，通过建立下拉框控制项、滚动条控制项、微调控制项等手段，使建立的模型更具有通用性和操作方便、显示直观等优点。

步骤一：在"视图"菜单的"工具栏"项目中选中"窗体"，即可显示各窗体控件按钮，如图5-33所示。

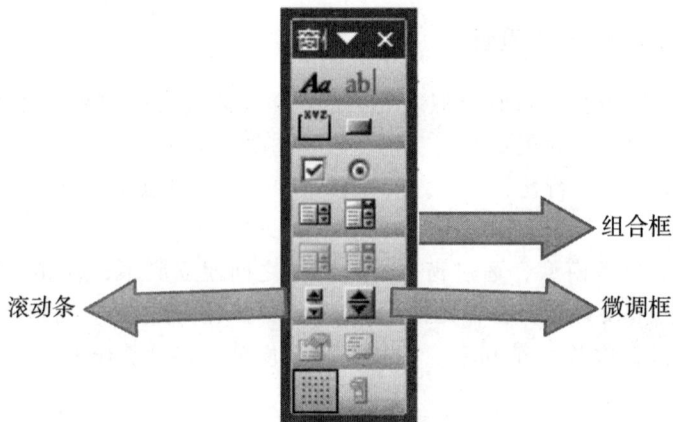

图5-33　窗体对话框

步骤二：建立"租赁设备名称"的组合框。在窗体工具栏中选择"组合框"按钮。在F2区域中，当光标变为"+"时，拉出一个矩形框；将鼠标指针移到新建立的"组合框"控件上，单击右键，出现快捷菜单，选择"设置控件格式"命令，出现"设置控件格式"对话框，选择"控制"选项卡，如图5-34所示。

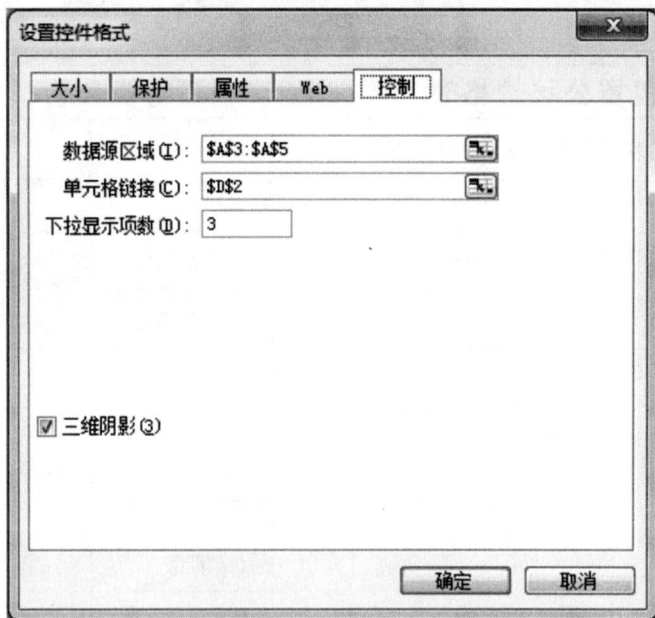

图5-34　设置控件格式

"数据源区域"表示该组合框的内容将从所填的工作表区域中提取。在此选择"A3：A5"单元格区域，这样组合框便与租赁设备名称表中的相应单元格区域建立了链接，以后用户激活组合框，便可以在其中显示"设备A、设备B、设备C"三种设备名称，供用户选择。

"单元格链接"表示链接单元格，即组合框控件当前被选中项目的返回值存入该链接单元格，当用户在组合框中选中了某一选项时，被选选项的内部编号便存放在该单元格，用户可以用该编号查到所选选项的其他信息。在此输入D2。

"下拉显示项数"表示单击组合框的下拉按钮时所显示的行数。在此输入数字2。

"三维阴影"决定该控件是否有一个三维外观。

单击"确定"按钮，即完成组合框控件格式的设置。

以此类推，建立"每年付款次数"的微调控制框，建立"租赁年限"的微调控制框，建立"租赁年利率"的滚动条控制框。

窗体的设置完成效果如图5-35所示。

图5-35 租赁筹资模型设置窗体

在租赁设备名称该栏，我们通过组合框选择的是"设备B"，对应的单元格链接B2反馈的数字为2，意为在设备名称"A3：A5"单元格区域中选择的是第2个。

需要注意的是，窗体控件滚动条的控制选项卡里的数据只能是整数。可以通过设置单元格格式将11（此处数字为举例）显示为11%，但单元格实际值为11，因此在计算每期应付租金时，应该将其除以100转换为真实利率。

步骤三：现要求选择租赁设备B后，自动显示对应的租金总额、支付租金方式。

在租金总额对应的单元格F3输入公式"=INDEX（B3：B5，D2）"，意为在"B3：B5"区域中选取第2个（D2=2）作为该单元格的值。

在支付方式对应的单元格F4输入公式"=INDEX（C3：C5，D2）"，意为在"C3：C5"区域中选取第2个作为该单元格的值。

在总付款期数对应的单元格F8输入公式"=F5*F7"。

每期应付金额是一个复合函数的公式，用到了IF（）函数、PMT（）函数、ABS（）

函数，其中 ABS（）函数意为取绝对值。

F9=IF（F4="先付"，ABS（PMT（F6/F5/10，F8，F3，0，1）），ABS（PMT（F6/F5/10，F8，F3）））

输入公式后按回车，计算结果如图 5-36 所示。

图 5-36　租赁筹资分析模型计算结果

通过选择租赁项目名称、每年付款次数、租赁年利率、租赁年限，该模型可自动计算总付款次数和每期应付租金，给财务管理人员的租赁筹资管理带来方便。

5.4.4　租赁筹资与借款筹资比较分析模型设计

租赁筹资与借款筹资是两种不同的筹资方式，在企业运作中，选择哪种方式是财务管理人员必须考虑的问题。究竟哪种方式更好，可以通过 Excel 建立两种方式的成本比较模型进行分析。筹资方式如何选择可以利用净现值法分析。

两种筹资方式的主要区别在抵税的筹资费用项目上：借款的利息、折旧费用可以税前列支抵税；租赁筹资的租金可以抵税，因为是经营租赁，公司不提折旧。故在利用 NPV 法分析时，采用相对较小的比率进行折现，即 K（1-T）。比如，借款方式的折现率 = 11%×（1-33%），租赁方式的折现率 = 10%×（1-33%）。

1）设计租赁筹资方式的现金净流量表

具体步骤：按表中涉及的各指标进行定义计算：

（1）租金支付的计算：利用 PMT（）函数分先付方式与后付方式。

（2）税款节约额的计算：税款节约额 = 租金支付×所得税率。

（3）租赁净现金流量的计算：租赁净现金流量 = 租金支付-税款节约额。

（4）净现值的计算：净现值 = 租赁净现金流量/（1+租赁期利率×（1-所得税税率））

^租期，或净现值 = 租赁净现金流量/（1+贴现率）^租期。

如果题意告诉了贴现率，就按规定的贴现率进行折现。如果没告诉，则按上面的公式计算出贴现率。

2）设计借款筹资方式的现金净流量表

具体步骤：按表中涉及的各指标进行定义计算：

（1）等额还款额的计算：ABS（PMT（））函数。

（2）偿还本金与利息的计算：PPMT（）函数与IPMT（）函数。

（3）折旧额的计算：根据题意而定。

（4）税款节约额的计算：税款节约额 = （每期偿还利息+每期折旧额）×所得税税率。

（5）借款净现金流量的计算：借款净现金流量 = 本期还款额-税款节约额。

（6）净现值计算：同上。

【例5-11】某企业因为扩大生产的原因需要添置一台价值100万元的设备，该台设备的使用期为5年，无残值。该企业可以通过购买或者融资租赁的方式获得该设备，如果采取租赁，租赁公司要求10%的租费率，每年年初支付一次；如果采用购买方式，该企业需要向银行贷款100万元，银行年利率为12%，年末等额偿还。该企业所得税税率为33%[①]，按直线法折旧，现金流量的贴现率为5%。

解答：先进行租赁筹资模型分析。

步骤一：如图5-37所示，根据题意填写相关数据。

图5-37　租赁筹资模型现金流分析

总付款期数 = B4*B6　每期应付租金 = PMT（B5，B7，B2，0，1）

步骤二：租赁筹资模型现金流分析。

如图5-38所示，每年年初支付租金，在年末计算所得税时，可将年初支付租金进行抵扣。因为形成了避税额，将租金支付额减去避税额得到税后现金净流量。

[①] 目前企业所得税税率为25%，不影响例题实验演示过程。其他例题同样如此。

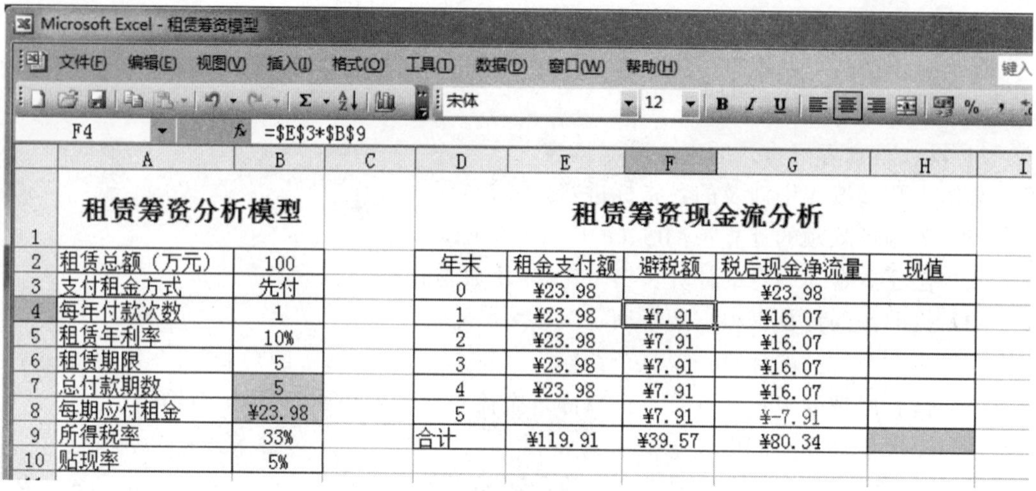

图 5-38　租赁筹资避税额的计算

避税额 = 每期应付租金×税率 = 23.98×33%

税后净现金流量 = 租金支付额 − 避税额

步骤三：将税后净现金流量按5%的利率贴现得到现值。

净现值 = 租赁净现金流量/（1+贴现率）^租期

例如：H3=G3/（（1+$B$10）^D3）

每年的税后现金净流量贴现后加总，得到总租赁成本现值。计算结果如图5-39所示，总租赁成本现值为74.76万元。

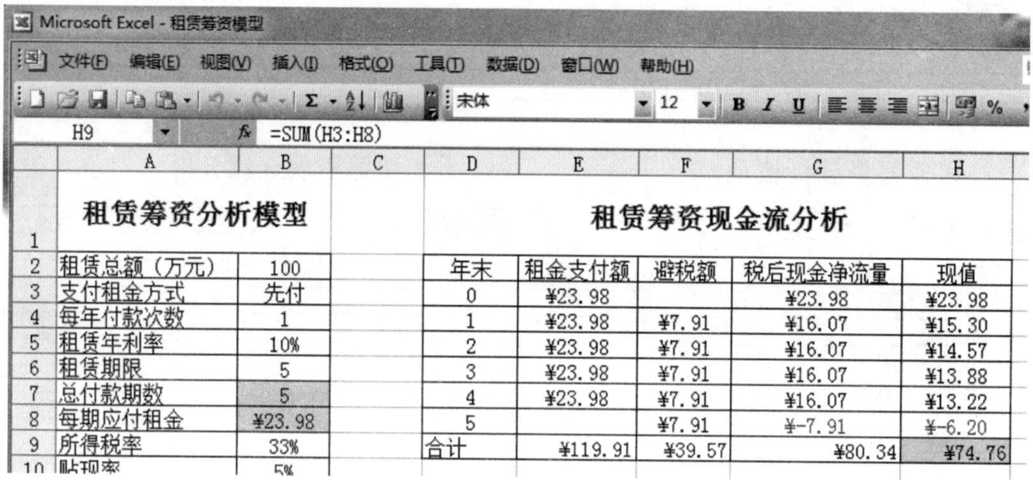

图 5-39　租赁筹资现金流运算分析

接下来进行举债筹资模型分析。

步骤一：如图5-40所示，将相关数据填入表格，计算每期应偿还金额 = ABS（PMT（D3，B3，B2））。

步骤二：用PPMT（）函数计算本期偿还本金，用IPMT（）函数计算偿还利息。期初所欠本金，即为上一期所欠本金减去上一期偿还本金。计算结果如图5-41所示。

步骤三：计算折旧额及避税额。如图5-42所示，本例为直线法折旧，因此100万元分5年折旧，每年折旧20万元。

图 5-40　举债筹资分析模型

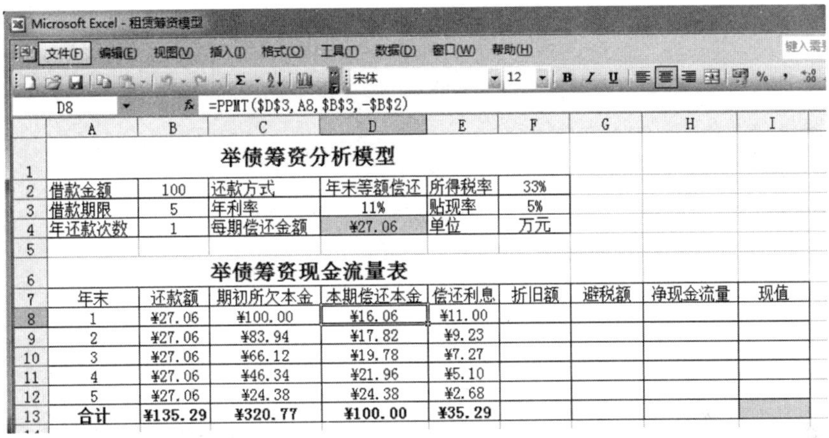

图 5-41　计算本期偿还本金及利息

折旧在计算所得税时可以作为一项费用抵扣，因此形成了避税额。

避税额 =（每期偿还利息+每期折旧额）×所得税税率

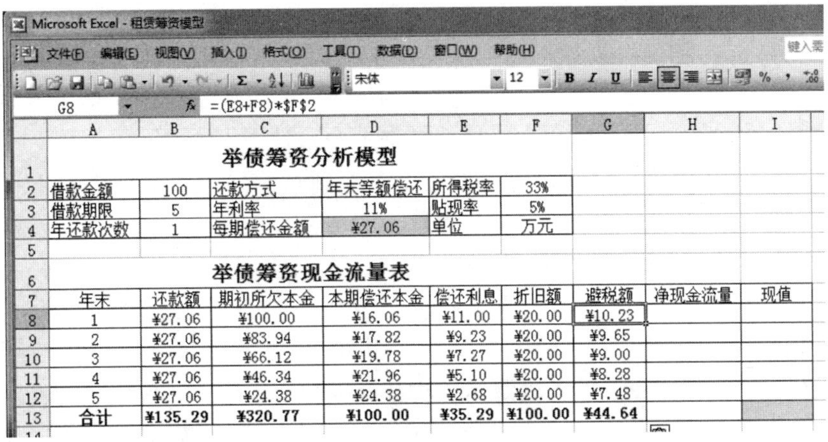

图 5-42　折旧额和避税额的计算

步骤四：净现金流量 = 本期还款额 − 避税额

现值 = 净现金流量/（1+贴现率）^借款期数

各期净现金流量加总之后得举债筹资成本现值。计算结果如图5-43所示。

图5-43　举债筹资模型总成本现值

结论：

（1）比较每期还款额：租赁方式为23.98万元，借款方式为27.06万元。

（2）比较筹资总成本现值：租赁方式为74.76万元，借款方式为78.20万元。

故从成本角度看，应选租赁筹资方式更合算。

|5.5| 最优资本结构

5.5.1 资本结构概念

资本结构是企业筹资决策的核心问题。资本结构是指企业各种资金构成及其比例关系，它是由企业采用各种筹资方式筹资而形成的。不同筹资方式的组合形成不同的资本结构。一般情况下，企业的资本结构由长期债务资本和权益资本构成。

确定最优资本结构的方法主要有每股收益无差别点法、比较资金成本法和公司价值法。由于每股收益无差别点法的原理容易理解，测算过程也较为简单，在实践中具有较强的实用性及可操作性，使得该方法被普遍运用。

5.5.2 每股收益无差别点法

基本原理：能够提高每股收益的资本机构是合理的资本结构，按照每股收益大小判断资本结构的优劣。

每股收益无差别点是指两种筹资方式下普通股每股收益相等时的息税前利润点，也称息税前利润平衡点。其计算公式为：

$$\frac{(\overline{EBIT} - I_1)(1 - T) - D_1}{N_1} = \frac{(\overline{EBIT} - I_2)(1 - T) - D_2}{N_2} = EPS \qquad (5-14)$$

其中，I 为该筹资方式下的年利息；D 为该筹资方式下的优先股股利；N 为该筹资方式下流通在外的普通股股数；EPS 为每股收益；EBIT 为息税前利润。

决策原则：预期的息税前利润大于每股收益无差别点的息税前利润——负债筹资；预期的息税前利润小于每股收益无差别点的息税前利润——权益筹资。

【例 5-12】光华公司目前的资本结构如图 5-44 所示，总资本 1 000 万元，其中债务资本 400 万元（年利息 40 万元）；普通股资本 600 万元（600 万股，面值 1 元，市价 5 元）。企业由于有一个较好的投资项目，需要追加筹资 300 万元。有两种筹资方案：

	A	B	C	D
1	光华公司现有资本结构			单位：万元
2	长期债务	400	年利率	10%
3	普通股	600	600万股	市价5元
4	合计	1000	需筹资	300
5				
6	甲方案	银行贷款	300万元（年利率16%）	
7	乙方案	发行普通股	300万元（每股3元）	

图 5-44　光华公司资本结构

甲方案：向银行取得长期借款 300 万元，利息率 16%。

乙方案：增发普通股 100 万股，每股发行价 3 元。

根据测算，追加筹资后息税前利润为 280 万元。所得税税率为 20%，不考虑筹资费用因素。

解答：测算每股收益无差别点处的息税前利润。

将各项值代入公式得：

$$\frac{(\overline{EBIT} - 40)*(1 - 20\%)}{600 + 100} = \frac{(\overline{EBIT} - 40 - 48)*(1 - 20\%)}{600}$$

计算得每股收益无差别点的 EBIT=376 万元，如图 5-45 所示。根据题意，追加投资后息税前利润为 280 万元，低于无差别点 376 万元，因此应当采用财务风险较小的乙方案，即增发普通股方案。

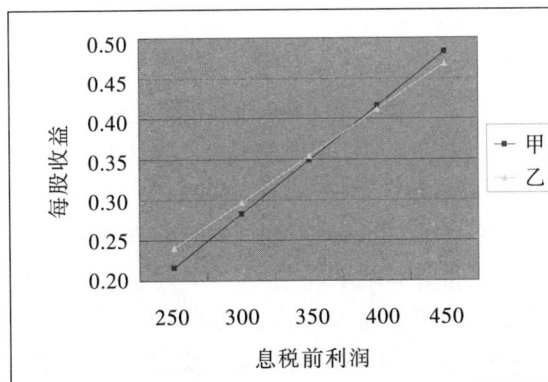

图 5-45　两个方案每股收益比较

【例5-13】光华公司目前资本结构如图5-46所示，现有三种方案可供选择（所得税税率为20%）。

甲方案：增发普通股200万股，每股发行价3元；同时向银行借款200万元，利率保持原来的10%。

乙方案：增发普通股100万股，每股发行价3元；同时溢价发行500万元面值为300万元的公司债券，票面利率为15%。

	A	B	C	D	E	F
1	光华公司现有资本结构			单位：万元		
2	长期债务	400	年利率	10%		
3	普通股	600	600万股	市价5元		
4	合计	1000	需筹资	800		
5						
6						
7	方案甲	发行普通股	600万元	200万股	每股发行价3元	
8		银行贷款	200万元	年利率10%	年利息20万元	
9						
10	方案乙	发行普通股	300万元	100万股	每股发行价3元	
11		发行债券	500万元	面值300万元	年利率15%	年利息45万元
12						
13	方案丙	发行债券	600万元	面值400万元	年利率15%	年利息60万元
14		银行贷款	200万元	年利率10%	年利息20万元	
15						

图5-46　光华公司现有资本结构及筹资方案

丙方案：不增发普通股，溢价发行600万面值为400万元的公司债券，票面利率为15%；由于受债券发行数额的限制，还需要向银行贷款200万元，利率为10%。

解答：

步骤一：分别计算每种方案的每股收益，如图5-47所示。

	A	B	C	D	E	F	G	H
1	息税前利润	100	150	200	250	300	350	400
2	甲	0.04	0.09	0.14	0.19	0.24	0.29	0.34
3	乙	0.02	0.07	0.13	0.19	0.25	0.30	0.36
4	丙	-0.03	0.04	0.11	0.17	0.24	0.31	0.37
5								
6								
7								

图5-47　每股收益计算

举例说明，计算甲方案EPS，在B2单元格输入"=（B1-40-20）*（1-20%）/800"；计算乙方案EPS，在B3单元格输入"=（B1-40-45）*（1-20%）/700"；计算丙方案EPS，在B4单元格输入"=（B1-40-20-60）*（1-20%）/600"。同一方案在不同息税前利润下EPS也不同，复制公式可得计算结果。

步骤二：将息税前利润与每股收益关系绘制成图表。

如图5-48所示，分别有3条直线，两两相交，交点即为两种方案比较的每股收益无差别点。

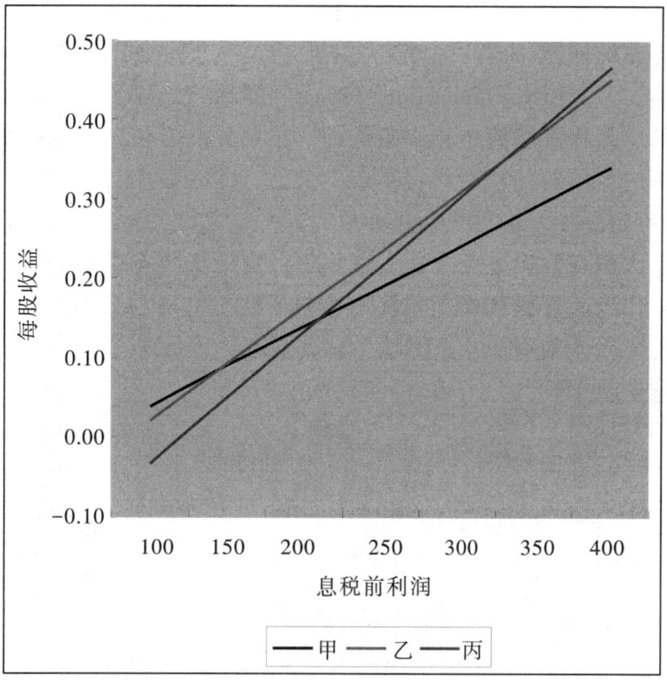

图5-48　每股收益与息税前利润关系

步骤三：现利用规划求解计算交点的数值。

先将第2、3、4行的公式再往右侧复制三列。点击"工具—规划求解"，将可变单元格设置为I1单元格，添加条件令I2=I3，求解可得两者的每股收益无差别点，如图5-49所示。EBIT=260万元，意为将甲、乙两个方案进行比较，当息税前利润为260万元时，甲方案和乙方案的每股收益都等于0.20元。

	A	B	C	D	E	F	G	H	I	J	K
1	息税前利润	100	150	200	250	300	350	400	260	300	330
2	甲	0.04	0.09	0.14	0.19	0.24	0.29	0.34	0.20	0.24	
3	乙	0.02	0.07	0.13	0.19	0.25	0.30	0.36	0.20		0.28
4	丙	-0.03	0.04	0.11	0.17	0.24	0.31	0.37		0.24	0.28
5											

图5-49　每股收益无差别点计算

同理可将甲、丙比较，将乙、丙比较，可算出每股收益无差别点分别为300万元、330万元。

步骤四：结合图5-48进行分析，当企业预期EBIT为260万元以下时，应当采用甲筹资方案；预期EBIT为260万~330万元时，应当采用乙筹资方案；预期EBIT为330万元以上时，应当采用丙筹资方案。

5.5.3　比较资本成本法

资金成本是衡量企业经营成果的标准之一。企业无论从何种渠道筹集资金都要付出一定的代价。资金成本就是企业取得资金而支付的各种费用，包括资金占用费和筹资费用两部分。占用费包括时间价值和投资者考虑的风险报酬。筹资费用是指筹资过程中发生的代理发行费、代办费、手续费。

总资金成本等于各个资金成本的加权总和。为了使资本成本最低，如何选择最优资金结构，是企业要考虑的问题。

比较资本成本法（WACC Comparison Method）即通过比较不同的资本结构的加权平均资本成本，选择其中加权平均资本成本最低的资本结构的方法。最优资本结构是指企业在一定时期内，筹措的资本的加权平均资本成本最低，使企业的价值达到最大化。它应是企业的目标资本结构（Target Capital Structure）。

其程序包括：①拟订几个筹资方案；②确定各方案的资本结构；③计算各方案的加权资本成本；④通过比较，选择加权平均资本成本最低的结构为最优资本结构。

资金成本的定义公式如下：

$$资金成本 = \frac{资金占用费用}{筹资总额 - 筹资费用} \tag{5-15}$$

$$长期债券成本率 = \frac{债券发行总额 \times 年利率\% \times (1 - 所得税税率)}{债券发行总额 \times (1 - 筹资费用率)} \tag{5-16}$$

$$优先股成本率 = \frac{年股利额}{优先股总金额 \times (1 - 筹资费用率)} \tag{5-17}$$

$$普通股成本率 = \frac{普通股股利}{普通股市价总额 \times (1 - 筹资费用率)} + 普通股股利 \tag{5-18}$$

【例5-14】某企业计划年初资本结构如表5-1所示。

表5-1   **某企业计划年初资本结构表**   单位：万元

资金来源	金额	比重
长期债券年利率10%	100	12.5%
优先股年股利率8%	200	25%
普通股50 000股	500	62.5%
合　计	800	100%

其他有关资料如下：

普通股市价每股100元，今年期望股息为12元，预计以后每年股息增加3%，该企业所得税税率为33%，假定发行各种证券均无筹资费用。该企业拟增加资金200万元，有两方案可供选择。

甲方案：发行债券200万元，年利率为12%；普通股股利增加到15元，以后每年还可增加3%，由于企业风险增加，普通股市价将跌到96元。

乙方案：发行债券100万元，年利率为11%；另发行普通股100万元，普通股市价、股利与年初相同。

解答：

如图5-50所示，通过比较可以看出甲方案的加权平均资本成本较高，为13.08%，乙方案的加权平均资本成本较低，为12.01%，故采用乙方案筹资对企业较为有利。采用乙方案筹资的加权平均资本成本比甲方案低1.07%，企业价值提高20万元。

Microsoft Excel - 最优资本结构
文件(F) 编辑(E) 视图(V) 插入(I) 格式(O) 工具(T) 数据(D) 窗口(W) 帮助(H)

D19

	A	B	C	D
1	甲方案加权平均资本成本计算表			单位：万元
2	**资金来源**	**金额**	**比率**	**资本成本**
3	**长期债券年利率10%**	100	10.20%	10%×（1-33%）=6.7%
4	**长期债券年利率12%**	200	20.41%	12%×（1-33%）=8.04%
5	**优先股年股利率8%**	200	20.41%	8%
6	**普通股50　000股**	480	48.98%	15÷96+3%=18.625%
7	**小计**	980	100%	6.7%×10.20%+8.04%×
8				20.41%+8%×20.41%+
9				18.625%×48.98%=13.08%
10				
11	表3-3　乙方案加权平均资本成本计算表			单位：万元
12	**资金来源**	**金额**	**比率**	**资本成本**
13	**长期债券年利率10%**	100	10%	10%×（1-33%）=6.7%
14	**长期债券年利率11%**	100	10%	11%(1-33%)=7.37%
15	**优先股年股利率8%**	200	20%	8%
16	**普通股60　000股**	600	60%	12÷100+3%=15%
17	**合　计**	1 000	100%	6.7%×10%+7.37%×10%
18				+8%×20%+15%×60%=12.01%

图 5-50　资金成本计算

【例5-15】某公司原有资本结构如表5-2所示。

表 5-2　　　　　　　　　　　　　某公司原有资本结构表　　　　　　　　　　　　　单位：万元

资金来源	金额	比重
长期债券年利率10%	1 200	48%
优先股年股利率8%	800	16%
普通股	3 000	60%
合计	5 000	100%

公司拟筹资4 000万元，有三种筹资方案可供选择（所得税税率为33%）。

方案一：按面值发行长期债券，票面利率为10%，期限4年，筹资费率为1%，每年末付息一次，到期一次还本。

方案二：发行优先股，股利为12%，筹资费率为2%。

方案三：发行普通股，筹资费率为4%，预计第一年股利率为12%，以后按4%的增长率递增。

公司筹资决策须符合法律规定，同时出于风险控制考虑，需满足相关要求：①我国《公司法》规定累计债券总额不超过公司净资产的40%。②普通股不能少于优先股的2倍。

请为三种方案分配不同的筹资额度，使得加权平均资本成本最小。

解答：

步骤一：将基本数据填写到Excel表格中，再利用规划求解算出最佳资本结构。为避免计算公式出现0/0，先在筹资额这一栏任意填写3个数字，可为1、2、3。如图5-51所示，总筹资额确定为4 000万元，相对应的比重=筹资额/4 000。

	A	B	C	D	E
1	原有资本	金额	比重	年利率	
2	长期债券	1200.00	24.00%	10%	
3	优先股	800.00	16.00%	8%	
4	普通股	3000.00	60.00%		
5	总计	5000.00	100.00%		
6					
7	筹资方案	筹资额	比重	个别资本成本	综合资本成本
8	长期债券	1.00	0.03%	6.77%	
9	优先股	2.00	0.05%	12.24%	
10	普通股	3.00	0.08%	16.50%	
11	总计	6.00	100.00%		0.02%
12					
13					
14	债券总额	1201			
15	净资产额	3805			

图5-51　利用规划求解计算最佳资本结构

长期债券资本成本 D8=B8*10%*（1-33%）/（B8*（1-1%））

优先股资本成本 D9=B9*12%/（B9*0.98）

普通股资本成本 D10=12%/0.96+4%

综合资本成本=SUMPRODUCT（C8：C10，D8：D10）

债券总额 B14=B2+B8

净资产额 B15=B3+B4+B9+B10

步骤二：设置规划求解参数。如图5-52所示，目标单元格为E11，即要求综合资本成本最小。可变单元格为B8：B10，要求计算出三种筹资方案的最优分配额度。然后按照题意添加约束条件。

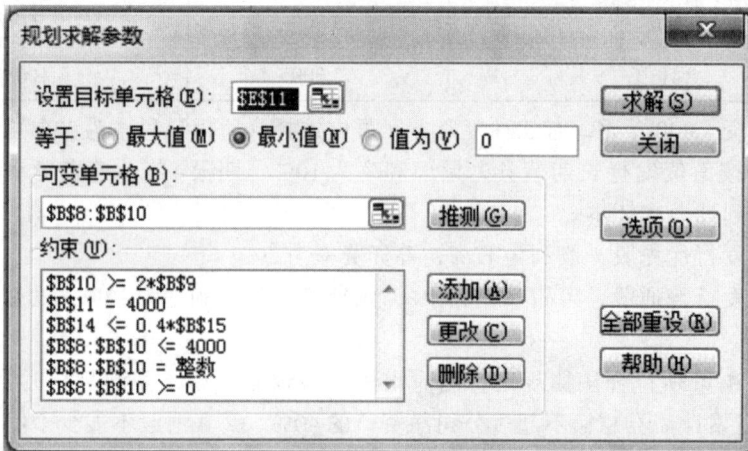

图5-52　设置规划求解参数

步骤三：设置完毕后，点击"求解"得出计算结果。如图5-53所示，本例中筹资方案为长期债券1 371万元、优先股876万元、普通股1 753万元，此时12.23%为最低的加权平均资本成本。

	A	B	C	D	E
1	原有资本	金额	比重	年利率	
2	长期债券	1200.00	24.00%	10%	
3	优先股	800.00	16.00%	8%	
4	普通股	3000.00	60.00%		
5	总计	5000.00	100.00%		
6					
7	筹资方案	筹资额	比重	个别资本成本	综合资本成本
8	长期债券	1371.00	34.28%	6.77%	
9	优先股	876.00	21.90%	12.24%	
10	普通股	1753.00	43.83%	16.50%	
11	总计	4000.00	100.00%		12.23%
12					
13					
14	债券总额	2571			
15	净资产额	6429			

图 5-53　最优资本结构计算结果

实验任务

作业 1.零存整取储蓄。（1）假设妻子新建了一个账户，每月底存入 300 元，年利率 2.1%，连续存款 5 年，计算该项投资的到期本金合计。（2）假设丈夫也有零存整取账户，每月初存入 200 元，年利率 1.28%，连续存 3 年，计算该项投资的到期本金合计。

作业 2.保险公司开办了一种平安保险，具体办法是一次性缴费 12 000 元，保险期限为 20 年。如果保险期限内没有出险，每年返还 1 000 元，请问在没有出险的情况下，它与银行利率相比，这种保险的收益率如何？

作业 3.某公司现有资本构成如表 5-3 所示。

表 5-3　　　　　　　　　　　　某公司现有资本构成

长期债券	100 万元	年利率 8%
优先股	200 万元	股息率 10%
普通股	800 万元	80 万股，每股 10 元
合计	1 100 万元	

为满足投资计划的需求，该公司准备再筹资 200 万元，拟订了三个备选的筹资方案，如表 5-4 所示。

表 5-4　　　　　　　　　　　　筹资方案选择

方案一	发行长期债券	200 万元	年利率 9%
方案二	发行优先股	200 万元	股息率 10%
方案三	发行普通股	200 万元	每股 10 元

公司所得税税率为 25%，请用每股收益无差别点法分析该公司应该选择哪个筹资方案。

第6章

投资决策实验

Excel在投资决策中的应用是一个十分实用而又亟待解决的重要课题。本章针对投资决策的重点和难点，采用Excel技术，研究了利用函数计算净现值、内含报酬率、年折旧额及方案选择，利用公式计算项目资本成本、总净现值和利用跨表取数技术编制投资预算表以及利用规划求解进行资本限额情况下的投资组合决策等一系列问题，为读者以后走向财务和金融岗位进行项目投资决策打好基础。

| 6.1 | 净现值和内含报酬率

6.1.1 利用NPV函数计算净现值

投资决策中的折现法优于非折现法，折现法中又以净现值法和内含报酬率法最为普遍。而净现值和内含报酬率的计算都可以利用Excel函数解决。

1）NPV函数

在Excel中，可以利用PV函数计算现值进而计算净现值，也可以利用NPV函数直接计算净现值。其中，PV函数既可以计算一次性流量的现值，也可以计算多次性相同流量（即年金）的现值；而NPV函数可以计算多次性相同或不相同流量的现值。显然，在投资决策中计算净现值应该利用NPV函数。

【例6-1】利用NPV函数计算净现值。假定折现率和现金流量资料如图6-1所示。

	A	B	C
1			
2		折现率	10%
3		年份	现金流量
4		0	-110000
5		1	50000
6		2	40000
7		3	30000
8		4	20000
9		5	10000

图6-1 假定折现率和现金流量资料

解答：

利用NPV函数计算净现值的具体做法是：

步骤一：选定任一空白单元格，在菜单栏中选择"插入/函数"选项，找到NPV函数，出现对话框，在"Rate"处选定单元格C2（10%），在"Value1"处，拖动鼠标选定单元格C4：C9，如图6-2所示。

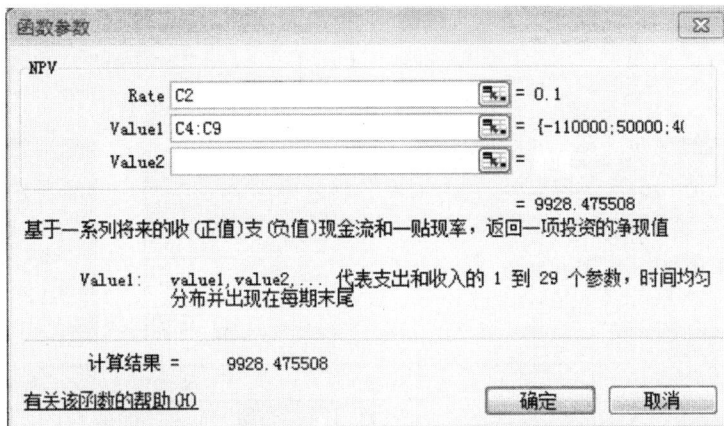

图6-2　NPV函数设置

步骤二：完成NPV设置后，单击"确定"，得出结果为9 928.48。需要特别注意的是，9 928.48并不是最终结果。因为利用NPV函数计算净现值，一定要注意时点，即折现后的具体时点。时点的确定，要按一次性投资和多次性投资分别说明。对于一次性投资来说，要看其是否是投资起始年。如果不是投资起始年，一定要折算为投资起始年。对于多次性投资来说，一般要换算为建成待投产时。

2）一次性投资净现值的计算

在一次性投资的情况下，如果所选数据包括投资额，则NPV所计算的净现值是投资时（假定为0年）前1年（即－1年）的净现值，因而还要乘以一个1年期终值系数即（1＋折现率），从而求得投资起始年的净现值。如果所选数据不需包括投资额，则可以在计算各年流入现值总额后，再减去投资额。

因而，上述结果9 928.48还要乘以（1＋10%），最后在对话框点击"确定"，在目标单元格内就会出现方案的净现值10 921.32。如果除上述方案（A方案）外还有B方案，则B方案可按同样的方法操作，如图6-3所示。

	A	B	C	D
1				
2		年次	A方案	B方案
3			流入方案	流入方案
4		0	-110000	-110000
5		1	50000	10000
6		2	40000	20000
7		3	30000	30000
8		4	20000	40000
9		5	10000	60000
10		年利率	10%	
11		=(NPV(C10,C4:C9)*(1+C10))		

图6-3　一次性投资NPV计算

顺便指出，有人并未如此计算，因而导致结果不正确。

【例6-2】某项目投资期为6年，各年末净现金流量分别为-500、200、200、200、200、100，该项目基准收益率为10%，要求通过NPV法分析该项目是否可行。

解答：

在"Rate"栏内输入折现率0.1，在"Value1"栏内输入一组净现金流量，并用逗号隔开（-500，200，200，200，200，100），也可同前所述从Excel工作簿里直接选取数据，然后从该对话框里直接读取计算结果"计算结果=178.2411105"，或者点击"确定"，将NPV的计算结果放到Excel工作簿的任一单元格内。作者认为，这里存在两个问题：第一，根据其提供的现金流量资料，该投资的投资期不是6年，而是5年；第二，其净现值不是178.24，而是196.07。178.24乃是-1年（即投资开始前1年）的净现值，而不是投资开始时（即0年）的净现值。为了说明该结果的准确性，也可以利用NPV函数逐年计算现值，最后求和来验证，如图6-4所示。

	A	B	C	D
1				
2		利率	10%	
3		年份	现金流量	现值
4		0	-500	￥-500.00
5		1	200	￥181.82
6		2	200	￥165.29
7		3	200	￥150.26
8		4	200	￥136.60
9		5	100	￥62.09
10		负1年净现值	￥178.24	
11		0年净现值	196.07	￥196.07

图6-4　NPV计算现值方法

计算结果的错误很可能导致该投资项目被放弃，或者在两个备选方案中错误地弃此选彼。因此，在应用现成函数计算时，不仅要看到效率高的一面，而且要千万注意计算结果的准确性。

3）多次性投资净现值的计算

某些大型项目，往往多年建成，如京九铁路、三峡工程等，这就是多次性投资的情况。对于多次性投资，在计算净现值时，有三个问题值得注意：一是涉及投资期与现金流量时点问题；二是涉及折现点选择问题；三是涉及两个折现率问题。

（1）投资期与现金流量时点问题

如果一项投资3年建成，建成后不需要铺底资金，寿命周期5年，则其现金流量应如图6-5所示。

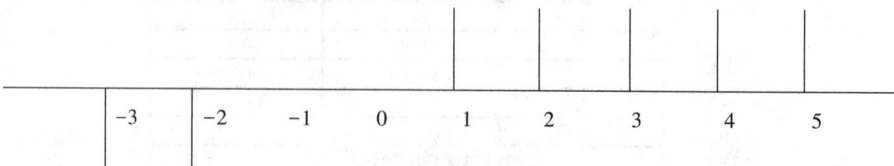

图6-5　某项目现金流量

如果建成后需要铺底资金，则在0年处会存在现金流出。不论如何，都不应在0年处产生现金流入。但是不少书中却在0年处产生了现金流入，显然是不准确的。因为不可能刚刚建成就马上有现金流入。也有的书中在0年有现金流出，而在-3年却没有现金流出，这显然不是3年建设期，而是2年。0年的流出，只应理解为发生的铺底资金。

鉴于现金流出在期初、现金流入在期末的一般假定，多次性投资现金流量图在原点（0年）可以有空点，也可以有流出，但不大可能有流入（即使是试生产也要在建成之后）。

（2）折现点选择问题

多次性投资项目的折现点如何选择，也是一个值得探讨的问题。总的看来，无非两个：一是建成投产时；二是开始投资时。从理论上说，二者均无不可。但由于投资决策需要计算固定资产折旧，而固定资产折旧要根据建成的固定资产价值计算提取。由于利息的资本化，故只有在固定资产建成时才能合理确定固定资产价值，因此，作者认为折现点应该选择在建成投产时，即0年比较合理。

（3）两个折现率问题

一项多次性投资的项目，需要将各个阶段的现金流量换算为折现点的现值。这对于初始投资时点来说，实际是终值。由于投资的必要报酬率和建设阶段的融资成本往往不同，这就可能出现两个折现率的问题。

4）多次性投资净现值的计算

在解决了上述几个问题之后，就可以很容易地计算多次性投资净现值。可以用投资的必要报酬率和建设阶段的融资成本分别对营业及终结阶段和建设阶段的现金流量折现，再将建设阶段现金流出的现值利用终值计算技术换算成建成时的现值。由于全部换算成折现点的现值，则流入现值与流出现值的差额就是多次性投资净现值。

在Excel中，计算现值应用NPV函数，计算终值应用FV函数。

【例6-3】根据如图6-6所示资料，可求得现值和净现值结果（一般假定现金流出在期初，现金流入在期末）。

	A	B	C
1			
2		投资成本	8%
3		现金再投资报酬率	10%
4		-3	-100
5		-2	-100
6		-1	-100
7		0	0
8		1	100
9		2	100
10		3	100
11		4	100
12		5	100
13		流出现值	¥-350.61
14		流入现值	¥379.08
15		净现值	¥28.47

图6-6　多次性投资净现值计算

解答：

步骤一：选定单元格 C13，在单元格内插入函数"=PV（C2，-3，-100，0，1）"，输出结果为"￥-350.61"。

步骤二：选定单元格 C14，在单元格内插入函数"=-PV（C2，5，100）"，输出结果为"￥379.08"。

步骤三：选定单元格 C15，在单元格内输入"=C13+C14"，输出结果为"￥28.47"。

由于净现值由负为正，故该投资项目应该接受。

6.1.2 利用 PMT 函数计算年均净现值

【例6-4】为了对不同期限的项目进行比较，可以通过计算年均净现值进行。计算年均净现值，只需利用 PMT 函数即可。

解答：PMT 函数基本格式如图6-7所示。

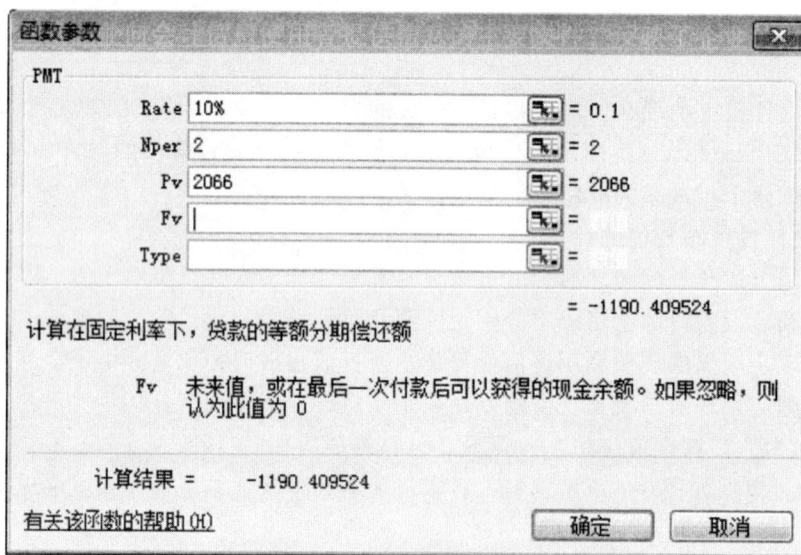

图6-7 PMT函数基本格式

在前三个对话框中，只要分别填入折现率、项目期数、项目净现值，然后回车即可求得年均净现值。假定折现率10%、项目期数2年、项目净现值2 066，则其年均净现值=1 190.41（注意，对话框中显示的结果是-1 190.41，这是因为 PV 是正数的缘故。在该函数中，二者的符号都是相反的。可以在该结果的单元格中加一个"-"号将其调整为正）。

6.1.3 利用 IRR 函数计算内含报酬率

在手工操作中，内含报酬率的计算非常复杂。首先是逐次测试，在多次测试后，再进行插值。很可能还会出现两个或多个内含报酬率的情形。如果利用 Excel 的 IRR 函数，就易如反掌了。

【例6-5】假定资料如图6-8所示。

图6-8　内含报酬率计算资料

解答：

在菜单中选择"其他函数—财务函数"的"IRR"函数，就会出现如图6-9所示的对话框。在出现的对话框"Values"中，点击右侧的红箭头，然后选定所有各期现金流量数据，对Guess可忽略（即不输入任何数据），最后点击"确定"按钮，即可十分轻松地求得内含报酬率。

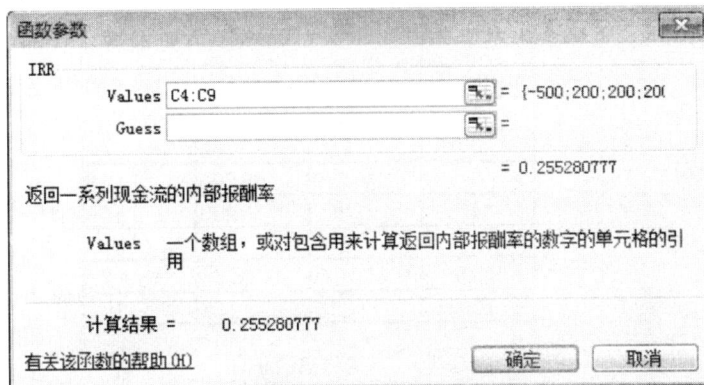

图6-9　IRR函数参数

利用上述方法确定后，就显示 IRR = 0.2553。

利用计算机求解内含报酬率的好处表现在：一是大大提高了计算速度和工作效率。二是避免了手工计算下可能出现的两个或多个内含报酬率问题。对于那些高得出格的结果，程序就直接予以舍弃了。不论现金流量如何，内含报酬率只有一个结果，不会出现第二个结果。三是避免插值不合理导致结果的不准确。内含报酬率的插值求解，本来是利用以直代曲原理，应以紧紧相邻的两个利率进行插值。但在手工操作下，有人为了图方便，往往以差距颇大的两个利率为基础进行插值，这就难免导致结果的不准确。利用计算机求解则可避免这种情况。

在利用 IRR 计算内含报酬率时，必须注意以下几点：

（1）现金流量数字要有正有负，即既有现金流入又有现金流出；否则，就无法求出结果。实际上，任何完整的经济活动，都必然既存在现金流入也存在现金流出。当然实务上流入流出的时间和顺序可能更错综复杂。至于流出流入数量的多少，时间的迟早，只影响内含报酬率的高低，并不会出现无法求解的情况。

如果现金流量全部为正，就会出现如下结果："#NUM!"，表示错误，根本无法求出结果。

（2）如果某时点没有现金流量，该单元格必须用0填充；否则结果就不准确。

【例6-6】如图6-10中的D列，NPV结果应为12.95，IRR结果应为10.98%，相当于少算了一期，因此NPV和IRR计算结果都不相同（此处图中计算结果有改动）。

解答：

步骤一：选定单元格C10，在单元格内插入函数"=NPV（C2，C4：C9）"，输出结果为"￥12.95"；选定单元格D10，在单元格内插入函数"=NPV（C2，D4：D9）"，输出结果为"￥59.79"。

步骤二：选定单元格C11，在单元格内插入函数"=IRR（C4：C9）"，输出结果为"10.98%"；选定单元格D11，在单元格内插入函数"=IRR（D4：D9）"，输出结果为"16.48%"。

步骤三：E列作为比较进行计算，E10=NPV（C2，E4：E8），E11=IRR（E4：E8）。可知，D列的现金流量相当于4年的现金流量，与E列相同。

	A	B	C	D	E
1					
2		利率	10%		
3		年份	现金流量		
4		0	-500	-500	-500
5		1	0		200
6		2	200	200	200
7		3	200	200	200
8		4	200	200	100
9		5	100	100	
10		NPV	￥12.95	￥59.70	￥59.70
11		IRR	11%	16%	16%

图6-10　不同结果的IRR

如果在现金流量为0时不填写数字0，则NPV、IRR结果大相径庭。注意，空格而不填0和两个数据连排而无空格的结果是一样的。只有在空格处填0，系统才会认定某期没有现金流量。

（3）如果现金流量是按半年或按季发生，则利用IRR求得的结果要调整为年实际利率，即将求得的半年、季实际利率分别乘以2或4，换算为全年。

6.1.4　利用MIRR函数计算考虑投资成本和现金再投资报酬率的分期现金流的内含报酬率

可以利用MIRR函数计算考虑投资成本和现金再投资报酬率下的一系列分期现金流的内含报酬率。

【例6-7】利用MIRR函数计算考虑投资成本和现金再投资报酬率下的一系列分期现金流的内含报酬率。假定投资成本和现金再投资报酬率分别为6%和12%，其他现金流量资料如图6-11所示。

解答：

MIRR函数基本格式如图6-12所示。

图6-11　现金流量资料

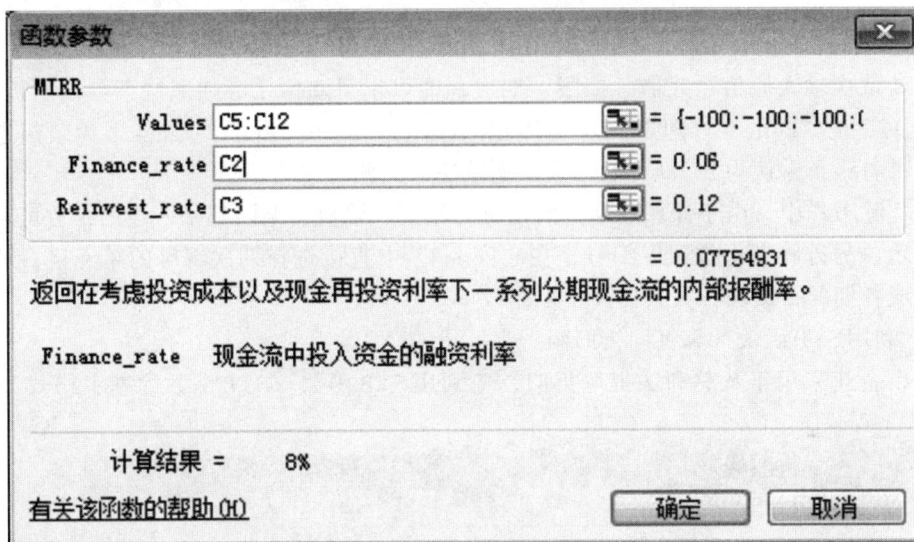

图6-12　MIRR函数基本格式

在对话框中分别输入现金流量、投资成本和现金再投资报酬率，单击"确定"，即可求得MIRR为8％。

6.1.5　利用DDB函数和SYD函数计算每期折旧额

在投资决策中，固定资产折旧是营业阶段现金流量的重要构成部分。不同的折旧方法得出不同的年折旧额。在手工操作下，快速折旧法的年折旧额的计算比较烦琐。Excel提供了有关函数，可以利用DDB函数和SYD函数分别计算双倍余额递减法和年数总和法的每期折旧额，进而计算各年现金流量，以便准确计算项目净现值和内含报酬率。

1）利用DDB函数计算每期折旧额

如果企业采用双倍余额递减法提取折旧，应利用DDB函数。DDB函数的基本格式如图6-13所示。

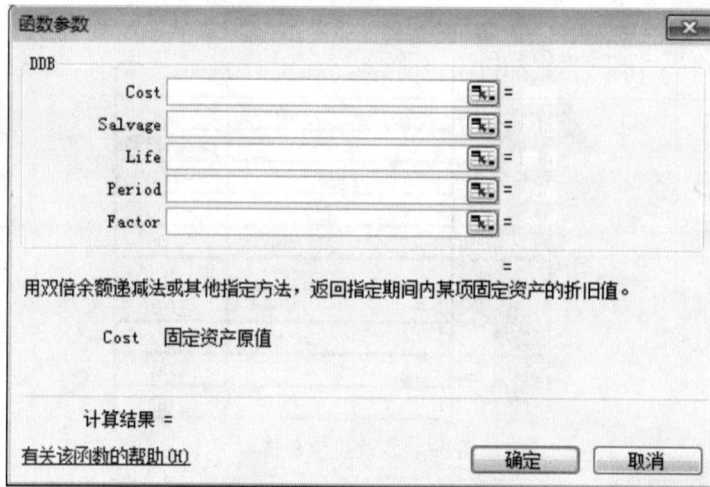

图6-13　DDB函数参数

只要依次输入原值、残值、期限、期次，即可求得双倍余额递减法下各期的折旧额。这里的关键是"Period"（即期次），应根据不同期次填列。由于"Factor"为余额递减速率，如果省略，默认为2，即为双倍余额递减法，因此可忽略不填。

在实际工作中，由于计算各期折旧额时的原值、残值、期限都是一定的，故可利用绝对值表示，另外将期次按顺序编号，在"Period"中直接选择期次编号的单元格，就可以立即生成各期的折旧额，大大提高了工作效率。

2）利用SYD函数计算每期折旧额

如果企业采用年数总和法提取折旧，应利用SYB函数。SYB函数的基本格式如图6-14所示。

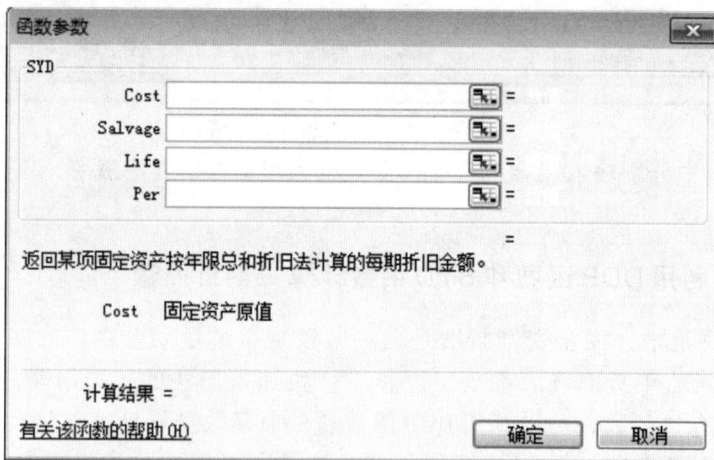

图6-14　SYD函数参数

只要依次输入原值、残值、期限、期次，即可求得年数总和法下各期的折旧额。其关键也在于"Period"（即期次），做法与DDB相似，兹不赘述。

6.1.6　利用IF函数自动选择方案

在求得项目的净现值或内含报酬率之后，就可以依据决策规则对项目进行取舍或选择。为了进行方案的自动选择，可以利用IF函数进行。IF函数属于逻辑函数。

【例6-8】假设资料如图6-15所示。

解答："负1年现值"与"0年现值"计算方法同前所述。

	A	B	C
1			
2		利率	10%
3		年份	现金流量
4		0	-500
5		1	200
6		2	200
7		3	200
8		4	200
9		5	100
10		负1年现值	¥178.24
11		0年现值	¥196.07
12		决策	

图6-15　假设资料

如果只涉及一个方案的取舍，则在图6-16的第一行输入逻辑函数"C11>0"（即净现值大于0，假定净现值在C11单元格），在第二行输入"接受"，第三行输入"放弃"，即：IF（C11>0，"接受"，"放弃"），然后点击"确定"，就可自动生成结果。本例由于净现值为196.07，大于0，故结果是"接受"。如果涉及两个方案的选择，可以按照A>B，选A，否则选B的格式进行方案的自动选择。

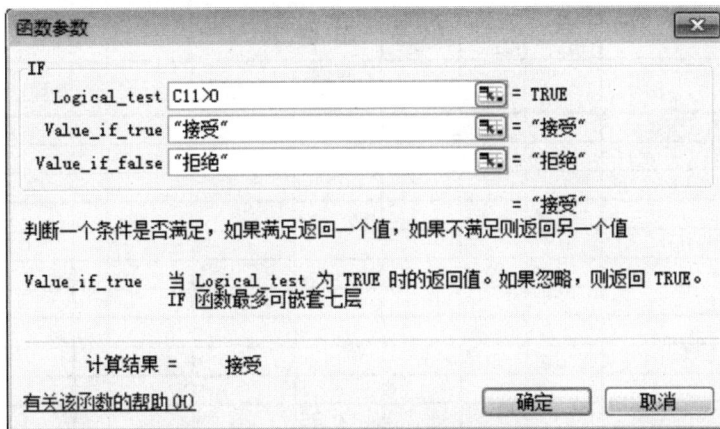

图6-16　IF函数参数

|6.2| 项目资本成本和总净现值

6.2.1 利用公式计算项目资本成本

在投资决策中，必然涉及融资问题，涉及资本成本问题。如何计算资本成本历来是财务学中的一个难点问题。这里的资本成本，一般不应该等同于企业的资本成本，而应是项目本身的资本成本。它与投资项目的风险有关，也与融资方式和融资结构有关。由于具体项目的风险往往不同于整个企业的风险，因此资本成本不同也就势所必然。

要计算项目资本成本，要求对项目来源成本进行加权。在实际工作中，可能涉及发行股票和多种负债。首先可以对各种负债成本进行加权，然后将其换算为税后成本。只要有了负债成本的数据，掌握了加权方法和计算公式，这种计算就是相当简单的。另外也可以分别计算各种负债的税后成本，最后与其他证券一起加权。

问题在于，某些负债成本需要计算，如公司债券，就要计算内含利率。其计算方法、观点不一。作者认为，采用内含报酬率的方法比较合理。内含报酬率的计算机求解问题如上述。

问题还在于权益资本成本的确定，这是关键所在。

计算权益资本成本，一般离不开资本资产定价模型，当然还应该辅之以其他方法，但也都涉及计算公式。而资本资产定价模型又离不开贝塔值（β）的计算，贝塔值的计算非常复杂。在发达国家，往往也是由有关机构提供。在我国，目前尚无这样的权威机构。因而，贝塔值的计算还是一个实务中的难题。即使这个问题解决了，资本资产定价模型中无风险利率的选择也是一个理论和实务中迫切需要解决的问题。

如果给定无风险利率、市场收益率和贝塔值，就可以利用公式计算项目的权益资本成本进而计算项目的资本成本。

【例 6-9】假定有两种债券，期限不同，利率不同，另有优先股和普通股，其有关基本资料及计算结果如图 6-17 所示。

					fx	=E15*(1+E17)/E16+E17				
	A	B	C	D	E	F	G	H	I	J
3		债券-10年	债券-5年	优先股	普通股				IRR	
4					股息增长模型	CAPM模型	合计		5年	10年
5	票面价值（元）	1000	1000	100	5			0	-920	-810.95
6	账面价值（千元）	600	400	500	2500		4000	1	30	50
7	股数（千股）				500				30	50
8	票面利率	10%	6%					2	30	50
9	债券期限-年	10	5						30	50
10	付息期限	0.5	0.5					3	30	50
11	付息次数	20	10						30	50
12	每期利息	50	30					4	30	50
13	债券市价	810.95	920						30	50
14	股利率			0.09				5	30	50
15	现行股利			9	0.75				1030	50
16	股票市价			69.23	12.44			6		
17	增长率				0.12					
18	无风险利率					0.1		7		50
19	市场风险贴水					0.085				50
20	β值					1.05		8		50
21	所得税率	33%	33%							50
22	税前债务成本	13%	8%					9		50
23	税后债务成本	9%	5%							50
24	股票资本成本			13%	18.75%	18.93%		10		50
25	市场价值（千元）	486.57	368	346.15	6220		7420.7			1050
26	比重	6.6%	5.0%	4.70%	83.80%		100%		4.00%	6.75%
27	加权平均资本成本	0.59%	0.26%	0.61%	15.79%		17.25%		8.00%	13%

图 6-17　基本资料及计算结果

从图6-17中可见，两种债券的IRR分别是4.0%、6.75%（利用Excel函数计算），由于是半年付息，则内含利率分别是8.0%、13%。如果税率仍是33%，税后成本分别是5%、9%，最后利用加权公式求得加权平均资本成本是17.25%。

有了资本成本数据，就可以此资本成本为折现率再根据现金流量计算净现值。

6.2.2　利用公式计算项目总净现值

对于两个期限不同的项目，不能直接比较净现值，而应根据两个项目年数的最小公倍数或无限循环情况下的净现值总和进行比较。我们将这种净现值总和称为总净现值。总净现值要利用公式计算。假定项目可以无限循环，则其总净现值的计算公式如下：

$$\text{NPV}(n,\infty) = \text{NPV}_{(n)}\left[\frac{(1+K)^n}{(1+K)^n - 1}\right] \tag{6-1}$$

其中，$\text{NPV}_{(n)}$ 为每次循环的净现值；k为折现率；n为每次循环的年数。

【例6-10】有两个互斥且寿命周期不同的项目A、B，假定资本机会成本是10%，其他资料如图6-18所示。

解答：NPV计算方法使用Excel函数，计算方法如前所示。

通过NPV函数计算，两个项目的净现值分别为1 878.29和2 021.72，看来是B优于A，但如果两个项目可以在各自原有基础上重复循环投资，利用前述计算公式，可知A将优于B。

	A	B	C	D
1				
2			现金流量	
3		年份	2年期项目	3年期项目
4		0	−50000	−50000
5		1	30000	21000
6		2	30000	21000
7		3	0	21000
8		折现率	10%	10%
9		NPV	¥1,878.29	¥2,021.72
10		总净现值		
11				

图6-18　数据资料

如果将上述公式置于工作表中的某一个单元格中，就可以自动计算出总净现值。在C10单元格输入公式"=C9*((1+C8)^C3)/((1+C8)^C3−1)"，回车后就可显示结果为10 822.511。在D10单元格输入相同的公式，只是要将C改成D，结果为8 129.635，如图6-19所示。

C10	▼		f_x = C9*((1+C8)^C3)/((1+C8)^C3 − 1)		
	A	B	C	D	E	F
1						
2			现金流量			
3		年份	2	3		
4		0	−50000	−50000		
5		1	30000	21000		
6		2	30000	21000		
7		3	0	21000		
8		折现率	10%	10%		
9		NPV	¥1,878.29	¥2,021.72		
10		总净现值	10822.511	8129.6347		

图6-19　总净现值求解

利用总净现值决策，与上述利用年均净现值决策结论是一致的。

即使两个项目的期限不是2和3，仍可通过插入行的方法补充现金流量数计算出一个循环的净现值，同时要将第3行的年数更改过来。只要求得了一个循环的净现值，就可以计算出任何年数的无限循环的总净现值。这样就可以一劳永逸，大大免除计算之劳。

|6.3| 资本限额情况下的投资组合决策

对于资本限额情况下的投资组合决策问题，传统上往往根据现值指数大小排序，然后计算加权平均现值指数。加权平均现值指数高的投资组合方案，乃是投资组合净现值总和最大的最佳方案，因而这与投资决策的净现值最大原则是一致的。但问题在于，如果备选方案很多，需要反复组合，要找出最佳方案是颇有困难的，因而有人提出线性规划方法。其实对于投资决策来说，应是零一规划问题，即线性规划中的零一规划问题。

既然是线性规划，就要有目标函数和约束条件。

设X为自变量，表示方案的选择或放弃。目标函数应是投资组合净现值总和最大，这可以通过各个项目净现值与自变量的乘积之和表示。约束条件是：X的取值只能是0或1。等于1，表示采用；等于0，表示放弃。另外，X应为整数，投资组合的初始投资额要小于等于资本限额。

如何利用计算机解决线性规划问题，可以利用"工具"菜单中的"规划求解"解决。

【例6-11】现有14个方案，需要资金4 400 000元，而企业资本限额是3 000 000元，资本成本都是5%，都是1年期，利用规划求解则可很容易地计算出各项目净现值。根据有关基本资料可建立工作表，如图6-20所示。

	A	B	C	D	E	F	G
1			资本限额决策				
2	资本成本		5%				
3	最大NPV						
4							
5	项目号	投资额	现金流量	净现值	X	初始流出	限额
6	1	-100	130	¥22.68			
7	2	-100	128	¥20.86			
8	3	-400	484	¥58.05			
9	4	-300	360	¥40.82			
10	5	-200	236	¥23.58			
11	6	-200	230	¥18.14			
12	7	-300	400	¥77.10			
13	8	-500	600	¥68.03			
14	9	-300	380	¥58.96			
15	10	-800	850	¥9.07			
16	11	-600	630	¥0.00			
17	12	-200	240	¥27.21			
18	13	-100	120	¥13.61			
19	14	-300	360	¥40.82			
20		-4400					3000
21							

图6-20 资本限额决策资料

解答：

在线性规划中，目标函数要用数组计算。具体方法如下：

步骤一：在选定目标函数单元格 C3 后，输入"=SUM（D6：D19*E6：E19）"，然后同时按 Ctrl 、Shift 和 Enter，则目标单元格已经完成公式输入。

步骤二：在初始流出合计栏 F20 输入"=－SUM（B6：B19*E6：E19）"，然后同时按 Ctrl 、Shift 和 Enter，则目标单元格已经完成公式输入。

步骤三：在工具菜单中选择"工具—规划求解"，出现如图 6-21 所示的对话框。将目标单元格 C3 置于"设置目标单元格"对话框中，并令其等于最大值，即在选择框中选最大值。选定可变单元格，即自变量，在可变单元格处选定 E6：E19，如图 6-21 所示。

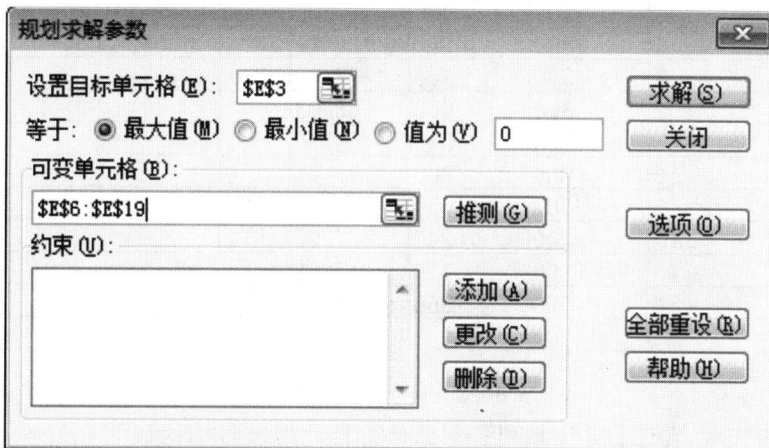

图 6-21 规划求解参数设置

步骤四：在图 6-21 中点击"添加"，即添加约束条件，X 要用≤1（而不能用＝1）表示，为了方便，可将各变量一次选中，令自变量≤1；再点击"添加"，添加约束条件，X 要用≥0（而不能用＝0）表示，各变量一次选中，令自变量≥0；再点击"添加"，添加约束条件，使数值为整数（int 整数）。继续添加约束条件（"$F$20<=$G$20"），使投资额低于资本限额。在完成各种约束条件输入后，目标单元格、可变单元格、各种约束一览如图 6-22 所示。

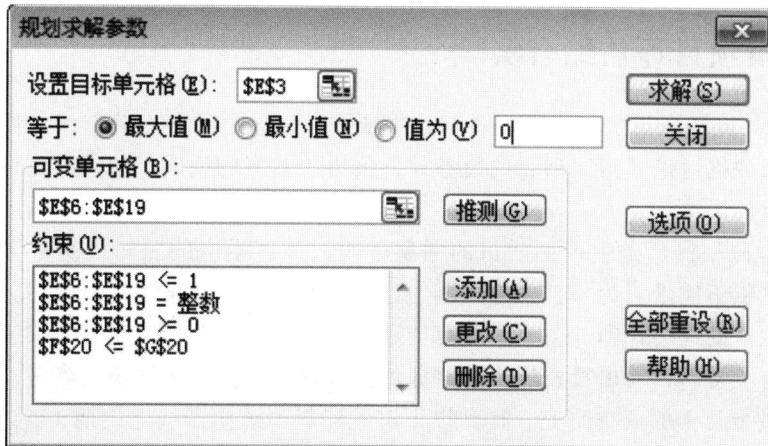

图 6-22 规划求解参数完整设置

在图6-22中点击"求解"，经过数秒的运行，则生成图6-23。

	A	B	C	D	E	F	G
1			资本限额决策				
2	资本成本		5%				
3	最大NPV		469.8413				
4							
5	项目号	投资额	现金流量	净现值	X	初始流出	限额
6	1	-100	130	¥22.68	1		
7	2	-100	128	¥20.86	1		
8	3	-400	484	¥58.05	1		
9	4	-300	360	¥40.82	1		
10	5	-200	236	¥23.58	1		
11	6	-200	230	¥18.14	1		
12	7	-300	400	¥77.10	1		
13	8	-500	600	¥68.03	1		
14	9	-300	380	¥58.96	1		
15	10	-800	850	¥9.07	0		
16	11	-600	630	¥0.00	0		
17	12	-200	240	¥27.21	1		
18	13	-100	120	¥13.61	1		
19	14	-300	360	¥40.82	1		
20		-4400				3000	3000

图6-23 规划求解生成结果

图6-23中自动填充了自变量列各单元格，自动得出目标函数值469.84，同时生成一个规划求解结果对话框由计算者选择处理。在"保存规划求解结果"情况下点击"确定"，则最后生成上表结果；否则，将恢复为原值。

在投资决策中，Excel除了以上多方面应用外，还可以利用方案管理器进行投资方案的比较，利用单变量求解进行投资影响因素敏感分析等。

另外需要特别强调的是，按照现代投资观点，投资项目的净现值应该包括期权的价值。也就是说，为了全面计算净现值，还应该考虑期权因素，而期权的计算更为复杂，但利用Excel也可以顺利解决。限于篇幅，本书不作探讨。

|6.4| 投资项目评估综合实验

【例6-12】凤凰光学照相机厂准备新建生产线，建设之前各有关部门人员主要针对项目的现金流量数据讨论了对该项目的财务评价报告，本案例说明了通货膨胀引起的物价变动对现金流量的影响。

凤凰光学照相机厂是生产照相机的中型企业，该厂生产的照相机质量优良、价格合理，长期以来供不应求。为了扩大生产能力，该厂准备新建一条生产线。

王赫是该厂助理会计师，主要负责筹资和投资工作。总会计师张平要求王赫搜集建设新生产线的有关资料，写出投资项目的财务评价报告，以供厂领导决策参考。

王赫经过十几天的调查研究，得到以下有关资料：该生产线建设期3年，现金流出在每年的期初，现金流入在每年期末。投产后，每年可生产照相机1 000架，每架销售价格是300元，每年可获销售收入30万元。投资项目可使用5年，5年后残值2万元。在投资项目经营期间要垫支流动资金2.5万元（建设期末投入），这笔资金在项目结束时可如数收回。

该项目生产的产品年总成本的构成情况如表6-1所示。

表6-1   产品年总成本

原材料费用	20万元
工资费用	3万元
管理费（扣除折旧）	2万元
折旧费	2万元

王赫又对凤凰光学照相机厂的各种资金来源进行了分析研究，得出该厂加权平均的资金成本为10%。所得税税率为25%。

请协助王赫根据以上资料，计算出该投资项目的营业现金流量、现金流量、净现值，并把这些数据资料提供给全厂各方面领导参加的投资决策会议。

解答：

步骤一：计算投资项目营业现金流量。

如图6-24所示，将销售收入、付现成本、折旧等各项资料填入表格中，计算税前利润，按25%所得税税率计算所得税和税后净利润，然后得出净现金流量。

税前利润=销售收入−付现成本−折旧   (6-2)

所得税=税前利润×25%   (6-3)

税后利润=税前利润−所得税   (6-4)

净现金流量=销售收入−付现成本−所得税   (6-5)

	A	B	C	D	E	F
1	投资项目的营业现金流量计算表					
2	时间：年末			经营期		
3	项目（单位：万元）	第1年	第2年	第3年	第4年	第5年
4	销售收入	30	30	30	30	30
5	付现成本	25	25	25	25	25
6	其中：原材料	20	20	20	20	20
7	工资	3	3	3	3	3
8	管理费	2	2	2	2	2
9	折旧费	2	2	2	2	2
10	税前利润	3	3	3	3	3
11	所得税	0.75	0.75	0.75	0.75	0.75
12	税后利润	2.25	2.25	2.25	2.25	2.25
13	净现金流量	4.25	4.25	4.25	4.25	4.25
14						

图6-24 投资项目的营业现金流量计算表

由于经营期5年各项数据相同，因此营业现金流量都为正的4.25万元。

步骤二：分别计算建设期、经营期现金流量。

	A	B	C	D	E	F	G	H	I	J
1	投资项目现金流量计算表									
2	时间：年末		建设期				经营期			
3	项目（单位：万元）	第-3年	第-2年	第-1年	第0年	第1年	第2年	第3年	第4年	第5年
4	初始投资	-8	-2	-2						
5	流动资金垫支				-2.5					
6	营业现金流量					4.25	4.25	4.25	4.25	4.25
7	设备残值									2
8	流动资金收回									2.5
9	现金流量合计	-8	-2	-2	-2.5	4.25	4.25	4.25	4.25	8.75

图6-25　投资项目现金流量

根据案例资料，分别填写初始投资、流动资金垫支、营业现金流量、设备残值、流动资金收回各项数据，如图6-25所示。建设期为3年，在第-2年、第-1年和第0年的期初分别有资金流出，而表格统一为期末数据，因此在填写表格时，将资金流出计入前一年的期末。

步骤三：计算投资项目净现值。

该厂加权平均的资金成本为10%，用NPV（）函数，因此按10%为贴现率将各期现金流贴现。在建设期第一次投入时（即第-3年年末时），NPV=8 500元。因此认为该项目可以投资，如图6-26所示。

	A	B
1	净现值计算	
2	第n年末	NPV（单位：万元）
3	-3	-8.00
4	-2	-2.00
5	-1	-2.00
6	0	-2.50
7	1	4.25
8	2	4.25
9	3	4.25
10	4	4.25
11	5	8.75
12	第-3年初NPV	0.78
13	第-3年末NPV	0.85

图6-26　投资项目净现值

【例6-13】接上例，厂领导会议对王赫提供的资料进行了分析研究，认为王赫在搜集资料方面作了很大努力，计算方法正确，但忽略了物价变动问题，这便使得小王提供的信息失去了客观性和准确性。

总会计师张平认为，在项目投资和使用期间，通货膨胀率大约为10%，他要求各有关负责人认真研究通货膨胀对投资项目各有关方面的影响。

基建处长李明认为，由于受物价变动的影响，初始投资将增长10%，投资项目终结后，设备残值将增加到32 000元。

生产处长赵小芳认为，由于受物价变动的影响，原材料费用每年将增加14%，工资费用也将增加10%。

财务处长周可认为，扣除折旧以后的管理费用每年将增加4%，折旧费用每年仍为20 000元。

销售处长吴力认为，产品销售价格预计每年可增加10%。

厂长郑伟指出，除了考虑通货膨胀对现金流量的影响以外，还要考虑通货膨胀对货币购买力的影响（假定考虑通货膨胀因素的名义折现率为21%）。他要求王赫根据以上同志的意见，重新计算投资项目的现金流量和净现值，提交下次会议讨论。

解答：

步骤一：根据案例材料，填写产品年总成本及其增长率，如图6-27所示。

	A	B	C
1	**产品年总成本**		
2		单位：万元	增长率
3	原材料费用	20	14%
4	工资费用	3	10%
5	管理费（扣除折旧）	2	4%
6	折旧费	2	不变

图6-27　产品年总成本及其增长率

步骤二：计算投资项目营业现金流量。

考虑通胀后，销售收入、付现成本每年按固定增长率增长，因此每年的营业现金流量都不同。计算结果如图6-28所示。计算步骤可参考上例。

	A	B	C	D	E	F
8	**投资项目营业现金流量计算表**					
9	时间：年末			经营期		
10	项目（单位：万元）	第1年	第2年	第3年	第4年	第5年
11	销售收入	30.00	33.00	36.30	39.93	43.92
12	付现成本	25.00	28.18	31.79	35.87	40.51
13	其中：原材料	20.00	22.80	25.99	29.63	33.78
14	工资	3.00	3.30	3.63	3.99	4.39
15	管理费	2.00	2.08	2.16	2.25	2.34
16	折旧费	2.00	2.00	2.00	2.00	2.00
17	税前利润	3.00	2.82	2.51	2.06	1.41
18	所得税	0.75	0.71	0.63	0.51	0.35
19	税后利润	2.25	2.12	1.89	1.54	1.06
20	净现金流量	4.25	4.12	3.89	3.54	3.06

图6-28　投资项目营业现金流量计算表

步骤三：计算建设期和经营期投资项目现金流量。

	A	B	C	D	E	F	G	H	I	J
23	**投资项目现金流量计算表**									
24	时间：年末		建设期			经营期				
25	项目（单位：万元）	第-3年	第-2年	第-1年	第0年	第1年	第2年	第3年	第4年	第5年
26	初始投资	-8.80	-2.20	-2.20						
27	流动资金垫支				-2.50					
28	营业现金流量					4.25	4.07	3.76	3.31	2.66
29	设备残值									3.20
30	流动资金收回									2.50
31	现金流量合计	-8.80	-2.20	-2.20	-2.50	4.25	4.07	3.76	3.31	8.36

图6-29　投资项目现金流量表

建设期3年的初始投资分别增加10%。流动资金垫支保持不变，填写经营期的营业现金流量，设备残值=初始投资−折旧=8.80+2.20+2.20−10=3.20（万元），如图6-29所示。

步骤四：按21%的贴现率，将各期现金流量贴现，计算净现值。

A	B
净现值计算	
第n年末	NPV（单位：万元）
-3	-8.80
-2	-2.20
-1	-2.20
0	-2.50
1	4.25
2	4.07
3	3.76
4	3.31
5	8.36
第-3年初NPV	-5.03
第-3年末NPV	-6.09

图6-30　净现值计算

计算结果如图6-30所示，建设期期初（第-3年年末）净现值为-60 900元，因此考虑通胀各方面影响后，不建议投资该项目。

实验任务

作业1.已知贴现率为10%，有三种投资机会，有关数据如表6-2所示。建立Excel模型，应用NPV、IRR函数分别计算三种方案的净现值、内含报酬率。

表6-2　　　　　　　　　　　　三种方案现金流量

期间	A方案现金净流量	B方案现金净流量	C方案现金净流量
0	-20 000	-10 000	-12 000
1	12 000	1 200	4 600
2	14 000	6 000	4 600
3		6 000	4 600
合 计	6 000	3 200	1 800

作业2. A、B、C、D、E五个投资项目均为5年期投资项目，它们为非互斥方案，有关原始投资、净现值、内部收益率数据如表6-3所示，要求使用规划求解的方法，求出投资总额分别为300万元、450万元、600万元时，使得总净现值最大的多方案组合决策。

表6-3　　　　　　　　各项目投资额、净现值、内部收益率

方案	原始投资（万元）	净现值（万元）	内含收益率
A	300	120	18%
B	200	40	21%
C	200	100	40%
D	100	22	19%
E	100	30	35%

作业 3.一个投资项目的持续期限为 4 年，其初始投资额 330 000 元用来购置设备。该项目在 4 年内每年创造的现金流量为 115 000 元，在第二年年末时设备需要进行一次大修，大修费用为 40 000 元。公司使用的贴现率为 12%。要求：

（1）在 Excel 工作表中构造一个模型以求出该投资项目的净现值。

（2）在上述工作表中生成必要的数据，然后制作一个表明当贴现率在 5%~17% 范围内变化时该项目净现值随贴现率的变化曲线图形。

（3）在图形中添加一个表示净现值曲线与横坐标轴交点的点（为此当然需要在本工作表中作必要的计算）与经过该点的垂直参考线。

第 7 章

财务报表分析实验

财务报表是企业向会计信息使用者提供信息的主要文件，反映了企业的财务状况、经营成果和现金流量等方面的信息。如何对企业的财务状况、经营成果和现金流量进行分析和评价，对企业的信息使用者来说非常重要。财务报表分析实验是会计、证券及相关专业重要的实践性教学环节，是学生在进行了会计基本理论知识的学习后的一种强化专业技能的实训，是学生巩固会计基本理论，系统理解上市公司报表及其之间相关联系的重要途径。本章在介绍财务报表分析方法的基础上，将利用 Excel 强大的数据处理功能，建立财务比率分析模型对江中药业的报表进行分析。

7.1 财务报表分析基础

为了在不断变化的内外部环境和激烈的市场竞争中寻求一席之地，我们更加需要学会准确高效地解读财务报表。透过财务报表上的会计数据敏锐地捕捉到数字里所蕴含的经济意义，可以帮助外部利益相关者了解公司的真实业绩和运营情况，定位企业在行业中所处的竞争地位和未来的发展方向，预测公司的发展潜力和前景，为是否买卖该公司股票提供相关依据。

7.1.1 什么是财务报表分析

财务报表分析是指以财务报表和其他资料为依据和起点，采用专门的方法，系统分析和评价企业的过去和现在的经营成果、财务状况及其变动，目的是了解过去、评价现在、预测未来，帮助利益关系集团改善决策。

7.1.2 企业基本情况分析

从严格意义上说，对企业的基本情况进行分析并不属于财务报表分析的范围，因为企业的基本情况并没有涉及一些财务问题。但是，报表阅读者在透视企业的财务报表前，必须首先进行一番企业基本情况分析，并将报表分析与企业基本情况分析结合起来，这样才能对财务报表提供的信息有一个更全面、准确的了解。从一定意义上说，企业基本情况分析是进行财务报表分析的基础工作。

企业基本情况分析一般包括行业地位分析、产品分析、经营管理能力分析和企业成长性分析几个部分。

1）行业地位分析

公司的行业地位分析就是找出公司在所在行业中的竞争地位，如是否是领导企业，在价格上是否具有影响力，有没有竞争优势等。企业的行业定位决定了其盈利能力是高于还是低于行业平均水平，决定了其行业内的竞争地位。所以，经理人必须对本企业的行业定位有一个清楚的认识。衡量企业行业竞争地位的主要指标是产品的市场占有率和行业综合排名。市场占有率指标是企业市场营销战略的核心。

2）产品分析

（1）产品的竞争能力分析

产品的竞争能力主要依靠其成本优势、技术优势和质量优势来体现。

成本优势是指企业进行所有价值活动的累计成本低于竞争厂商的成本，从而获得高于同业其他企业的盈利能力。在很多行业中，成本优势是决定竞争优势的关键因素。取得了成本优势，企业在激烈的竞争中便处于优势地位。

技术优势是指企业拥有的比同行业其他竞争对手更强的技术实力及其研究与开发新产品的能力。这种能力主要体现在生产的技术水平和产品技术含量上，其中不仅包括产品技术，还包括创新人才，因为技术资源本身就包括人才资源。具有技术优势的企业往往具有更大的发展潜力。

质量优势是指企业的产品以高于其他企业同类产品的质量赢得市场，从而取得竞争优势。与技术优势一样，质量优势也不体现在财务数据中，但企业拥有的质量优势是其在未来期间内持续获利的关键因素之一。

（2）产品的市场占有率分析

市场占有率即企业的产品在市场总量中占有的份额。市场占有率越高，表示企业的经营能力和竞争力越强，企业的销售和利润水平越好、越稳定。分析企业的产品市场占有率，在衡量企业产品竞争力问题上占有重要地位。

（3）品牌战略分析

一个品牌不仅是一种产品的标志，而且是产品质量、性能、满足消费者效用可靠程度的综合体现。一个知名品牌是企业的宝贵资源，它能给企业带来比不具备品牌优势更丰富的经济利益。

3）经营管理能力分析

（1）企业管理人员素质与能力分析

在现代企业里，管理人员不仅担负着对企业生产经营活动进行计划、组织、指挥、控制等的管理职能，而且从不同角度和方面负责或参与对各类非管理人员的选择、使用与培训工作。从一定意义上讲，是否有卓越的企业管理人员和管理人员集团直接决定着企业的经营成败。因此，管理人员的素质是决定企业能否取得成功的一个重要因素。它是选拔管理人员担任相应职务的依据和标准，也是决定管理者工作效能的先决条件。对管理人员的素质分析是公司分析的重要组成部分。

（2）企业管理风格及经营理念分析

管理风格是企业在管理过程中所一贯坚持的原则、目标及方式等方面的总称。所谓经营理念，就是管理者追求企业绩效的根据，是顾客、竞争者以及职工价值观与正确经营行为的确认，然后在此基础上形成企业基本设想与科技优势、发展方向、共同信念和企业追求的经营目标。分析公司的管理风格可以跳过现有的财务指标来预测公司是否具有可持续发展的能力，而分析公司的经营理念则可据以判断公司管理层制定何种公司发展战略。

（3）公司业务人员素质和创新能力分析

公司业务人员的素质也会对公司的发展起到很重要的作用。作为公司的员工，公司业务人员应该具有如下素质：熟悉业务工作，具备必要的专业技能，对企业具有忠诚度，对本职工作具有责任感，具有团队合作精神等。公司业务人员的素质，包括进取意识和业务技能在内都是公司发展不可或缺的要素，对员工的素质进行分析可以判断公司发展的持久力和创新能力。

4）企业成长性分析

（1）企业经营战略分析

经营战略是企业面对激烈的变化与严峻挑战的环境，为求得长期生存和不断发展而进行的总体性谋划。全局性、长远性、抗争性和纲领性是经营战略的基本特征，它从宏观上规定了公司的成长方向、成长速度及其实现方式。由于经营战略决策直接牵涉企业的未来发展，因此其决策对象是复杂的，所面对的问题常常是突发性的、难以预料的。因而，对公司经营战略的评价比较困难，难以标准化。

（2）公司规模变动特征及扩张潜力分析

公司规模变动特征和扩张潜力一般与其所处的行业发展阶段、市场结构、经营战略密切相关，它是从微观方面具体考察公司的成长性。

案例分析：

通用（GM）、福特（Ford）和戴姆勒·克莱斯勒（Daimler Chrysler）（简称"戴克"）三大汽车公司2006年合计的销售收入和资产余额分别为5 676亿美元和7 156亿美元，是微软（Microsoft）的11.1倍和11.3倍，三大汽车公司的员工总数高达91万人，是微软的12.9倍。但截至2006年年末，三大汽车公司的股票市值只有946亿美元，仅相当于微软2 932亿美元股票市值的32%！堂堂的三大汽车巨头，为何敌不过一个做软件的？如何诠释这种有悖常理的现象？在资本市场上"做大"为何不等于"做强"？

这种经营规模与股票市值的背离现象，首先可从行业层面诠释，其次可从财务比较分析法得到答案。

从技术上说，股票价格的高低是由市盈率决定的。市盈率越高，意味着股票价格越昂贵；反之，越便宜。剔除投机因素，市盈率的高低受到公司盈利前景的显著影响。盈利前景越好的公司，其市盈率也越高。盈利前景既受特定公司核心竞争力的影响，还受该公司所处行业发展前景的影响。不同企业处于不同的行业生命周期，其发展前景截然不同。

从行业层面看，三大汽车公司与微软处于不同的行业生命周期。如同自然人一样，一个企业也好，一个行业也罢，都要经历"出生-成长-成熟-衰亡"阶段。三大汽车公司属于传统的制造行业，是"旧经济"的典型代表，目前处于成熟阶段。在这一阶段，竞争异常激烈，销售收入和经营利润的成长性很低，经营风险很高。对于这类发展前景有限的上市公司，投资者当然不愿意为之出太高的价钱，因而其市盈率和股票市值一般也很低。反之，微软属于高新技术行业，是"新经济"的典型代表，目前处于成长阶段。在这一阶段，竞争虽然日趋激烈，但销售收入和经营利润仍然高速增长，经营风险相对较低。对于这类具有良好发展前景的上市公司，投资者往往愿意为其股票支付额外的溢价，因而其市盈率和股票市值通常也较高。

2002—2006年，微软的市盈率介于22~52倍之间，而三大汽车公司的市盈率（剔除微利和亏损年度的影响）只有7~20倍，表明投资者愿意为高速成长的微软支付更高的价格。买股票就是买未来。尽管微软目前的市盈率较高，但投资者显然期望高速成长的经营业绩最终将降低微软的市盈率。只要微软的成长性符合投资者的预期，其股票价格和市盈率就会维持在较高的水平上。换言之，股票价格包含了投资者对上市公司发展前景的预期。

7.1.3 财务比较分析

比较分析法又称趋势分析法，是财务报表分析中最常用也是最基本的一种方法，它是其他分析方法产生的基础。它通过对比两期或连续数期财务报表中的主要项目或指标数值的增减变动的方向、数额和幅度，来说明企业财务状况、经营成果和现金流量变化的趋势。比较分析法在会计报表分析中的作用主要表现在：通过比较分析，可以发现差距，找出产生差异的原因，进一步判定企业的财务状况和经营成果；通过比较分析，可以确定企业生产经营活动的收益性和资金投向的安全性。

一种比较科学、有效的财务分析方法是，在由盈利质量、资产质量和现金流量所构成的逻辑框架中，对三大汽车公司和微软的财务报表进行全面和系统的分析。

1）盈利质量分析

盈利质量可以从收入质量、利润质量和毛利率这三个角度进行分析。

（1）收入质量的分析

企业是靠利润生存的吗？20世纪90年代是西方发达国家经济发展最辉煌灿烂的10年，但还是有不少企业破产倒闭。经验数据表明，这一时期每四家破产倒闭的企业，有三家是盈利的，只有一家是亏损的。这说明企业不是靠利润生存的。那么，企业到底是靠什么生存的呢？答案是，企业靠现金流量生存。只要现金周转失灵，资金链条断裂，则企业必死无疑。因此，老练的报表使用者在分析利润表时，首先应当关注的是收入质量。因为销售商品或提供劳务所获得的收入，是企业最稳定、最可靠的现金流量来源。通过分析收入质量，报表使用者就可评估企业依靠具有核心竞争力的主营业务创造现金流量的能力，进而对企业能否持续经营作出基本判断。此外，将企业收入与行业数据结合在一起，报表使用者还可以计算出市场占有率，而市场占有率是评价一个企业是否具有核心竞争力的最重要硬指标之一。

收入质量分析侧重于观察企业收入的成长性和波动性。成长性越高，收入质量越好，说明企业通过主营业务创造现金流量的能力越强。波动性越大，收入质量越差，说明企业现金流量创造能力和核心竞争力越不稳定。

表7-1列示了微软与三大汽车公司1999—2006年的趋势报表。其编制方法是，以四家公司1999年的销售收入为基数，分别将2000—2006年的销售收入除以1999年的销售收入。

表7-1   微软与三大汽车公司销售收入趋势报表

会计年度		1999	2000	2001	2002	2003	2004	2005	2006
微软公司	亿美元	230	253	284	322	368	398	443	511
	趋势比	100%	110%	123%	140%	160%	173%	193%	222%
通用汽车	亿美元	1 690	1 739	1 691	1 773	1 855	1 935	1 926	2 073
	趋势比	100%	103%	99%	105%	110%	115%	114%	123%
福特汽车	亿美元	1 601	1 698	1 609	1 623	1 642	1 709	1 771	1 601
	趋势比	100%	106%	100%	101%	103%	107%	111%	100%
戴克汽车	亿欧元	1 482	1 603	1 540	1 474	1 364	1 421	1 498	1 516
	趋势比	100%	108%	104%	99%	92%	96%	101%	102%

表7-1显示，微软的销售收入每年均以两位数增长，高速成长的特征昭然若揭。相比之下，三大汽车公司的销售收入基本上围绕着1999年的水平徘徊不前，充分体现了成熟市场的基本特征。微软销售收入的成长性不仅让三大汽车公司望尘莫及，在波动性方面更是令三大汽车公司望洋兴叹。微软的收入曲线呈现的是稳步上升的趋势，而三大汽车公司的收入曲线却起伏不定，表明其创造现金流量和市场竞争力的稳定性明显逊色于微软。

（2）利润质量分析

利润是企业为其股东创造价值的最主要来源，是衡量企业经营绩效的最重要指标之一。与收入质量的分析方法一样，利润质量的分析也是侧重于成长性和波动性。成长性越高、波动性越小，利润质量也越好，反之亦然。表7-2以趋势报表的方式揭示了1999—2006年期间三大汽车公司与微软净利润的成长性和波动性。

表7-2   微软与三大汽车公司净利润趋势报表

会计年度		1999	2000	2001	2002	2003	2004	2005	2006
微软公司	亿美元	94	73	78	95	90	122	126	141
	趋势比	100%	78%	83%	101%	96%	130%	134%	150%
通用汽车	亿美元	60	45	6	17	38	28	−106	−21
	趋势比	100%	75%	10%	28%	63%	47%	−176%	−35%
福特汽车	亿美元	72	35	−55	−10	5	35	20	−124
	趋势比	100%	49%	−76%	14%	7%	49%	28%	−172%
戴克汽车	亿欧元	57	79	−7	47	4	25	28	32
	趋势比	100%	139%	−12%	82%	7%	44%	49%	56%

就净利润的成长性而言，三大汽车公司与微软相比显得黯然失色。戴克汽车2006年的净利润比1999年下降了44%，通用汽车和福特汽车更是惨不忍睹，在2005年和2006年分别发生了106亿美元和124亿的巨额亏损。与此形成鲜明对照的是，微软2006年的净利

润比1999年增长了50%。

另外，三大汽车公司净利润的波动性明显大于微软，除了2000年和2001年出现较大波动外，微软的净利润在其他年度没有出现显著的波动，表明其经营风险较低。相反地，三大汽车公司的净利润却呈现了大起大落的变动趋势，表明它们具有很高的经营风险。

（3）毛利率分析

毛利率等于销售毛利除以销售收入，其中销售毛利等于销售收入减去销售成本与销售税金之和。毛利率的高低不仅直接影响了销售收入的利润含量，而且决定了企业在研究开发和广告促销方面的投入空间。在激烈的竞争环境下，企业的可持续发展在很大程度上取决于企业的产品质量和产品品牌。毛利率越高，不仅表明企业所提供的产品越高端，也表明企业可用于研究开发以提高产品质量、可用于广告促销以提升企业知名度和产品品牌的空间越大。而研究开发和广告促销的投入越多，企业就可以培育更多的利润增长点，从而确保企业发展的可持续性。

表7-3列示了三大汽车公司与微软的毛利率。通用汽车和福特汽车毛利率的计算只涵盖汽车制造和销售业务，剔除了金融和保险业务。戴克汽车提供的分部报告资料不详细，无法剔除金融和保险业务，故直接以合并报表上的销售收入与销售成本作为毛利率的计算基础。微软的销售收入全部来自软件的开发和销售业务，无须剔除。

表7-3　　　　　　　　　三大汽车公司与微软毛利率的比较

会计年度	通用汽车	福特汽车	戴克汽车	微软公司
2001	9.2%	1.8%	16.1%	86.3%
2002	7.8%	6.8%	18.8%	81.6%
2003	8.0%	6.2%	19.4%	81.2%
2004	6.9%	7.7%	19.3%	81.8%
2005	2.7%	5.8%	17.9%	84.4%
2006	4.8%	-3.9%	17.1%	79.1%

从7-3表中可知，微软高达80%以上的毛利率是通用汽车和福特汽车的10倍，这正是"新经济"与"旧经济"的最大差别之一。对于微软而言，销售成本主要包括拷贝费用、包装费用和运输费用，它们在总的成本费用中所占比例不大，广告促销和研究开发费用才是微软的最重要成本费用项目。2006年，微软的广告促销和研究开发费用合计数为186亿美元，是销售成本的1.94倍！事实上，微软每年从销售中拿出20%～25%用于广告促销，15%～20%用于研究开发活动。相比之下，三大汽车公司在广告促销和研究开发上的投入占销售收入的比例只有10%左右。正是因为在广告促销和研究开发方面不断加大投入力度，微软盈利能力的可持续性才使得三大汽车公司相形见绌。

2）资产质量分析

资产质量可以从资产结构和现金含量这两个角度进行分析。

（1）资产结构分析

资产结构是指各类资产占资产总额的比例。分析资产结构，有助于评估企业的退出壁垒、经营风险和技术风险。一般而言，固定资产和无形资产占资产总额的比例越高，企业的退出壁垒（Exit Barrier）就越高，企业自由选择权就越小。当企业所处行业竞争加剧、获利空间萎缩、发展前景不明时，企业通常面临着两种选择：退出竞争或继续竞争。对于固定资产和无形资产占资产总额比例不高的企业，选择退出竞争的策略需要付出的机会成本较小；反之，对于固定资产和无形资产占资产总额比例很高的企业，选择退出竞争的策略需要付出高昂的机会成本，因为在这些资产（尤其是固定资产）上的投资很可能要成为废铜烂铁（沉没成本）。出于无奈，这类企业只好选择继续参与竞争的策略，其结果往往是承担了巨大的市场、经营和财务风险，却只能获得微不足道的回报，甚至发生巨额亏损。

从表7-4可以看出，三大汽车公司的固定资产占资产总额的比例很高，属于典型的资本密集型行业，而微软的固定资产所占比重微不足道，属于典型的以知识为基础的行业。以2006年为例，通用汽车、福特汽车和戴克汽车固定资产占资产总额的比例分别为32.3%、24.5%和37.4%，而微软的固定资产占资产总额的比例仅为6.9%，这说明三大汽车公司的退出门槛显著高于微软，自由选择权小于微软。

表7-4　　　　　　　微软和三大汽车公司固定资产及其占资产总额的比例

	会计年度	2001	2002	2003	2004	2005	2006
微软公司	固定资产（亿美元）	23	22	23	23	30	44
	占资产总额比例	3.4%	2.8%	2.4%	3.2%	4.4%	6.9%
通用汽车	固定资产（亿美元）	695	652	688	714	767	599
	占资产总额比例	21.6%	17.7%	15.3%	14.9%	16.1%	32.2%
福特汽车	固定资产（亿美元）	784	761	738	656	633	683
	占资产总额比例	28.4%	25.8%	23.8%	21.9%	22.9%	24.5%
戴克汽车	固定资产（亿美元）	713	588	524	565	663	710
	占资产总额比例	34.4%	31.4%	29.4%	30.9%	32.9%	37.4%

固定资产和无形资产所占比例还可以用于评估企业的经营风险。什么是风险？经济学上将风险定义为不确定性（Uncertainty）。风险可分为三种：经济风险（包括环境风险和市场风险）、经营风险（固定成本与变动成本的相对比例）和财务风险（资本结构与利率结构）。这三类风险都会导致企业利润的波动（财务学上将风险定义为利润的易变性）。固定资产的折旧和无形资产的摊销属于固定成本，这两类资产占资产总额的比例越高，固定成本占成本总额的比例一般也较高。其他条件保持相同，固定成本比率越高，企业的经营风险越大，因为这种成本结构容易导致风险传导效应的放大。三大汽车公司固定资产占资产总额的比例显著高于微软，因而它们的经营风险比微软高出了很多倍。这也从一个侧面解释了经营环境和市场环境发生不利变化时，三大汽车公司净利润的波动幅度明显大于微软的原因。

一般地说，固定资产占资产总额的比例越高，表明企业面临的技术风险也越大。这是因为资本密集型的企业，其固定资产遭受技术陈旧的可能性较大，特别是新技术的出现，容易导致这类企业因技术陈旧而不得不对固定资产计提减值准备。此外，为了使其技术跟上行业发展的步伐，资本密集型的企业还必须将经营活动千辛万苦赚得的现金流量不断用于固定资产的更新换代，加大了未来期间的资金需求。

（2）现金含量分析

资产是指企业因过去的交易、事项和情况而拥有或控制的能够带来未来现金流量的资源。根据这一定义，评价企业资产质量的方法之一就是分析资产的现金含量。资产的现金含量越高，资产质量越好，反之亦然。

首先，资产的现金含量越高，企业的财务弹性就越大。对于拥有充裕现金储备的企业而言，一旦市场出现千载难逢的投资机会或其他有利可图的机遇，它们就可迅速加以利用，而对于出现的市场逆境，它们也可以坦然应对；反之，对于现金储备严重匮乏的企业，面对再好的投资机会和其他机遇，也只能望洋兴叹，对于始料不及的市场逆境，它们往往一蹶不振。

表7-5列示了微软和三大汽车公司2001—2006年的现金性资产（现金及现金等价物和随时可以变现的有价证券投资之和）及其占资产总额的比例。

表7-5 微软和三大汽车公司现金性资产及其占资产总额的比例

会计年度		2001	2002	2003	2004	2005	2006
微软公司	现金性资产（亿美元）	529	627	728	487	433	335
	占资产总额比例	78.2%	78.8%	77.1%	68.7%	63.6%	53.0%
通用汽车	现金性资产（亿美元）	350	276	476	494	354	241
	占资产总额比例	10.9%	7.5%	10.6%	10.2%	7.4%	12.9%
福特汽车	现金性资产（亿美元）	247	321	344	300	402	503
	占资产总额比例	8.9%	10.8%	11.0%	10.0%	14.6%	18.1%
戴克汽车	现金性资产（亿美元）	145	124	143	117	126	131
	占资产总额比例	7.0%	6.6%	8.0%	6.4%	6.3%	6.9%

从表7-5可以看出，2001—2006年微软资产总额中的现金含量介于53%～78%之间，表明其具有无与伦比的财务弹性。而三大汽车公司资产总额中的现金含量很少超过15%，财务弹性极低。值得一提的是，微软2004—2006年的现金含量之所以逐年下降，主要是因为2004年7月20日，微软宣布了760亿美元的一揽子现金分红计划，包括在2004年一次性派发320亿美元的特别现金股利，在2005年和2006年分别净回购了171亿美元和208亿美元的股票。

其次，资产的现金含量越高，企业发生潜在损失的风险就越低；反之，发生潜在损失的风险越高。如果企业的大部分资产由非现金资产（如应收款项、存货、长期股权投资、固定资产和无形资产）所组成，那么该企业发生坏账损失、跌价损失和减值损失的概率就越大。从对外公布的财务报表可以看出，三大汽车公司最大的资产项目是金融资产。在这些金融资产中，三大汽车公司下属的金融和保险部门的应收款项（对汽车经销商的债权）高居榜首。表7-6列示了微软和三大汽车公司应收款项余额及其占资产总额的比例。

表7-6 应收款项余额及其占资产总额的比例

会计年度	微软公司		通用汽车		福特汽车		戴克汽车	
	应收款项（亿美元）	比例（%）	应收款项（亿美元）	比例（%）	应收款项（亿美元）	比例（%）	应收款项（亿欧元）	比例（%）
2001	51	7.5	998	30.6	1 102	39.9	495	23.9
2002	52	6.4	1 346	36.5	970	32.9	521	27.8
2003	59	6.3	1 748	39.9	1 100	35.4	526	29.5
2004	72	10.2	1 996	41.6	1 125	37.6	568	31.1
2005	93	13.4	1 808	38.0	1 114	40.3	611	30.3
2006	113	17.9	139*	7.5	1 108	39.8	523	27.5

可见，三大汽车公司的应收款项金额巨大，占资产总额的比例不仅远高于微软，也比固定资产占资产总额的比例高得多。应收款项居高不下，不仅占用了三大汽车公司大量的营运资本，加重了利息负担，而且增大了发生坏账损失的风险。

最后需要说明的是，在分析微软与三大汽车公司的资产质量时，还应考虑没有在资产负债表上体现的"软资产"。譬如，根据《商业周刊》2007年全球100大品牌价值的评比中，微软的品牌价值高达587亿美元，仅次于可口可乐（653亿美元），远高于戴克汽车旗下的"奔驰"品牌（236亿美元）。这些账外的"软资产"，对于企业的价值创造和核心竞争力的维持是至关重要的。对于微软这类知识经济型的企业，其他没有在资产负债表上反映的"软资产"还包括在人力资源和研究开发方面的投入。

3）现金流量分析

现金流量是企业生存和发展的"血液"。众所周知，现金流量表分为三大部分：经营活动产生的现金流量、投资活动产生的现金流量、筹资活动产生的现金流量。经营活动产生的现金流量相当于企业的"造血功能"，投资活动产生的现金流量相当于企业的"放血功能"，而筹资活动产生的现金流量则相当于企业的"输血功能"。当"造血功能"大于"放血功能"时，企业不靠"输血"（股东注资或银行贷款）也可高枕无忧；反之，当"放血功能"大于"造血功能"时，企业只有依靠"输血"（股东注资或银行贷款）才能安然无恙。

现金流量可以从经营性现金流量（Operational Cash Flow）和自由现金流量（Free Cash Flow）这两个角度进行分析。

（1）经营性现金流量分析

如前所述，经营活动产生的现金流量相当于企业的"造血功能"，即不靠股东注资、不靠银行贷款、不靠变卖非流动资产，企业通过其具有核心竞争力的主营业务就能够独立自主地创造企业生存和发展的现金流量。如果经营性现金流入显著大于现金流出，表明其"造血功能"较强，对股东和银行的依赖性较低；反之，如果经营性现金流量入不敷出（现金流出大于现金流入）且金额巨大，表明企业的"造血功能"脆弱，对股东和银行的依赖性较高。表7-7列示了2001—2006年微软与三大汽车公司经营性现金流量。

表7-7 经营性现金流量比较

会计年度	微软公司 （亿美元）	通用汽车 （亿美元）	福特汽车 （亿美元）	戴克汽车 （亿欧元）
2001	145	122	219	155
2002	158	84	178	180
2003	146	-23	208	165
2004	166	94	150	111
2005	144	-168	146	124
2006	178	-118	96	140

从表7-7可以看出，三大汽车公司的"造血功能"明显逊色于微软。如果再考虑销售规模差异的因素，则三大汽车公司的"造血功能"更是相形见绌。表7-8列示了三大汽车公司与微软经营性现金流量占销售收入的比例。

表7-8 经营性现金流量占销售收入比例

会计年度	微软公司	通用汽车	福特汽车	戴克汽车
2001	51.06%	7.20%	13.63%	10.30%
2002	49.07%	4.71%	10.95%	12.23%
2003	39.67%	-1.25%	11.74%	12.09%
2004	41.71%	4.86%	13.31%	7.79%
2005	32.51%	-8.75%	8.78%	7.51%
2006	34.83%	-5.69%	6.00%	9.23%

表7-8也说明微软销售收入的质量显著优于三大汽车公司，因为其销售收入的含金量持续地高于三大汽车公司。

（2）自由现金流量分析

在现金流量的分析中，经营性现金流量固然重要，但更重要的是自由现金流量。经营性现金流量虽然能够揭示企业"造血功能"的强弱，但即使是正值的经营性现金流量也未必代表企业可将其全部用于还本付息或支付股利。衡量企业还本付息和支付股利能力的最重要指标是自由现金流量。从定性的角度看，自由现金流量是指企业在维持现有经营规模的前提下，能够自由处置（包括还本付息和支付股利）的经营性现金净流量。从定量的角度看，自由现金流量等于经营活动产生的现金流量减去维持现有经营规模所必需的资本性支出（更新改造固定资产的现金流出）。这是因为，固定资产经过使用，必然会陈旧老化，经营活动产生的现金流量首先必须满足更新改造固定资产的现金需求，剩余部分才可用于还本付息和支付股利。将自由现金流量与企业还本付息、支付股利所需的现金流出进行比较，就可评价企业创造现金流量的真正能力。表7-9列示了三大汽车公司与微软2001—2006年的自由现金流量与还本付息的对比情况。

表7-9   自由现金流量与还本付息的比较

	通用汽车 (亿美元)	福特汽车 (亿美元)	戴克汽车 (亿欧元)	微软公司 (亿美元)
2001年				
自由现金流量	43.48	154.79	65.88	137.39
利息费用	83.17	108.16	13.17	—*
负债总额	3 027.05	2 687.57	1 684.06	154.66
2002年				
自由现金流量	16.11	110.01	108.71	149.06
利息费用	75.03	88.01	10.40	—*
负债总额	3 622.39	2 896.32	1 523.23	168.20
2003年				
自由现金流量	−94.21	119.39	98.82	135.17
利息费用	94.64	76.43	34.46	—*
负债总额	4 239.16	2 990.72	1 437.87	195.43
2004年				
自由现金流量	16.03	165.71	46.74	157.93
利息费用	119.80	70.71	18.33	—*
负债总额	4 525.61	2 861.06	1 493.50	227.00
2005年				
自由现金流量	−250.35	84.30	57.73	128.26
利息费用	157.68	76.43	11.12	—*
负债总额	4 614.83	2 630.62	1 651.83	294.93
2006年				
自由现金流量	−196.92	27.61	77.48	155.32
利息费用	169.45	87.83	9.13	—*
负债总额	1 916.33	2 820.19	1 558.67	320.74

　　*微软没有银行贷款，故利息支出为零，其负债主要由不需付息的递延收入和应付账款组成。

　　可以看出，三大汽车公司的自由现金流量相对于其利息支出和负债总额的资金需求，可谓杯水车薪。尤其是通用汽车，每年创造的自由现金流量连支付利息费用都不够，更不用说偿还巨额的负债，资金缺口犹如吞噬一切的"黑洞"。若不尽快扭转这种入不敷出、捉襟见肘的现金流量局面，三大汽车公司的经营前景将更加暗淡。

　　相比之下，微软自由现金流量之充裕程度令人瞠目。微软的负债总额中没有任何银行借款，不存在付息问题。2006会计年度末，微软的负债主要由递延收入（126.46亿美元）、应付账款（32.47亿美元）、应付税款（10.40亿美元）、应计报酬（23.25亿美元）所组成，这四项负债占负债总额的60%。正因为微软创造现金流量的能力如此之强大，其首席财务官才敢在2004年向华尔街保证：在未来4年拿出760亿美元回馈给股东后，其现金储备将不低于390亿美元！这无疑是微软对其现金流量创造能力充满信心的一种宣示。

　　1967年，波士顿咨询集团根据产品生命周期理论、市场竞争理论和财务学理论，将企业划分为四类：现金明星（Cash Star）、现金奶牛（Cash Cow）、问题小孩（Problem

Child）和现金瘦狗（Cash Dog）。根据这种划分方法，三大汽车公司显然属于不折不扣的现金瘦狗，而微软则是名副其实的现金奶牛！

正因为三大汽车公司的盈利质量、资产质量和现金流量均明显逊色于微软，它们的股票价格表现令人失望，与微软气势如虹的股价走势根本不能相提并论。通用汽车过去10余年的股价除在极少数交易日"跑赢"大势（道琼斯指数）外，在大部分交易日均落后于股票市场的整体走势。2001年以来，三大汽车公司的股价走势与股票市场整体走势的背离呈扩大趋势。相反，微软的股价表现均显著优于股票市场的整体走势，2000年其股票价格的涨幅是道琼斯指数的8倍多！这在一定程度上表明微软的盈利质量、资产质量和现金流量得到股票市场上广大投资者的高度认可。

4）盈利质量、资产质量和现金流量的相互关系

微软与三大汽车公司的案例分析表明，从财务的角度看，盈利质量、资产质量和现金流量是系统、有效地分析财务报表的三大逻辑切入点。任何财务报表，只有在这个逻辑框架中进行分析，才不会发生重大的遗漏和偏颇。

同时，必须指出，盈利质量、资产质量和现金流量是相互关联的。盈利质量的高低受资产质量和现金流量的直接影响。如果资产质量低下，计价基础没有夯实，报告再多的利润都是毫无意义的。如果企业每年都报告利润，但经营性现金流量却入不敷出，那么，这种没有真金白银流入的利润，实质上只能是一种"纸面富贵"。这种性质的利润，要么质量低下，要么含有虚假成分。同样，资产质量也受到现金流量的影响。根据资产的定义，不能带来现金流量的资产项目，充其量只能称为"虚拟资产"。严格地说，这样的资产项目是不应该在资产负债表上确认的。

7.1.4 财务比率分析

财务比率表是以比率的形式反映企业某一特定会计期间内财务状况、经营成果和现金流量的会计报表，包括偿债能力、盈利能力、现金流量分析、经营发展能力、资产管理能力以及每股指标等六类，其所用到的数据全部是调整前及合并报表数据。财务比率可以评价某项投资在各年之间收益的变化，也可以在某一时点比较某一行业的不同企业。财务比率分析可以消除规模的影响，用来比较不同企业的收益与风险，从而帮助投资者和债权人作出理智的决策。财务比率指标大全见表7-10。

表7-10　　　　　　　　　　　　**财务比率指标大全**

变量名	中文	英文	注释
每股指标			
BasicEPS	每股收益	EPS Basic	取公司的实际披露数
DilutEPS	稀释每股收益	EPS Diluted	取公司的实际披露数
EPS	每股收益（期末股本摊薄）	EPS	每股收益（期末股本摊薄）=净利润/期末总股本
EPSTTM	每股收益（TTM）	EPS TTM	每股收益（TTM）=净利润/期末总股本
NAPS	每股净资产	Net Asset Per Share	每股净资产=净资产/期末普通股股数

变量名	中文	英文	注释
ToloperevPS	每股营业总收入	Total Operating Revenue Per Share	每股营业总收入 = 营业总收入/期末总股本
MincmPS	每股营业收入	Main Income Per Share	每股营业收入 = 营业收入/期末总股本
MincmPSTTM	每股营业收入（TTM）	Main Income Per Share TTM	每股营业收入（TTM）= 营业收入（TTM）/期末总股本
OpeprfPS	每股营业利润	Operation Profit Per Share	每股营业利润=营业利润/期总股本
EBITPS	每股息税前利润	EBIT Per Share	每股息税前利润 =（利润总额+利息费用）/期末总股本
CapsurfdPS	每股资本公积金	Capital Surplus Fund Per Share	每股资本公积金=资本公积/期末总股本
SurrefdPS	每股盈余公积金	Surplus Reserve Fund Per Share	每股盈余公积金 = 盈余公积/期末总股本
AccumfdPS	每股公积金	Accumulation Fund Per Share	每股公积金 =（资本公积金 + 盈余公积金）/期末总股本
UndivprfPS	每股未分配利润	Undivided Profit Per Share	每股未分配利润 = 未分配利润/期末总股本
RetearPS	每股留存收益	Retained Earnings Per Share	每股留存收益 =（盈余公积 + 未分配利润）润/期末总股本
OpeCFPS	每股经营活动现金流量	Operation Cash Flow Per Share	每股经营活动现金流量=经营活动产生的现金流量净额/期末总股本
OpeCFPSTTM	每股经营活动现金流量（TTM）	Operation Cash Flow Per Share TTM	每股经营活动现金流量（TTM）=经营活动产生的现金流量净额（TTM）/期末总股本
CFPS	每股净现金流量	Cash Flow Per Share	每股净现金流量=现金及现金等价物净增加额/期末总股本
CFPSTTM	每股净现金流量（TTM）	Cash Flow Per Share TTM	每股净现金流量（TTM）=现金及现金等价物净增加额（TTM）/期末总股本
EntfcfPS	每股企业自由现金流量	Enterprise Free Cash Flow Per Share	每股企业自由现金流量=[净利润+资产减值准备+固定资产折旧+无形资产摊销+长期待摊费用摊销+利息费用×（1-所得税/利润总额）−（本期固定资产−上期固定资产+固定资产折旧）−营运资本变动额]/期末总股本
ShrhfcfPS	每股股东自由现金流量	Shareholder Free Cash Flow Per Share	每股股东自由现金流量=[净利润+资产减值准备+固定资产折旧+无形资产摊销+长期待摊费用摊销−（本期固定资产−上期固定资产+固定资产折旧）−营运资本变动额+净债务增加]/期末总股本

续表

变量名	中文	英文	注释
盈利能力			
AvgROE	净资产收益率（平均）	ROE Average	净资产收益率（平均）=净利润×2/（期初股东权益+期末股东权益）×100%。
WROE	净资产收益率（加权）	ROE Weighted	净资产收益率（加权）=净利润/本期加权股东权益×100%，本期加权股东权益近似等于平均股东权益
ROE	净资产收益率（摊薄）	ROE	净资产收益率（摊薄）=净利润/期末股东权益×100%
ROEcut	净资产收益率（扣除，摊薄）	ROE Cut	净资产收益率（扣除，摊薄）=扣除非经常性损益后净利润/期末股东权益×100%
WROEcut	净资产收益率（扣除，加权）	ROE Cut Weighted	净资产收益率（扣除，加权）=扣除非经常性损益后净利润/本期加权股东权益×100%，本期加权股东权益近似等于平均股东权益
ROETTM	净资产收益率（TTM）	ROE TTM	净资产收益率=净利润（TTM）×2/（期初股东权益+期末股东权益）×100%
ROAEBIT	资产报酬率	ROA EBIT	资产报酬率=息税前利润×2/（期初总资产+期末总资产）×100%
ROAEBITTTM	资产报酬率（TTM）	ROA EBIT TTM	总资产报酬率（TTM）=息税前利润（TTM）/总资产（MRQ）×100%
ROA	资产净利率	ROA	资产净利率=净利润/平均资产总额×100%，平均资产总额=（期初资产总额+期末资产总额）/2
ROATTM	资产净利率（TTM）	ROA TTM	总资产净利率（TTM）=含少数股东损益的净利润（TTM）/总资产（MRQ）×100%
ROIC	投入资本回报率	ROIC	投入资本回报率=（息税前利润×（1−所得税/利润总额）×2/（期初投入资本+期末投入资本）×100%
Netprfrt	销售净利率	Net Profit Ratio	销售净利率=净利润/营业收入×100%
NetprfrtTTM	销售净利率（TTM）	Net Profit Ratio TTM	销售净利率（TTM）=净利润（TTM）/营业收入（TTM）×100%
Gincmrt	销售毛利率	Gross Income Ratio	销售毛利率=（营业收入−营业务成本）/营业收入×100%
GincmrtTTM	销售毛利率（TTM）	Gross Income Ratio TTM	销售毛利率（TTM）=（营业收入（TTM）−营业务成本（TTM））/营业收入（TTM）×100%

变量名	中文	英文	注释
Salcostrt	销售成本率	Sales Cost Ratio	销售成本率＝营业成本/营业收入×100%
Pdcostrt	销售期间费用率	Period Cost Rate	销售期间费用率＝（营业费用+管理费用+财务费用）/营业收入×100%
PdcostrtTTM	销售期间费用率（TTM）	Period Cost Rate TTM	销售期间费用率（TTM）＝（营业费用（TTM）+管理费用（TTM）+财务费用（TTM））/营业收入（TTM）×100%
NprTOR	净利润/营业总收入	Net Profit to Total Operation Income	
NprTORTTM	净利润/营业总收入（TTM）	Net Profit to Total Operation Income TTM	
OpeprTOR	营业利润/营业总收入	Operating Profit to Total Operation Income	
OpeprTORTTM	营业利润/营业总收入（TTM）	Operating Profit to Total Operation Income TTM	
EBITTOR	息税前利润/营业总收入	EBIT to Total Operation Income	
EBITTORTTM	息税前利润/营业总收入（TTM）	EBIT to Total Operation Income TTM	
TopecostTORTTM	营业总成本/营业总收入（TTM）	Total Operation Cost to Total Operation Income TTM	
TopecostTORTTM	营业总成本/营业总收入（TTM）	Total Operation Cost to Total Operation Income TTM	
Opeexprt	销售费用率	Operation Expense Rate	销售费用率=销售费用/营业总收入×100%
OpeexprtTTM	销售费用率（TTM）	Operation Expense Rate TTM	销售费用率（TTM）=销售费用（TTM）/营业总收入（TTM）×100%
Admexprt	管理费用率	Administration Expense Rate	管理费用率=管理费用/营业总收入×100%
AdmexprtTTM	管理费用率（TTM）	Administration Expense Rate TTM	管理费用率（TTM）=管理费用（TTM）/营业总收入（TTM）×100%
Finexprt	财务费用率	Financial Expense Rate	财务费用率=财务费用/营业总收入×100%
FinexprtTTM	财务费用率（TTM）	Financial Expense Rate TTM	财务费用率（TTM）=财务费用（TTM）/营业总收入（TTM）×100%
AstimpaTOR	资产减值损失/营业总收入	Asset Impairment Loss to Total Operation Income	

变量名	中文	英文	注释
AstimpaTORTTM	资产减值损失/营业总收入（TTM）	Asset Impairment Loss to Total Operation Income TTM	
Netprf	净利润	Net Profit	
Netprfcut	扣除非经常性损益后的净利润	Net Profit Cut	扣除非经常性损益后的净利润=净利润−未确认的投资损失+营业外支出−营业外收入
EBIT	息税前利润	EBIT	息税前利润=利润总额+财务费用
EBITDA	息税折旧摊销前利润	EBITDA	息税折旧摊销前利润=税前利润EBIT+固定资产折旧+无形资产摊销+长期待摊费用摊销
Opeprfrt	营业利润率	Operating Profit Ratio	营业利润率=营业利润/总主营业收入×100%
Totprfcostrt	成本费用利润率	Total Profit Cost Ratio	成本费用利润率=利润总额/成本费用总额×100%，成本费用总额=营业成本+期间费用，期间费用=营业费用+管理费用+财务费用
偿债能力			
Currt	流动比率	Current Ratio	流动比率=流动资产/流动负债×100%
Qckrt	速动比率	Quick Ratio	速冻比率=（流动资产−存货）/流动负债×100%
Supqckrt	超速动比率	Super Quick Ratio	超速动比率=（现金+交易性金融资产+应收票据+应收账款净额+应收利息+应收股利+其他应收款）/流动负债×100%
Dbequrt	产权比率	Debt to Equity Ratio	产权比率=负债总额/股东权益×100%
Equtotlia	股东权益/负债合计	Equity to Total Liability	
Equintdb	股东权益/带息债务	Equity to Interest Bear Debt	
Dbtanequrt	有形净值债务率	Debt Tangible Equity Ratio	有形净值债务率=负债总额/（股东权益−无形资产−商誉）×100%
Tanastintdb	有形净值/带息债务	Tangible Asset to Interest Bear Debt	
Tanastndb	有形净值/净债务	Tangible Asset to Net Debt	
EBITDAtotlia	息税折旧摊销前利润/负债合计	EBITDA to Total Liability	

变量名	中文	英文	注释
NOCFtotlia	经营净现金流量/负债合计	NOCF to Total Liability	
NOCFintdb	经营净现金流量/带息债务	NOCF to Interest Bear Debt	
NOCFtotcurlia	经营净现金流量/流动负债	NOCF Total Current Liability	
NOCFndb	经营净现金流量/净债务	NOCF to Net Debt	
Intcvr	利息保障倍数	Interest Cover	利息保障倍数=息税前利润/利息费用。其中，息税前利润（EBIT）=利润总额+财务费用，利息费用=财务费用+资本化利息支出
Ldbwrkcap	长期负债与营运资金比率	Long Debt to Working Capital	长期负债与营运资金比率=长期负债/（流动资产−流动负债）×100%，长期负债=非流动性负债−递延所得税负债
OpeCcurdb	现金流动负债比	Oper - cash into Current Debt	现金流动负债比=经营现金流量净额/流动负债
成长能力指标			
EPSgrrt	每股收益增长率	EPS Grow Rate	每股收益增长率=（本期每股收益/上年同期每股收益−1）×100%
DilutEPSgrrt	稀释每股收益增长率	EPS Diluted Grow Rate	
Opeincmgrrt	营业收入增长率	Operating Income Grow Rate	
Opeprfgrrt	营业利润增长率	Operating Profit Grow Rate	营业利润增长率=（本期营业利润/上年同期营业利润−1）×100%
Totprfgrrt	利润总额增长率	Total Profit Grow Rate	利润总额增长率=（本期利润总额/上年同期利润总额−1）×100%
Netprfgrrt	净利润增长率	Net Profit Grow Rate	净利润增长率=（本期净利润/上年同期净利润−1）×100%
NPPCgrrt	归属母公司的净利润增长率	Net Profit of Parent Company Grow Rate	
NPPCcutgrrt	归属母公司的净利润（扣除）增长率	Net Profit of Parent Company Cut Grow Rate	
NPPCavggrrt	归属母公司的净利润过去五年平均增幅	Net Profit of Parent Company 5 - year Average Grow Rate	
NOCFgrrt	经营活动现金流量净额增长率	Net Operation Cash Flow Growth Rate	

变量名	中文	英文	注释
OpeCPSgrrt	每股经营活动现金流量增长率	Operation Cash Per Share Grow Rate	每股经营活动现金流量增长率=（本期每股经营活动现金流量/上年同期每股经营活动现金流量-1）×100%
ROAgrrt	净资产收益率（摊薄）增长率	ROA Grow Rate	
Netassgrrt	净资产增长率	Net Asset Grow Rate	净资产增长率=（期末净资产/上年同期净资产-1）×100%
Totassgrrt	总资产增长率	Total Assets Grow Rate	总资产增长率=（期末总资产/上年同期总资产-1）×100%
NAPSgrrt	每股净资产相对年初增长率	NAPS Grow Rate	每股净资产增长率=（本期每股净资产/去年同期每股净资产-1）×100%
EquYTDgrrt	股东权益相对年初增长率	Equity Year to Date Grow Rate	
TotastYTDgrrt	资产总计相对年初增长率	Total Asset Year to Date Grow Rate	
Susgrrt	可持续增长率	Sustainable Grow Rate	可持续增长率=（本期净利润/期初股东权益）×本期收益留存率×100%
营运能力指标			
Opecyc	营业周期	Operation Cycle	营业周期=存货周转天数+应收账款周转天数
Invtrtrrat	存货周转率	Inventory Turning Rate	存货周转率=主营业务成本/平均存货，平均存货=（期初存货+期末存货）/2
invtrtrday	存货周转天数	Inventory Turning Days	存货周转天数=N/存货周转率。若报告期长度为一个季度，N取90；报告期长度为半年，N取180；报告期长度为1年，N取360
ARTrat	应收账款周转率	ART Rate	应收账款周转率=主营业务收入/平均应收账款
ARTday	应收账款周转天数	ART Days	应收账款周转天数=N/应收账款周转率。若报告期长度为一个季度，N取90；报告期长度为半年，N取180；报告期长度为1年，N取360
AccrPayrat	应付账款周转率	Accrued Payable Rate	应付账款周转率=（主营业务成本+期末存货-期初存货）/平均应付账款
AccrPayday	应付账款周转天数	Accrued Payable Days	应付账款周转天数=N/应付账款周转率。其中，一季报，N=90；中报，N=180；三季报，N=270；年报，N=360

变量名	中文	英文	注释
Currat	流动资产周转率	Current Rate	流动资产周转率=主营业务收入/平均流动资产
Fixassrat	固定资产周转率	Fixed Asset Rate	固定资产周转率=主营业务收入/平均固定资产
Equrat	股东权益周转率	Equity Rate	股东权益周转率＝营业总收入×2/（期初净资产+期末净资产）
Totassrat	总资产周转率	Total Asset Rate	总资产周转率=主营业务收入/平均资产总额
现金流量指标			
SalesevOpeincm	销售商品劳务收入现金/营业收入	Sales and Service Cash to Operating Income	
SalesevOpeincmTTM	销售商品劳务收入现金/营业收入（TTM）	Sale And Service Cash to Operating Income TTM	
Casrtsale	销售现金比率	Cash Rate of Sales	销售现金比率=经营现金流量净额/主营业务收入
CasrtsaleTTM	销售现金比率（TTM）	Cash Rate of Sales TTM	销售现金比率（TTM）=经营现金流量净额（TTM）/主营业务收入（TTM）
NOCFONI	经营现金净流量/经营净收益	NOCF to Operating Net Income	
NOCFONITTM	经营现金净流量/经营净收益（TTM）	NOCF to Operating Net Income TTM	
CapexpDM	资本支出/折旧和摊销	Capital Expenditure to Depreciation and Amortization	
CCEinc	现金及其等价物净增加额	Cash Equivalent Increase	
NOCF	经营现金净流量	Net Operate Cash Flow	
Salesevcash	销售商品劳务收入现金	Goods Sales and Service Render Cash	
FreeCF	自由现金流量	Free Cash Flow	自由现金流量＝息税前利润−息税前利润所得税+折旧与摊销−营运资本净支出−资本性支出
Netprfcascvr	净利润现金含量	Net Profit Cash Coverage	净利润现金含量=经营现金流量净额/净利润
Opeincmcashcvr	营业收入现金含量	Operating Income Cash Coverage	营业收入现金含量＝销售商品、提供劳务收到的现金/营业收入

变量名	中文	英文	注释
OpeCass	总资产现金回收率	Operation Cash into Asset	总资产现金回收率=经营现金流量净额/平均资产总额×100%

分红能力指标

变量名	中文	英文	注释
CCEPS	每股现金及现金等价物余额	Cash and Cash Equivalent Per Share	每股现金及现金等价物余额=现金及现金等价物期末余额/期末总股本
DivPS	每股股利	Dividend Per Share	根据公司公布的分红方案确定，为该报告期数据，非累计数
Divcvr	股利保障倍数	Dividend Coverage	股利保障倍数=归属于母公司的净利润/股利
Cashdivcvr	现金股利保障倍数	Cash Dividend Coverage	现金股利保障倍数=经营活动产生的现金流量净额/累计合计派现金额
Divprt	股利支付率	Dividend Paid Ratio	股利支付率=累计合计派现金额/归属于母公司的净利润×100%
Retearrt	留存盈余比率	Retained Earning Ratio	留存盈余比率=（1−股利支付率）×100%

资本结构指标

变量名	中文	英文	注释
Dbastrt	资产负债率	Debt to Asset Ratio	资产负债率=负债合计/资产合计×100%
Curtotast	流动资产/总资产	Current Asset to Total Asset	
Noncurtotast	非流动资产/总资产	Noncurrent Asset to Total Asset	
Fixassrt	固定资产比率	Fixed Asset Ratio	固定资产比率=固定资产净额/资产总额×100%
Intanassrt	无形资产比率	Intangible Asset Ratio	无形资产比率=无形资产/资产总额×100%
Ldbass	长期借款/总资产	Long Debt to Asset	
Bdpayass	应付债券/总资产	Bonds Payable to Asset	
Equtotcap	股东权益/全部投入资本	Equity to Total Capital	全部投入资本=归属于母公司的股东权益+带息债务
Intdbtotcap	带息债务/全部投入资本	Interest Bear Debt to Total Capital	
Curtotlia	流动负债/负债合计	Current Liability to Total Liability	
Noncurtotlia	非流动负债/负债合计	Noncurrent Liability to Total Liability	
Equass	股东权益比率	Equity to Asset	股东权益比率=股东权益/资产总额×100%
Equmul	权益乘数	Equity Multiplier	权益乘数=1/（1−资产负债率）

续表

变量名	中文	英文	注释
Wrkcap	营运资金	Working Capital	营运资金=流动资产−流动负债
Ldbequ	长期负债/股东权益	Long Debt to Equity	
Lassfitass	长期资产适合率	Long Asset Fit Asset	长期资产适合率=（股东权益+长期负债）/（固定资产净额+长期投资）×100%
收益质量指标			
OPItprf	经营活动净收益／利润总额	Operating Net Income to Total Profit	
OPItprfTTM	经营活动净收益／利润总额（TTM）	Operating Net Income to Total Profit TTM	
Invretassoctprf	对联营合营公司投资收益/利润总额	Investment Return to Associates to Total Profit	
InvretassoctprfTTM	对联营合营公司投资收益/利润总额（TTM）	Investment Return to Associates to Total Profit TTM	
Valchgtprf	价值变动净收益／利润总额	Value Change Net Income to Total Profit	价值变动净收益=投资净收益+公允价值变动净收益+汇兑收益−对联营合营公司的投资收益
ValchgtprfTTM	价值变动净收益／利润总额（TTM）	Value Change Net Income to Total Profit TTM	
Noopenitprf	营业外收支净额／利润总额	Nonoperating Net Income to Total Profit	
NoopenitprfTTM	营业外收支净额／利润总额（TTM）	Nonoperating Net Income to Total Profit TTM	
Taxtprf	所得税／利润总额	Taxes to Total Profit	
Nprfcutnprf	扣除非经常损益后的净利润／净利润	Net Profit Cut to Total Profit	

7.2 财务报表分析——江中药业

7.2.1 行业概况

医药产业作为国家"十三五"规划中的重要产业，随着我国人口老龄化趋势的加快及医疗需求的增长，正处于稳步上升的阶段。医药卫生体制改革的全面推进和不断深化，为医药行业的稳健运行创造了有利的外部条件。从宏观环境来看，中国经济进入增速换挡期、经济调整期、经济刺激消化期三期叠加的"经济新常态"，但人口老龄化、政府支持及医改驱动等支撑行业刚性需求的基础依然没变。

2014 年，医药行业的发展契合了中国经济新常态的特征：增长进入换挡期，由高速增长转为中高速增长。2014 年初李克强总理提出"医保、医疗、医药"三医联动的导向后，医药价格陆续放开，更大程度让市场定价，实现市场的杠杆效应。同时，在国家建设法治社会的大环境下，医药卫生、安全、环保等各方面监管的深度和广度不断拓展，严肃性不断增强。与此同时，随着新版 GMP、GSP 质量标准认证的全面铺开，中国药品监管趋严的趋势不可逆转，兼并重组、行业整合将成为未来趋势。

中国已进入消费新时代，13 亿人口的潜在消费需求成为中国增长转型的突出优势。释放 13 亿人口的服务消费需求，推动由工业主导向服务业主导的转变，是未来 6 年经济转型升级的大趋势，也是医药行业面临的大机会。大消费、大健康、互联网基因、新营销思维，将成为医药行业尤其是医药消费品行业的关键词。

2015 年中药行业主要上市公司对比情况见表 7-11。

表 7-11　　　　　　　　　　　中药行业对比（2015 年）

股票简称	每股收益（元）	每股净资产（元）	每股现金流（元）	净利润（亿元）	营业收入（亿元）	总资产（亿元）	净资产收益率（%）	销售毛利率（%）	总股本（亿股）
吉林敖东	2.9	19.43	0.43	25.94	23.35	198.34	17.33	68.95	8.94
云南白药	2.66	12.9	2.09	27.71	207.38	192.91	22.43	30.53	10.41
东阿阿胶	2.48	10.72	1.49	16.25	54.5	86.09	24.78	64.61	6.54
天士力	1.38	6.91	0.31	14.79	132.22	154.13	22.82	38.72	10.33
华润三九	1.28	7.73	1.29	12.49	79	120.19	17.33	61.18	9.79
片仔癀	1.16	7.85	0.76	4.67	18.86	40.55	15.43	47.01	4.02
昆药集团	1.07	8.4	1.21	4.21	49.16	49.48	18.37	34.5	3.94
葵花药业	1.05	8.39	0.43	3.07	30.35	37.65	13.12	55.57	2.92
九芝堂	1.03	5.01	0.45	4.71	8.72	44.71	30.1	79.17	7.56
白云山	1.01	6.55	1.5	13	191.25	158.71	15.91	36.21	12.91
康缘药业	0.71	5.47	1	3.62	28.2	43.05	13.65	74.69	5.14
奇正藏药	0.65	3.97	0.64	2.65	9.95	20.7	17.01	79.79	4.06
同仁堂	0.65	5.19	0.61	8.75	108.09	143.4	13.33	46.08	13.71
方盛制药	0.64	6.25	0.64	0.91	4.69	10.67	10.75	56.02	1.42
桂林三金	0.64	3.97	0.68	3.77	13.72	27.6	16.36	72.53	5.9
西藏药业	0.63	3.36	0.92	0.92	13.83	7.06	20.58	32.35	1.46

股票简称	每股收益（元）	每股净资产（元）	每股现金流（元）	净利润（亿元）	营业收入（亿元）	总资产（亿元）	净资产收益率（%）	销售毛利率（%）	总股本（亿股）
中新药业	0.6	5.1	0.47	4.51	70.81	60.69	13.54	29.52	7.69
青海春天	0.56	2.55	1.21	3.58	14.02	21.13	22.43	48.31	6.88
健民集团	0.56	6.39	0.32	0.86	22.81	16.02	8.76	20.81	1.53
太极集团	0.54	2.38	−0.14	2.32	71.65	100.3	23.14	29.35	4.27
马应龙	0.52	4.14	0.42	2.23	17.84	24.1	13.25	39.48	4.31
台城制药	0.41	4.02	0.34	0.81	5.17	15.98	10.53	45.28	2
众生药业	0.41	2.79	0.26	2.97	15.78	33.34	15.13	63.67	7.39
以岭药业	0.39	4.27	0.12	4.3	31.85	57.07	9.35	63.44	11.28
双龙股份	0.38	3.86	0.4	1.36	6.78	23.2	8.65	36.59	4.24
福瑞股份	0.35	5.09	0.6	0.92	6.04	20.41	8.29	67.39	2.63
上海凯宝	0.34	2.41	0.39	2.82	13.96	24.27	14.25	82.06	8.34
汉森制药	0.33	4.11	0.24	0.98	7.81	13.8	8.39	71.08	2.96
仁和药业	0.32	1.93	0.35	3.91	25.24	31.56	17.7	44.56	12.38
龙津药业	0.32	2.99	0.35	0.62	1.81	6.99	12.03	65.28	2

7.2.2 公司概况

江中药业股份有限公司是一家属江西省医药行业类的公司。公司主营中成药、中药制剂、抗生素原料药、抗生素制剂等。公司以生产 OTC 类药品为主，主导产品有江中复方草珊瑚含片、江中健胃消食片、江中亮嗓等，市场竞争力极强，江中亮嗓荣膺"中国药品市场消费者喜爱的品牌"。公司的"复方草珊瑚含片""江中牌健胃消食片""亮嗓胖大海清咽糖"等一系列拳头产品在市场上占有极高的份额，其中，"江中牌健胃消食片"能占据中成药消食产品 70% 的市场份额，在同行业中居于领先地位。公司片剂生产线是国内最大的片剂单一生产线。2013 年，公司共获得新药证书 6 项、药品生产批件 56 项、保健食品生产批件 23 项，获得发明专利 43 项，获批江西省重点新产品 2 项，在研国家级科技项目 2 项。

江中药业于 2016 年 4 月 9 日发布业绩预告，公司预计 2016 年 1—3 月份归属于上市公司股东的净利润为 9 561 万元~1.08 亿元，同比增长 50.00%~70.00%。

7.2.3 财务报表分析

1）财务报表导入 Excel 表格

从上海证券交易所网站或东方财富网下载江中药业 2010—2014 年年报，将 2014 年年报中的资产负债表、利润表和现金流量表（见表7-12、表7-13和表7-14）复制到Excel表中，因原表较大，故删除了无数据的科目。读者在练习时，可以从上海证券交易所网站导入相关数据。

表7-12　　　　　　　　　　江中药业合并资产负债表

2014年12月31日　　　　　　　　　　　　　　　　单位：万元

项目	期末余额	期初余额
流动资产：		
货币资金	60 552.65	71 118.80
应收票据	77 135.93	53 309.53
应收账款	11 191.33	6 560.89
预付款项	10 485.23	8 643.40
其他应收款	2 045.58	744.79
存货	31 282.74	33 494.90
其他流动资产	16 267.96	
流动资产合计	208 961.42	173 872.31
非流动资产：		
可供出售金融资产	110.00	110.00
长期股权投资	5 700.84	5 612.80
固定资产	72 641.64	77 292.21
在建工程	2 272.26	2 520.24
无形资产	37 444.62	37 127.25
长期待摊费用	497.67	1 150.56
递延所得税资产	1 165.55	1 041.01
其他非流动资产	3 906.99	513.32
非流动资产合计	123 739.57	125 367.39
资产总计	332 700.99	299 239.70
流动负债：		
短期借款	12 500.00	2 500.00
应付票据	12 821.15	7 800.00
应付账款	18 028.05	15 389.76
预收款项	10 484.11	7 252.55
应付职工薪酬	7 656.42	3 319.68
应交税费	1 205.16	-5 585.67
应付利息	189.26	172.18
其他应付款	3 365.74	3 259.81
其他流动负债	2 047.86	877.33
流动负债合计	68 297.75	34 985.64
非流动负债：		

续表

项目	期末余额	期初余额
应付债券	49 823.97	49 657.34
专项应付款	18.84	
递延收益	1 246.64	1 271.67
非流动负债合计	51 089.45	50 929.01
负债合计	119 387.20	85 914.65
股东权益：		
股本	30 000.00	31 115.00
资本公积	54 919.05	71 492.48
盈余公积	16 964.19	16 964.19
未分配利润	105 847.53	88 362.74
归属于母公司所有者权益合计	207 730.77	207 934.41
少数股东权益	5 583.02	5 390.56
所有者权益合计	213 313.79	213 324.97
负债和所有者权益总计	332 700.99	299 239.70

表7-13　　　　　　　　　　江中药业合并利润表

2014年1—12月　　　　　　　　　　　　　　　　单位：万元

项目	本年金额	上年金额
一、营业总收入	283 412.43	277 786.13
其中：营业收入	283 412.43	277 786.13
二、营业总成本	250 250.65	261 037.63
其中：营业成本	133 768.91	173 090.89
营业税金及附加	3 184.62	2 266.96
销售费用	90 098.77	69 017.95
管理费用	15 023.44	13 573.11
财务费用	3 319.03	2 767.09
资产减值损失	4 855.87	321.63
投资收益	−169.02	3 486.30
其中：对联营企业和合营企业的投资收益	−169.02	−162.30
三、营业利润	32 992.77	20 234.80
加：营业外收入	690.91	1 059.76
其中：非流动资产处置利得	1.66	7.72
减：营业外支出	239.33	340.13
其中：非流动资产处置损失	13.97	24.20
四、利润总额	33 444.35	20 954.44
减：所得税费用	6 767.09	3 602.73
五、净利润	26 677.26	17 351.70
归属于母公司所有者的净利润	26 484.79	17 225.54
少数股东损益	192.46	126.16
六、综合收益总额	26 677.26	17 351.70
归属于母公司所有者的综合收益总额	26 484.79	17 225.54
归属于少数股东的综合收益总额	192.46	126.16
七、每股收益：		
（一）基本每股收益	0.87	0.55
（二）稀释每股收益	0.87	0.55

表 7-14　　　　　　　　　　　江中药业合并现金流量表

2014 年 1—12 月　　　　　　　　　　　　　单位：万元

项目	本年金额	上年金额
一、经营活动产生的现金流量		
销售商品、提供劳务收到的现金	224 927.70	178 735.58
收到其他与经营活动有关的现金	121 592.76	348 693.42
经营活动现金流入小计	346 520.46	527 429.00
购买商品、接受劳务支付的现金	82 747.13	51 121.01
支付给职工以及为职工支付的现金	26 573.10	26 219.58
支付的各项税费	28 752.85	33 325.13
支付其他与经营活动有关的现金	172 766.90	405 571.41
经营活动现金流出小计	310 839.98	516 237.13
经营活动产生的现金流量净额	35 680.48	11 191.89
二、投资活动产生的现金流量		
取得投资收益收到的现金	334.60	
处置固定资产、无形资产和其他长期资产收回的现金净额	14.89	4 264.69
投资活动现金流入小计	349.49	4 264.69
购建固定资产、无形资产和其他长期资产支付的现金	10 233.28	6 459.17
投资支付的现金	16 000.00	
支付其他与投资活动有关的现金	18.50	
投资活动现金流出小计	26 251.78	6 459.17
投资活动产生的现金流量净额	−25 902.29	−2 194.48
三、筹资活动产生的现金流量		
取得借款收到的现金	26 230.00	2 500.00
筹资活动现金流入小计	26 230.00	2 500.00
偿还债务支付的现金	16 230.00	23 000.00
分配股利、利润或偿付利息支付的现金	12 398.85	12 742.87
支付其他与筹资活动有关的现金	17 945.48	
筹资活动现金流出小计	46 574.33	35 742.87
筹资活动产生的现金流量净额	−20 344.34	−33 242.87
四、汇率变动对现金及现金等价物的影响		
五、现金及现金等价物净增加额	−10 566.15	−24 245.47
加：期初现金及现金等价物余额	71 118.80	95 364.27
六、期末现金及现金等价物余额	60 552.65	71 118.80
现金流入小计	373 099.95	534 193.69
现金流出小计	383 666.09	558 439.17

将上述三张报表复制到Excel表中，具体如图7-1所示（这里仅演示了合并现金流量表），然后对三张报表进行进一步的分析。

	A	B	C	D	E
1	江中药业合并现金流量表				
2	2014年1-12月			单位：万元	
3	项目	本年金额	上年金额	增减额	增减率
4	一、经营活动产生的现金流量：				
5	销售商品、提供劳务收到的现金	224,927.70	178,735.58	46,192.12	25.84%
6	收到其他与经营活动有关的现金	121,592.76	348,693.42	-227,100.66	-65.13%
7	经营活动现金流入小计	346,520.46	527,429.00	-180,908.54	-34.30%
8	购买商品、接受劳务支付的现金	82,747.13	51,121.01	31,626.12	61.87%
9	支付给职工以及为职工支付的现金	26,573.10	26,219.58	353.52	1.35%
10	支付的各项税费	28,752.85	33,325.13	-4,572.28	-13.72%
11	支付其他与经营活动有关的现金	172,766.90	405,571.41	-232,804.51	-57.40%
12	经营活动现金流出小计	310,839.98	516,237.13	-205,397.15	-39.79%
13	经营活动产生的现金流量净额	35,680.48	11,191.89	24,488.59	218.81%
14	二、投资活动产生的现金流量：				
15	取得投资收益收到的现金	334.60		334.60	-
16	处置固定资产、无形资产和其他长期资产收	14.89	4,264.69	-4,249.80	-99.65%
17	投资活动现金流入小计	349.49	4,264.69	-3,915.20	-91.81%
18	购建固定资产、无形资产和其他长期资产支	10,233.28	6,459.17	3,774.11	58.43%
19	投资支付的现金	16,000.00		16,000.00	-
20	支付其他与投资活动有关的现金	18.50			
21	投资活动现金流出小计	26,251.78	6,459.17	19,792.61	306.43%
22	投资活动产生的现金流量净额	-25,902.29	-2,194.48	-23,707.81	1080.34%
23	三、筹资活动产生的现金流量：				
24	取得借款收到的现金	26,230.00	2,500.00	23,730.00	949.20%
25	筹资活动现金流入小计	26,230.00	2,500.00	23,730.00	949.20%
26	偿还债务支付的现金	16,230.00	23,000.00	-6,770.00	-29.43%
27	分配股利、利润或偿付利息支付的现金	12,398.85	12,742.87	-344.02	-2.70%
28	支付其他与筹资活动有关的现金	17,945.48		17,945.48	-
29	筹资活动现金流出小计	46,574.33	35,742.87	10,831.46	30.30%
30	筹资活动产生的现金流量净额	-20,344.34	-33,242.87	12,898.53	-38.80%

图7-1　江中药业合并现金流量表（Excel表）

2）三张财务报表项目增减率计算

（1）资产负债表分析

资产负债表分析的目的在于揭示资产负债表的实际变动情况，分析报告期的金额较上年实际数的差异，分析指标为增减额与增减率，增减额为 B5-C5，增减率为 D5/C5。除了计算某项目的增减额和增减率外，还应计算总资产各项目增减额对总资产的影响程度，以便确定影响总资产的重点项目，为进一步分析指明方向。其公式为：某项目的增减额/基期总资产总额*100%=D5/C$23，将 D5 至 F5 下拉至整张资产负债表，如图 7-2 所示。

	A	B	C	D	E	F
1	江中药业合并资产负债表					
2		2014/12/31			单位：万元	
3	项目	期末余额	期初余额	增减额	增减率	对总资产的影响
4	流动资产：					
5	货币资金	60,552.65	71,118.80	-10,566.15	-14.86%	-3.53%
6	应收票据	77,135.93	53,309.53	23,826.40	44.69%	7.96%
7	应收账款	11,191.33	6,560.89	4,630.44	70.58%	1.55%
8	预付款项	10,485.23	8,643.40	1,841.83	21.31%	0.62%
9	其他应收款	2,045.58	744.79	1,300.79	174.65%	0.43%
10	存货	31,282.74	33,494.90	-2,212.16	-6.60%	-0.74%
11	其他流动资产	16,267.96		16,267.96	-	5.44%
12	流动资产合计	208,961.42	173,872.31	35,089.11	20.18%	11.73%
13	非流动资产：					
14	可供出售金融资产	110.00	110.00	0.00	0.00%	0.00%
15	长期股权投资	5,700.84	5,612.80	88.04	1.57%	0.03%
16	固定资产	72,641.64	77,292.21	-4,650.57	-6.02%	-1.55%
17	在建工程	2,272.26	2,520.24	-247.98	-9.84%	-0.08%
18	无形资产	37,444.62	37,127.25	317.37	0.85%	0.11%
19	长期待摊费用	497.67	1,150.56	-652.89	-56.75%	-0.22%
20	递延所得税资产	1,165.55	1,041.01	124.54	11.96%	0.04%
21	其他非流动资产	3,906.99	513.32	3,393.67	661.12%	1.13%
22	非流动资产合计	123,739.57	125,367.39	-1,627.82	-1.30%	-0.54%
23	资产总计	332,700.99	299,239.70	33,461.29	11.18%	11.18%
24	流动负债：					
25	短期借款	12,500.00	2,500.00	10,000.00	400.00%	3.34%
26	应付票据	12,821.15	7,800.00	5,021.15	64.37%	1.68%
27	应付账款	18,028.05	15,389.76	2,638.29	17.14%	0.88%
28	预收款项	10,484.11	7,252.55	3,231.56	44.56%	1.08%

图 7-2　江中药业合并资产负债表分析

（2）利润表分析

增减额与增减率与前一致，占比为期末余额中各项目与营业总收入的比率，由于营业总收入-营业总成本=营业利润，通过对各项目对营业总收入的占比分析，可以确定企业获取的营业收入中有多少花费在各项成本中，公式为：B4/B$4，将 D4 至 F4 下拉至整张利润表（注：F列占比的应用在营业利润项之前是指为获取营业收入所发生的各项成本费用，营业利润之后的营业外收支、所得税费用的占比意义是不同的，只用来观察发生额是否很大），如图7-3所示。

	A	B	C	D	E	F
1	江中药业合并利润表					
2		2014年1—12月			单位：万元	
3	项目	本年金额	上年金额	增减额	增减率	占比
4	一、营业总收入	283,412.43	277,786.13	5,626.30	2.03%	100.00%
5	其中：营业收入	283,412.43	277,786.13	5,626.30	2.03%	100.00%
6	二、营业总成本	250,250.65	261,037.63	-10,786.98	-4.13%	88.30%
7	其中：营业成本	133,768.91	173,090.89	-39,321.98	-22.72%	47.20%
8	营业税金及附加	3,184.62	2,266.96	917.66	40.48%	1.12%
9	销售费用	90,098.77	69,017.95	21,080.82	30.54%	31.79%
10	管理费用	15,023.44	13,573.11	1,450.33	10.69%	5.30%
11	财务费用	3,319.03	2,767.09	551.94	19.95%	1.17%
12	资产减值损失	4,855.87	321.63	4,534.24	1409.77%	1.71%
13	投资收益	-169.02	3,486.30	-3,655.32	-	-0.06%
14	其中：对联营企业和合营企业的投资收益	-169.02	-162.30	-6.72	4.14%	-0.06%
15	三、营业利润	32,992.77	20,234.80	12,757.97	63.05%	11.64%
16	加：营业外收入	690.91	1,059.76	-368.85	-34.81%	0.24%
17	其中：非流动资产处置利得	1.66	7.72	-6.06	-78.50%	0.00%
18	减：营业外支出	239.33	340.13	-100.80	-29.64%	0.08%
19	其中：非流动资产处置损失	13.97	24.20	-10.23	-42.27%	0.00%
20	四、利润总额	33,444.35	20,954.44	12,489.91	59.61%	11.80%
21	减：所得税费用	6,767.09	3,602.73	3,164.36	87.83%	2.39%
22	五、净利润	26,677.26	17,351.70	9,325.56	53.74%	9.41%
23	归属于母公司所有者的净利润	26,484.79	17,225.54	9,259.25	53.75%	9.34%
24	少数股东损益	192.46	126.16	66.30	52.55%	0.07%
25	六、综合收益总额	26,677.26	17,351.70	9,325.56	53.74%	9.41%
26	归属于母公司所有者的综合收益总额	26,484.79	17,225.54	9,259.25	53.75%	9.34%
27	归属于少数股东的综合收益总额	192.46	126.16	66.30	52.55%	0.07%
28	七、每股收益：					
29	（一）基本每股收益	0.87	0.55	0.32	58.18%	
30	（二）稀释每股收益	0.87	0.55	0.32	58.18%	

图7-3 江中药业合并利润表分析

（3）现金流量表分析

增减额与增减率不再复述，流入结构是经营活动、投资活动和筹资活动流入小计中各项目发生数占现金总流入的百分比。在第35行和36行加入现金流入小计和现金流出小计，现金流入小计=经营活动现金流入小计+投资活动现金流入小计+筹资活动现金流入小计。将现金流入项目如销售商品、提供劳务收到的现金比上现金流入小计，可得此项目对现金总流入的贡献是多少。对于流出结构原理是一致的。内部结构是经营活动、投资活动、筹资活动中现金流入、流出中各项目对经营活动、投资活动、筹资活动现金流入、流出小计的比重，例如，经营活动产生的现金流量分为经营活动现金流入小计和经营活动现金流出小计，流入小计中有很多项目，那么各项目现金流入量对经营活动现金流入量的贡献是多少呢？我们可以通过算出各项目对经营活动流入的占比如销售商品、提供劳务项B5/B$7可知销售商品、提供劳务收到的现金占经营活动现金流入小计的比重为64.91%。

	A	B	C	D	E	F	G	H
1				江中药业合并现金流量表				
2				2014年1-12月		单位：万元		
3	项目	本年金额	上年金额	增减额	增减率	流入结构(%)	流出结构(%	内部结构(%
4	一、经营活动产生的现金流量							
5	销售商品、提供劳务收到的现金	224,927.70	178,735.58	46,192.12	25.84%	60.29%		64.91%
6	收到其他与经营活动有关的现金	121,592.76	348,693.42	-227,100.66	-65.13%	32.59%		35.09%
7	经营活动现金流入小计	346,520.46	527,429.00	-180,908.54	-34.30%	92.88%		
8	购买商品、接受劳务支付的现金	82,747.13	51,121.01	31,626.12	61.87%		21.57%	26.62%
9	支付给职工以及为职工支付的现金	26,573.10	26,219.58	353.52	1.35%		6.93%	8.55%
10	支付的各项税费	28,752.85	33,325.13	-4,572.28	-13.72%		7.49%	9.25%
11	支付其他与经营活动有关的现金	172,766.90	405,571.41	-232,804.51	-57.40%		45.03%	55.58%
12	经营活动现金流出小计	310,839.98	516,237.13	-205,397.15	-39.79%		81.02%	
13	经营活动产生的现金流量净额	35,680.48	11,191.89	24,488.59	218.81%			
14	二、投资活动产生的现金流量：							
15	取得投资收益收到的现金	334.60		334.60	-	0.09%		95.74%
16	处置固定资产、无形资产和其他	14.89	4,264.69	-4,249.80	-99.65%	0.00%		4.26%
17	投资活动现金流入小计	349.49	4,264.69	-3,915.20	-91.81%	0.09%		
18	购建固定资产、无形资产和其他	10,233.28	6,459.17	3,774.11	58.43%		2.67%	38.98%
19	投资支付的现金	16,000.00		16,000.00	-		4.17%	60.95%
20	支付其他与投资活动有关的现金	18.50						
21	投资活动现金流出小计	26,251.78	6,459.17	19,792.61	306.43%		6.84%	
22	投资活动产生的现金流量净额	-25,902.29	-2,194.48	-23,707.81	1080.34%			
23	三、筹资活动产生的现金流量：							
24	取得借款收到的现金	26,230.00	2,500.00	23,730.00	949.20%	7.03%		100.00%
25	筹资活动现金流入小计	26,230.00	2,500.00	23,730.00	949.20%	7.03%		
26	偿还债务支付的现金	16,230.00	23,000.00	-6,770.00	-29.43%		4.23%	34.85%
27	分配股利、利润或偿付利息支付的	12,398.85	12,742.87	-344.02	-2.70%		3.23%	26.62%
28	支付其他与筹资活动有关的现金	17,945.48		17,945.48	-		4.68%	38.53%
29	筹资活动现金流出小计	46,574.33	35,742.87	10,831.46	30.30%		12.14%	
30	筹资活动产生的现金流量净额	-20,344.34	-33,242.87	12,898.53	-38.80%			
31	四、汇率变动对现金及现金等价物的影响							
32	五、现金及现金等价物净增加额	-10,566.15	-24,245.47	13,679.32	-56.42%			
33	加：期初现金及现金等价物余额	71,118.80	95,364.27	-24,245.47	-25.42%			
34	六、期末现金及现金等价物余额	60,552.65	71,118.80	-10,566.15	-14.86%			
35	现金流入小计	373,099.95	534,193.69	-161,093.74	-30.16%			
36	现金流出小计	383,666.09	558,439.17	-174,773.08	-31.30%			

损益表 / 利润表 / 资产负债表 / 现金流量表分析 / 利润表分析 / 资产负债表分析 / 具体分析 /

图7-4 江中药业合并现金流量表分析

7.2.4 财务指标分析实验

实验操作步骤：

第一步：专门建立一个财务指标分析工作表，可以命名为"财务指标分析"。

第二步：在财务指标分析工作表的单元格里建立相对应的分析表格，具体如图7-5所示。

第三步：分别从已有的三张基本报表的工作表的单元格里找到相对应的科目，如流动资产期初数的单元格E7=资产负债表C12，E8=资产负债表C34（图中未显示），E9=E7/E8，以此类推。

通过这种方式，利用Excel的功能可以很方便地计算出各种财务比率，在单元格D7：E8，设置公式时都是引用资产负债、利润表和现金流量表中的数据，当该区域中的数据发生变化时，"财务指标分析"表中的数据也会相应发生变化，意味着当我们想分析其他公司的财务报表时，只要替换资产负债、利润表和现金流量表的数据，各种财务比率指标就会自动计算出结果。一经设置，该模版可以为我们分析其他公司的财务报表提供便利，无须再一一计算。

1）偿债能力分析

（1）短期偿债能力分析（见图7-5）

	A	B	C	D	E
1	**财 务 指 标 分 析**				
2	**一、偿债能力指标**				
3	**(一)短期偿债能力指标**				
4	1.流动比率				
5	表1-1		**流动比率计算表**		金额单位:万元
6		项　目		期末数	期初数
7		流动资产		208,961.42	173,872.31
8		流动负债		68,297.75	34,985.64
9		流动比率		305.96%	496.98%
10	公式:流动比率=流动资产÷流动负债×100%				
11	本公司期初和期末的流动比率均超过一般公认标准,反映本公司具有较强的短期偿债能力。				
12	2.速动比率				
13	表1-2		**速动比率计算表**		金额单位:万元
14		项　目		期末数	期初数
15		流动资产		208,961.42	173,872.31
16		存　货		31,282.74	33,494.90
17		预付账款		10,485.23	8,643.40
18		其他流动资产		16,267.96	－
19		速动资产		150,925.49	131,734.01
20		流动负债		68,297.75	34,985.64
21		速动比率		220.98%	376.54%
22	公式:速动比率=速动资产÷流动负债×100%				
23	其中:速动资产=流动资产-存货-预付账款-其他流动资产－一年内到期的非流动资产				
24	3.现金流动负债比率				
25	表1-3		**现金流动负债比率计算表**		金额单位:万元
26		项　目		期末数	期初数
27		年经营现金净流量		35,680.48	11,191.89
28		年末流动负债		68,297.75	34,985.64
29		现金流动负债比率		52.24%	31.99%
30	公式:现金流动负债比率=年经营现金净流量÷年末流动负债×100%				
31	其中:年经营现金净流量指一定时期内,企业经营活动所产生的现金及现金等价物流入量与流出量的差额				

图7-5 短期偿债能力指标分析

①流动比率=流动资产/流动负债×100%

根据西方的长期经验，一般认为200%的比率较为适宜。本公司期末与期初流动比率远高于200%，短期偿债能力很强，但流动资产占用较多降低了资金的使用效率，可能会影响本公司的获利能力。

②$\text{速动比率} = \dfrac{\text{速动资产}}{\text{流动负债}} \times 100\% = \left(\text{流动资产} - \text{预付账款} - \text{存货} - \text{一年内到期的非流动资产} - \text{其他流动资产}\right) / \text{流动负债} \times 100\%$

速动比率是衡量企业流动资产中可以立即变现用于偿还流动负债的能力。传统经验认为，速动比率维持在1较为正常，它表明企业的每1元流动负债就有1元易于变现的流动资产来抵偿，短期偿债能力有可靠的保证。速动比率过低，企业的短期偿债风险较大，速动比率过高减缓了流动资产和速动资产的周转速度，资金也不能充分发挥有效的使用效益，企业在速动资产上占用资金过多，会增加企业投资的机会成本，进而影响企业的长期生产经营效果。本公司速动比率期末与期初均远高于1，短期偿债能力很强，但资金占用过多。

③现金流量负债比率=年经营活动现金净流量/年末流动负债×100%

现金流量负债比率是用于衡量企业经营活动所产生的现金流量可以抵偿流动负债的程度。比率越高，说明企业的财务弹性越好，但可能影响企业的获利能力。本公司期末的现金流量比率为52.24%，短期偿债能力良好，并较期初有提高。

（2）长期偿债能力分析（见图7-6）

		财务指标分析		
	A	B	C	D	E

（二）长期偿债能力指标

1.资产负债率

表1-4　　　　资产负债率计算表　　　　金额单位:万元

项　目	期末数	期初数
负债总额	119,387.20	85,914.65
资产总额	332,700.99	299,239.70
资产负债率	35.88%	28.71%

公式：资产负债率（又称负债比率）=负债总额÷资产总额×100%

2.产权比率

表1-5　　　　产权比率计算表　　　　金额单位:万元

项　目	期末数	期初数
负债总额	119,387.20	85,914.65
所有者权益总额	213,313.79	213,324.97
产权比率	55.97%	40.27%

公式：产权比率=负债总额÷所有者权益总额×100%

3.已获利息倍数

表1-6　　　　已获利息倍数计算表　　　　

项　目	期末数	期初数
利润总额	33,444.35	20,954.44
利息支出	3,319.03	2,767.09
息税前利润总额	36,763.38	23,721.53
已获利息倍数	11.08	8.57

公式：已获利息倍数=息税前利润总额÷利息支出

其中：息税前利润总额=利润总额+利息支出=净利润+所得税+利息支出

图7-6　长期偿债能力指标分析

①资产负债率=总负债/总资产×100%

本公司资产负债率期末数为35.88%，较期初有所提高。资产负债率较低，说明本公司的负债比重较低。负债比重较低，一方面说明本公司资金中来自债权人的部分较小，公司还本付息的压力较小，财务状况较为稳定；另一方面也说明本公司利用债权人资本进行生产经营活动的能力较差。

②产权比率=总负债/所有者权益×100%

本公司报告期产权比率为55.97%，较期初40.27%有所提高。一般认为产权比率为

100%较为合适，江中药业的产权比率是较低的，较低的产权比率表明企业采用了低风险、低报酬的资本结构，债权人的利益受保护的程度较高，企业财务风险较低。但是过低的产权比率也意味着企业不能充分发挥债务资本带来的财务杠杆效应。

③已获利息倍数=（净利润+利息支出+所得税费用）/利息支出

已获利息倍数是指上市公司息税前利润相对于所需支付债务利息的倍数，它可用来分析公司在一定盈利水平下支付债务利息的能力。公式分子中的利息支出只包括财务费用中的利息支出，而分母中的利息支出包括财务费用中的利息支出和资本化利息。一般情况下，已获利息倍数越高，企业长期偿债能力越强。国际上通常认为，该指标为3时较为适当，从长期来看至少应大于1。本公司期末与期初的已获利息倍数分别为11.08与8.57，均远远高于3，长期偿债能力很强。

2）营运能力分析（见图7-7）

	A	B	C	D
1			财 务 指 标 分 析	
56		二、运营能力指标		
57		1.流动资产周转情况		
58		(1)应收账款周转率		
59		表2-1	应收账款周转率计算表	
60		项　　目	期末数	期初数
61		营业收入	283,412.43	277,786.13
62		应收账款期末余额	11,191.33	6,560.89
63		平均应收账款余额	8,876.11	
64		应收账款周转率（次）	31.93	
65		应收账款周转期（天）	11.27	
66		公式：应收账款周转率（周转次数）=营业收入÷平均应收账款余额		
67		应收账款周转期（周转天数）=平均应收账款余额×360÷营业收入		
68		其中：平均应收账款余额=（应收账款期初余额+应收账款期末余额）÷2		
69		(2)存货周转率		
70		表2-2	存货周转率计算表	
71		项　　目	期末数	期初数
72		营业成本	133,768.91	173,090.89
73		存货期末余额	31,282.74	33,494.90
74		平均存货余额	32,388.82	32,388.82
75		存货周转率（次）	4.13	
76		存货周转期（天）	87.17	
77		公式：存货周转率（周转次数）=营业成本÷平均存货余额		
78		存货周转期（周转天数）=平均存货余额×360÷营业成本		
79		其中：平均存货余额=（存货期初余额+存货期末余额）÷2		

(3)流动资产周转率

表2-3　　　　　　　　　　　　　**流动资产周转率计算表**

项　目	期末数	期初数
营业收入	283,412.43	277,786.13
流动资产期末总额	208,961.42	173,872.31
平均流动资产总额	191,416.87	
流动资产周转率（次）	1.48	
流动资产周转期（天）	243.14	

公式：流动资产周转率（周转次数）=营业收入÷平均流动资产总额

　　　流动资产周转期（周转天数）=平均流动资产总额×360÷营业收入

其中：平均流动资产总额=（流动资产期初总额+流动资产期末总额）÷2

2.总资产周转情况

(1)总资产周转率

表2-4　　　　　　　　　　　　　**总资产周转率计算表**

项　目	期末数	期初数
营业收入	283,412.43	277,786.13
资产期末总额	332,700.99	299,239.70
平均资产总额	315,970.35	
总资产周转率（次）	0.90	
总资产周转期（天）	401.36	

公式：总资产周转率（周转次数）=营业收入÷平均资产总额

　　　总资产周转期（周转天数）=平均资产总额×360÷营业收入

其中：平均资产总额=（资产总额期初数+资产总额期末数）÷2

图7-7　营运能力指标分析

营运能力是指企业的经营运作能力，即企业运用各项资产以赚取利润的能力。企业营运能力的财务分析比率有应收账款周转率、存货周转率、流动资产周转率和总资产周转率等。

（1）应收账款周转率

应收账款周转率=营业收入/应收账款平均余额（应收账款期末与期初余额之和的均值）

公司的应收账款在流动资产中具有举足轻重的地位。公司的应收账款如能及时收回，公司的资金使用效率便能大幅提高。应收账款周转率是反映企业应收账款周转速度的比率，它用来衡量一定期间内企业应收账款转化为现金的平均次数。一般来说，应收账款周转率越高越好，表明公司收账速度快、平均收账期短、坏账损失少、资产流动快、偿债能力强。与之相对应，应收账款周转天数则是越短越好。如果公司实际收回账款的天数超过了公司规定的应收账款天数，则说明债务人拖欠时间长，资信度低，增大了发生坏账损失的风险；同时也说明公司催收账款不力，使资产形成了呆账甚至坏账，造成了流动资产不流动，这对公司正常的生产经营是很不利的。但从另一方面说，如果公司的应收账款周转天数太短，则表明公司奉行较紧的信用政策，付款条件过于苛刻，这样会限制企业销售量的扩大，特别是当这种限制的代价（机会收益）大于赊销成本时，会影响企业的盈利水平。

有一些因素会影响应收账款周转率和周转天数计算的正确性。首先，公司生产经营的季节性原因，使应收账款周转率不能正确反映公司销售的实际情况。其次，某些公司在产品销售过程中大量使用分期付款方式。再次，有些公司采取大量收取现金方式进行销售。最后，有些公司年末销售量大量增加或年末销售量大量下降。这些因素都会对应收账款周转率或周转天数造成很大的影响。

本公司报告期应收账款周转率为31.93，平均11.27天周转一次，结合对资产负债表的分析，应收账款报告期1.12亿元，同比增加70.58%，其变动相对于基期总资产增加了1.55%。可能是由于报告期增加了销售量，但也可能是由于企业对于应收账款的管理工作不到位，或者是信用政策过于宽松导致的。江中药业应加强对应收款项的收回，提高应收账款的周转次数，促进资金的回笼。

（2）存货周转率

存货周转率=主营业务成本/存货平均余额

存货周转率是企业一定时期主营业务成本与平均存货余额的比率，用于反映存货的周转速度，即存货的流动性及存货资金占用量是否合理，促使企业在保证生产经营连续性的同时，提高资金的使用效率，增强企业的短期偿债能力。存货周转率是对流动资产周转率的补充说明，通过存货周转率的计算与分析，可以测定企业一定时期内存货资产的周转速度，是反映企业购、产、销平衡效率的一种尺度。存货周转率越高，表明企业存货资产变现能力越强，存货及占用在存货上的资金周转速度越快。

本公司报告期存货净值为3.13亿元，同比减少6.6%，存货周转次数为4.13，基期为5.1，表明虽然存货有略微下降，但是企业的存货周转效率是在下降的，可能是其部分商品试销不对路，存货积压，本公司应进一步寻找产品销路较差出现的原因，提高销售水平。

（3）流动资产周转率

流动资产周转率=主营业务收入/流动资产平均余额

流动资产周转率指企业一定时期内主营业务收入净额同平均流动资产总额的比率，反映了企业流动资产的周转速度，它从企业全部资产中流动性最强的流动资产角度对企业资产的利用效率进行分析，以进一步揭示影响企业资产质量的主要因素。要实现该指标的良性变动，应以主营业务收入增幅高于流动资产增幅作保证。通过该指标的对比分析，可以促进企业加强内部管理，充分有效地利用流动资产，如降低成本、调动暂时闲置的货币资金用于短期投资创造收益等，还可以促进企业采取措施扩大销售，提高流动资产的综合使用效率。一般情况下，该指标越高，表明企业流动资产周转速度越快，利用越好。在较快的周转速度下，流动资产会相对节约，相当于流动资产投入的增加，在一定程度上增强了企业的盈利能力；而周转速度慢，则需要补充流动资金参加周转，会形成资金浪费，降低企业盈利能力。

本公司报告期流动资产周转率为1.48，周转期为243.14天，周转速度较慢的原因可能是由于流动资产比重较大，占用大量资金，在经历生产和销售各阶段时占用的时间较长。

（4）总资产周转率

总资产周转率=主营业务收入/总资产平均余额

　　总资产周转率指企业一定时期销售（营业）收入净额同平均资产总额的比值，总资产周转率是综合评价企业全部资产经营质量和利用效率的重要指标，周转率越大，说明总资产周转越快，反映销售能力越强。总资产周转率综合反映了企业整体资产的营运能力，一般来说，资产的周转次数越多或周转天数越少，表明其周转速度越快，营运能力也就越强。本公司报告期总资产周转率为0.9，周转期为401.36天，非流动资产周转率为2.28，周转期为158天。说明相比流动资产周转率而言，非流动资产的周转速度更高，周转期更短，二者综合作用使总资产周转率较流动资产周转率略高。但整体而言周转的效率仍不高。

　　3）获利能力分析（见图7-8）

财务指标分析

(一)营业利润率

1.营业利润率

表3-1　营业利润率计算表

项　目	期末数	期初数
营业利润	32,992.77	20,234.80
营业收入	283,412.43	277,786.13
营业利润率	11.64%	7.28%

公式：营业利润率=营业利润÷营业收入×100%

2.营业净利率

表3-2　营业净利率计算表

项　目	期末数	期初数
净利润	26,677.26	17,351.70
营业收入	283,412.43	277,786.13
营业净利率	9.41%	6.25%

公式：营业净利率=净利润÷营业收入×100%

(二)成本费用利润率

表3-3　成本费用利润率计算表

项　目	期末数	期初数
营业成本	133,768.91	173,090.89
营业税金及附加	3,184.62	2,266.96
销售费用	90,098.77	69,017.95
管理费用	15,023.44	13,573.11
财务费用	3,319.03	2,767.09
成本费用总额	245,394.77	260,716.00
利润总额	33,444.35	20,954.44
主营业务利润	32,992.77	20,234.80
成本费用利润率	13.63%	8.04%
主营业务成本利润率	24.66%	11.69%

公式：成本费用利润率=利润总额÷成本费用总额×100%

　　　　主营业务成本利润率=主营业务利润÷主营业务成本×100%

其中：成本费用总额=营业成本+营业税金及附加+销售费用+管理费用+财务费用

续图

（三）总资产报酬率

表3-4
总资产报酬率计算表

项 目	期末数	期初数
利润总额	33,444.35	20,954.44
利息支出	3,319.03	2,767.09
息税前利润总额	36,763.38	23,721.53
资产期末总额	332,700.99	299,239.70
平均资产总额	315,970.35	
总资产报酬率	11.64%	

公式：总资产报酬率=息税前利润总额÷平均资产总额×100%

其中：息税前利润总额=利润总额+利息支出=净利润+所得税+利息支出

（四）净资产收益率

表3-5
净资产收益率计算表

项 目	期末数	期初数
净利润	26,677.26	17,351.70
期末净资产额	213,313.79	213,324.97
平均净资产	213,319.38	
净资产收益率	12.51%	

公式：净资产收益率=净利润÷平均净资产×100%

其中：平均净资产=（所有者权益期初数+所有者权益期末数）÷2

（五）每股股利

表3-6
每股股利计算表

项 目	期末数	期初数
普通股股利总额	26,484.79	17,225.54
期末普通股股数	30,000.00	31,115.00
每股股利	0.88	0.55

公式：每股股利=普通股股利总额÷期末普通股股数

其中：普通股股利总额指上市公司本年发放的普通股现金股利总额

（六）每股净资产

表3-7
每股净资产计算表

项 目	期末数	期初数
期末股东权益	213,313.79	213,324.97
期末普通股股数	30,000.00	31,115.00
期末每股净资产	7.11	6.86

公式：每股净资产=期末股东权益÷期末普通股股数

图7-8　获利能力指标分析

（1）营业利润率

①营业利润率=营业利润/营业收入×100%

$$营业利润=营业收入\left(\begin{array}{c}主营业\\务收入\end{array}+\begin{array}{c}其他\\业务收入\end{array}\right)-营业成本\left(\begin{array}{c}主营\\业务成本\end{array}+\begin{array}{c}其他\\业务成本\end{array}\right)-\begin{array}{c}营业税金\\及附加\end{array}-\begin{array}{c}管理\\费用\end{array}-\begin{array}{c}销售\\费用\end{array}-\begin{array}{c}财务\\费用\end{array}-\begin{array}{c}资产减\\值损失\end{array}+$$

$$\begin{array}{c}公允价值变动\\收益（损失为负）\end{array}+\begin{array}{c}投资收益\\（损失为负）\end{array}$$

营业利润率是指企业的营业利润与营业收入的比率。它是衡量企业经营效率的指标，反映了在不考虑非营业成本的情况下，企业管理者通过经营获取利润的能力。营业利润率越高，说明企业商品销售额提供的营业利润越多，企业的盈利能力越强；反之，此比率越低，说明企业盈利能力越弱。

本公司报告期营业利润率为11.64%，较基期7.28%有较大提高，在营业收入增幅不大的情况下提高了营业利润使得营业利润率有较大提高。说明本公司2014年在收入相差不大的情况下控制了营业成本，经营效率在提高，盈利能力在加强。

②营业净利率=净利润/营业收入×100%

营业净利率表示企业每1元产品或商品营业收入净额所能实现的利润净额为多少，营业净利率与净利润成正比，与营业收入成反比。公司在提高营业收入的同时，必须更多地增加净利润，才能提高营业净利率。

本公司报告期营业净利率为9.41%，较基期6.25%有很大提高，与营业利润率的走向一致，但增幅较其略小，主要原因在于报告期营业外收入小于基期，营业外净额降低，由此可以发现本公司2014年依靠主业获得的利润有较大提高，盈利能力在增强。

（2）成本费用利润率

成本费用利润率=利润总额/成本费用总额×100%

成本费用总额=营业成本+营业税金及附加+销售费用+管理费用+财务费用

成本费用利润率反映了企业在当期发生的所有成本费用所带来的收益的能力。成本费用利润率指标表明每付出1元成本费用可获得多少利润，体现了经营耗费所带来的经营成果。该项指标越高，利润就越大，反映企业的经济效益越好。

本公司报告期成本费用利润率为13.63%，较基期8.04%有较大提高，由此可以发现本公司报告期营业净利率提高的原因是由于营业成本费用降低幅度大于营业收入的增幅，本公司报告期控制成本费用的能力增强。

（3）总资产报酬率

总资产报酬率=息税前利润总额/平均资产总额×100%

总资产报酬率是企业一定时期内获得的报酬总额与平均资产总额的比率。它是反映企业资产综合利用效果的指标，也是衡量企业利用债权人和所有者权益总额所取得盈利的重要指标。一般情况下，该指标越高，表明企业的投入产出水平越好，资产利用效益越好，企业的资产运营越有效，整个企业获利能力越强，经营管理水平越高。企业还可以将该指标与市场资本利率进行比较，如果前者较后者大，则说明企业可以充分利用财务杠杆，适当举债经营，以获得更多的收益。

本公司报告期总资产报酬率为11.64%，较基期7.63%有所提高，结合成本效益分析，发现本公司报告期投入产出水平有提高，资产利用效率和企业经营管理水平得到增强。

（4）净资产收益率

净资产收益率=净利润/平均净资产×100%

净资产收益率是衡量公司盈利能力的重要指标，是指利润额与平均股东权益的比值。该指标越高，说明投资带来的收益越高；净资产收益率越低，说明企业所有者权益的获利能力越弱。该指标体现了自有资本获得净收益的能力。企业资产包括两部分：一部分是股东的投资，即所有者权益（它是股东投入的股本、企业公积金和留存收益等的总和）；另一部分是企业借入和暂时占用的资金。企业适当地运用财务杠杆可以提高资金的使用效率，借入的资金过多会增大企业的财务风险，但一般可以提高盈利，借入的资金过少会降低资金的使用效率。净资产收益率是衡量股东资金使用效率的重要财务指标。

本公司报告期净资产收益率为12.51%，较基期8.29%有较大提高。主要原因在于净利润有很大的提高，使得在平均净资产小幅提高的基础上净资产收益率较大幅度的提高，所有者权益的获利能力增强。

（5）每股股利

每股股利=普通股股利总额/期末普通股股数

每股股利是公司股利总额与公司流通股股数的比值，反映的是上市公司每一普通股获取股利的大小。是衡量每份股票代表多少现金股利的指标，每股股利越大，则公司股本获利能力就越强。影响每股股利多少的因素主要是企业股利发放政策与利润分配政策。如果企业为扩大再生产、增强企业后劲而多留利，每股股利就少，反之则多。

本公司报告期每股股利为0.88元，较基期0.55元有很大提高，报告期普通股因公司回购减少了在外流通股股数，并且当期发放的普通股股利总额可能由于本期业绩较好而有大幅提高，二者共同作用使得本期每股股利有大幅提高。

（6）每股净资产

每股净资产=期末股东权益÷期末普通股股数

该项指标显示了发行在外的每一普通股股份所能分配的公司账面净资产的价值。这里所说的账面净资产是指公司账面上的公司总资产减去负债后的余额，即股东权益总额。每股净资产指标反映了在会计期末每一股份在公司账面上到底值多少钱，如在公司性质相同、股票市价相近的条件下，某一公司股票的每股净资产越高，则公司发展潜力与其股票的投资价值越大，投资者所承担的投资风险越小。

本公司报告期每股净资产为7.11，较期初6.86有略微提高。期初与期末的股东权益未变，但因报告期存在着股份回购，故而使得每股净资产有略微提高，有利于优化公司的资本结构，也可能是本公司在向市场传递本公司股票被市场低估的信息。

4）发展能力指标（见图7-9）

（1）营业增长率

营业增长率=本期营业增长额/上期营业收入总额×100%

营业增长率是衡量企业经营状况和市场占有能力、预测企业经营业务拓展趋势的重要指标。该指标反映了企业营业收入的成长状况及发展能力。营业收入增长率大于零，表明企业营业收入有所增长。该指标值越高，表明企业营业收入的增长速度越快，企业市场前景越好。营业增长率对于衡量公司的产品生命周期以及主营业务的发展状况具有重要的作用。

	A	B	C	D	E
1			财 务 指 标 分 析		
170		四、发展能力指标			
171		(一)营业收入增长率			
172		表4-1	营业增长率计算表		
173		项　目		期末数	期初数
174		营业收入		283,412.43	277,786.13
175		营业增长额		5,626.30	
176		营业增长率		2.03%	
177		公式:营业增长率=本期营业增长额÷上期营业收入总额			
178		其中:本期营业增长额=本期营业收入总额-上期营业收入总额			
179		(二)资本累积率			
180		表4-2	资本累积率计算表		
181		项　目		期末数	期初数
182		所有者权益总额		213,313.79	213,324.97
183		所有者权益增长额		-11.18	
184		资本累积率		-0.01%	
185		公式:资本累积率=本期所有者权益增长额÷上期所有者权益总额			
186		其中:本期所有者权益增长额=期末所有者权益总额-期初所有者权益总额			
187		(三)总资产增长率			
188		表4-3	总资产增长率计算表		
189		项　目		期末数	期初数
190		资产总额		332,700.99	299,239.70
191		总资产增长额		33,461.29	
192		总资产增长率		11.18%	
193		公式:总资产率=本期总资产增长额÷上期资产总额			
194		其中:本期总资产增长额=期末资产总额-期初资产总额			
195		(四)营业利润增长率			
196		表4-4	营业利润增长率计算表		
197		项　目		期末数	期初数
198		营业利润总额		32,992.77	20,234.80
199		营业利润增长额		12,757.97	
200		营业利润增长率		63.05%	
201		公式:营业利润增长率=本期利润增长额÷上期营业利润总额			
202		其中:本期营业利润增长额=期末营业利润总额-期初营业利润总额			

图7-9　发展能力指标分析

本公司报告期营业增长率为2.03%,较基期-12.97%有大幅提高,营业收入有小幅提高,并较上期有很大好转,产品更为适销,主营业务的发展状况良好。

(2)资本累积率

资本累积率=本期所有者权益增长额/上期所有者权益总额×100%

资本积累率是指企业本年所有者权益增长额同年初所有者权益的比率。资本积累率是企业当年所有者权益总的增长率,反映了企业所有者权益在当年的变动水平。它体现了企业资本的积累情况,是企业发展强盛的标志,也是企业扩大再生产的源泉,展示了企业的发展潜力。资本积累率反映了投资者投入企业资本的保全性和增长性，该指标越高，表明企业的资本积累越多，企业资本保全性越强，应付风险、持续发展的能力越大。该指标如为负值，表明企业资本受到侵蚀，所有者利益受到损害，应予以充分重视。

本公司报告期资本累积率较基期下降了0.01%，通过查阅合并所有者权益变动表发现其变动的原因有几个方面：本期股份回购使得股本下降0.11亿元，资本公积下降1.66亿元，未分配利润增加1.75亿元，三者使得本期资本累计率略微下降。

（3）总资产增长率

总资产增长率=本期总资产增长额/上期资产总额×100%

总资产增长率，即期末总资产减去期初总资产之差除以期初总资产的比值。公司所拥有的资产是公司赖以生存与发展的物质基础，处于扩张期的公司的基本表现就是其规模的扩大。这种扩大一般来自两方面原因：一是所有者权益的增加；二是公司负债规模的扩大。对于前者，如果是由于公司发行股票而导致所有者权益大幅增加，投资者需关注募集资金的使用情况，如果募集资金还处于货币形态或作为委托理财等使用，这样的总资产增长率反映出的成长性将大打折扣；对于后者，公司往往是在资金紧缺时向银行贷款或发行债券，资金闲置的情况会比较少，但它受到资本结构的限制，当公司资产负债率较高时，负债规模的扩大空间有限。总资产增长率越高，表明企业一定时期内资产经营规模扩张的速度越快。但在分析时，需要关注资产规模扩张的质和量的关系，以及企业的后续发展能力，避免盲目扩张。

本公司报告期总资产增长率为11.18%，较基期-7.32%有较大提高，在股东权益未变动的情况下，本公司报告期流动负债3.3亿元，主要是由于增加了短期借款与应付票据，结合上述分析表明本公司本期资产经营规模扩张速度加快，利用债务的财务杠杆效应有提高。

（4）营业利润增长率

营业利润增长率=本期利润增长额/上期营业利润总额×100%

营业利润增长率是企业本年营业利润增长额与上年营业利润总额的比率，反映企业营业利润的增减变动情况。营业利润率越高，说明企业商品销售额提供的营业利润越多，企业的盈利能力越强。营业利润永远是商业经济活动中的行为目标，没有足够的利润，企业就无法继续生存，没有足够的利润，企业就无法继续扩大发展。

本公司报告期营业利润率为63.05%，较基期-24.86%有大幅提高。由前面的分析可知是由于本期成本费用的良好控制使得在营业收入小幅提高的情况下得到营业利润的大幅增长。

财务比率的计算是比较简单的，难就难在对其进行解释和说明，如果仅仅是计算出财务比率，不进行分析，那什么问题也说明不了，只有深入分析，才能寻找出影响指标的最直接的原因。

财务分析的目的在于解释各项目变化及其产生的原因，通过分析发现一些问题，衡量现在的财务状况，预测未来的发展趋势，将大量的报表数据转换为对特定决策有用的信息。在公司的经营过程中，碰到了新问题、新情况，如汇率剧烈变动、开发较有前景的新产品、比重较大的代理销售等，应分析其中原委，作出比较详细、透彻的专题分析，突出该事件的重要性，引起管理层的注重，真正体现财务会计的监督、管理职能。

表7-15是江中药业2010—2014年主要财务指标。

表7-15　　　　　　　　江中药业2010—2014年主要财务指标

盈利能力	2014/12/31	2013/12/31	2012/12/31	2011/12/31	2010/12/31
毛利率	52.80%	36.87%	37.21%	32.68%	43.17%
销售净利率	9.41%	6.25%	7.11%	8.76%	10.21%
总资产净利率	8.02%	5.58%	7.80%	9.11%	12.76%
权益净利率	12.51%	8.28%	11.26%	12.21%	15.08%
营运能力					
应收账款周转率	25.32	57.76	132.97	161.72	258.36
存货周转率	4.28	5.1	6.22	6.15	7.25
流动资产周转率	1.36	1.52	1.9	1.78	2.3
经营现金流量营业收入比	0.13	0.04	0.07	0.06	0.09
经营活动流量净利润比	1.34	0.65	1.00	0.73	0.85
经营现金流量负债比	0.30	0.13	0.19	0.25	0.31
总资产周转率	0.85	0.89	1.1	1.04	1.25
短期偿债能力					
流动比率	3.06	4.97	3.01	2.19	2.12
速动比率	2.45	4.01	2.47	1.74	1.73
现金比率	88.66%	203.28%	150.05%	81.66%	103.52%
现金流量比率	52.24%	31.99%	35.49%	25.55%	30.73%
长期偿债能力					
资产负债比率	35.88%	28.71%	36.41%	25.92%	29.01%
产权比率	55.97%	40.27%	57.27%	35.00%	40.86%
权益乘数	1.56	1.4	1.57	1.35	1.41
经营现金流量负债比	0.30	0.13	0.19	0.25	0.31
利息保障倍数	11.08	8.57	17.88	37.92	24.83
成长能力					
营业收入增长率	2.03%	−12.97%	20.57%	3.26%	35.64%
净利润增长率	53.74%	−23.51%	−2.20%	−11.41%	53.86%
净资产增长率	−0.01%	3.91%	7.06%	7.79%	10.68%
总资产增长率	11.18%	−7.32%	24.72%	3.30%	0.73%

实验任务

江铃汽车财务分析

1.项目背景

江铃汽车股份有限公司由1968年成立的江西汽车制造厂发展而来，从一家濒临倒闭的地方小厂起步，江铃以开放的理念和富于进取性的发展战略从市场中脱颖而出，1993年11月在深圳证券交易所上市，成为江西省第一家上市公司，并于1995年在中国第一个以ADRS发行方式引入美国福特汽车公司结成战略合作伙伴，成为中国商用车领域最大的企业之一，连续3年位列中国上市公司百强，在中国所有汽车制造商中位列第14位，2005年被评为中国最具竞争力的汽车类上市公司第1名。

江铃于20世纪80年代中期在中国率先通过引进国际上最新的卡车技术制造五十铃汽车，成为中国主要的轻型卡车制造商。公司目前的主要业务是生产和销售轻型汽车以及相关的零部件，主要产品包括JMC系列轻型卡车和皮卡以及福特品牌全顺系列商用车，在海外的销售网络已经延伸到中东、中美洲的许多国家，出口量大幅增长，其中轻型柴油卡车出口量在中国企业中列第1位。全顺商用车2003年、2004年、2005年连续荣获福特全球顾客满意金奖。

2.历年会计报表

从深圳证券交易所网站下载江铃汽车2014年、2015年、2016年会计报表资料。

要求：

1.企业财务分析实践中评价短期偿债能力应侧重分析哪些财务指标？计算江铃汽车2014—2016年反映短期偿债能力的指标（见表7-16），并结合流动资产和流动负债项目中的具体项目对江铃汽车的短期偿债能力进行评价。

表7-16　　　　　　　　　　　江铃汽车短期偿债系数表

项目　　　　年份	2016	2015	2014
流动比率			
速动比率			
现金比率			

2.计算江铃汽车2014—2016年反映长期偿债能力、盈利能力的指标（见表7-17、表7-18），对江铃汽车的长期偿债能力、盈利能力进行分析。你认为在企业财务分析实践中，评价长期偿债能力时是否应对企业盈利能力进行分析？结合江铃汽车的盈利性，你认为江铃汽车的长期偿债能力如何？

3.对于上市公司来说，最重要的财务指标是每股收益、每股净资产和净资产收益率。作为投资者，如果有意向对江铃汽车进行股票投资，首先就需要计算分析这三个指标，请根据报表资料计算相关年度的各项指标（见表7-19）。

表7-17　　　　　　　　　　江铃汽车长期偿债能力系数表

项目　　　　　　　年份	2016	2015	2014
资产负债率			
股东权益比率			
权益乘数			
产权比率			
有形净值债务率			
偿债保障比率			

表7-18　　　　　　　　　　江铃汽车盈利能力指标

项目　　　　　　　年份	2016	2015	2014
资产利润率			
股东权益报酬率			
销售净利率			
资产净利率			
成本费用净利率			
销售毛利率			

表7-19　　　　　　　　　　需要计算的相关指标

项目　　　　　　　年份	2016	2015	2014
每股收益			
每股净资产			
净资产收益率			

4.市盈率这一指标受哪些因素的影响？投资者应用这一指标进行投资分析时应注意哪些问题？如何评价中国股票普遍存在的高市盈率问题？

5.请对江铃汽车进行行业和公司分析。

第 8 章

证券投资组合实验

投资组合理论是金融学科的一个重要理论。该理论认为，在由若干证券构成的所有可能的投资组合中，只有部分组合是有效的，理性投资者在这些有效组合中选择最适合自己的组合。基于对证券期望收益率、标准差以及协方差的估计，我们可以找到这些有效组合，即投资组合前沿。

在以往的教学实践中，学生们普遍反映这部分内容非常抽象，数学模型多，难以把这些理论和模型与投资实践联系起来，理解起来很困难。利用 Excel 的数据运算和图表功能，将抽象的理论知识直观地演示出来，不但使教学内容深入浅出，易于理解，还可以帮助学生将理论知识与投资实践结合起来，对学生理解教学内容会大有帮助。

8.1 理论概述

8.1.1 马柯维茨证券投资组合模型

1）理论假设

（1）呈现在投资者面前的每一项投资是在一段时期内预期收益的概率分布，即投资者用预期收益的概率分布来描述一项投资。

（2）投资者为理性的个体，服从不满足和风险厌恶假设，投资者的目标是单期效用最大化，而且他们的效用函数呈现边际效用递减的特点。

（3）投资者以投资的预期收益的波动性来估计投资的风险。

（4）投资者仅依靠预期的投资风险和收益来作出投资决定，所以他们的效用函数只是预期风险和收益的函数。

（5）一方面，在给定预期风险后，投资者偏好更高的预期收益；另一方面，在给定预期收益后，投资者偏好更低的风险。

（6）市场是完全的，即市场不存在交易费用和税收，不存在进入或者退出市场的限制，所有的市场参与者都是价格的接受者，市场信息是有效的，资产是完全可以分割的。

2）投资组合的预期收益和预期风险

根据马柯维茨理论的前提假设：投资者仅依靠投资的预期收益和预期风险来作出决

定。下面介绍预期收益和风险的计算方法：

（1）预期收益

预期收益率是指未来可能收益率的期望值，也称期望收益率。

①单一证券的预期收益

单一证券 i 在未来有 s 种状态，那么证券 i 的预期收益为：

$$E(r_i) = \sum_{s=1}^{N} r_{is} p_s \tag{8-1}$$

其中，$E(r_i)$ 为期望收益率；p_s 为状态 s 出现的概率；r_{is} 为针对状况 s 出现时证券 i 的收益率；N 为各种可能状况的总数。

【例 8-1】某股票未来一个月内的可能收益率及其发生的概率如表 8-1 所示。

表 8-1　　　　　　　　某股票未来一个月内的可能收益率及其发生的概率

可能的结果	1	2	3	4	5
收益率（%）	-2.50	2.00	3.20	4.50	6.70
概率	0.10	0.15	0.05	0.60	0.10

根据公式，可以计算出该股票的期望收益率为：

$$E(r_i) = \sum_{s=1}^{N} r_{is} p_s$$
$$= (-2.5\%) \times 0.10 + 2.0\% \times 0.15 + 3.2\% \times 0.05 + 4.5\% \times 0.60 + 6.7\% \times 0.10$$
$$= 3.58\%$$

②证券组合的预期收益

在了解了单一证券的预期收益率后，就可以计算证券组合的预期收益率了。

$$E(r_p) = \sum_{i=1}^{N} x_i E(r_i) \tag{8-2}$$

其中，$E(r_p)$ 为证券组合的期望收益率；$E(r_i)$ 为组合中证券 i 的预期收益；x_i 为组合中证券 i 所占的比例，即权数；N 为组合中证券的种类。

【例 8-2】某投资者投资于三种股票 A、B 和 C，它们的期望收益率分别为 10%、15% 和 12%，投资比例分别为 20%、50% 和 30%。

证券组合的期望收益率为：

$$E(r_p) = \sum_{i=1}^{N} x_i E(r_i)$$
$$= 20\% \times 10\% + 50\% \times 15\% + 30\% \times 12\%$$
$$= 13.1\%$$

由于每种证券在一定时期后的实际收益率与期望收益率可能不一致，因此证券组合的实际收益率与期望收益率也会不同，从而要对证券组合的风险加以考虑。

（2）预期风险

风险本身有多种含义，并随着时间的推移，风险的含义也在不断地发展变化。在马柯维茨理论中，风险被定义为投资收益率的波动性。收益率的波动性越大，投资的风险就越高。收益率的波动性通常用标准差或方差表示。

标准差是各种可能的收益率偏离期望收益率的综合差异，是用来衡量证券收益的风险程度的重要指标，标准差越大，证券的风险也就越大。

①单一证券的预期风险

单一证券 i 的预期风险，即方差和标准差的计算公式如下：

方差： $\sigma_i^2 = \sum_{s=1}^{N} [r_{is} - E(r_i)]^2 p_s$ （8-3）

标准差： $\sigma_i = \sqrt{\sum_{s=1}^{N} [r_{is} - E(r_i)]^2 p_s}$ （8-4）

其中， σ_i^2 、 σ_i 分别表示方差和标准差；其余符号的含义同前述预期收益的计算公式。

用例 8-1 的数据，可以计算出该股票的标准差为：

$$\sigma_i = \sqrt{\sum_{s=1}^{N} [r_{is} - E(r_i)]^2 p_s}$$

$$= \sqrt{(-2.5\% - 3.58\%)^2 \times 0.10 + (2.0\% - 3.58\%)^2 \times 0.15 + (3.2\% - 3.58\%)^2 \times 0.05 + (4.5\% - 3.58\%)^2 \times 0.60 + (6.7\% - 3.58\%)^2 \times 0.10}$$

$$= 2.36\%$$

一般来讲，在相同的期望收益率下，证券的标准差越大，说明其风险也就越大。

②证券组合的预期风险

A.协方差

证券组合的风险不仅与每种证券的风险有关，而且证券之间的相互关系也会对组合的风险产生影响。证券之间相互影响产生的收益的不确定性可以用协方差来表示。协方差是衡量两个随机变量如证券 i 的收益率和证券 j 的收益率之间的互动性的统计量。如果用 σ_{ij} 表示证券 i 和 j 之间的协方差，那么：

$$\sigma_{ij} = \sigma_{ji} = E[(r_{is} - E(r_i))(r_{js} - E(r_j))]$$ （8-5）

如果两种证券之间的协方差为正值，表明两种证券的收益率倾向于同一方向变动，即一种证券的实际收益率高于期望收益率的情形可能伴随着另一种证券相同的情形发生。如果两种证券之间的协方差为负值，则表明两种证券之间存在着一种反向的变动关系，一种证券的收益率上升可能伴随着另一种证券收益率的下降。一个相对较小或者为零的协方差则表明两种证券的收益率之间只有很小的互动关系或者没有任何互动关系即相互独立。证券之间的协方差越大，那么由它们构成的证券组合的风险也就越大。

B.相关系数

两种证券之间的收益互动性还可以用另外一个统计量来表示，即两者之间的相关系数。假设 σ_i 和 σ_j 分别为证券 i 和 j 的收益标准差， σ_{ij} 是两种证券之间的协方差，则其相关系数 ρ_{ij} 的计算公式为：

$$\rho_{ij} = \frac{\sigma_{ij}}{\sigma_i \sigma_j}$$ （8-6）

相关系数 ρ_{ij} 的范围是 $-1 \leqslant \rho_{ij} \leqslant 1$ 。 $\rho_{ij} = -1$ 表示两种证券收益结果的变化方向完全不相同，称为完全负相关； $\rho_{ij} = 1$ 表示两种证券收益结果的变化方向完全相同，称为完全正相关； $\rho_{ij} = 0$ 表示两种证券收益结果的变动之间不存在任何关系；相关系数 ρ_{ij} 在（ $-1,0$ ）区间内，表示两种证券收益结果的变化方向相反，但不是百分之百地完全相反，只存在一般性的负相关关系；相关系数 ρ_{ij} 在（ $0,1$ ）区间内，表示两种证券收益结果的变化方向相同，但不是百分之百地完全相同，只存在一般性的正相关关系。必须注意，相关系数

$\rho_{ij}=0$ 时，即证券 i 和证券 j 不相关，只表明证券 i 和证券 j 不存在线性相关关系，但并不排除证券 i 和证券 j 有其他形式（非线性的）相依关系。

一般来讲，如果两种证券之间的相关系数 $\rho_{ij}<0$，则可能会降低组合后的投资风险，而如果它们之间的相关系数 $\rho_{ij}>0$，则可能会加大组合后的投资风险。

C.证券组合的方差和标准差

投资组合的预期风险 σ_p^2 为：

$$\sigma_p^2=\sum_{i=1}^{N}\sum_{j=1}^{N}x_ix_j\sigma_{ij} \tag{8-7}$$

标准差 σ_p 为：

$$\sigma_p=\sqrt{\sum_{i=1}^{N}\sum_{j=1}^{N}x_ix_j\sigma_{ij}} \tag{8-8}$$

其中，当 $i\neq j$ 时，σ_{ij} 表示证券 i 和证券 j 收益的协方差，反映了两种证券的收益在一个共同周期中变动的相关程度，x_i，x_j 表示组合中证券i，j所占的比例。

【例8-3】某投资者投资于A、B和C三种股票，投资比例分别为20%、50%和30%，收益标准差分别为0.2、0.10和0.15，A、B、C之间的协方差分别为 $\sigma_{AB}=0.016$，$\sigma_{AC}=0.018$，$\sigma_{BC}=0.015$。

该证券组合的方差计算如下：

$$\sigma_p^2=\sum_{i=1}^{N}\sum_{j=1}^{N}x_ix_j\sigma_{ij}$$

$= 20\%\times20\%\times0.2\times0.2+20\%\times50\%\times0.016+20\%\times30\%\times0.018+50\%\times20\%\times0.016+50\%\times50\%\times0.1\times0.1+50\%\times30\%\times0.015+30\%\times20\%\times0.018+30\%\times50\%\times0.015+30\%\times30\%\times0.15\times0.15$

$=0.015985$

因此，证券组合的标准差为 $\sigma_p=\sqrt{\sum_{i=1}^{N}\sum_{j=1}^{N}x_ix_j\sigma_{ij}}=\sqrt{0.015985}=0.1264$。

从以上可知，有了证券组合的收益和风险以及它们的衡量方法，那么什么样的证券组合才是最有效的组合呢？换句话说，投资者面临众多可以选择的证券时，如何进行组合，改变不同证券的投资比例，才能实现既定期望收益率下风险最小或者既定风险下期望收益最大的目标？马柯维茨采用"期望收益率-方差投资组合模型"来解决证券的确定和选择问题。

8.1.2 有效市场边界

无差异曲线可以算是投资者对自己风险收益的主观偏好，用来评价各种资产组合的收益和风险，而有效市场边界就是投资者评价的客体。

图8-1中的阴影部分是所有可能的证券组合，就是可行集。这无穷多的组合我们是不是都要考虑呢？答案是否定的，投资者仅仅只需要考虑可行集中的一个子集即可。一个投资者选择他的最优组合时将从下列组合中进行：

（1）对每一水平的风险，该组合提供最大的预期收益。

（2）对每一水平的预期收益，该组合能提供最小的风险。

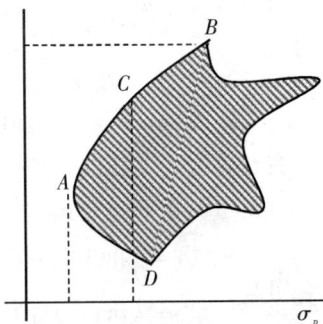

图8-1 可行集

满足这两个条件的组合被称为有效集，也叫有效市场边界。从图8-1中可以看出 A 点具有最小的标准差，也就是在可行集中 A 点的风险最小，B 点的预期收益最高，夹在 A、B 两点中间的边界部分就是有效市场边界，也就是说投资者仅仅考虑这个子集就可以了，而不必考虑其他组合，因为只有在有效市场边界上才满足以上两个条件。

有效边界线为双曲线，下面对其进行证明：

资产权重：$w = [w_1, w_2, \cdots, w_n]^T$

资产收益（列向量）：$R = [E(r_1), E(r_2), \cdots, E(r_n)]^T$

$I = [1, 1, \cdots, 1]^T$　　　　$O = [0, 0, \cdots, 0]^T$

资产的协方差矩阵：$U = (\sigma_{ij})_{n \times n}$　　$\sigma_p^2 = w^T U w$

$E(r) = w_1 E(r_1) + w_2 E(r_2) + \cdots + w_n E(r_n) = w^T r$

$\min \dfrac{1}{2} w^T U w$

约束条件：$w^T R = E(r), w^T I = 1$

构造拉格朗日函数：

$\min L = \dfrac{1}{2} w^T U w + \lambda(E(r) - w^T R) + \mu(1 - w^T I)$

$\dfrac{\partial L}{\partial w} = Uw - \mu I = 0$

$\dfrac{\partial L}{\partial \lambda} = E(r) - w^T R = 0$

$\dfrac{\partial L}{\partial \mu} = 1 - w^T I = 0$

由上式得：

$E(r) = w^T R = \lambda R^T U^{-1} R + \mu R^T U^{-1} I$

$1 = I^T w = \lambda I^T U^{-1} R + \mu I^T U^{-1} I$

记　　$A = I^T U^{-1} R = R^T U^{-1} I$　　$B = R^T U^{-1} R$　　$C = I^T U^{-1} I$

$D = BC - A^2 (B > 0, C > 0, D > 0)$

则：$\begin{aligned} \lambda B + \mu A = E(r) \\ \lambda A + \mu C = 1 \end{aligned}$

解得：$\lambda = \dfrac{C \cdot E(r) - A}{D}$　　$\mu = \dfrac{B - A \cdot E(r)}{D}$

记 $F = \dfrac{1}{D}[B(U^{-1} I) - A(U^{-1} R)]$　　　$H = \dfrac{1}{D}[C(U^{-1} R) - A(U^{-1} I)]$

得：$w = F + E(r)H$

设 w_1，w_2 是对应上式的两个点 $(\sigma_1, E(r_1))$，$(\sigma_2, E(r_2))$。第三点 $w_p(\sigma_p, E(r_p))$ 取一 α，使得：

$E(r_p) = \alpha E(r_1) + (1 - \alpha)E(r_2)$

$w_p = \alpha w_1 + (1 - \alpha)w_2 = \alpha[F + E(r_1)H] + (1 - \alpha)[F + E(r_2)H] = F + E(r_p)H$

在有效边界上任取一点 P，$\sigma_p^2 = w_p^T U^{-1} w_p$

$\sigma_p^2 = [F + E(r_p)H]^T U^{-1} [F + E(r_p)H] = F^T U^{-1} F + 2E(r_p)F^T U^{-1} H + E^2(r_p)H^T U^{-1} H$

$F^T U^{-1} F = \dfrac{1}{D^2}[B^2(I^T U^{-1})U(U^{-1} I) - 2AB(R^T U^{-1})U(U^{-1} I) + A^2(R^T U^{-1})U(U^{-1} R)]$

(1)

$\qquad = \dfrac{1}{D^2}(B^2 C - 2ABA + A^2 B)$

（2）$F^T UH = -\dfrac{A}{B}$

（3）$H^T U^{-1} H = \dfrac{C}{D}$

即：$\sigma_p^2 = \dfrac{1}{D}[E^2(r_p)C + B - 2AE(r_p)] = \dfrac{1}{D}\left(E(r_p) - \dfrac{A}{C}\right)^2 + \dfrac{1}{C}$

最小方差集是均值-方差坐标系中的双曲线的一支。

8.1.3　最优投资组合的选择

我们已经知道，投资者将在有效市场边界中
选择他的最优投资组合，至于选择哪一个点进行
投资，则是由他对预期收益和风险的偏好决定
的。投资者可以借助有效市场边界和无差异曲线
来进行最优投资组合的选择。如图 8-2 所示，在
同一坐标系上画出投资者的无差异曲线和有效市
场边界，最优投资组合就是无差异曲线与有效市
场边界的切点。

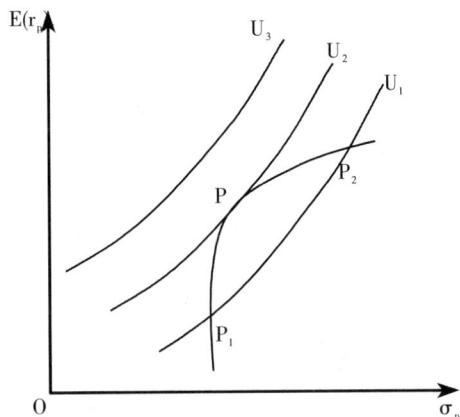

根据无差异曲线与有效市场边界的切点 P，
我们找到了最佳组合点。虽然投资者更希望能达

图 8-2　最优投资组合的确定

到 U_3 的水平，但是这条无差异曲线上的组合已经落在可行集外，是不可能实现的。无差
异曲线 U_1 虽然也与有效市场边界有交点 P_1、P_2，但是，因为 $U_1 < U_2 < U_3$，所以 P 点的效
用最高，且落在有效市场边界上，也就是说，P 点构成了多元证券组合的最佳组合点，
而且我们知道无差异曲线是下凸的，而有效市场边界是下凹的，所以这也保证了切点的唯
一性。

8.1.4　马柯维茨模型的数学表述

按照马柯维茨的想法，投资者需要找到一个最佳的证券组合。这个最佳组合最能满足
投资者在收益和风险之间的平衡。

在一系列严格的假设条件下，马柯维茨提出了均值-方差模型。

设某个投资组合具有 N 种不同的风险证券，其中，第 i 种证券的收益序列为 r_i，其预
期收益率为 E_i，方差为 σ_i^2，$i = 1, 2, \cdots, N$，它在投资组合中的权重为 x_i，则该投资组合中
的所有权重必须满足约束条件：

$$\sum_{i=1}^{N} x_i = 1 \tag{8-9}$$

投资组合的期望收益 E_p 和方差 σ_p^2 分别为：

$$E_p = x_1 E_1 + x_2 E_2 + \cdots + x_N E_N = \sum_{i=1}^{N} x_i E_i \tag{8-10}$$

$$\sigma_p^2 = \sum_{i=1}^{N} \sum_{j=1}^{N} x_i x_j \sigma_{ij} \tag{8-11}$$

在（8-11）式中，当 $i \neq j$ 时，σ_{ij} 表示证券 i 和 j 的协方差，当 $i = j$ 时，$\sigma_{ij} = \sigma_i^2$ 为证券
i 的方差，故可把（8-11）式改写为：

$$\sigma_p^2 = \sum_{i=1}^{N} x_i^2 \sigma_i^2 + \sum_{i=1}^{N} \sum_{\substack{j=1 \\ j \neq i}}^{N} x_i x_j \sigma_{ij} \tag{8-12}$$

根据投资者均为理性经济人的假设，马柯维茨认为投资者在证券投资过程中总是力求在收益一定的条件下，将风险降到最小；或者在风险一定的条件下，获得最大的收益。为此，他提出了以下两种单目标的投资组合模型：

（Ⅰ）给定组合收益 $E_p = E_0$：

$$\min \sigma_p^2 = \sum_{i=1}^{N} x_i^2 \sigma_i^2 + \sum_{i=1}^{N} \sum_{\substack{j=1 \\ j \neq i}}^{N} x_i x_j \sigma_{ij}$$

$$\text{s.t.} \begin{cases} \sum_{i=1}^{N} x_i E_i = E_p = E_0 \\ \sum_{i=1}^{N} x_i = 1 \\ x_i \geq 0, i = 1, 2, \cdots, N \end{cases}$$

（Ⅱ）给定组合风险 $\sigma_p^2 = \sigma_0^2$：

$$\max E_p = \sum_{i=1}^{N} x_i E_i$$

$$\text{s.t.} \begin{cases} \sigma_p^2 = \sum_{i=1}^{N} x_i^2 \sigma_i^2 + \sum_{i=1}^{N} \sum_{\substack{j=1 \\ j \neq i}}^{N} x_i x_j \sigma_{ij} = \sigma_0^2 \\ \sum_{i=1}^{N} x_i = 1 \\ x_i \geq 0, i = 1, 2, \cdots, N \end{cases}$$

模型（Ⅰ）的意义是：在既定期望收益 E_0 的情况下，使投资风险最小。模型（Ⅱ）的意义是：在愿意承担风险 σ_0^2 的条件下，使期望收益最大。事实上，模型（Ⅰ）与模型（Ⅱ）是等价的，即无论是使用模型（Ⅰ）还是使用模型（Ⅱ）确定的最优证券组合投资策略的期望收益和风险一定满足期望收益率（$E(r_p)$）－风险（σ_p^2）平面上的同一条曲线方程。获得了足够的数据，投资者就可以根据自己的投资风格和对风险的偏好程度来选择模型（Ⅰ）或（Ⅱ）建立自己的投资组合，以达到满意的投资效果。

|8.2| 证券的相关性对组合风险的影响

投资组合理论的核心思想就是风险的分散化。投资者之所以要持有多个证券，其根本原因就在于部分风险会随着持有证券个数的增加而有所降低。影响证券组合风险分散化效果的一个重要因素就是证券之间的相关性。我们一般是通过分析两个风险证券的组合来帮助读者理解证券相关性与风险分散化之间的关系的。

首先，假设市场上有两个风险证券，知道这两个证券的期望收益率、标准差和相关系数，计算出这两个证券的不同权重组合的期望收益率和标准差，画出投资组合曲线；然后改变两个证券的相关系数，比较投资组合曲线的变动情况。市场上两个风险证券的相关数据如图8-3所示。按照期望收益率和标准差的计算公式，计算出一系列不同权重组合的期望收益率和标准差，用Excel绘图功能中的散点图，画出这一系列不同权重组合期望收益率和标准差的相关关系图，如图8-3所示。

C4　　▼　　fx　=-1+B4*0.1

	A	B	C	D
1		期望收益率	标准差	
2	证券1	10%	15%	
3	证券2	18%	35%	
4	相关系数 [⇕] 15		0.5	
5	证券1权重	证券2权重	组合的标准差	组合的期望收益率
6	0	1	35.0%	18.0%
7	0.1	0.9	32.3%	17.2%
8	0.2	0.8	29.6%	16.4%
9	0.3	0.7	27.0%	15.6%
10	0.4	0.6	24.6%	14.8%
11	0.5	0.5	22.2%	14.0%
12	0.6	0.4	20.1%	13.2%
13	0.7	0.3	18.2%	12.4%
14	0.8	0.2	16.6%	11.6%
15	0.9	0.1	15.5%	10.8%
16	1	0	15.0%	10.0%

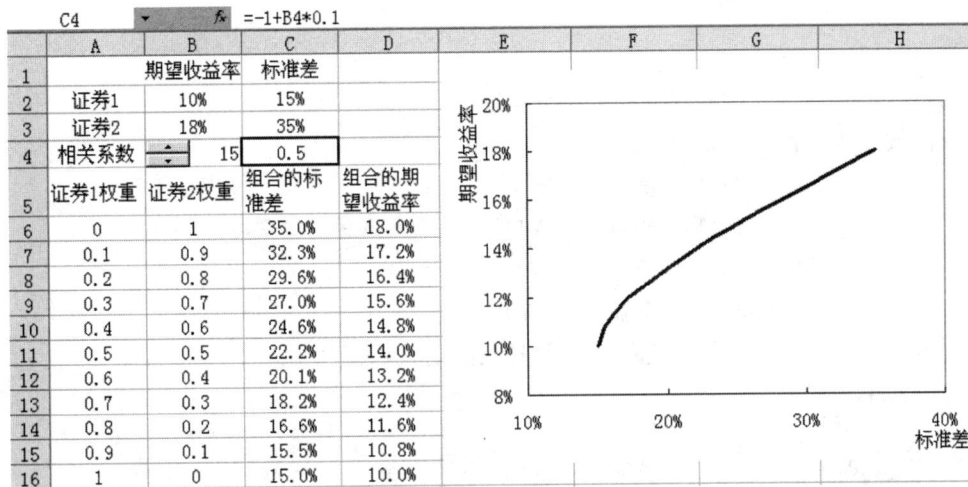

图8-3　证券相关系数与证券组合标准差之间的关系（一）

再利用Excel的微调按钮，调整证券的相关系数。添加微调按钮的方法是：点击"视图"按钮下面的"工具栏"，选择"窗体"，点击微调项，在B4单元格处添加微调按钮（如图8-3所示），在微调按钮上点击右键，在对话框中设置当前值、步长和单元格链接（$B$4），再设定相关系数单元格与微调按钮链接单元格的关联，C4=B4/10-1。然后用鼠标点击微调按钮的向上箭头或向下箭头，调整相关系数大小，证券组合曲线也随之变动，如图8-4所示。通过Excel的微调按钮，可以连续地调整相关系数，图中的曲线也随之连续地移动，证券相关系数与证券组合标准差之间的关系就直观地演示出来了。

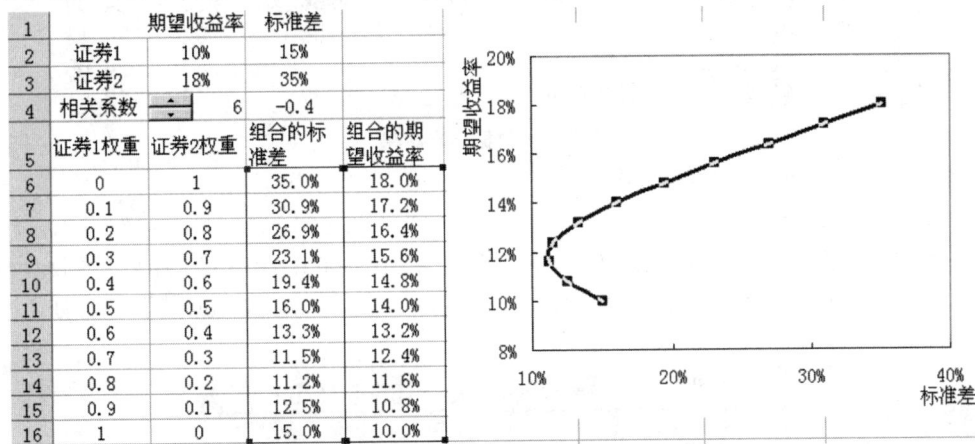

1		期望收益率	标准差	
2	证券1	10%	15%	
3	证券2	18%	35%	
4	相关系数 [⇕] 6		-0.4	
5	证券1权重	证券2权重	组合的标准差	组合的期望收益率
6	0	1	35.0%	18.0%
7	0.1	0.9	30.9%	17.2%
8	0.2	0.8	26.9%	16.4%
9	0.3	0.7	23.1%	15.6%
10	0.4	0.6	19.4%	14.8%
11	0.5	0.5	16.0%	14.0%
12	0.6	0.4	13.3%	13.2%
13	0.7	0.3	11.5%	12.4%
14	0.8	0.2	11.2%	11.6%
15	0.9	0.1	12.5%	10.8%
16	1	0	15.0%	10.0%

图8-4　证券相关系数与证券组合标准差之间的关系（二）

|8.3| 证券组合的可行集和有效集

证券组合的有效集是可行集的子集，它们满足的条件是：在所有期望收益率相同的组合中，它们的标准差最小；在所有标准差相同的组合中，它们的期望收益率最大。如果能利用证券市场的真实数据，模拟出一组证券组合的可行集区域，就可以非常直观地理解有效集和投资组合前沿的概念了。

【例8-4】选择5只股票，导出2013年日线数据，建立期望收益率-方差投资组合模型。

解答：

第一步：从股票软件同花顺中导出数据。

导出数据为：沪深300（HS300）

000977 浪潮信息（LCXX）

300216 千山药机（QSYJ）

002118 紫鑫药业（ZXYY）

600362 江西铜业（JXTY）

注意：导出的个股数据应选择"个股日线的复权数据"。

导出结果如图8-5所示。

	A	B	C	D	E	F
1	时间	HS300	LCXX	QSYJ	ZXYY	JXTY
2	2013-01-04,五	2524.41	7.06	8.14	7.23	24.71
3	2013-01-07,一	2535.99	7.12	8.37	7.47	24.52
4	2013-01-08,二	2525.33	7.44	8.54	7.53	24.21
5	2013-01-09,三	2526.13	7.51	8.46	7.53	24.16
6	2013-01-10,四	2530.57	7.39	8.69	7.66	24.33
7	2013-01-11,五	2483.23	7.26	8.38	7.43	23.55
8	2013-01-14,一	2577.73	7.51	8.79	7.63	24.54
9	2013-01-15,二	2595.86	7.73	9.15	8.01	24.5
10	2013-01-16,三	2577.09	7.69	9.15	8.13	24.71
11	2013-01-17,四	2552.76	7.77	9.56	7.9	24.05
12	2013-01-18,五	2595.44	7.77	9.56	7.93	24.34
13	2013-01-21,一	2610.9	8	9.58	7.92	24.18
14	2013-01-22,二	2596.9	7.91	9.23	7.69	24.05
15	2013-01-23,三	2607.46	8.11	9.42	7.65	23.81

图8-5 数据导出结果

第二步：计算各数据日收益率。

公式：fx=（B3-B2）/B2

以HS300为例，其余数据处理方法与其相同。取HS300在2013年1月4日的收盘价为1月7日收益率基数，输入上述公式，如图8-6所示，输出结果为0.46%，其他日期方法与此相同。

SUM	▼ ✕ ✓ fx	=(B3-B2)/B2	
	A	B	C
1	时间	HS300	收益率	1
2	2013-01-04,五	2524.41	
3	2013-01-07,一	2535.99	=(B3-B2)/B2
4	2013-01-08,二	2525.33	
5	2013-01-09,三	2526.13	
6	2013-01-10,四	2530.57	
7	2013-01-11,五	2483.23	
8	2013-01-14,一	2577.73	

图8-6 收益率计算方法

所有数据处理完毕结果如图8-7所示。

	A	B	C	D	E	F
1	时间	HS300	LCXX	QSYJ	ZXYY	JXTY
2	2013-01-07,一	0.46%	0.85%	2.83%	3.32%	-0.77%
3	2013-01-08,二	-0.42%	4.49%	2.03%	0.80%	-1.26%
4	2013-01-09,三	0.03%	0.94%	-0.94%	0.00%	-0.21%
5	2013-01-10,四	0.18%	-1.60%	2.72%	1.73%	0.70%
6	2013-01-11,五	-1.87%	-1.76%	-3.57%	-3.00%	-3.21%
7	2013-01-14,一	3.81%	3.44%	4.89%	2.69%	4.20%
8	2013-01-15,二	0.70%	2.93%	4.10%	4.98%	-0.16%
9	2013-01-16,三	-0.72%	-0.52%	0.00%	1.50%	0.86%
10	2013-01-17,四	-0.94%	1.04%	4.48%	-2.83%	-2.67%
11	2013-01-18,五	1.67%	0.00%	0.00%	0.38%	1.21%
12	2013-01-21,一	0.60%	2.96%	0.21%	-0.13%	-0.66%
13	2013-01-22,二	-0.54%	-1.13%	-3.65%	-2.90%	-0.54%

图8-7 数据处理结果

第三步：计算各股之间的年化收益率。

步骤一：采用Excel函数average（number1，number2，…）计算日平均收益率，如图8-8所示。

	A	B	C	D
226	2013-12-18,三	-0.14%	-0.55%	-1.92
227	2013-12-19,四	-1.61%	-0.19%	1.95%
228	2013-12-20,五	-0.49%	0.09%	5.29%
229	2013-12-23,一	0.04%	-6.44%	-2.69
230	2013-12-24,二	-1.05%	6.68%	2.23%
231	2013-12-25,三	-2.33%	2.18%	5.57%
232	2013-12-26,四	0.28%	0.09%	1.65%
233	2013-12-27,五	0.16%	3.90%	-0.32
234	2013-12-30,一	0.74%	-1.18%	-5.05
235	2013-12-31,二	-1.73%	-0.22%	2.14%
236	日平均收益	=AVERAGE(B2:B235)		
237	年化收益率	AVERAGE(number1, [number2], ...)		

图8-8 日平均收益率计算过程

步骤二：通过日平均收益率×235（2013年共235个交易日）计算年化收益率，如图8-9所示。

	A	B
229	2013-12-23,一	0.04%
230	2013-12-24,二	-1.05%
231	2013-12-25,三	-2.33%
232	2013-12-26,四	0.28%
233	2013-12-27,五	0.16%
234	2013-12-30,一	0.74%
235	2013-12-31,二	-1.73%
236	日平均收益率	-0.04%
237	年化收益率	=B236*235

图8-9 年化收益率计算过程

全部计算结果如图8-10所示。

	A	B	C	D	E	F
232	2013-12-26,四	0.28%	0.09%	1.65%	-1.53%	0.50%
233	2013-12-27,五	0.16%	3.90%	-0.32%	-1.84%	-0.50%
234	2013-12-30,一	0.74%	-1.18%	-5.05%	-2.27%	1.00%
235	2013-12-31,二	-1.73%	-0.22%	2.14%	-0.20%	-1.27%
236	日平均收益率	-0.04%	0.56%	0.20%	0.18%	-0.22%
237	年化收益率	-8.56%	131.37%	46.97%	41.68%	-51.87%

图8-10 日平均收益率与年化收益率计算结果

第四步：计算各股之间的年化收益率协方差。

步骤一：采用Excel函数VARP（number1，number2，…）计算日收益率之间的方差；样本方差用VARP（）函数，协方差用COVAR（）函数，如图8-11所示。

I 日收益率方差	J HS300	K LCXX	L QSYJ	M ZXYY	N JXTY
HS300	=VARP(Sheet2!$B$2:$B$235)				
LCXX	VARP(**number1**, [number2], ...)				
QSYJ					
ZXYY					
JXTY					

图8-11 日收益率方差计算过程

全部结果如图8-12所示。

I 日收益率方差	J HS300	K LCXX	L QSYJ	M ZXYY	N JXTY
HS300	0.00019555				
LCXX	2.1999E-05	0.00123236			
QSYJ	9.2696E-05	0.00010479	0.00073512		
ZXYY	0.00016893	7.4951E-05	0.00022163	0.00088031	
JXTY	0.0002304	-5.478E-05	9.1997E-05	0.00016054	0.00042051

图8-12 日收益率方差计算结果

步骤二：计算年化收益率协方差（2013年共235个交易日）。全部结果如图8-13所示。

I 年化收益率协方差	J HS300	K LCXX	L QSYJ	M ZXYY	N JXTY
HS300	0.04595337				
LCXX	0.00516984	0.28960564			
QSYJ	0.02178357	0.02462593	0.17275425		
ZXYY	0.03969868	0.01761346	0.05208224	0.20687263	
JXTY	0.05414343	-0.012874	0.02161923	0.03772731	0.09882018

图8-13 年化收益率协方差计算结果

第五步：计算各股权重。

步骤一：采用Excel函数rand自动生成各年化收益率对应随机数，确定各股收益率权重系数，生成结果如图8-14所示。并通过SUM函数对随机数进行加总求和，输出结果在G9单元格内，为2.329。

	A	B	C	D	E	F
1	协方差	**HS300**	LCXX	QSYJ	ZXYY	JXTY
2	**HS300**	0.045953	0.00517	0.021784	0.039699	0.054143
3	**LCXX**	0.00517	0.289606	0.024626	0.017613	-0.02162
4	**QSYJ**	0.021784	0.024626	0.172754	-0.05208	-0.02162
5	**ZXYY**	0.039699	0.017613	-0.05208	0.206873	0.037727
6	**JXTY**	0.054143	-0.01287	-0.02162	0.037727	0.09882
7	**年化收益率**	-8.56%	131.37%	46.97%	41.68%	-51.87%
8						
9	**随机数**	0.105823	0.446815	0.593131	0.357137	0.82578

图8-14　随机数自动生成结果

步骤二：通过已知各股年化收益率与系数总和的比值，确定各股权重，权重计算结果如图8-15所示。同步骤一方式对权重W进行加总，结果为1。

B10		f_x	=B9/$G9			
	A	B	C	D	E	F
1	协方差	**HS300**	LCXX	QSYJ	ZXYY	JXTY
2	**HS300**	0.045953	0.00517	0.021784	0.039699	0.054143
3	**LCXX**	0.00517	0.289606	0.024626	0.017613	-0.02162
4	**QSYJ**	0.021784	0.024626	0.172754	-0.05208	-0.02162
5	**ZXYY**	0.039699	0.017613	-0.05208	0.206873	0.037727
6	**JXTY**	0.054143	-0.01287	-0.02162	0.037727	0.09882
7	**年化收益率**	-8.56%	131.37%	46.97%	41.68%	-51.87%
8						
9	**随机数**	0.105823	0.446815	0.593131	0.357137	0.82578
10	w	0.05	0.19	0.25	0.15	0.35

图8-15　各股权重计算结果

注意：由于随机数会一直发生变化，所以后图中的随机数值可能会与此不同，但不影响最终结果，因为同时采用SUM函数将权重相加，会发现其结果仍然为1。

第六步：计算该组合下的方差。

利用MMULT，TRANSPOSE两个语法合并计算：

（MMULT（MMULT（B10：F10，B2：F6），TRANSPOSE（B10：F10）））

但此处为方便计算，将B10：F10单元格区域名称定义为w，将B2：F6单元格区域名称定义为F（定义方法：选中需定义的单元格，点击图8-16所示区域，直接进行更改即可）。

f		f_x	=Sheet2!J21			
f m w		**B**	C	D	E	F
		HS300	LCXX	QSYJ	ZXYY	JXTY
2	**HS300**	0.045953	0.00517	0.021784	0.039699	0.054143
3	LCXX	0.00517	0.289606	0.024626	0.017613	-0.02162
4	QSYJ	0.021784	0.024626	0.172754	-0.05208	-0.02162
5	ZXYY	0.039699	0.017613	-0.05208	0.206873	0.037727
6	JXTY	0.054143	-0.01287	-0.02162	0.037727	0.09882
7	**年化收益率**	-8.56%	131.37%	46.97%	41.68%	-51.87%

图8-16　更改区域名称

输入定义公式后，按住 Ctrl+Shift+Enter，输出结果如图 8-17 所示。

	H10		fx	{=MMULT(MMULT(w,f),TRANSPOSE(w))}			
	A	B	C	D	E	F	G	H
1	协方差	HS300	LCXX	QSYJ	ZXYY	JXTY		
2	HS300	0.045953	0.00517	0.021784	0.039699	0.054143		
3	LCXX	0.00517	0.289606	0.024626	0.017613	-0.02162		
4	QSYJ	0.021784	0.024626	0.172754	-0.05208	-0.02162		
5	ZXYY	0.039699	0.017613	-0.05208	0.206873	0.037727		
6	JXTY	0.054143	-0.01287	-0.02162	0.037727	0.09882		
7	年化收益率	-8.56%	131.37%	46.97%	41.68%	-51.87%		
8								
9	随机数	0.588031	0.833266	0.245708	0.044481	0.943569	2.655055	方差
10	w	0.22	0.31	0.09	0.02	0.36		5.19%

图 8-17 方差计算结果

第七步：计算证券组合下资产收益率的期望值。

利用 SUMPRODUCT（array1，array2，array3，...）函数计算各股年化收益率与其对应权数的乘积，得到各股在资产组合下的期望收益率，输出结果为 25.95%，如图 8-18 所示。

	I10		fx	=SUMPRODUCT(B7:F7,B10:F10)			
	A	B	C	D	E	F	G	H	I
1	协方差	HS300	LCXX	QSYJ	ZXYY	JXTY			
2	HS300	0.045953	0.00517	0.021784	0.039699	0.054143			
3	LCXX	0.00517	0.289606	0.024626	0.017613	-0.02162			
4	QSYJ	0.021784	0.024626	0.172754	-0.05208	-0.02162			
5	ZXYY	0.039699	0.017613	-0.05208	0.206873	0.037727			
6	JXTY	0.054143	-0.01287	-0.02162	0.037727	0.09882			
7	年化收益率	-8.56%	131.37%	46.97%	41.68%	-51.87%			
8									
9	随机数	0.588031	0.833266	0.245708	0.044481	0.943569	2.655055	方差	期望值
10	w	0.22	0.31	0.09	0.02	0.36		5.19%	25.95%

图 8-18 期望收益率计算过程

第八步：利用 Excel 的模拟运算表功能随机产生包含上述证券的 1 000 个组合的期望收益率和方差。

步骤一：选中 G10 单元格，输入"1"，在菜单栏中选择"编辑/填充/序列"，将序列产生修改为"列"，步长值为"1"，终止值为"1 000"，点击"确定"，如图 8-19 所示。

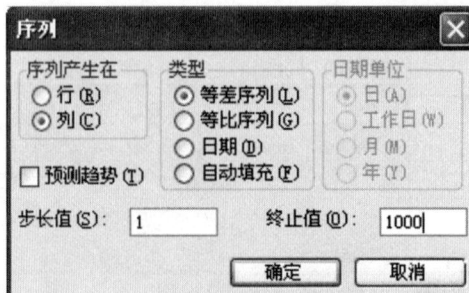

图 8-19 序列填充

步骤二：选中 G10 单元格至 I1009 单元格，选择"数据/模拟运算表/列"，在空白区域任选定一个空白单元格，点击"确定"（此处方差与前文计算结果不同，源于随机数的变化，不影响最终结果），如图 8-20 所示。

	E	F	G	H	I	J
7	41.68%	−51.87%				
8						
9	0.925567	0.790564	3.619158	方差	期望值	
10	0.26	0.22	1	4.48%	26.91%	

模拟运算表

输入引用行的单元格(R)：[   ]

输入引用列的单元格(C)：[$J$10   ]

[确定]　[取消]

图 8-20　模拟运算表运算过程

全部运算结果如图 8-21 所示。

	G	H	I
9	3.22482	方差	期望值
10	1	4.48%	32.48%
11	2	4.77%	43.98%
12	3	5.94%	51.51%
13	4	6.51%	65.59%
14	5	3.86%	14.63%
15	6	4.39%	37.58%

图 8-21　模拟运算表运算结果

第九步：绘制数据散点图。

选中 H10 至 I1009 单元格，选择"插入/图表"，选中散点图，点击"下一步"，并将图表名称修改为"资产组合"，图表绘制结果如图 8-22 所示。

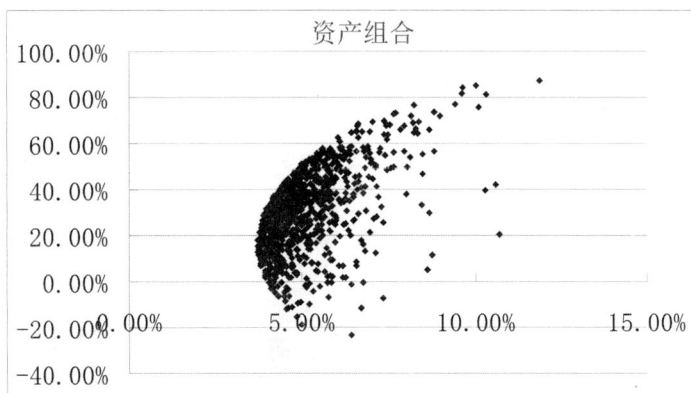

图 8-22　资产组合——收益率与方差组合

|8.4| 投资组合前沿曲线和切点组合

8.4.1 前沿组合

【例8-5】运用上例数据，计算有效边界上前沿组合的方差和期望收益。

步骤一：建立新的 Excel 工作表，复制上例中股票数据和公式。权重可任意输入。

B10=SUM（B9：F9）

B11=MMULT（MMULT（B9：F9，B2：F6），TRANSPOSE（B9：F9））

按 Ctrl+Shift+Enter，得计算结果：

B12=SUMPRODUCT（B9：F9，B8：F8）

组合的方差和期望收益如图8-23所示。

	A	B	C	D	E	F
1	收益率协方差	HS300	LCXX	QSYJ	ZXYY	JXTY
2	HS300	0.045953369	0.00517	0.021783567	0.039699	0.054143
3	LCXX	0.005169844	0.289606	0.024625927	0.017613	0.021619
4	QSYJ	0.021783567	0.024626	0.172754246	0.052082	0.021619
5	ZXYY	0.039698683	0.017613	0.052082239	0.206873	0.037727
6	JXTY	0.05414343	hs300 .287	0.021619228	0.037727	0.09882
7						
8	年化收益率	-8.56%	131.37%	46.97%	41.68%	-51.87%
9	权重w	0.737745118	0.131051	0.119090712	0.012113	0
10	权重之和	1				
11	方差	3.90%				
12	期望收益	17.00%				

图8-23 组合的方差和期望收益

步骤二：选择B11，点击"工具—规划求解"，目标单元格为B11，选择最小值。添加约束条件，约束条件修改为①（权重）B9≥0，C9≥0，D9≥0，E9≥0，F9≥；②G9=1，即权数加总为1；③期望值 B12=0.4（如图8-24所示）。

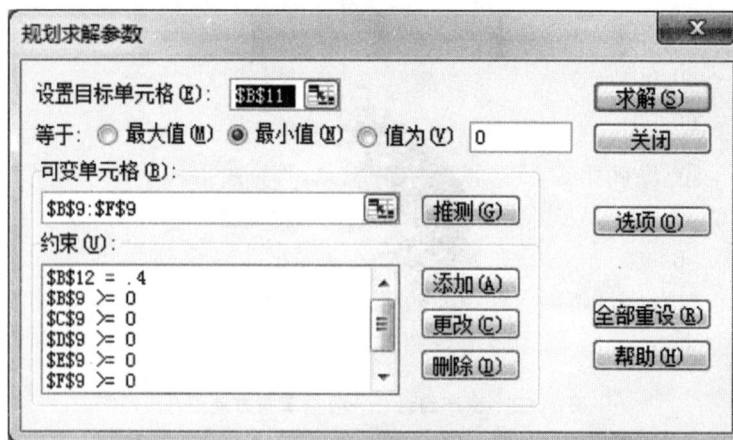

图8-24 规划求解

点击"求解"即可知结果，如图8-25所示。期望收益为40%时，方差为4.84%。

	A	B	C	D	E	F
1	收益率协方差	HS300	LCXX	QSYJ	ZXYY	JXTY
2	HS300	0.045953369	0.00517	0.021783567	0.039699	0.054143
3	LCXX	0.005169844	0.289606	0.024625927	0.017613	0.021619
4	QSYJ	0.021783567	0.024626	0.172754246	0.052082	0.021619
5	ZXYY	0.039698683	0.017613	0.052082239	0.206873	0.037727
6	JXTY	0.05414343	-0.01287	0.021619228	0.037727	0.09882
7						
8	年化收益率	-8.56%	131.37%	46.97%	41.68%	-51.87%
9	权重w	0.500236503	0.251291	0.172604468	0.075867	0
10	权重之和	0.999999				
11	方差	4.84%				
12	期望收益	40.00%				

图8-25　规划求解结果

步骤三：重复上述步骤，可以分别求出不同目标期望收益率的前沿组合。最后用 Excel的绘图功能绘制散点图，就得到由这四个证券构成的投资组合前沿曲线，如图8-26 和图8-27所示。这样，利用Excel的规划求解功能，就可以非常直观地演示前沿组合的求解过程。

方差	期望收益
5.28%	-20.00%
4.58%	-10.00%
4.13%	0.00%
3.89%	10.00%
3.94%	20.00%
4.84%	40.00%
6.79%	60.00%
9.81%	80.00%

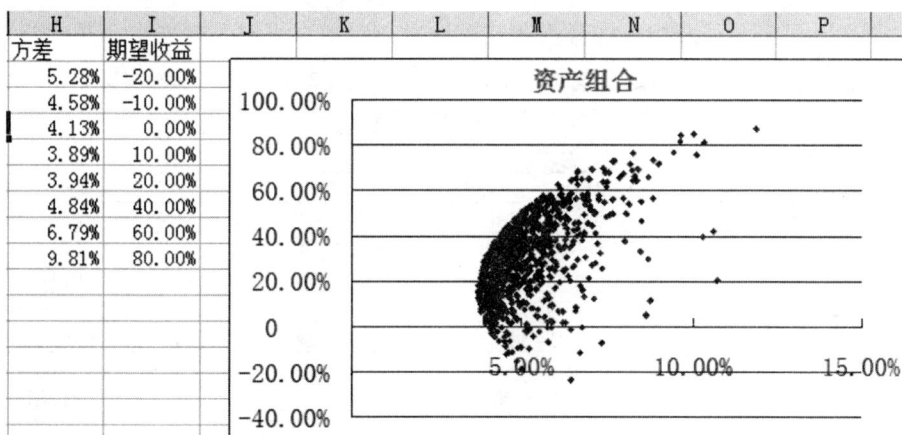

图8-26　资产组合最优边界（一）

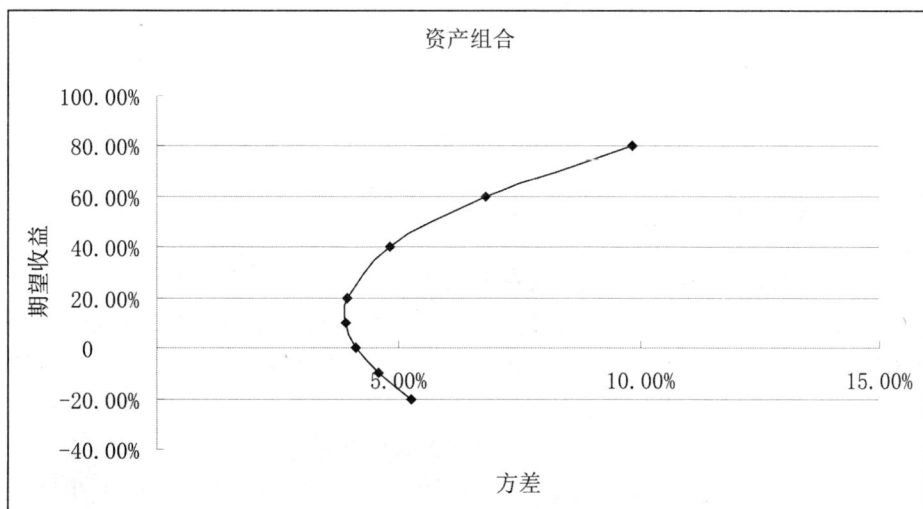

图8-27　资产组合最优边界（二）

【例8-6】利用Excel规划求解功能寻找前沿组合（方差最小的点）。

解答：

步骤一：将原有数据和公式复制到新的工作表，G11=SUM（B11：F11）。其他公式保持不变。

设置规划求解参数，如图8-28所示，单击"求解"得到运算结果，如图8-29所示。

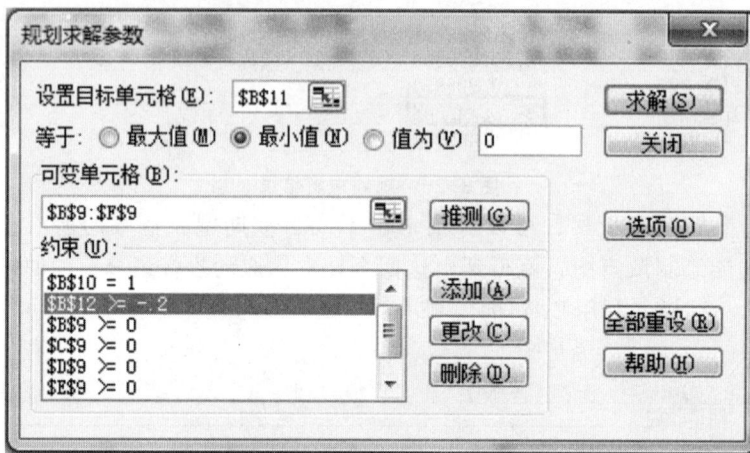

图8-28　规划求解

	A	B	C	D	E	F
1	收益率协方差	HS300	LCXX	QSYJ	ZXYY	JXTY
2	HS300	0.045953369	0.00517	0.021783567	0.039699	0.054143
3	LCXX	0.005169844	0.289606	0.024625927	0.017613	0.021619
4	QSYJ	0.021783567	0.024626	0.172754246	0.052082	0.021619
5	ZXYY	0.039698683	0.017613	0.052082239	0.206873	0.037727
6	JXTY	0.05414343	-0.01287	0.021619228	0.037727	0.09882
7						
8	年化收益率	-8.56%	131.37%	46.97%	41.68%	-51.87%
9	权重w	0.778272382	0.110522	0.110163068	0.001043	0
10	权重之和	1				
11	方差	3.88%				
12	期望收益	13.08%				

图8-29　规划求解结果

可知，前沿组合是77.82%沪深300、11.05%浪潮信息、11.02%千山药机，此时方差最小，为3.88%，收益率为13.08%。

8.4.2　根据夏普比率求切点组合

根据投资组合理论，当投资者可以在无风险资产和风险资产之间配置资产时，其风险资产组合为切点组合，即过无风险资产向投资组合前沿所作的切线的切点。切点位置是所有风险资产组合中夏普比率最大的点，用Excel的规划求解功能也可以找到切点组合。

【例8-7】设无风险利率为2.5%，求有效边界的切点组合。

步骤一：在单元格B14中输入夏普比率的计算公式"B14=（B12-2.5%）/B11"，任意输入三个权重数据。

步骤二：点击"规划求解"，设置目标单元格 B14 等于最大值，可变单元格为 B9：
F9，约束条件如图 8-30 所示，点击"求解"就可以求出切点组合了，如图 8-31 所示。

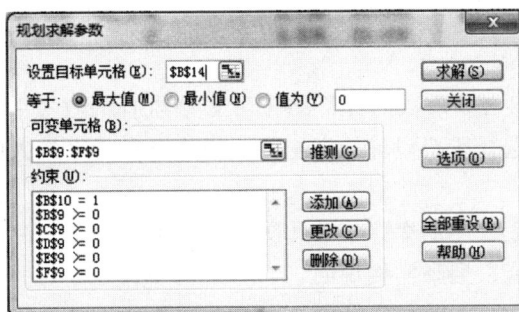

图 8-30　规划求解

	A	B	C	D	E	F
1	收益率协方差	HS300	LCXX	QSYJ	ZXYY	JXTY
2	HS300	0.045953369	0.00517	0.021783567	0.039699	0.054143
3	LCXX	0.005169844	0.289606	0.024625927	0.017613	0.021619
4	QSYJ	0.021783567	0.024626	0.172754246	0.052082	0.021619
5	ZXYY	0.039698683	0.017613	0.052082239	0.206873	0.037727
6	JXTY	0.05414343	-0.01287	0.021619228	0.037727	0.09882
7						
8	年化收益率	-8.56%	131.37%	46.97%	41.68%	-51.87%
9	权重w	0.31812835	0.343471	0.213430799	0.12497	0
10	权重之和	1				
11	方差	6.51%				
12	期望收益	57.63%				
13						
14	夏普比率	8.473927986				

B14　fx　=(B12-2.5%)/B11

图 8-31　规划求解结果

步骤四：利用 Excel 绘图功能得到切点组合图形。

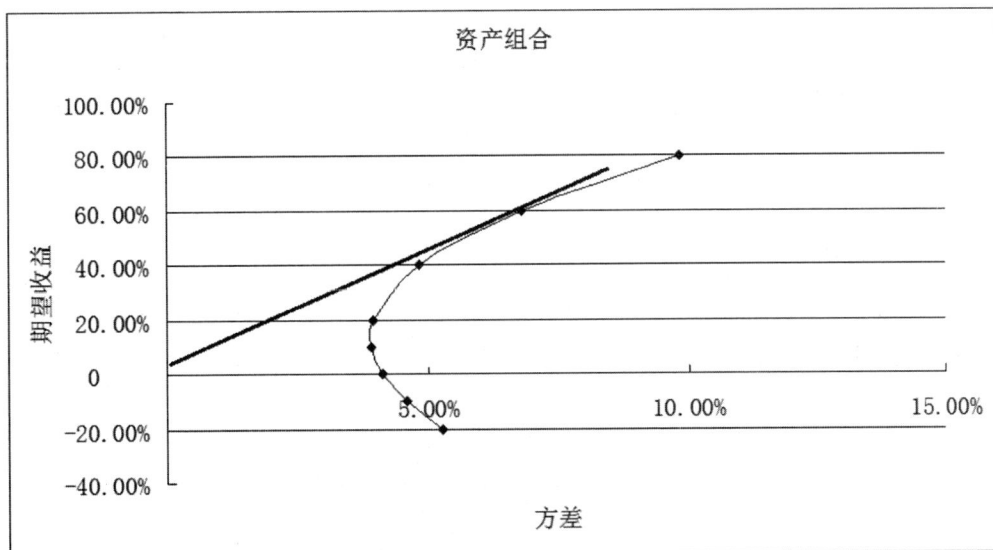

图 8-32　切点组合图形

实验任务

作业1：根据本章内容，重新选择4只股票，导出2015年日线数据，建立期望收益率-方差投资组合模型。

作业2：根据股票组合β系数的计算结果可知该组合的收益-风险特征，已知目前市场处于牛市，应该如何选择股票设计投资组合，为投资者带来最大的收益？如果市场处于熊市，又该如何呢？

作业3：根据资本资产定价模型对期望收益率的计算结果能否预测股价在未来上升或下降的变化趋势？如果能，列举实例说明。

| 第9章 |

基金产品设计实验

　　期权是适应国际上金融机构和企业等控制风险、锁定成本的需要而出现的一种重要的避险衍生工具。如何利用 Black-Scholes 期权定价模型（简称 B-S 模型）对金融产品进行定价和设计是本章的重点。

　　保本基金经常使用一种动态投资组合保险技术（CPPI）实现保本，这种技术的基本思路是将大部分资产（保险底线）投入固定收益证券，以保证保本周期到期时能收回本金；同时将剩余的小部分资金（安全垫）乘以一个放大倍数（即期权）投入股票市场，以博取股票市场的高收益。

| 9.1 | 期权的基础知识

9.1.1 相关知识

　　期权合约以金融衍生产品作为行权品种的交易合约，指在特定时间内以特定价格买卖一定数量交易品种的权利。合约买入者或持有者（Holder）以支付保证金——期权费（Option Premium）的方式拥有权利；合约卖出者或立权者（Writer）收取期权费，在买入者希望行权时，必须履行义务。期权交易为投资行为的辅助手段。当投资者看好后市时会持有认购期权（Call），而当他看淡后市时则会持有认沽期权（Put）。

　　期权主要有如下几个构成因素：①执行价格（又称履约价格、敲定价格）。期权的买方行使权利时事先规定的标的物买卖价格。②权利金。期权的买方支付的期权价格，即买方为获得期权而付给期权卖方的费用。③履约保证金。期权卖方必须存入交易所用于履约的财力担保。④看涨期权和看跌期权。看涨期权，是指在期权合约有效期内按执行价格买进一定数量标的物的权利；看跌期权，是指卖出标的物的权利。当期权买方预期标的物价格会超出执行价格时，他就会买进看涨期权，相反，就会买进看跌期权。

　　在对期权价格的影响因素进行定性分析的基础上，通过期权风险指标，在假定其他影响因素不变的情况下，可以量化单一因素对期权价格的动态影响。期权的风险指标通常用希腊字母来表示，包括 Delta 值、Gamma 值、Theta 值、Vega 值、Rho 值等。对于期权交易者来说，了解这些指标，更容易掌握期权价格的变动，有助于衡量和管理部位风险。

1）Delta值

定义：衡量期权价格变动与期权标的物价格变动之间的关系，是期权与标的物价格关系曲线的斜率，是用于衡量期权对期权标的物价格变动所面临风险程度的指标。

对投机者和套期保值者都很重要，投机者利用它来帮助识别对标的物反应最强的期权，套期者利用它来计算所需要期权的数量。

公式：Delta值=期权价格的变化/期权标的物价格的变化

补充：看涨期权Delta值为0~1，看跌期权Delta值为−1~0。

在期权到期之前，实值期权Delta值>平值期权Delta值>虚值期权Delta值。距到期日越长，三种期权Delta值越接近；反之，差距越大。

2）Gamma值

定义：衡量的是期权标的物价格变化所引起的Gamma值变化，Gamma值是Delta值的二阶导数和二次微分，是Gamma值变化的速度，是反映期权头寸风险的有关指标。

公式：Gamma值=Delta值变化/期权标的物价格变化

补充：Gamma值绝对值越大，风险度越高。

看涨期权和看跌期权的Gamma值均为正值。

深度实值期权的Gamma值接近0，平值期权的Gamma值最大。

3）Theta值

定义：衡量期权理论价值因时间经过而下降的速度，是时间变化的风险度量指标。

公式：Theta值=期权价格变化/距到期日时间变化

补充：看涨期权和看跌期权，时间经过都会造成期权理论价值下降。

随着到期日的临近，加速衰减，期权多头Theta值为负，期权空头为正，平值期权Theta值的绝对值最大。

4）Vega值

定义：衡量期权价格变化与标的物价格波动率变化的关系，即衡量标的物价格波动对期权价格的影响。

公式：Vega值=期权价格变化/标的物价格波动率变化

补充：期权多头Vega值为正，期权空头为负，平值期权的Vega值最大。

5）Rho值

定义：衡量期权理论价值对利率变化的敏感性。

公式：Rho值=期权价格变化/利率变化

补充：实值期权Rho值>平值期权Rho值>虚值期权Rho值，深度虚值期权的Rho值接近0。

9.1.2　Black-Scholes期权定价模型

1）Black-Scholes期权定价模型的七个假设条件

（1）风险资产（Black-Scholes期权定价模型中为股票），当前时刻市场价格为S。S遵循几何布朗运动，即：

$$\frac{dS}{S} = \mu dt + \sigma dz \tag{9-1}$$

其中，dz为均值为零、方差为dt的无穷小的随机变化值（$dz = \varepsilon\sqrt{dt}$，称为标准布朗运动，ε代表从标准正态分布（即均值为0、标准差为1的正态分布）中取的一个随机值）；μ为股票价格在单位时间内的期望收益率；σ为股票价格的波动率，即证券收益率在单位时间内的标准差。μ和σ都是已知的。

简单地分析几何布朗运动，意味着股票价格在短时期内的变动（即收益）来源于两个方面：一是单位时间内已知的一个收益率变化μ，被称为漂移项，可以看作一个总体的变化趋势；二是随机波动项，即σdz，可以看作随机波动使得股票价格变动偏离总体趋势的部分。

（2）没有交易费用和税收，不考虑保证金问题，即不存在影响收益的任何外部因素。

（3）资产价格的变动是连续而均匀的，不存在突然的跳跃。

（4）该标的资产可以被自由地买卖，即允许卖空，且所有证券都是完全可分的。

（5）在期权有效期内，无风险利率r保持不变，投资者可以此利率无限制地进行借贷。

（6）在衍生品有效期间，股票不支付股利。

（7）所有无风险套利机会均被消除。

2）Black-Scholes期权定价公式

在上述假设条件的基础上，Black和Scholes得到了如下适用于无收益资产欧式看涨期权的Black-Scholes微分方程：

$$\frac{\partial f}{\partial t} + rS\frac{\partial f}{\partial S} + \frac{1}{2}\sigma^2 S^2 \frac{\partial^2 f}{\partial S^2} = rf \tag{9-2}$$

$$d_1 = \frac{\ln(S/X)+(r+\sigma^2/2)(T-t)}{\sigma\sqrt{T-t}}$$

$$d_2 = \frac{\ln(S/X)+(r-\sigma^2/2)(T-t)}{\sigma\sqrt{T-t}} \tag{9-3}$$

$$= d_1 - \sigma\sqrt{T-t}$$

其中，f为期权价格；其他参数符号的意义同前。

通过这个微分方程，Black和Scholes得到了如下适用于无收益资产欧式看涨期权的定价公式：

$$c = SN(d_1) - Xe^{-r(T-t)}N(d_2) \tag{9-4}$$

其中，c为无收益资产欧式看涨期权价格；N（x）为标准正态分布变量的累计概率分布函数（即这个变量小于x的概率），根据标准正态分布函数特性，我们有$N(-x) = 1 - N(x)$。

假设检验水平为α=0.05，正态分布图如图9-1所示。

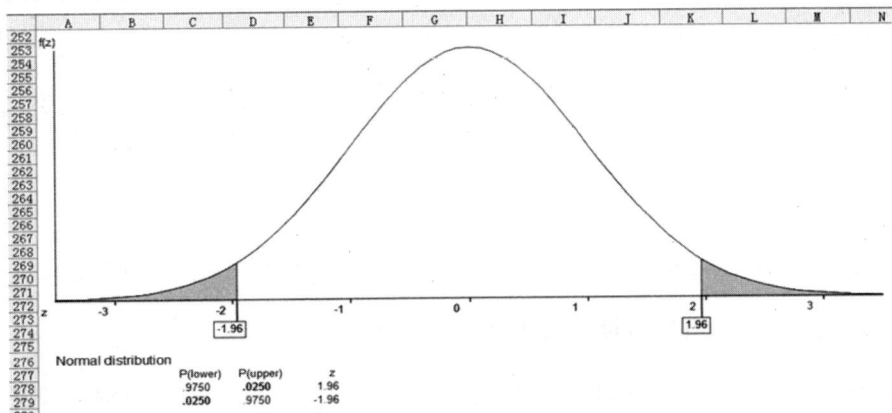

图9-1 N（x）标准正态分布图示

3）对 Black-Scholes 期权定价公式的理解

（1）$SN(d_1)$ 可看作证券或无价值看涨期权的多头；$Xe^{-r(T-t)}N(d_2)$ 可看作 X 份现金或无价值看涨期权的多头。

可以证明，$\partial f/\partial S = N(d_1)$。为构造一份欧式看涨期权，需持有 $N(d_1)$ 份证券多头，以及卖空数量为 $Xe^{-rt}N(d_2)$ 的现金。

Black-Scholes 期权定价公式用于不支付股利的欧式看涨期权的定价。

注意：该公式只在一定的假设条件下成立，如市场完美（无税、无交易成本、资产无限可分、允许卖空）、无风险利率保持不变、股价遵循几何布朗运动等。

（2）风险中性定价原理：我们可以注意到期权价格是与标的资产的预期收益率无关的。$C(S,t)$ 与 S、r、t、T、σ 以及 X 有关，而与股票的期望收益率 μ 无关。这说明欧式 Call 的价格与投资者的风险偏好无关。

在对欧式 Call 定价时，可假设投资者是风险中性的（对所承担的风险不要求额外回报，所有证券的期望收益率等于无风险利率）。

为了更好地理解风险中性定价原理，我们可以举一个简单的例子来说明。

【例 9-1】假设一种不支付红利的股票目前的市价为 10 元，我们知道在 3 个月后，该股票价格要么是 11 元，要么是 9 元。现在我们要找出一份 3 个月期协议价格为 10.5 元的该股票欧式看涨期权的价值。

解答：

由于欧式期权不会提前执行，其价值取决于 3 个月后股票的市价。若 3 个月后该股票价格等于 11 元，则该期权价值为 0.5 元；若 3 个月后该股票价格等于 9 元，则该期权价值为 0。

为了找出该期权的价值，我们可构建一个由一单位看涨期权空头和 Δ 单位标的股票多头组成的组合。若 3 个月后该股票价格等于 11 元，该组合价值等于（$11\Delta - 0.5$）元；若 3 个月后该股票价格等于 9 元，该组合价值等于 9Δ 元。为了使该组合价值处于无风险状态，我们应选择适当的 Δ 值，使 3 个月后该组合的价值不变，这意味着：$11\Delta - 0.5 = 9\Delta$，解得：$\Delta = 0.25$。

因此，一个无风险组合应包括一份看涨期权空头和 0.25 股标的股票。无论 3 个月后股票价格等于 11 元还是 9 元，该组合价值都将等于 2.25 元。

在没有套利机会的情况下，无风险组合只能获得无风险利率。假设现在的无风险年利率等于 10%，则该组合的现值应为：$2.25e^{-0.1 \times 0.25} = 2.19$（元）。

由于该组合中有一单位看涨期权空头和 0.25 单位股票多头，而目前股票市场为 10 元，因此：

$10 \times 0.25 - f = 2.19$

$f = 0.31$ 元

这就是说，该看涨期权的价值应为 0.31 元，否则就会存在无风险套利机会。

9.1.3 Black-Scholes 期权定价公式的计算

为了更进一步理解 Black-Scholes 期权定价模型，下面用一个简单的例子来说明这一模型的计算过程。

【例9-2】假设某种不支付红利的股票的市价为50元，无风险利率为12%，该股票的年波动率为10%，求该股票协议价格为50元、期限为1年的欧式看涨期权和看跌期权价格。

解答：

在本题中，可以将相关参数表达如下：S = 50，X = 50，r=0.12，σ=0.1，T=1，计算出d_1和d_2：

$$d_1 = \frac{\ln(50/50) + (0.12 + 0.01/2) \times 1}{0.1 \times \sqrt{1}} = 1.25$$

$$d_2 = d_1 - 0.1 \times \sqrt{1} = 1.15$$

计算$N(d_1)$和$N(d_2)$：

$N(d_1) = N(1.25) = 0.8944$

$N(d_2) = N(1.15) = 0.8749$

将上述结果及已知条件代入公式，这样，欧式看涨期权价格为：

$$c = 50 \times 0.8944 - 50 \times 0.8749 e^{-0.12 \times 1} = 5.92 \text{（元）}$$

由 $P = C + Ke^{-r(T-t)} - S = Ke^{-r(T-t)}N(-d_2) - SN(-d_1)$ （9-5）

可以算出欧式看跌期权价格：

$$p = 50 \times (1 - 0.8749)e^{-0.12 \times 1} - 50 \times (1 - 0.8944) = 0.27 \text{（元）}$$

9.1.4 Black-Scholes期权定价公式的应用

Black-Scholes期权定价公式除了可以用来估计期权价格外，在其他一些方面也有重要的应用，主要有以下三个方面：

1）对公司负债及资本进行估值

A公司发行两种证券：普通股100万股及1年后到期的总面值8 000万元的零息债券。已知公司总市值为1亿元，问公司股票及债券如何定价？

令V为当前A公司资产市场价值，E为A公司资本市场价值，D为A公司债券市场价值。

V=E+D （9-6）

考虑股东1年之后的收益：当A公司价值V_T大于债券面值时，收益为V_T-8 000；当A公司价值小于债券面值时，收益为0。股东相当于持有一个执行价格为8 000万元的欧式Call，标的资产为公司价值。当前资本价值为：

$E = VN(d_1) - Be^{-rT}N(d_2)$ （9-7）

给出其他具体数值，公司价值的波动率为0.3，无风险利率为8%，根据B-S公式得到E=2 824万元，公司负债价值D=V-E=7 176（万元）。

2）确定贷款担保价值或担保费用

假设某银行为公司发行的债券提供了信用担保。1年之后，若公司价值V_T大于债券面值，银行无须支付；若公司价值V_T小于债券面值，银行须支付V_T-B。这相当于银行出售了一个欧式Put，标的资产仍为公司价值，执行价格为债券面值B。

利用上面的例子，可采用B-S看跌期权定价公式或看涨看跌期权平价公式，得到欧式Put的价值为209万元，A公司应支付209万元的担保费。

3）带有可转化特征的融资工具的定价

认股权证指赋予投资者在某一时期以约定价格向发行人购买公司新股的权利。

假设公司有 N 股流通股，M 份流通欧式认股权证，一份认股权证赋予持有人在时刻 T 以每股 K 的价格购买 x 股新股的权利。

设时期 T 公司权益价值为 E_T，若持有人选择执行认股权，公司权益价值变为 E_T+MxK，股票数量变为 N+Mx。执行认股权证后瞬间，股价变为（E_T+MxK）/（N+Mx）。只有当这一股价大于执行价格 K 时，持有人才会执行认股权。

（1）当 $E_T/N>K$ 时，持有人执行，其收益为：

$$\frac{xN}{N+Mx}\left(\frac{E_T}{N}-K\right) \tag{9-8}$$

（2）当 $E_T/N<K$ 时，持有人不执行，其收益为 0。一份认股权证的价值为：

$$\frac{xN}{N+Mx}C \tag{9-9}$$

其中，C 是基于公司股票价格的欧式 Call，执行价格为 K。利用 B-S 公式得一份认股权证的价值。

9.1.5 Black-Scholes 期权定价公式的不足

B-S 公式当然也有其不足之处，首先，B-S 公式估计的期权价格与市场价格存在差异，主要原因有以下几点：

（1）B-S 公式是建立在众多假定的基础上的，而现实市场是不满足它的很多假设条件的，因此，利用 B-S 公式计算出来的期权价格与真实的市场价格之间肯定会存在差异。

（2）参数的错误：B-S 公式中的参数实际上是需要我们自己估算的，我们只能根据历史数据来估算参数，这之间就存在一个误差。

（3）期权市场价格偏离均衡，此时的期权价格的估算显然没有实际意义。

其次，对于无收益资产的期权而言，B-S 公式适合欧式看跌期权和看涨期权，同时可以适用于美式看涨期权，因为在无收益情况下，美式看涨期权提前执行是不可取的，它的期权执行日也就是到期日，所以 B-S 公式也适用于美式看涨期权；对于美式看跌期权，由于可以提前执行，故不适合。

对于有收益资产的期权而言，只需改变收益现值（即变为标的证券价值减去收益折现），B-S 公式也适用于欧式看跌期权和看涨期权；在标的存在收益时，美式看涨期权和看跌期权存在提前执行的可能性，因此 B-S 公式不适用。

|9.2| 期权定价实验

9.2.1 二叉树模型（期权定价离散模型）

二叉树模型假设资产价格每期只有两种变动可能：上涨或下跌。

1）单期二叉树模型

【例 9-3】某股票即期价格为 15 元，下期股票价格有 50% 的可能上涨到 17 元，有 50% 的可能跌至 13 元。假设期间长度为 4 个月，年度无风险连续利率为 10%，问行权价格为 16 元的看涨期权价值为多少？

解答：

如图9-2所示的分析，下一期期权的价值有50%的可能为1元，有50%的可能为0元。

如果简单地认为，期权价值为未来收益期望值的折现值，那么该期权的价值为：

该期权的价值 $= e^{-10\% \times \frac{4}{12}}(0.5 \times 1 + 0.5 \times 0)$

Excel 返回的数值为0.4836。但是在这个价格下显然会存在套利空间。

	A	B	C
1		S=¥17	
2		C=¥1	
3	S=¥15		
4		S=¥13	
5		C=¥0	

图9-2　二叉树模型

按照上例同样的方法，可以计算出，证券组合应为0.25份股票和1份期权。为简化起见，这里考虑的投资策略为1份股票和4份期权。

考虑投资策略1：

◇即期卖空1份股票，得到15元，以其中的1.9344元（0.4836×4）买入4份期权（0.4836×4=1.9344），将剩余的13.0656元按10%利率贷放出去。

◇4个月后贷款本息累计为13.7032元。

如果股票价格为13元，则不执行期权，以13元买入股票补回空头，也就是说用贷款收回的本金13元从市场购买1份股票，保持手中的股票仍然为1份，获得净利润0.7032元。

如果股票价格为17元，则结算期权行权收益，以16元的价格买入4份股票回补空头，再以市场价17元卖出3份，即可获得净利润=13.7032+17×3-16×4=0.7032（元）。

由于套利行为的存在，简单地折现期望值并非期权的真实价格。

在无套利条件下，期权价格与股票价格的变化概率反而没有关系。假设期权价格为f，考虑投资策略2：

◇即期买入1份股票，同时卖空4份期权．

如果股票价格为17元，则每份期权价值为1元，该策略组合的价值为13元（17-4）。

如果股票价格为13元，则每份期权价值为0，该策略组合价值为13元。

因此，我们构造出来的资产组合在两种情况下价值均为13元，其实就是一种无风险资产。因此，这个组合的现值=13exp（-10%×4/12），Excel返回的数值为12.5738元。

考虑到它由1份股票（15元）、4份期权（f元）构成，我们可以推出：f=（15-12.5738）/4=0.61（元），即1份行权价格为16元的看涨期权的无套利价格为0.61元。

2）风险中性概率

假设一只无红利支付的股票，当前时刻t价格为S，基于该股票的某个期权的价值是f，期权的有效期是T。在这个有效期内，股票价格或者上升到 S_u，或者下降到 S_d。当股票上升到 S_u 时，期权的回报为 f_u；当股票价格下降到 S_d 时，期权的回报为 f_d，如图9-3所示。

	A	B	C
1		S_u	
2		f_u	
3	S		
4	f		
5		S_d	
6		f_d	
7			

图9-3　二叉树模型基本设定

对于看涨期权来说，期权的未来行权价值（期权回报）为：

$f_u = \max(S_u - X, 0)$

$f_d = \max(S_d - X, 0)$

其中，X 为行权价格。

（1）在风险中性的世界中，假定股票的上升概率为 P，由于股票未来预期按照无风险利率贴现的现值必须等于该股票目前的价格，因此该概率可通过下式求得：

$$S = e^{-rT}[S_u p + S_d(1 - p)] \tag{9-10}$$

即：

$$p = \frac{e^{rT} - d}{u - d} \tag{9-11}$$

（2）知道了风险中性概率后，期权价格就可以通过下式求得：

$$f = e^{-rT}[f_u p + f_d(1 - p)] \tag{9-12}$$

我们称 p 为风险中性概率，它的取值必定介于 0 和 1 之间，否则会存在套利机会。

注意：任何金融衍生品的即期价值都是其在风险中性概率下的未来收入期望值的无风险折现值。

因此，我们可以利用股票和无风险资产来模拟期权。

例如，某投资者买入 0.25 份股票，股票现价 15 元，同时借入 3 元现金。借款本息到期末为 3.25 元。

◇如果到期时股票的价格为 17 元，资产组合价值=0.25×17-3.25=1（元）。

◇如果到期时股票的价格为 13 元，资产组合价值=0.25×13-3.25=0。

上述组合的未来收入与行权价格为 16 元的看涨期权的未来收入完全一致，由此，我们也可以推出期权的即期价格为 0.25×15-3=0.75（元）。

事实上，在二叉树模型下，任何金融衍生品都可以用股票和无风险债券形成资产组合进行模拟。

3）多期二叉树模型

我们可以将单期二叉树模型的结论推广到多期二叉树模型，因为二叉树的任何一个节点与下期两个节点都构成一个单期二叉树。

	A	B	C	D
1			S_{uu}	
2			f_{uu}	
3		S_u		
4		f_u		
5	S		s_{ud}	
6	f		f_{ud}	
7		S_d		
8		f_d		
9			S_{dd}	
10			f_{dd}	

图 9-4　多期二叉树模型

由单期二叉树模型结论我们可以推知，风险中性概率如下：

$$p = \frac{e^{rT} - d}{u - d}$$

欧式期权在各个节点的价值分别如下：

$$f_u = e^{-rT}[pf_{uu} + f_{ud}(1-p)] \tag{9-13}$$

$$f_d = e^{-rT}[pf_{ud} + f_{dd}(1-p)] \tag{9-14}$$

$$f = e^{-rT}[pf_u + f_d(1-p)] \tag{9-15}$$

整理后可得：

$$f = e^{-2rT}[p^2 f_{uu} + (1-p)^2 \times f_{dd} + 2p(1-p) \times f_{ud}] \tag{9-16}$$

注意：

$$u = \frac{1}{d} \tag{9-17}$$

$$u = \frac{1}{d} = e^{\sigma\sqrt{\Delta t}} \tag{9-18}$$

$$d = e^{-\sigma\sqrt{\Delta t}} \tag{9-19}$$

其中，p^2、$(1-p)^2$ 和 $2p(1-p)$ 分别是风险中性概率下 f_{uu}、f_{dd} 和 f_{ud} 出现的概率。

【例9-4】 某股票即期价格为10元，每期该股票价格都有可能上涨或者下跌1元。假设无风险利率为8%，问一份在时点3到期的、行权价格为10元的欧式股票看涨期权即期价值为多少？

解答：本例多期二叉树模型如图9-5所示。

	A	B	C	D	E	F
1				13		
2			12			
3		11		11		
4	10		10			
5		9		9		
6			8			
7				7		
8						
9	0	1	2	3	4	时点

图9-5　多期二叉树模型

步骤一：首先把期权的有效期分为3部分，每部分1个月（0.0833年），可求得（波动率=1/10×100%=10%）：

$$u = e^{\sigma\sqrt{\Delta t}} = e^{10\% \times \sqrt{3/12}} = 1.0513$$

$$d = e^{-\sigma\sqrt{\Delta t}} = e^{-10\% \times \sqrt{3/12}} = 0.9512$$

$$p = \frac{e^{rT} - d}{u - d} = \frac{e^{8\% \times 3/12} - 0.9512}{1.0513 - 0.9512} = 0.6893$$

$$1 - p = 1 - 0.6893 = 0.3107$$

步骤二：首先利用时点3的股票价格计算时点2的看涨期权的价格。

（1）计算 f_{uu}：

当股票价格为13元时，看涨期权的价格为3元（13-10），即 $f'_{ud} = 3$；

当股票价格为11元时，看涨期权的价格为1元（11-10），即 $f'_{ud} = 1$。

所以，$f_{uu} = e^{-rT} \times [pf'_{uu} + f'_{ud}(1-p)] = e^{-0.08 \times 0.0833} \times (0.6893 \times 3 + 0.3107 \times 1) = 2.3628$

（2）计算 f_{ud}：

当股票价格为11元时，看涨期权的价格为1元（11-10），即 $f'_{uu} = 1$；

当股票价格为9元时，看涨期权的价格为0元。

所以，$f_{ud} = e^{-rT} \times [pf'_{ud} + f'_{du}(1-p)] = e^{0.08 \times 0.0833} \times (0.6893 \times 1 + 0.3107 \times 0) = 0.6847$

（3）计算 f_{dd} :

当股票价格为9元时，看涨期权的价格为0元；

当股票价格为8元时，看涨期权的价格为0元。

所以， $f_{dd}=0$

步骤三：利用时点2的期权价格计算时点1的看涨期权价格。

（1）计算 f_u :

$$f_u=e^{-rT}\times[pf_{uu}+f_{ud}(1-p)]=e^{-0.08\times0.0833}\times(0.6893\times2.3628+0.3107\times0.6847)=1.8292$$

（2）计算 f_d :

$$f_d=e^{-rT}\times[pf_{ud}+f_{dd}(1-p)]=e^{-0.1\times0.0833}\times(0.6893\times0.6847+0.3107\times0)=0.4688$$

步骤四：利用时点1的期权价格计算时点0的看涨期权价格。

计算 f :

$$f=e^{-rT}\times[pf_u+f_d(1-p)]=e^{-0.08\times0.0833}\times(0.6893\times1.8292+0.3107\times0.4688)=1.3972$$

步骤五：画出该股票在期权有效期内的二叉树模型示意图，如图9-6所示。

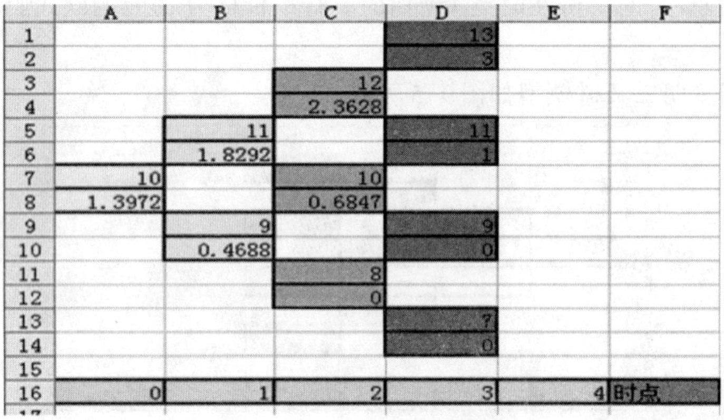

图9-6 二叉树模型示意图

综上所述，一份在时点3到期的、行权价格为10元的欧式股票看涨期权即期价值为1.3972元。

9.2.2 Black-Scholes模型（期权定价连续模型）

Black-Scholes期权定价公式计算方法如下：

1）参数部分

（1）估计无风险利率 r

在成熟的金融市场，如美国，人们大多使用美国国库券利率作为无风险利率的估计值。

（2）估计标的资产价格的波动率 σ

估计波动率的方法一般有两种：

①历史波动率。历史波动率就是从标的资产价格的历史数据中计算出价格收益率的标准差。

②隐含波动率。一般隐含波动率计算较为复杂，多用计算机才能求得，故我们常用历史波动率。

【例9-5】根据雅虎数据，2014年5月7日百度公司的股价为157.83美元，选用2015

年1月到期期权，协议价格为160美元，已知美国国债利率（无风险利率）为2.718%，设该股票的年波动率初始值为30%，求该股票的真实年波动率。

解答：

可以将相关参数表达如下：

S = 157.83，X = 160，r=0.02718，σ=0.3

步骤一：先求出 d_1 和 d_2：

以 d_1 为例，求解方法如图9-7所示。

图9-7　求解 d_1

步骤二：计算 $N(d_1)$ 和 $N(d_2)$。

可认为 N（*）为标准正态分布的累积概率分布函数，故采用NORMSDIST（ ）进行计算。Excel的返回值如下：

$N(d_1) = N(0.1950) = 0.5773$

$N(d_2) = N(-0.1049) = 0.4582$

步骤三：计算看涨期权的价格，如图9-8所示。

图9-8　看涨期权价格

Excel的返回值为19.7715元。

步骤四：利用单变量求解，确定隐含波动率（百度公司该期权当天对应价值为21.6美元），如图9-9和图9-10所示。

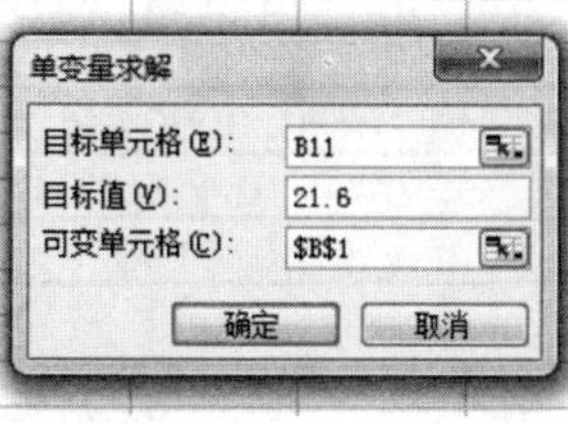

图9-9　单变量求解

	A	B
1	波动率初始值σ	33%
2	行权价格X	160
3	美国国债利率r	2.718%
4	到期期限	269
5	股价S	157.83
6		
7	d1	0.2058
8	d2	-0.1238
9	N(d1)	0.5815
10	N(d2)	0.4507
11	C	21.6000

图9-10　确定隐含波动率

综上所述，隐含波动率为33%。

【例9-6】计算000948（南天信息）股票的年波动率。设 R_t 为股票价格百分比收益率，$\bar{R}$（或者为 μ）则为连续复利收益率（估计）均值，$Var(R)$（或者 σ^2）则是连续复利收益率（估计）方差，σ 为相应的（估计）标准差（波动率）。

共有2个月（2013年11月至2013年12月，共61天）、43个交易日的收盘价信息，因此得到42个收益率信息（T取42）。

注意：$\bar{R}$ 的计算方法如图9-11所示。

	F2	▼	f_x	=AVERAGE(D3:D44)		
	A	B	C	D	E	F
1	时间	收盘	R_t	LnR_t	$(LnR_t - \bar{R})^2$	$\bar{R}$
2	2013-11-01,五	7.78				-0.00022
3	2013-11-04,一	7.86	1.010283	0.01023	0.000109108	
4	2013-11-05,二	7.9	1.005089	0.005076	0.000027998	
5	2013-11-06,三	7.81	0.988608	-0.01146	0.000126396	
6	2013-11-07,四	7.7	0.985915	-0.01418	0.000195145	

图9-11　求解 $\bar{R}$ 的数值方法

历史波动率的计算如图9-12和图9-13所示。

	A	B	C	D	E	F
1	时间	收盘	R_t	LnR_t	$(LnR_t - \bar{R})^2$	$\bar{R}$
2	2013-11-01,五	7.78				-0.00022
3	2013-11-04,一	7.86	1.010283	0.01023	0.000109108	
4	2013-11-05,二	7.9	1.005089	0.005076	0.000027998	
5	2013-11-06,三	7.81	0.988608	-0.01146	0.000126396	
6	2013-11-07,四	7.7	0.985915	-0.01418	0.000195145	
7	2013-11-08,五	7.5	0.974026	-0.02632	0.000681320	
8	2013-11-11,一	7.54	1.005333	0.005319	0.000030629	

图9-12　历史波动率计算（一）

	A	B	C	D	E
45			总计	-0.00904	0.014650784
46	样本均值 μ=-0.00904/42=-0.0002152				
47	样本方差 σ^2=0.014650784/41=0.0003573				
48	样本标准差 σ=0.0189				
49					

图9-13　历史波动率计算（二）

注意：按照一年252个交易日进行计算，图9-13中计算得到的日波动率相应的年波动率为：

$$\sigma_{year} = \sigma_{day} \times \sqrt{252} = 0.0189 \times \sqrt{252} = 0.3$$

【例9-7】假设000948（南天信息）不支付红利的市价为9元，已知无风险利率为10%，该股票的年波动率为30%，求该股票协议价格为9元、期限为1年的无价值欧式看涨期权和看跌期权价格。

解答：

可以将相关参数表达如下：

$S = 9$，$X = 9$，$r=0.1$，$\sigma=0.3$，$T=1$

步骤一：先求出 d_1 和 d_2；

$$d_1 = \frac{\ln(9/9)+(0.1+0.09/2) \times 1}{0.3 \times \sqrt{1}} = 0.483$$

$$d_2 = d_1 - 0.3 \times \sqrt{1} = 0.183$$

步骤二：计算 $N(d_1)$ 和 $N(d_2)$。

可认为 N（*）为标准正态分布的累积概率分布函数，故采用 NORMSDIST（ ）进行计算。

Excel 的返回值如下：

$N(d_1) = N(0.483) = 0.6855$

$N(d_2) = N(0.183) = 0.5726$

且 N（*）=1-N（-*），故：

$N(-d_1) = 1 - 0.6855 = 0.3154$

$N(-d_2) = 1 - 0.5726 = 0.4274$

步骤三：计算看涨期权的价格：

$c = SN(d_1) - Xe^{-r(T-t)}N(d_2) = 9 \times 0.6855 - 9 \times e^{-0.1 \times 1} \times 0.5726 = 1.51$ （元）

步骤四：计算看跌期权的价格：

$p = Xe^{-r(T-t)}N(-d_2) - SN(-d_1) = 9 \times e^{-0.1 \times 1} \times 0.4274 - 9 \times 0.3154 = 0.64$ （元）

2）通过模拟运算表得出不同波动率与协议价格下的看涨期权与看跌期权价格（平价期权与波动率及协议价格的关系）（双变量模拟）

【例9-8】以看涨期权为例：

已知原波动率为0.3，设从0.2开始到0.4结束，间隔单位为0.02；

已知协议价格为9，设从8.0开始到10.0结束，间隔单位为0.2。

每项参数输入对应公式如下（注意公式设定需要完整且准确）：

E1=（LN（B1/B2）+（（B3+B4^2/2）*B5））/B4

E2=（LN（B1/B2）+（（B3-（B4^2）/2）*B5））/B4

E3=NORMSDIST（E1）　E4=NORMSDIST（E2）

E5=1-E3　E6=1-E4

H1=B1*E3-B2*EXP（-B3*B5）*E4

H2=B2*EXP（-B3*B5）*E6-B1*E5

令 A8=H1，选中 A8：L19 单元格，选择菜单栏中的"数据/模拟运算表"，在所弹出的对话框中输入如图9-14所示的内容。

	A	B	C	D	E	F	G	H	I	J	K	L
1	S	9		d1	0.483333		c	1.506072				
2	X	9		d2	0.183333		p	0.649609				
3	R	0.1		N(d1)	0.68557							
4	σ	0.3		N(d2)	0.57273							
5	T	1		N(−d1)	0.31443							
6				N(−d2)	0.42727							
7	看涨期权价格											
8	1.506072	0.2	0.22	0.24	0.26	0.28	0.3	0.32	0.34	0.36	0.38	0.4
9		8										
10		8.2										
11		8.4										
12		8.6										
13		8.8										
14		9										
15		9.2										
16		9.4										
17		9.6										
18		9.8										
19		10										

模拟运算表

输入引用行的单元格(R): $B$4

输入引用列的单元格(C): $B$2

确定　取消

图9-14　模拟运算表输入内容

看涨期权价格结果如图9-15所示。

	A	B	C	D	E	F	G	H	I	J	K	L
1	S	9		d1	0.483333		c	1.506072				
2	X	9		d2	0.183333		p	0.649609				
3	R	0.1		N(d1)	0.68557							
4	σ	0.3		N(d2)	0.57273							
5				N(−d1)	0.31443							
6				N(−d2)	0.42727							
7	看涨期权价格											
8	1.506072	0.2	0.22	0.24	0.26	0.28	0.3	0.32	0.34	0.36	0.38	0.4
9	8	1.874153	1.91153	1.952368	1.996071	2.04215	2.090205	2.139911	2.191	2.243252	2.296485	2.350545
10	8.2	1.725241	1.7677	1.81321	1.861201	1.911217	1.962896	2.015949	2.070141	2.12528	2.18121	2.237799
11	8.4	1.582378	1.629826	1.679852	1.73194	1.785687	1.84078	1.896973	1.954065	2.011897	2.070339	2.129282
12	8.6	1.446021	1.498238	1.552528	1.60845	1.665668	1.723923	1.783013	1.842779	1.903092	1.963846	2.024955
13	8.8	1.316552	1.3732	1.431415	1.490845	1.551225	1.612354	1.674076	1.736268	1.798833	1.861688	1.92477
14	9	1.194271	1.254907	1.316633	1.37919	1.442385	1.506072	1.570138	1.634495	1.699072	1.76381	1.828662
15	9.2	1.079387	1.143419	1.208243	1.273506	1.339139	1.405047	1.471155	1.537403	1.603746	1.670142	1.73656
16	9.4	0.97202	1.03897	1.106242	1.173768	1.241442	1.30922	1.377057	1.444918	1.512775	1.580602	1.64838
17	9.6	0.872199	0.941363	1.010615	1.079912	1.149218	1.218507	1.287757	1.356949	1.426069	1.495101	1.564034
18	9.8	0.779869	0.850578	0.921239	0.991838	1.062363	1.132804	1.20315	1.273394	1.343526	1.413539	1.483424
19	10	0.694898	0.766481	0.837989	0.909414	0.980749	1.051986	1.123117	1.194137	1.265036	1.335809	1.406449

图9-15　模拟运算表看涨期权价格结果

用同样的方法可求得看跌期权价格的双因素分析结果，如图9-16所示。

	A	B	C	D	E	F	G	H	I	J	K	L
21	看跌期权价格											
22	0.649609	0.2	0.22	0.24	0.26	0.28	0.3	0.32	0.34	0.36	0.38	0.4
23	8	0.112852	0.15023	0.191068	0.234771	0.280849	0.328905	0.37861	0.429699	0.481951	0.535184	0.589244
24	8.2	0.144908	0.187367	0.232877	0.280867	0.330883	0.382563	0.435616	0.489808	0.544947	0.600877	0.657466
25	8.4	0.183012	0.23046	0.280487	0.332574	0.386321	0.441415	0.497607	0.554699	0.612532	0.670973	0.729916
26	8.6	0.227623	0.27984	0.33413	0.390052	0.447269	0.505524	0.564615	0.624381	0.684693	0.745448	0.806557
27	8.8	0.279121	0.335769	0.393985	0.453414	0.513794	0.574923	0.636645	0.698838	0.761402	0.824258	0.887339
28	9	0.337808	0.398443	0.46017	0.522727	0.585922	0.649609	0.713675	0.778032	0.842609	0.907347	0.972199
29	9.2	0.403891	0.467983	0.532747	0.59801	0.663643	0.729551	0.795659	0.861908	0.92825	0.994646	1.061064
30	9.4	0.477491	0.544442	0.611724	0.679239	0.746914	0.814691	0.882528	0.95039	1.018246	1.086074	1.153852
31	9.6	0.558638	0.627802	0.697055	0.766351	0.835657	0.904946	0.974196	1.043389	1.112508	1.18154	1.250473
32	9.8	0.647276	0.717985	0.788646	0.859245	0.92977	1.000211	1.070557	1.140801	1.210933	1.280945	1.350831
33	10	0.743272	0.814855	0.886363	0.957788	1.029123	1.10036	1.171492	1.242511	1.31341	1.384183	1.454823

图9-16　模拟运算表看跌期权价格结果

分析：从模拟运算表结果可以看出：

（1）无论是看涨还是看跌期权，期权价格与波动率呈正相关，随着波动率的增大，期权价格也会增大。

（2）看涨期权价格与协议价格呈负相关，看跌期权价格与协议价格呈正相关。

3）通过模拟运算表得出不同波动率与到期时间下的看涨期权与看跌期权价格（平价期权与波动率及期限的关系）（双变量模拟）

【例9-9】以看涨期权为例：

已知原波动率为0.3，设从0.2的波动率开始到0.4结束，变动率为0.02。

已知原到期时间为1，设从0.9开始到1.1结束，变动幅度为0.02。

解答：

公式设置与上例相同。

令A8=H1，选中A8：L19单元格，选择菜单栏中的"数据/模拟运算表"，在所弹出的对话框中输入如图9-17所示的内容，结果如图9-18所示。

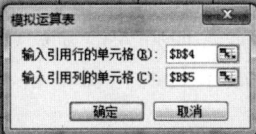

图9-17 模拟运算表输入内容

	A	B	C	D	E	F	G	H	I	J	K	L
7	看涨期权价格											
8	1.506072	0.2	0.22	0.24	0.26	0.28	0.3	0.32	0.34	0.36	0.38	0.4
9	0.90	1.079628	1.134583	1.190531	1.247238	1.304534	1.362286	1.420395	1.478783	1.537387	1.596155	1.655045
10	0.92	1.102755	1.158844	1.215948	1.273826	1.332303	1.391246	1.450551	1.510138	1.569942	1.629911	1.690001
11	0.94	1.125786	1.18301	1.241269	1.300318	1.359976	1.420107	1.480605	1.541388	1.60239	1.663556	1.724843
12	0.96	1.148717	1.207078	1.266492	1.326711	1.387549	1.448866	1.510556	1.572533	1.634729	1.697089	1.759568
13	0.98	1.171547	1.231044	1.291614	1.353002	1.415019	1.477522	1.540401	1.603569	1.666957	1.730508	1.794175
14	1.00	1.194271	1.254907	1.316633	1.37919	1.442385	1.506072	1.570138	1.634495	1.699072	1.76381	1.828662
15	1.02	1.216888	1.278663	1.341546	1.405272	1.469644	1.534514	1.599766	1.665309	1.731072	1.796994	1.863027
16	1.04	1.239394	1.302309	1.36635	1.431245	1.496794	1.562845	1.629281	1.696009	1.762954	1.830058	1.897268
17	1.06	1.261787	1.325845	1.391043	1.457107	1.523832	1.591063	1.658681	1.726592	1.794718	1.862999	1.931383
18	1.08	1.284065	1.349266	1.415623	1.482856	1.550757	1.619167	1.687966	1.757056	1.826361	1.895816	1.965371
19	1.10	1.306224	1.37257	1.440087	1.50849	1.577566	1.647155	1.717132	1.787401	1.857881	1.928508	1.999229

图9-18 模拟运算表看涨期权价格结果

用同样的方法可求得看跌期权价格的双因素分析结果，如图9-19所示。

	A	B	C	D	E	F	G	H	I	J	K	L
21	看跌期权价格											
22	0.649609	0.2	0.22	0.24	0.26	0.28	0.3	0.32	0.34	0.36	0.38	0.4
23	0.90	0.305009	0.359963	0.415911	0.472619	0.529914	0.587667	0.645776	0.704164	0.762767	0.821535	0.880426
24	0.92	0.311701	0.367791	0.424894	0.482773	0.54125	0.600192	0.659497	0.719084	0.778888	0.838857	0.898948
25	0.94	0.318331	0.375555	0.433814	0.492863	0.552521	0.612652	0.67315	0.733933	0.794935	0.856101	0.917388
26	0.96	0.324893	0.383254	0.442668	0.502887	0.563725	0.625043	0.686732	0.748709	0.810905	0.873266	0.935744
27	0.98	0.331387	0.390884	0.451455	0.512842	0.574859	0.637362	0.700241	0.763409	0.826797	0.890348	0.954015
28	1.00	0.337808	0.398443	0.46017	0.522727	0.585922	0.649609	0.713675	0.778032	0.842609	0.907347	0.972199
29	1.02	0.344154	0.405928	0.468812	0.532538	0.59691	0.66178	0.727032	0.792575	0.858338	0.92426	0.990293
30	1.04	0.350422	0.413337	0.477378	0.542273	0.607821	0.673873	0.740308	0.807036	0.873982	0.941085	1.008296
31	1.06	0.356609	0.420666	0.485865	0.551929	0.618654	0.685885	0.7535	0.821413	0.88954	0.957821	1.026205
32	1.08	0.362713	0.427914	0.494271	0.561505	0.629405	0.697816	0.766614	0.835705	0.905009	0.974465	1.044019
33	1.10	0.368732	0.435077	0.502594	0.570997	0.640073	0.709662	0.77964	0.849908	0.920388	0.991015	1.061736

图9-19 模拟运算表看跌期权价格结果

分析：从模拟运算表结果可以看出：

（1）无论是看涨还是看跌期权，期权价格与波动率均呈正相关，随着波动率的增大，期权价格也会增大。

（2）无论是看涨还是看跌期权，期权价格与到期期限均呈正相关，随着到期期限的增大，期权价格也会增大。

9.3 期权综合实验——保本基金设计

9.3.1 保本基金定义

保本基金指在基金产品的一个保本周期内（基金一般设定了一定期限的锁定期，在中国一般是3年，在国外甚至达到7～12年），投资者可以拿回原始投入本金，但若提前赎回，将不享受优待。这类基金对于风险承受能力比较弱的投资者或是在未来股市走势不确定的情形下，是一个很好的投资品种，既可以保障所投资本金的安全，又可以参与股市上涨的获利，具有其特定的优势。

保本基金在一定期间内，对所投资的本金提供一定比例的保证保本担保，基金利用孳息或是极小比例的资产从事高风险投资，而将大部分资产从事固定收益投资，使得基金投资的市场不论如何下跌，都不会低于其所担保的价格，而达到所谓的"保本"作用。

9.3.2 基金产品设计

产品条款：保本存续期2年，保本率100%，市场无风险收益率5%。

投资策略：

产品结构分解为：国债+股票+看跌期权多头。

我们在几何布朗运动假设下根据波动率随机产生一条路径，基于该路径进行操作。

1）股价路径模拟

① $S' = \Delta S + S = S(1 + \mu dt + \sigma dz) = S(1 + \mu \Delta t + \sigma \varepsilon \sqrt{\Delta t})$ (9-20)

② $\varepsilon = \sum_{i=1}^{12} R_i - 6$ (9-21)

$R_i (1 \leqslant i \leqslant 12)$ 是相互独立的0到1均匀分布的随机数。

参数含义参见本章9.1节中"假设条件"（μ代表漂移率）。

假设条件如表9-1所示。

表9-1   模拟股价假设条件

初始股价	漂移率	波动率	无风险利率	每年交易星期数
10.00	12%	35%	10%	52

步骤一：在单元格中利用rand（）函数获取每个股价所对应的12个随机数。

步骤二：根据式（9-21）计算标准正态分布随机数 ε 的结果，如图9-20所示。

	A	B	C	D	E	F	G	H	I	J	K	L	M	N	O	P
	FORECAST	▼		=SUM(E11:P11)-6												
1		**股价路径的模拟**														
2	**输入**															
3	初始指数	10.00														
4	漂移率	12%														
5	波动率	35%														
6	无风险利率	10%														
7	每年交易星期数	52														
8	**输出**															
9	第n个星期	标准正态分布随机数	股价				12个从0和1之间平均分布随机数									
10	0		10		R1	R2	R3	R4	R5	R6	R7	R8	R9	R10	R11	R12
11	1	=SUM(E11:P11)-6			0.516	0.731	0.225	0.62	0.933	0.594	0.983	0.719	0.126	0.906	0.595	0.439

图9-20 标准正态分布 ε 计算

步骤三：根据式（9-20）计算模拟股价，如图9-21所示。

	A	B	C	D	E	F	G	H	I
	FORECAST	▼ ✕ ✓		=C10*(1+$B$4/$B$7+$B$5*B11/SQRT($B$7))					
1		**股价路径的模拟**							
2	**输入**								
3	初始指数	10.00							
4	漂移率	12%							
5	波动率	35%							
6	无风险利率	10%							
7	每年交易星期数	52							
8	**输出**								
9	第n个星期	标准正态分布随机数	股价					12个从0和1	
10	0		10		R1	R2	R3	R4	R5
11	1	0.285340781	=C10*(1+$B$4/$B$7+$B$5*B11/SQRT($B$7))						

图9-21 股价模拟过程

股价模拟结果如图9-22所示。

	A	B	C	D	E	F	G	H	I	J	K	L	M	N	O	P
9	第n个星期	标准正态分布随机数	股价					12个从0和1之间平均分布随机数								
10	0		10		R1	R2	R3	R4	R5	R6	R7	R8	R9	R10	R11	R12
11	1	0.414752119	10.2		0.466	0.497	0.931	0.479	0.523	0.638	0.559	0.557	0.773	0.253	0.01	0.73
12	2	0.596021467	10.5		0.324	0.084	0.723	0.8	0.749	0.115	0.024	0.621	0.514	0.977	0.891	0.774
13	3	-0.095728155	10.5		0.072	0.157	0.7	0.792	0.326	0.731	0.313	0.717	0.911	0.729	0.012	0.443
14	4	1.4128943	11.3		0.734	0.945	0.137	0.172	0.182	0.775	0.3	0.717	0.7	0.862	0.89	0.999
15	5	-0.868312706	10.8		0.279	0.46	0.595	0.597	0.226	0.688	0.72	0.106	0.75	0.101	0.014	0.507
16	6	-0.407162486	10.6		0.359	0.366	0.705	0.556	0.101	0.078	0.35	0.759	0.384	0.403	0.648	0.885
17	7	0.599497528	11		0.825	0.495	0.695	0.345	0.568	0.374	0.57	0.065	0.423	0.693	0.82	0.727
18	8	-1.028545462	10.4		0.329	0.751	0.399	0.081	0.257	0.037	0.207	0.456	0.808	0.421	0.313	0.914
19	9	-1.101114664	9.91		0.298	0.324	0.165	0.613	0.255	0.225	0.832	0.979	0.063	0.109	0.16	0.875
20	10	-1.502373338	9.21		0.219	0.95	0.022	0.104	0.544	0.17	0.406	0.858	0.98	0.066	0.091	0.09
21	11	-0.616217798	8.95		0.687	0.518	0.682	0.013	0.115	0.532	0.507	0.341	0.659	0.524	0.09	0.717
22	12	1.468369583	9.61		0.775	0.948	0.614	0.549	0.332	0.502	0.557	0.881	0.742	0.834	0.187	0.547

图9-22 股价模拟结果

注意：在将模拟出来的股价粘贴至保本基金时，应"选择性粘贴"数值，而非公式。

2）保本基金设计

假设距投资到期日还有52个星期，求 d_1、$N(d_1)$、d_2、$N(d_2)$、C、P数值的公式参见B-S模型公式。

根据期权公式计算 d_1、$N(d_1)$、d_2、$N(d_2)$、C、P数值的结果如图9-23所示。

产品设计原理：

因为该基金力求保本，故采取国债、股票与买入看跌期权的组合，以国债保证本金，以股票与看跌期权对冲规避风险。

步骤一：设初始本金为1000元，其中投资于无风险债券的到期值为900元，100元为投资于股票的资金（投资组合的比例可根据市场情况而定）。

图9-23　计算结果

利用公式 $e^{-rt} \times$ 本金进行贴现，计算国债价值：

第一期贴现值： $e^{-0.1 \times (1-0/52)} \times 900 = 814.3537$ （元）

步骤二：根据第一期贴现值，当期剩余185.6843元（1 000-814.3357）可用于投资股票与期权。

步骤三：根据当期股价为10元，看跌期权价值0.90033元，假设各买17份，则当期价值总和为： $10 \times 17 + 0.90033 \times 17 = 185.30651$ （元），小于185.6843元，在基金初始范围内，满足要求。

此处讨论股价波动的三种情况下的投资组合价值：

（1）股价下跌时

步骤一：根据股票、看跌期权、国债各计算值，计算当期投资组合价值。保本基金设计结果和模拟结果如图9-24和图9-25所示。

图9-24　股价下跌时保本基金设计结果

步骤二：敏感性分析。

①无风险利率的影响。

假设：无通胀，且已知此基金保本，那么可将该基金收益率视为无风险利率，

试得出在5%、10%、15%、20%四种无风险利率情况下的投资组合价值。

操作方式：将B7单元格进行四次修改，分别得出不同的投资组合价值，如图9-26所示。

图9-25 股价下跌时模拟结果

	P 投资组合价值	Q	R	S	T
10		无风险利率			
11	星期开始时	5%	10%	15%	20%
12	市场价格				
13	10	1045.234	999.6593	956.7317	916.291
14	10.22438212	1048.344	1003.777	961.7531	922.1166
15	10.54375449	1052.624	1009.138	968.0842	929.3129
16	10.51909692	1053.014	1010.32	969.9713	931.8268
17	11.26473582	1062.706	1021.396	982.2924	945.2584
18	10.81598293	1057.841	1017.011	978.3355	941.6861
19	10.62719585	1056.277	1016.118	978.0433	941.931
20	10.96094362	1060.925	1021.84	984.7337	949.492
21	10.43904854	1055.448	1016.788	980.0581	945.1539

图9-26 不同无风险利率下的投资组合价值

下跌行情下投资组合价值（无风险利率影响）如图9-27所示。

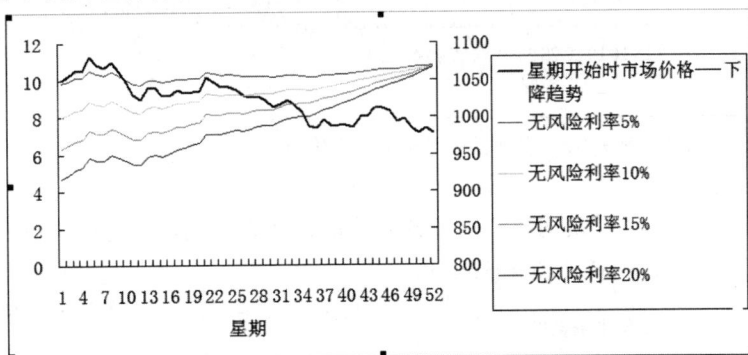

图9-27 下跌行情下投资组合价值（无风险利率影响）

②波动率的影响。

同"无风险利率的影响"操作方法，试得出在20%、25%、30%、35%的波动率下的投资组合价值（无风险利率不变，采用本例初始值10%），得出折线图如图9-28所示。

③保本率的影响。

若保本率为90%、95%、100%，相当于先前已求得的投资组合价值只需满足90%、95%、100%的获得率即可。计算方法如图9-29所示。

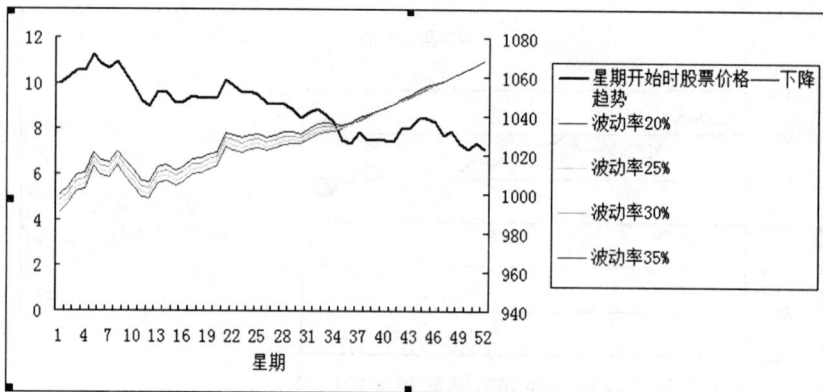

图9-28　下跌行情下投资组合价值（波动率影响）

	L	M	N	O
	FORECAST	▾ ✕ ✓ ƒx	=L13*0.9	
11	投资组合		保本率	
12	价值	90%	95%	100%
13	999.6593	=L13*0.9	949.6763	999.6593
14	1003.777	903.3996	953.5884	1003.777

图9-29　计算不同保本率下投资组合价值

下跌行情下投资组合价值（保本率影响）如图9-30所示。

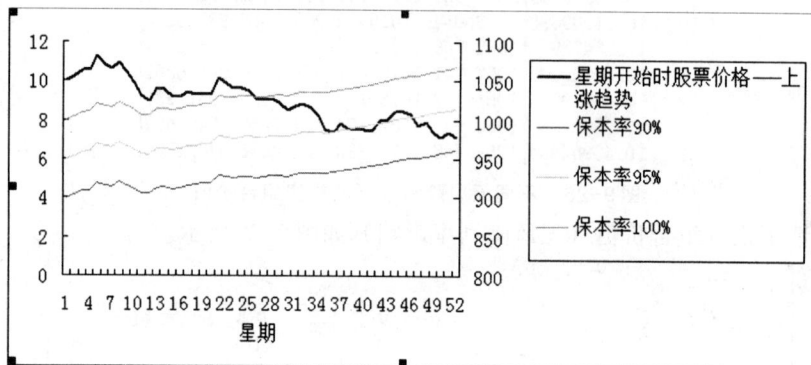

图9-30　下跌行情下投资组合价值（保本率影响）

（2）股价上涨时

步骤一：根据股票、看跌期权、国债各计算值，计算当期投资组合价值。保本基金设计结果和模拟结果如图9-31和图9-32所示。

	A	B	C	D	E	F	G	H	I	J	K	L
1				保本基金模拟								
2												
3												
4	X		10	基金保本目标								
5	波动率		35%	对数正态分布均值								
6	标准差		20%	对数正态分布标准差								
7	无风险利率		10%	利率								
8			1000	基金初始投资								
9	时间		52	到期时间长度（天）								
10											资产组合价值：星期开始	
11		星期开始时										投资组合
12	第n个星期	市场价格	d1	N(d1)	d2	N(d2)	C	P	股票	买入看跌期权	国债	价值
13	0	10	0.460714	0.677498198	0.110714286	0.544079	1.851956	0.90033	170	15.30560886	814.3537	999.6593
14	1	11.19551251	0.782062	0.782910923	0.435443694	0.66838	2.705697	0.575976	190.3237	9.791594794	815.9212	1016.037
15	2	11.64519714	0.895553	0.814754326	0.552350138	0.709646	3.04209	0.480136	197.9684	8.162306014	817.4918	1023.622
16	3	11.80215626	0.934925	0.825086436	0.595170789	0.724135	3.147641	0.446212	200.6367	7.585600203	819.0654	1027.288
17	4	11.83252137	0.943033	0.827167965	0.606763788	0.727996	3.149435	0.435159	201.1529	7.397703789	820.6421	1029.193
18	5	12.43929095	1.093982	0.863018559	0.761234094	0.776741	3.639187	0.335694	211.4679	5.706791177	822.2218	1039.397
19	6	12.86295365	1.198128	0.884566389	0.868938939	0.80756	3.986233	0.276662	218.6702	4.703259021	823.8045	1047.178
20	7	12.68242263	1.158432	0.876656061	0.832840596	0.797533	3.803948	0.292528	215.6012	4.972982153	825.3902	1045.964
21	8	12.8176721	1.194839	0.883924944	0.872885385	0.808637	3.899571	0.270555	217.9004	4.599431065	826.9791	1049.193

图9-31　股价上涨时保本基金设计结果

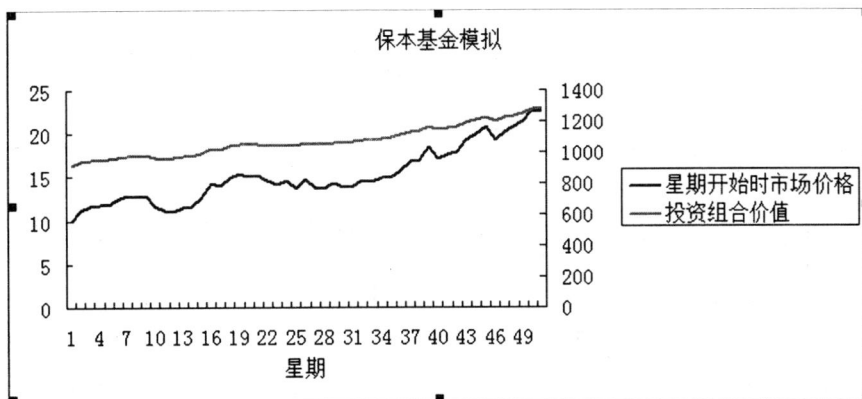

图9-32　股价上涨时模拟结果

步骤二：敏感性分析。

①无风险利率的影响。

同下跌时假设与操作方法，得出结果如图9-33和图9-34所示。

		无风险利率		
10	投资组合价值				
11	星期开始时	5%	10%	15%	20%
12	市场价格				
13	10	1045.234	999.6593	956.7317	916.291
14	11.19551251	1059.818	1016.037	974.7281	935.7318
15	11.64519714	1066.282	1023.622	983.3131	945.1995
16	11.80215626	1069.04	1027.288	987.7869	950.3911
17	11.83252137	1070.12	1029.193	990.4294	953.6916
18	12.43929095	1079.162	1039.397	1001.667	965.8417
19	12.86295365	1085.923	1047.178	1010.357	975.3378
20	12.68242263	1083.993	1045.964	1009.794	975.3649
21	12.8176721	1086.635	1049.479	1014.093	980.3704
22	11.69122132	1071.576	1034.621	999.4388	965.9241

图9-33　不同无风险利率下的投资组合价值

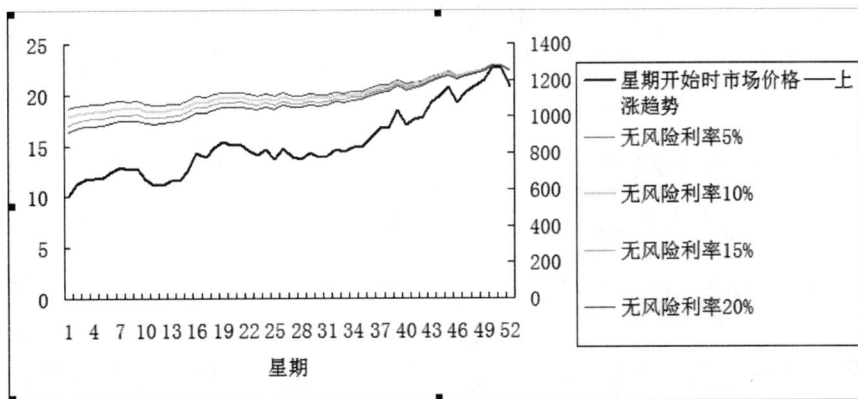

图9-34　上涨行情下投资组合价值（无风险利率影响）

②波动率的影响。

同"无风险利率的影响"操作方法，试得出在20%、25%、30%、35%的波动率下的投资组合价值（无风险利率不变，采用本例初始值10%），得出折线图如图9-35所示。

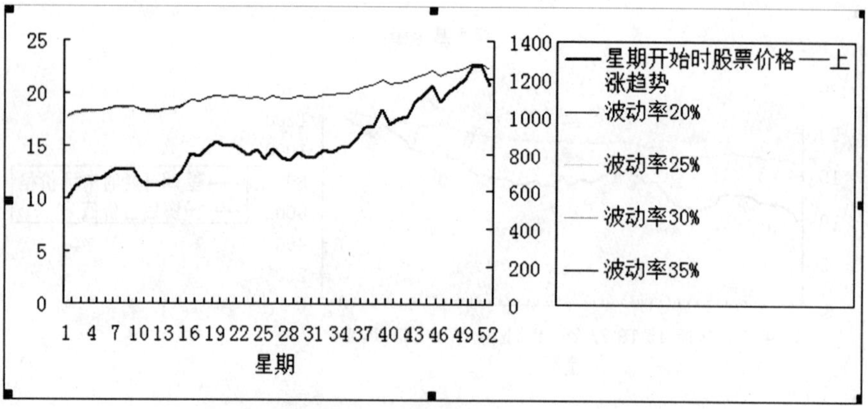

图9-35 上涨行情下投资组合价值（波动率影响）

③保本率的影响。

操作方法同"下跌趋势"，得出折线图如图9-36所示。

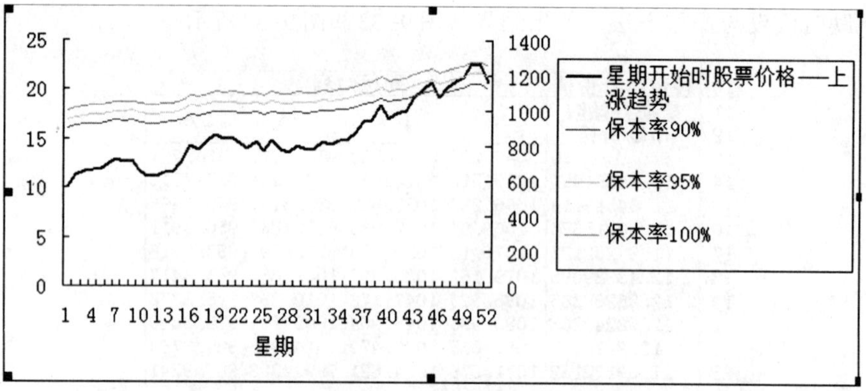

图9-36 上涨行情下投资组合价值（保本率影响）

（3）股价震荡时

步骤一：根据股票、看跌期权、国债各计算值，计算当期投资组合价值。保本基金设计结果和模拟结果如图9-37和图9-38所示。

	A	B	C	D	E	F	G	H	I	J	K	L
1			保本基金模拟									
2												
3												
4	X		10	基金保本目标								
5	波动率		35%	对数正态分布均值								
6	标准差		20%	对数正态分布标准差								
7	无风险利率		10%	利率								
8			1000	基金初始投资								
9	时间		52	到期时间长度（天）								
10										资产组合价值：星期开始		
11		星期开始时										投资组合
12	第n个星期	市场价格	d1		N(d1)	d2	N(d2)	C	P	股票	买入看跌期权	国债	价值
13	0	10	0.460714		0.677498198	0.110714286	0.544079	1.851956	0.90033	170	15.30560886	814.3537	999.6593
14	1	10.12927629	0.49332		0.689106842	0.146701981	0.558316	1.918574	0.855089	172.1977	14.53651378	815.9212	1002.655
15	2	10.37505709	0.559049		0.711935986	0.215846132	0.585446	2.068627	0.776813	176.376	13.20581346	817.4918	1007.074
16	3	10.16868861	0.496463		0.690216161	0.156709282	0.562263	1.901591	0.833629	172.8677	14.17170149	819.0654	1006.105

图9-37 股价震荡时保本基金设计结果

步骤二：敏感性分析。

①无风险利率的影响。

同下跌时假设与操作方法，得出结果如图9-39和图9-40所示。

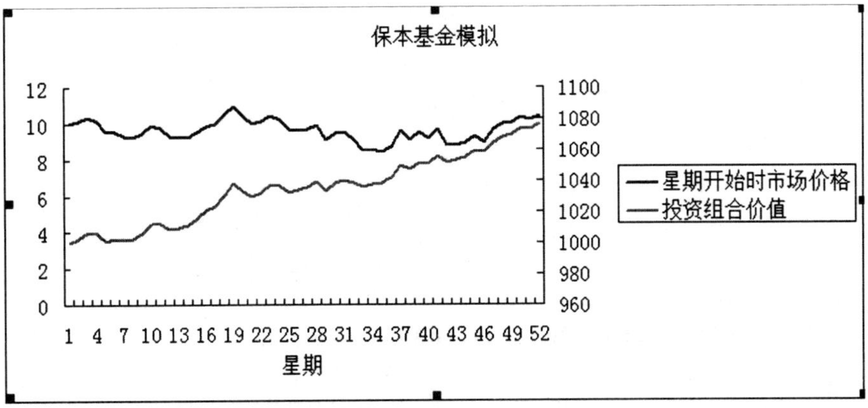

图9-38　股价震荡时模拟结果

	AB	AC	AD	AE	AF
10	投资组合价值		无风险利率		
11	星期开始时				
12	市场价格	5%	10%	15%	20%
13	10	1045.234	999.6593	956.7317	916.291
14	10.12927629	1047.305	1002.655	960.554	920.8471
15	10.37505709	1050.7	1007.074	965.8902	927.0018
16	10.16868861	1049.093	1006.105	965.4838	927.0915
17	9.564767422	1043.565	1000.864	960.4702	922.2615
18	9.563510799	1044.243	1002.365	962.7078	925.1561
19	9.334002028	1042.784	1001.527	962.4143	925.338
20	9.269644992	1042.9	1002.417	963.9954	927.5354
21	9.448697158	1045.222	1005.732	968.2151	932.5768
22	9.877592028	1050.078	1011.789	975.379	940.7524

图9-39　不同无风险利率下的投资组合价值

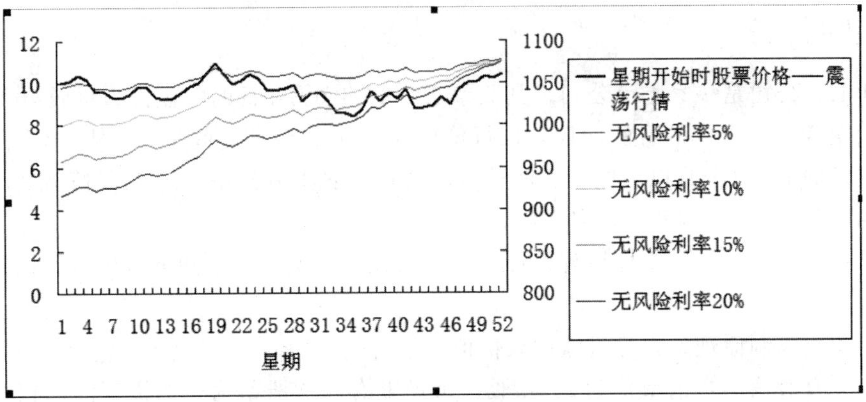

图9-40　震荡行情下投资组合价值（无风险利率影响）

②波动率的影响。

同"无风险利率的影响"操作方法，试得出在20%、25%、30%、35%的波动率下的投资组合价值（无风险利率不变，采用本例初始值10%），得出折线图如图9-41所示。

③保本率的影响。

操作方法同"下跌趋势"，得出折线图如图9-41所示。

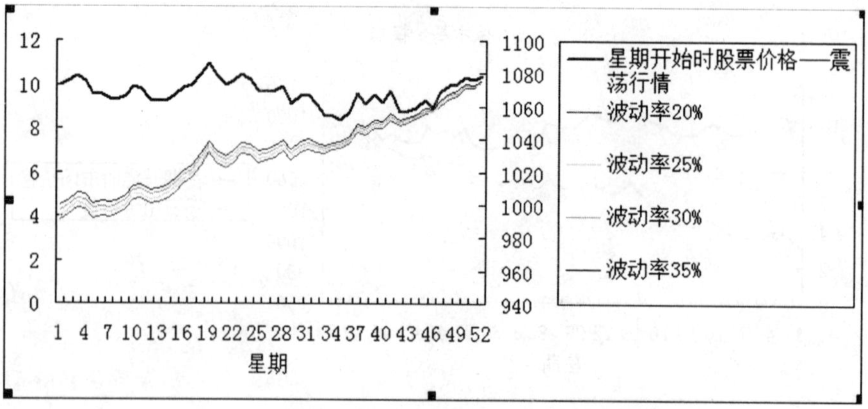

图9-41 震荡行情下投资组合价值（波动率影响）

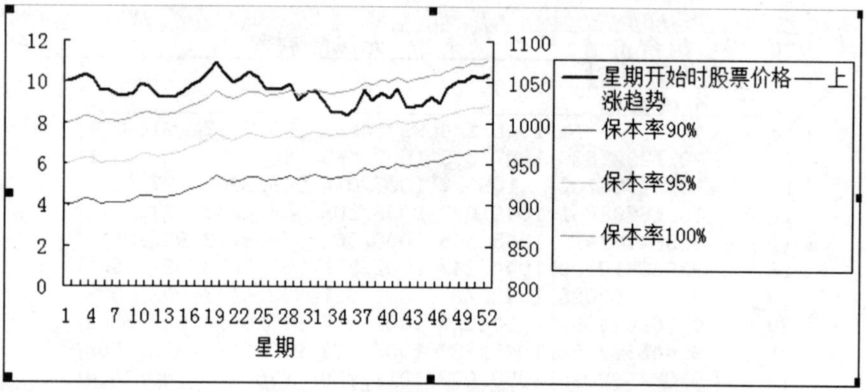

图9-42 震荡行情下投资组合价值（保本率影响）

实验任务

作业1. D公司是一家上市公司，其股票于2015年6月1日的收盘价为每股40元。有一种以该股票为标的资产的看涨期权，执行价格为42元，到期时间是3个月。3个月以内公司不会派发股利，3个月以后股价有两种变动的可能：上升到46元或者下降到30元。3个月到期的国库券利率为4%（年名义利率）。

要求：（1）利用风险中性原理，计算D公司股价的上行概率和下行概率，以及看涨期权的价值。

（2）利用复制原理，计算看涨期权价值。

作业2. D股票的当前市价为25元/股，市场上有以该股票为标的资产的期权交易，有关资料如下：

（1）D股票的到期时间为半年的看涨期权，执行价格为25.3元；D股票的到期时间为半年的看跌期权，执行价格也为25.3元。

（2）D股票半年后市价的预测情况如表9-2所示。

表9-2   D股票半年后市价的预测情况

股价变动幅度	-40%	-20%	20%	40%
概率	0.2	0.3	0.3	0.2

（3）根据D股票历史数据测算的连续复利收益率的标准差为0.4。

（4）无风险年利率为4%。

（5）1元的连续复利终值如表9-3所示。

表9-3　　　　　　　　　　　　　1元的连续复利终值

$\sigma\sqrt{t}$	0.1	0.2	0.3	0.4	0.5	0.6	0.7	0.8	0.9	1
$e^{\sigma\sqrt{t}}$	1.1052	1.2214	1.3499	1.4918	1.6487	1.8221	2.0138	2.2255	2.4596	2.7183

要求：（1）若年收益的标准差不变，利用两期二叉树模型计算股价上行乘数与下行乘数，并确定以该股票为标的资产的看涨期权的价格。

（2）利用看涨期权–看跌期权平价定理确定看跌期权价格。

（3）投资者甲以当前市价购入1股D股票，同时购入D股票的1份看跌期权，判断甲采取的是哪种投资策略，并计算该投资组合的预期收益。

作业3. 2016年8月15日，甲公司股票价格为每股50元，以甲公司股票为标的的代号为甲49的看涨期权的收盘价格为每股5元，甲49表示此项看涨期权的行权价格为每股49元。截至2016年8月15日，看涨期权还有199天到期。甲公司股票收益的波动率预计为每年30%，资本市场的无风险利率为（有效）年利率7%。

要求：（1）使用B–S模型计算该项期权的价值（d_1和d_2的计算结果取两位小数，其他结果取四位小数，一年按365天计算）。

（2）如果你是一位投资经理并相信B–S模型计算出的期权价值的可靠性，简要说明如何作出投资决策。

作业4. 按照基金产品结构：国债+股票看涨期权多头模拟设计一款基金产品。

第 10 章

基于 Excel 的金融计量实验

计量经济学是将经济理论实用化、数量化的实证经济学。它是利用经济理论、数学、统计推断等工具对经济现象进行分析的经济学科的分支，具体包括模型设计和建立、参数估计和检验以及利用模型进行预测等过程。

由于计量经济学原理涉及很多概率论和统计学相关知识，在计量经济学教学过程中学生普遍反映，纯粹的理论教学听不懂，很多内容都理解不了。为了使学生更好地掌握计量经济学基本原理，本章通过 Excel 软件一步一步建立线性金融回归方程并计算出相关统计检验指标。

10.1 计量经济学的基本含义及原理

10.1.1 金融计量基本含义

1）建模过程

我们参照英国著名金融计量学家布鲁克斯（Chris Brooks）的思路，对金融计量建模的步骤描述如下：

步骤一：关于研究问题的概述。

步骤二：样本数据收集。

步骤三：选择合适的估计方法来估计模型。

步骤四：对模型进行实证检验。

步骤五：模型应用。

2）数据类型

（1）时间序列数据（Time Series Data）

（2）横截面数据（Cross-sectional Data）

（3）面板数据（Panel Data）

10.1.2 基本原理

1）一元线性回归模型

一元线性回归模型是用于描述两个变量之间的线性关系的计量模型，它是多元线性回归模型和非线性回归模型的基础，在金融实证分析中有较广泛的运用。

（1）模型简介

一元线性回归模型为：

$$y_t = \beta_0 + \beta_1 x_t + u_t \tag{10-1}$$

上式表示变量 y_t 和 x_t 之间的真实关系。其中，y_t 为被解释变量（因变量）；x_t 为解释变量（自变量）；u_t 为随机误差项；β_0 为常数项；β_1 为回归系数（通常未知）。以上模型可以分为两部分。

①回归函数部分：

$$E(y_t) = \beta_0 + \beta_1 x_t \tag{10-2}$$

②随机部分：u_t。

图 10-1 为真实的回归直线图示。

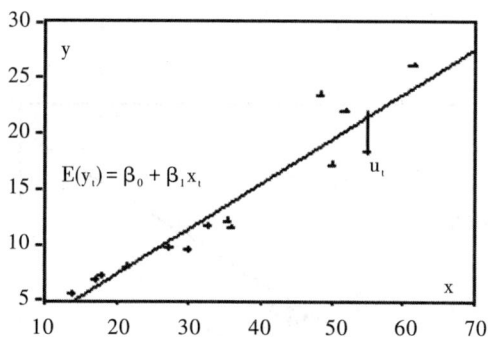

图 10-1　真实的回归直线

这种模型可以被赋予各种实际意义：GDP 与财政收入的关系；国债价格与市场利率的关系；股票价格与成交量的关系等。

回归模型的随机误差项中一般包括如下几项内容：①非重要解释变量的省略；②人的随机行为；③数学模型形式欠妥；④归并误差；⑤测量误差等。

回归模型存在两个特点：①建立在某些假定条件不变前提下抽象出来的回归函数不能百分之百地再现所研究的经济过程。②也正是由于这些假定与抽象，才使我们能够透过复杂的经济现象，深刻认识到该经济过程的本质。

通常，线性回归函数 $E(y_t) = \beta_0 + \beta_1 x_t$ 是观察不到的，利用样本得到的只是对 $E(y_t) = \beta_0 + \beta_1 x_t$ 的估计，即对 β_0 和 β_1 的估计。

（2）基本假设

①解释变量：是确定性变量，不是随机变量。

$$var(X_i) = 0$$

②随机误差项：零均值、同方差，在不同样本点之间独立，不存在序列相关等。

$$E(\mu_i) = 0 \quad i = 1, 2, \cdots, n$$

$$var(\mu_i) = \sigma^2 \quad i = 1, 2, \cdots, n$$

$$cov(\mu_i, \mu_j) = 0 \quad i \neq j; i, j = 1, 2, \cdots, n$$

③随机误差项与解释变量：不相关。

$$cov(X_i, \mu_i) = 0 \quad i = 1, 2, \cdots, n$$

④（针对最大似然法和假设检验）随机误差项：

$$\mu_i \sim N(0, \sigma^2) \quad i = 1, 2, \cdots, n$$

⑤回归模型正确设定。回归模型的正确设定有三个方面的要求：第一，选择正确的变量进入模型；第二，对模型的形式进行正确的假定；第三，对模型的解释变量、被解释变量以及随机干扰项作出了正确的假定。

前四条为线性回归模型的古典假设，即高斯假设。满足古典假设的线性回归模型被称为古典线性回归模型。

（3）最小二乘估计（OLS）

对于所研究的经济问题，通常真实的回归直线是观测不到的。收集样本的目的就是要对这条真实的回归直线作出估计。

怎样估计这条直线呢？显然，综合起来看，这条直线处于样本数据的中心位置最合理。怎样用数学语言描述"处于样本数据的中心位置"？设估计的直线用 $\hat{y}_t = \hat{\beta}_0 + \hat{\beta}_1 x_t$ 表示，如图 10-2 所示。其中，$\hat{y}_t$ 被称为 y_t 的拟合值（Fitted Value）；$\hat{\beta}_0$ 和 $\hat{\beta}_1$ 分别是 β_0 和 β_1 的估计量。观测值到这条直线的纵向距离用 $\hat{u}_t$ 表示，称为残差。

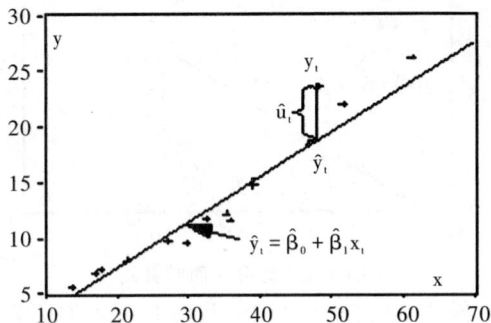

图 10-2　估计的直线

$$y_t = \hat{y}_t + \hat{u}_t = \hat{\beta}_0 + \hat{\beta}_1 x_t + \hat{u}_t \tag{10-3}$$

被称为估计的模型。假定样本容量为 T。

①用"残差和最小"确定直线位置是一个途径，但很快发现计算"残差和"存在相互抵消的问题。

②用"残差绝对值和最小"确定直线位置也是一个途径，但绝对值的计算比较麻烦。

③最小二乘法的原则是以"残差平方和最小"确定直线位置。用最小二乘法除了计算比较方便外，得到的估计量还具有优良特性（这种方法对异常值非常敏感）。设残差平方和用 Q 表示：

$$Q = \sum_{i=1}^{T} \hat{u}_i^2 = \sum_{i=1}^{T} (y_t - \hat{y}_t)^2 = \sum_{i=1}^{T} (y_t - \hat{\beta}_0 - \hat{\beta}_1 x_t)^2 \tag{10-4}$$

则通过 Q 最小确定这条直线，即确定 $\hat{\beta}_0$ 和 $\hat{\beta}_1$ 的估计值。以 $\hat{\beta}_0$ 和 $\hat{\beta}_1$ 为变量，把 Q 看作 $\hat{\beta}_0$ 和 $\hat{\beta}_1$ 的函数，这是一个求极值的问题。求 Q 对 $\hat{\beta}_0$ 和 $\hat{\beta}_0$ 的偏导数并令其为零，得正规方程：

$$\frac{\partial Q}{\partial \hat{\beta}_0} = 2 \sum_{i=1}^{T} (y_t - \hat{\beta}_0 - \hat{\beta}_1 x_t)(-1) = 0 \tag{10-5}$$

$$\frac{\partial Q}{\partial \hat{\beta}_1} = 2 \sum_{i=1}^{T} (y_t - \hat{\beta}_0 - \hat{\beta}_1 x_t)(-x_t) = 0 \tag{10-6}$$

下面用代数和矩阵两种形式推导计算结果。

首先用代数形式推导。由（10-5）、（10-6）式得：

$$\begin{cases} \sum_{i=1}^{T}(y_t - \hat{\beta}_0 - \hat{\beta}_1 x_t) = 0 \\ \sum_{i=1}^{T}(y_t - \hat{\beta}_0 - \hat{\beta}_1 x_t)x_t = 0 \end{cases}$$

（10-7）
（10-8）

（10-7）式两侧用 T 除并整理得：

$$\hat{\beta}_0 = \bar{y} - \hat{\beta}_1 \bar{x} \tag{10-9}$$

把（10-9）式代入（10-8）式并整理得：

$$\sum_{i=1}^{T}[(y_t - \bar{y}) - \hat{\beta}_1(x_t - \bar{x})]x_t = 0 \tag{10-10}$$

$$\sum_{i=1}^{T}(y_t - \bar{y})x_t - \hat{\beta}_1 \sum_{i=1}^{T}(x_t - \bar{x})x_t = 0 \tag{10-11}$$

$$\hat{\beta}_1 = \frac{\sum x_t(y_t - \bar{y})}{\sum(x_t - \bar{x})x_t} \tag{10-12}$$

因 为 $\sum_{i=1}^{T}\bar{x}(y_t - \bar{y}) = 0, \sum_{i=1}^{T}\bar{x}(x_t - \bar{x}) = 0$ （采用离差和为零的结论：$\sum_{i=1}^{T}(x_t - \bar{x}) = 0$，$\sum_{i=1}^{T}(y_t - \bar{y}) = 0$），所以，通过配方法，分别在（10-12）式的分子和分母上减 $\sum_{i=1}^{T}\bar{x}(y_t - \bar{y})$ 和 $\sum_{i=1}^{T}\bar{x}(x_t - \bar{x})$ 得：

$$\hat{\beta}_1 = \frac{\sum x_t(y_t - \bar{y}) - \sum \bar{x}(y_t - \bar{y})}{\sum(x_t - \bar{x})x_t - \sum \bar{x}(x_t - \bar{x})} \tag{10-13}$$

$$= \frac{\sum(x_t - \bar{x})(y_t - \bar{y})}{\sum(x_t - \bar{x})^2} \tag{10-14}$$

即有结果：

$$\begin{cases} \hat{\beta}_1 = \dfrac{\sum(x_t - \bar{x}_t)(y_t - \bar{y}_t)}{\sum(x_t - \bar{x})^2} \\ \hat{\beta}_0 = \bar{y} - \hat{\beta}_1 \bar{x} \end{cases}$$

（10-15）
（10-16）

这是观测值形式。如果以离差形式表示，就更加简单好记：

$$\begin{cases} \hat{\beta}_1 = \dfrac{\sum x_t y_t}{\sum x_t^2} \\ \hat{\beta}_0 = \bar{y} - \hat{\beta}_1 \bar{x} \end{cases} \tag{10-17}$$

接着用矩阵形式推导。

由正规方程

$$\begin{cases} \dfrac{\partial Q}{\partial \hat{\beta}_0} = 2\sum_{i=1}^{T}(y_t - \hat{\beta}_0 - \hat{\beta}_1 x_t)(-1) = 0 \\ \dfrac{\partial Q}{\partial \hat{\beta}_1} = 2\sum_{i=1}^{T}(y_t - \hat{\beta}_0 - \hat{\beta}_1 x_t)(-x_t) = 0 \end{cases}$$

（10-18）
（10-19）

得：

$$\begin{cases} \hat{\beta}_0 T + \hat{\beta}_1 (\sum_{i=1}^{T} x_t) = \sum_{i=1}^{T} y_t & (10\text{-}20) \\ \hat{\beta}_0 \sum_{i=1}^{T} x_t + \hat{\beta}_1 (\sum_{i=1}^{T} x_t^2) = \sum_{i=1}^{T} x_t y_t & (10\text{-}21) \end{cases}$$

$$\begin{bmatrix} T & \sum x_t \\ \sum x_t & \sum x_t^2 \end{bmatrix} \begin{bmatrix} \hat{\beta}_0 \\ \hat{\beta}_1 \end{bmatrix} = \begin{bmatrix} \sum y_t \\ \sum x_t y_t \end{bmatrix} \quad (10\text{-}22)$$

$$\begin{bmatrix} \hat{\beta}_0 \\ \hat{\beta}_1 \end{bmatrix} = \begin{bmatrix} T & \sum x_t \\ \sum x_t & \sum x_t^2 \end{bmatrix}^{-1} \begin{bmatrix} \sum y_t \\ \sum x_t y_t \end{bmatrix} \quad (10\text{-}23)$$

$$= \frac{1}{T \sum x_t^2 - (\sum x_t)^2} \begin{bmatrix} \sum x_t^2 & -\sum x_t \\ -\sum x_t & T \end{bmatrix} \begin{bmatrix} \sum y_t \\ \sum x_t y_t \end{bmatrix} = \begin{bmatrix} \dfrac{\sum x_t^2 - \sum y_t - \sum x_t \sum x_t y_t}{T \sum x_t^2 - (\sum x_t)^2} \\ \dfrac{T \sum x_t y_t - \sum x_t \sum y_t}{T \sum x_t^2 - (\sum x_t)^2} \end{bmatrix} \quad (10\text{-}24)$$

注意：关键是求逆矩阵 $\begin{bmatrix} T & \sum x_t \\ \sum x_t & \sum x_t^2 \end{bmatrix}^{-1}$。它等于其伴随阵除以其行列式，伴随阵是其行列式对应的代数余子式构成的方阵的转置。

观测值形式：

$$\begin{cases} \hat{\beta}_1 = \dfrac{\sum (x_t - \bar{x}_t)(y_t - \bar{y}_t)}{\sum (x_t - \bar{x})^2} \\ \hat{\beta}_0 = \bar{y} - \hat{\beta}_1 \bar{x} \end{cases}$$

离差形式：

$$\begin{cases} \hat{\beta}_1 = \dfrac{\sum x_t y_t}{\sum x_t^2} \\ \hat{\beta}_0 = \bar{y} - \hat{\beta}_1 \bar{x} \end{cases}$$

（4）最大似然估计（ML）

对于一元线性回归模型：

$$Y_i = \beta_0 + \beta_1 X_i + \mu_i \quad i = 1, 2, \ldots, n \quad (10\text{-}25)$$

重要的基本假设：

$$\begin{cases} \mu_i \sim N(0, \sigma^2) & i = 1, 2, \ldots, n \\ \mathrm{cov}(\mu_i, \mu_j) = 0 & i \neq j; \ i, j = 1, 2, \ldots, n \\ \mathrm{var}(X_i) = 0 & i = 1, 2, \ldots, n \end{cases}$$

得到：$Y_i \sim N(\beta_0 + \beta_1 X_i, \sigma^2) \quad i = 1, 2, \ldots, n$

且 $\mathrm{cov}(Y_i, Y_j) = 0 \quad i \neq j; i, j = 1, 2, \ldots, n$，这个对最大似然法的估计很重要，则目标为：$Y_1, Y_2, \ldots, Y_n$ 的联合概率密度最大，即：

$$\max f(Y_1, Y_2, \ldots, Y_n) = f(Y_1) f(Y_2) \cdots f(Y_n)$$

$$= \frac{1}{\left(\sqrt{2\pi\sigma^2} \right)^n} e^{-\frac{1}{2\sigma^2} \sum_{i=1}^{n} (Y_i - \hat{\beta}_0 - \hat{\beta}_1 X_i)^2} \quad (10\text{-}26)$$

最终结果与 OLS 得到的结果相同。

（5）OLS 估计量的性质

①线性性。

$$\hat{\beta}_1 = \sum_{i=1}^{n} v_i Y_i，\text{其中 } v_i = \frac{x_i}{\sum_{i=1}^{n} x_i^2} \tag{10-27}$$

$$\hat{\beta}_0 = \sum_{i=1}^{n} w_i Y_i，\text{其中 } w_i = \frac{1}{n} - \bar{X} v_i \tag{10-28}$$

②无偏性。

$$\hat{\beta}_1 = \sum_{i=1}^{n} v_i Y_i = \cdots = \beta_1 + \sum_{i=1}^{n} v_i \mu_i \rightarrow E(\hat{\beta}_1) = \beta_1 + \sum_{i=1}^{n} v_i E(\mu_i) = \beta_1 \tag{10-29}$$

$$\hat{\beta}_0 = \sum_{i=1}^{n} w_i Y_i = \cdots = \beta_0 + \sum_{i=1}^{n} w_i \mu_i \rightarrow E(\hat{\beta}_0) = \beta_0 + \sum_{i=1}^{n} w_i E(\mu_i) = \beta_0 \tag{10-30}$$

③有效性。

$$\mathrm{var}(\hat{\beta}_1) = \frac{\sigma^2}{\sum_{i=1}^{n} x_i^2} \tag{10-31}$$

$$\mathrm{var}(\hat{\beta}_0) = \frac{\sum_{i=1}^{n} X_i^2}{\sum_{i=1}^{n} x_i^2} \cdot \frac{\sigma^2}{n} \tag{10-32}$$

可以证明，OLS 得到的方差最小。

④一致性。

随着样本量的增大，参数的估计量以概率趋向于真值：

$$\mathrm{p\,lim}(\hat{\beta}_1) = \beta_1，\quad \mathrm{p\,lim}(\hat{\beta}_0) = \beta_0$$

（6）OLS 回归函数的性质

①样本回归线过样本均值点 $(\bar{X}, \bar{Y})$，即 $\bar{Y} = \hat{\beta}_0 + \hat{\beta}_1 \bar{X}$。

②被解释变量估计值的均值等于实际值的均值，即 $\overline{\hat{Y}} = \bar{Y}$。

③残差和为零，即 $\sum_{i=1}^{n} u_i = 0$。

④解释变量与残差的乘积之和为零，即 $\sum_{i=1}^{n} X_i u_i = 0$。

⑤解释变量的估计与残差的乘积之和为零，即 $\sum_{i=1}^{n} \hat{Y}_i u_i = 0$。

（7）随机误差项的估计

OLS 估计量（无偏）：$\hat{\sigma}^2 = \dfrac{1}{n-k-1} \sum_{i=1}^{n} u_i^2$ \hfill (10-33)

ML 估计量（有偏）：$\hat{\sigma}^2 = \dfrac{1}{n} \sum_{i=1}^{n} u_i^2$ \hfill (10-34)

（8）拟合优度检验

①离差分解。

总体平方和（或总离差平方和）TSS $= \sum_{i=1}^{n} y_i^2 = \sum_{i=1}^{n} (Y_i - \bar{Y})^2$ \hfill (10-35)

回归平方和 ESS $= \sum_{i=1}^{n} (\hat{Y}_i - \bar{Y})^2$ \hfill (10-36)

残差平方和 $RSS = \sum_{i=1}^{n}\left(\hat{Y}_i - Y_i\right)^2$ (10-37)

有 $TSS = ESS + RSS$ (10-38)

②决定系数。

$$R^2 = \frac{ESS}{TSS} = 1 - \frac{RSS}{TSS}$$ (10-39)

含义是总离差中能够解释的部分所占的比重。

（9）统计推断

①参数估计的分布（t检验）。

对于一元线性回归模型：$Y_i = \beta_0 + \beta_1 X_i + \mu_i$ $i = 1, 2, \ldots, n$

由正态分布的基本假设和估计量的性质（线性性、无偏性、有效性），可得出参数的估计量有如下性质：

$$\hat{\beta}_0 \sim N(\beta_0, \frac{\sum_{i=1}^{n} X_i^2}{\sum_{i=1}^{n} x_i^2} \cdot \frac{\sigma^2}{n})$$ (10-40)

$$\hat{\beta}_1 \sim N(\beta_1, \frac{\sigma^2}{\sum_{i=1}^{n} x_i^2})$$ (10-41)

$\rightarrow$

$$\frac{\hat{\beta}_0 - \beta_0}{SE(\hat{\beta}_0)} \sim N(0, 1)，其中 SE(\hat{\beta}_0) = \sqrt{var(\hat{\beta}_0)} = \sqrt{\frac{\sum_{i=1}^{n} X_i^2}{\sum_{i=1}^{n} x_i^2} \cdot \frac{\sigma^2}{n}}$$

$$\frac{\hat{\beta}_1 - \beta_1}{SE(\hat{\beta}_1)} \sim N(0, 1)，其中 SE(\hat{\beta}_1) = \sqrt{var(\hat{\beta}_1)} = \sqrt{\frac{\sigma^2}{\sum_{i=1}^{n} x_i^2}}$$

由于 σ^2 未知，用 $\hat{\sigma}^2$ 代替，则 $SE(\hat{\beta}_0)$ 不再为常数。此时，

统计量 $t_0 = \dfrac{\hat{\beta}_0 - \beta_0}{SE(\hat{\beta}_0)}$

其中，$\hat{\beta}_0$ 服从正态分布。

$$SE(\hat{\beta}_0) = \sqrt{\frac{\sum_{i=1}^{n} X_i^2}{\sum_{i=1}^{n} x_i^2} \cdot \frac{\hat{\sigma}^2}{n}} = \sqrt{A \cdot \hat{\sigma}^2} = \sqrt{A}\sqrt{\frac{\sum_{i=1}^{n} u_i^2}{n - k - 1}} \xrightarrow{说明} \sqrt{A}\sqrt{\frac{\chi^2(n - k - 1)}{n - k - 1}}$$

说明：u_i 服从正态分布，则 u_i^2 服从 χ^2 分布，残差平方和的自由度为 $n-k-1$：

$$\sum_{i=1}^{n} u_i^2 \sim \chi^2(n - k - 1)$$

故用估计量 $\hat{\sigma}^2$ 代替以后的统计量 $t_0 = \dfrac{\hat{\beta}_0 - \beta_0}{SE(\hat{\beta}_0)}$ 服从 t 分布。

故：$t_0 = \dfrac{\hat{\beta}_0 - \beta_0}{SE(\hat{\beta}_0)} \sim t(n - k - 1)$

同理：$t_1 = \dfrac{\hat{\beta}_1 - \beta_1}{SE(\hat{\beta}_1)} \sim t(n - k - 1)$

②区间估计

$$\left[\hat{\beta}_0 \pm t_{\frac{\alpha}{2}}SE(\hat{\beta}_0)\right], \quad \left[\hat{\beta}_1 \pm t_{\frac{\alpha}{2}}SE(\hat{\beta}_1)\right]$$

③参数的假设检验。

原假设 H_0：$\beta_1 = \beta_1^*$，备择假设 H_1：$\beta_1 \neq \beta_1^* \rightarrow$ 双边检验

原假设 H_0：$\beta_1 \geqslant \beta_1^*$，备择假设 H_1：$\beta_1 < \beta_1^* \rightarrow$ 单边检验

统计量： $t_1 = \dfrac{\hat{\beta}_1 - \beta_1^*}{SE(\hat{\beta}_1)} \sim t(n - k - 1)$

临界值（临界水平为 α）： $t_{\frac{\alpha}{2}} \rightarrow$ 双边

$t_\alpha \rightarrow$ 单边

判断规则：如果 $t_1 > t_{\frac{\alpha}{2}}$，则拒绝原假设 $\rightarrow$ 双边

如果 $t_1 > t_\alpha$，则拒绝原假设 $\rightarrow$ 单边

在实际应用中，一般取 $\beta_1^* = 0$。当检验结果为拒绝原假设时，表明该参数显著地不为零，即认为该参数对应的变量具有显著的影响能力。

④结果表达（必须采用规范的表达方式）。

$$\hat{Y}_i = 414.045 + 0.515X_i$$
$$\quad (6.462) \quad (30.773)$$
$$R^2 = 0.992$$

$$(10\text{-}42)$$

或

$$Y_i = 414.045 + 0.515X_i + \mu_i$$
$$\quad (6.462) \quad (30.773)$$
$$R^2 = 0.992$$

$$(10\text{-}43)$$

（10）预测

①总体均值的点预测（也是个别值的点预测）。

$$E(Y|X_i) = \hat{Y}_0 = \hat{\beta}_0 + \hat{\beta}_1 X_0 \qquad\qquad (10\text{-}44)$$

②总体均值 $E(Y|X_i)$ 的预测置信区间。

$$\left[\hat{Y}_0 \pm t_{\frac{\alpha}{2}}SE(\hat{Y}_0)\right]$$

其中， $SE(\hat{Y}_0) = \sqrt{\hat{\sigma}^2\left[\dfrac{1}{n} + \dfrac{\left(X_0 - \bar{X}\right)^2}{\sum\limits_{i=1}^{n}x_i^2}\right]}$

③个别值 Y_0 的预测置信区间

$$\left[\hat{Y}_0 \pm t_{\frac{\alpha}{2}}SE(e_0)\right]$$

其中， $e_0 = \sqrt{\hat{\sigma}^2\left[1 + \dfrac{1}{n} + \dfrac{\left(X_0 - \bar{X}\right)^2}{\sum\limits_{i=1}^{n}x_i^2}\right]}$

由于误差项的存在，个别值的波动更加明显，因此其方差更大。在实际操作中，如果未特别说明，都是计算均值的置信区间。

2）多元线性回归模型

在上一部分中我们讨论了一元线性回归模型，然而现实经济中的各变量之间的相互关系是错综复杂的，往往一个经济指标会受到很多其他经济因素的影响，如果想要通过数量模型来描述这一影响关系的话，就要求我们在一元线性回归模型的基础上引入多元线性回归模型。

（1）模型简介

设应变量 y 的解释变量为 $x_1, x_2, \cdots, x_k$，且与各解释变量之间存在近似线性关系，则可建立如下含有 k 个解释变量的多元线性回归模型：

$$y_t = \beta_0 + \beta_1 x_{1t} + \beta_2 x_{2t} + \cdots + \beta_k x_{kt} + u_t \quad (t = 1, 2, 3, \cdots, n) \tag{10-45}$$

为公式推导和计算方便，将上式改写成矩阵模型：

$$
\begin{array}{cccc}
Y & X & B & U
\end{array}
$$

$$
\begin{bmatrix} y_1 \\ y_2 \\ \vdots \\ y_N \end{bmatrix}
=
\begin{bmatrix}
1 & x_{11} & \cdots & x_{k1} \\
1 & x_{12} & \cdots & x_{k2} \\
\vdots & \vdots & \vdots & \vdots \\
1 & x_{1N} & \cdots & x_{kN}
\end{bmatrix}
\begin{bmatrix} \beta_0 \\ \beta_1 \\ \vdots \\ \beta_k \end{bmatrix}
+
\begin{bmatrix} u_1 \\ u_2 \\ \vdots \\ u_N \end{bmatrix}
$$

简写为： $Y = XB + U$ $\qquad$ (10-46)

（2）基本假设

①解释变量：是确定性变量，不是随机变量，即解释变量相互之间不相关（无多重共线性），这表明模型中解释变量和随机干扰项对被解释变量的影响是完全独立的。

②随机干扰项与解释变量之间不相关：

$cov(\mu_i, X_{ij}) = 0 \ (j = 1, 2, ..., k; \ i = 1, 2, ..., n)$

③随机误差项服从零均值、同方差、零协方差：

$E(\mu_i) = 0 \quad i = 1, 2, ..., n$

$var(\mu_i) = \sigma^2 \quad i = 1, 2, ..., n$

$cov(\mu_i, \mu_j) = 0 \quad i \neq j; \ i, j = 1, 2, ..., n$

④随机误差项服从正态分布：

$\mu_i \sim N(0, \sigma^2) \quad i = 1, 2, ..., n$

⑤回归模型正确设定。回归模型的正确设定有三个方面的要求：第一，选择正确的变量进入模型；第二，对模型的形式进行正确的假定；第三，对模型的解释变量、被解释变量以及随机干扰项作出正确的假定。

（3）参数估计（OLS）

同样，应使残差平方和达到最小：

$$Q = \sum e_i^2 = \sum (y_t - \hat{y}_t)^2 = \sum (y_t - \hat{\beta}_0 - \hat{\beta}_1 x_{1t} - \cdots - \hat{\beta}_k x_{kt})^2$$

根据多元函数极值原理，Q 分别对 $\hat{\beta}_0$，$\hat{\beta}_1$，…，$\hat{\beta}_k$ 求一阶偏导数，并令其为零，即：

$$\frac{\partial Q}{\partial \hat{\beta}_i} = 0 \quad (i = 0, 1, \cdots, k)$$

$$\begin{cases} \dfrac{\partial Q}{\partial \hat\beta_0} = -2\sum(y_t - \hat\beta_0 - \hat\beta_1 x_{1t} - \hat\beta_2 x_{2t} - \cdots - \hat\beta_k x_{kt}) = 0 \\ \dfrac{\partial Q}{\partial \hat\beta_1} = -2\sum(y_t - \hat\beta_0 - \hat\beta_1 x_{1t} - \hat\beta_2 x_{2t} - \cdots - \hat\beta_k x_{kt})x_{1t} = 0 \\ \vdots \\ \dfrac{\partial Q}{\partial \hat\beta_k} = -2\sum(y_t - \hat\beta_0 - \hat\beta_1 x_{1t} - \hat\beta_2 x_{2t} - \cdots - \hat\beta_k x_{kt})x_{kt} = 0 \end{cases}$$

化简整理可得：

$$\begin{cases} \sum y_t = n\hat\beta_0 + \hat\beta_1 \sum x_{1t} + \hat\beta_2 \sum x_{2t} + \cdots + \hat\beta_k \sum x_{kt} \\ \sum x_{1t} y_t = \hat\beta_0 \sum x_{1t} + \hat\beta_1 \sum x_{1t}^2 + \hat\beta_2 \sum x_{1t} x_{2t} + \cdots + \hat\beta_k \sum x_{1t} x_{kt} \\ \sum x_{2t} y_t = \hat\beta_0 \sum x_{2t} + \hat\beta_1 \sum x_{1t} x_{2t} + \hat\beta_2 \sum x_{2t}^2 + \cdots + \hat\beta_k \sum x_{2t} x_{kt} \\ \vdots \\ \sum x_{rt} y_t = \hat\beta_0 \sum x_{kt} + \hat\beta_1 \sum x_{1t} x_{kt} + \hat\beta_2 \sum x_{2t} x_{kt} + \cdots + \hat\beta_k \sum x_{kt}^2 \end{cases}$$

改写为矩阵形式：

$$\begin{bmatrix} n & \sum x_{1t} & \cdots & \sum x_{kt} \\ \sum x_{1t} & \sum x_{1t}^2 & \cdots & \sum x_{1t} x_{kt} \\ \vdots & \vdots & \cdots & \vdots \\ \sum x_{kt} & \sum x_{1t} x_{kt} & \cdots & \sum x_{kt}^2 \end{bmatrix} \begin{bmatrix} \hat\beta_0 \\ \hat\beta_1 \\ \vdots \\ \hat\beta_k \end{bmatrix} = \begin{bmatrix} \sum y_t \\ \sum x_{1t} y_t \\ \vdots \\ \sum x_{kt} y \end{bmatrix}$$

进一步改写为：

$$\begin{bmatrix} 1 & 1 & \cdots & 1 \\ x_{11} & x_{12} & \cdots & x_{1n} \\ x_{21} & x_{22} & \cdots & x_{2n} \\ \vdots & \vdots & \cdots & \vdots \\ x_{k1} & x_{k2} & \cdots & x_{kn} \end{bmatrix} \begin{bmatrix} 1 & x_{11} & x_{21} & \cdots & x_{k1} \\ 1 & x_{12} & x_{22} & \cdots & x_{k2} \\ 1 & x_{13} & x_{23} & \cdots & x_{k3} \\ \vdots & \vdots & \vdots & \cdots & \vdots \\ 1 & x_{1n} & x_{2n} & \cdots & x_{kn} \end{bmatrix} \begin{bmatrix} \hat\beta_0 \\ \hat\beta_1 \\ \hat\beta_2 \\ \vdots \\ \hat\beta_k \end{bmatrix} = \begin{bmatrix} 1 & 1 & \cdots & 1 \\ x_{11} & x_{12} & \cdots & x_{1n} \\ x_{21} & x_{22} & \cdots & x_{2n} \\ \vdots & \vdots & \cdots & \vdots \\ x_{k1} & x_{k2} & \cdots & x_{kn} \end{bmatrix} \begin{bmatrix} y_1 \\ y_2 \\ y_3 \\ \vdots \\ y_n \end{bmatrix}$$

则可简写为：

$(X'X)\hat\beta = X'X$

由于 R（X）=k+1，X'X 为 k+1 阶方阵，所以 X'X 满秩，它的逆矩阵 $(X'X)^{-1}$ 存在，因此，$\hat\beta = (X'X)^{-1}X'Y$。

（4）多元线性回归最小二乘估计无偏性的证明

因为 $\hat\beta = (X'X)^{-1}X'Y = (X'Y)^{-1}X'(X\beta + U)$

$= (X'X)^{-1}(X'X)\beta + (X'X)^{-1}X'U$

$= \beta + (X'X)^{-1}X'U$

对两边取期望，$E(\hat\beta) = \beta + (X'X)^{-1}X'[E(U)]$

$= \beta \qquad (E(U) = 0)$

即 $\hat\beta$ 是 β 的无偏估计。

（5）多元线性回归最小二乘估计最小方差性的证明

设 β^* 为 β 的另一个关于 Y 的线性无偏估计式，可知：

$\beta^* = AY$（A 为常数矩阵）

由无偏性可得： $E(\beta^*) = E(AY) = E[A(X\beta + U)]$

$$= E(AX\beta) + AE(U)$$

$$= AXE(\beta) = \beta$$

所以必须有 $AX = I$

要证明最小二乘法估计式的方差 $var(\hat{\beta})$ 小于其他线性去偏估计式的方差 $var(\beta^*)$，只要证明协方差矩阵之差：

$$E[(\beta^* - \beta)(\beta^* - \beta)'] - E[(\hat{\beta} - \beta)(\hat{\beta} - \beta)']$$

为半正定矩阵，则称最小二乘估计 $\hat{\beta}$ 是 β 的最小方差线性无偏估计式。

因为　　$\beta^* - \beta = AY - \beta = A(X\beta + U) - \beta$

$$= AX\beta + AU - \beta$$

$$= \beta + AU - \beta = AU$$

所以　　$E[(\beta^* - \beta)(\beta^* - \beta)'] = E[(AU)(AU)'] = E(AUU'A')$

$$= AE(UU')A' = AA'\sigma^2$$

由于　　$\hat{\beta} = (X'X)^{-1}X'Y = \beta + (X'X)^{-1}X'U$

$$E[(\hat{\beta} - \beta)(\hat{\beta} - \beta)'] = E[(X'Y)^{-1}X'U][(X'X)^{-1}X'U]'$$

$$= E[(X'X)^{-1}X''U][U'X(X'X)^{-1}]$$

$$= (X'X)^{-1}X'E(UU')X(X'X)^{-1}$$

$$= (X'X)^{-1}X'X(X'X)^{-1}\sigma^2 = (X'X)^{-1}\sigma^2$$

所以　　$E[(\beta^* - \beta)(\beta^* - \beta)'] - E[(\hat{\beta} - \beta)(\hat{\beta} - \beta)'] = AA'\sigma^2 - (X'X)^{-1}\sigma^2$

$$= [AA' - (X'X)^{-1}]\sigma^2$$

由于

$$[A - (X'X)^{-1}X'][A - (X'X)^{-1}X']' = [A - (X'X)^{-1}X'][A' - X(X'X)^{-1}]$$

$$= AA' - (X'X)^{-1}X'A' - AX(X'X)^{-1} + (X'X)^{-1}X'X(X'X)^{-1}$$

$$= AA' - (X'X)^{-1}$$

由线性代数知，对任一非奇异矩阵 C，CC' 为半正定矩阵。如果令 $[A - (X'X)^{-1}X'] = C$

则　　$CC' = [A - (X'X)^{-1}X'][A - (X'X)^{-1}X']' = AA' - (X'X)^{-1}$

由于半正定矩阵对角线元素非负，因此有：

$$AA' - (X'X)^{-1} \geq 0$$

即　$E(\beta_j^* - \beta_j)^2 - E(\hat{\beta}_j - \beta_j) \geq 0$　　　　$(j = 1, 2, \cdots, k)$

这证明了 β_j 的最小二乘估计 $\hat{\beta}_j$ 在 β_j 的所有无偏估计中是方差最小的估计式。

（6）残差平方和 $\sum u_i^2$ 的均值为 $(n - k)\sigma^2$ 的证明

由残差向量的定义及参数的最小二乘估计式，有：

$u = Y - \hat{Y} = Y - X\hat{\beta}$

$\quad = Y - X(X'X)^{-1}X'Y$

$\quad = [I - X(X'X)^{-1}X']Y$

可以记 $P = I - X(X'X)^{-1}X'$，则：

$u = PY = [I - X(X'X)^{-1}X'][X\beta + U]$

$\quad = X\beta - X(X'X)^{-1}X'X\beta + PU$

$\quad = PU$

容易验证，P 为对称等幂矩阵，即：

$P = P'$

$P^2 = PP = P$

残差向量的协方差矩阵为：

$$var(e) = E(ee') = E[PU(PU)']$$
$$= E[P(UU)'P']$$
$$= P[E(UU)']P'$$
$$= P(\sigma^2 I)P'$$
$$= PP'\sigma^2 = P\sigma^2$$

利用矩阵迹的性质，有：

$$\sum e_i^2 = e'e = tr(ee')$$

两边取期望得：

$$E(\sum e_i^2) = E(e'e) - E[tr(ee')]$$
$$= tr[E(e'e)] = tr[P\sigma^2]$$
$$= \sigma^2 tr[I - X(X'X)^{-1}X']$$
$$= \sigma^2 \{tr(I) - tr[(X'X)^{-1}X'X]\}$$
$$= \sigma^2 [n - tr(I)]$$
$$= (n - k)\sigma^2$$

（7）在异方差性条件下参数估计统计性质的证明

①参数估计的无偏性仍然成立。

设模型为：

$$Y_i = \beta_1 + \beta_2 X_i + v_i, \quad i = 1, 2, \cdots, n \tag{10-47}$$

用离差形式表示：

$$y_i = \beta_2 x_i + u_i \quad (其中 \ u_i = v_i - \bar{v}) \tag{10-48}$$

参数 β_2 的估计量 $\hat{\beta}_2$ 为：

$$\hat{\beta}_2 = \frac{\sum x_i y_i}{\sum x_i^2} = \frac{\sum x_i(\beta_2 x_i + u_i)}{\sum x_i^2} = \frac{\beta_2 \sum x_i^2 + \sum x_i u_i}{\sum x_i^2}$$
$$= \beta_2 + \frac{\sum x_i u_i}{\sum x_i^2} \tag{10-49}$$

$$E(\hat{\beta}_2) = \beta_2 + E(\frac{\sum x_i u_i}{\sum x_i^2}) = \beta_2 + \frac{\sum E(x_i u_i)}{\sum x_i^2} = \beta_2 \tag{10-50}$$

在证明中仅用到了假定 $E(x_i u_i) = 0$。

②参数估计的有效性不成立。

假设（10-48）式存在异方差，且 $var(u_i) = \sigma_i^2 = \sigma^2 X_i^2$，则参数 β_2 的估计 $\hat{\beta}_2$ 的方差为：

$$var(\hat{\beta}_2^*) = E[\hat{\beta}_2 - E(\hat{\beta}_2)]^2 = E(\hat{\beta}_2 - \beta_2)^2 = E\left(\beta_2 + \frac{\sum x_i u_i}{\sum x_i^2} - \beta_2\right)^2$$

$$= E\left(\frac{\sum x_i u_i}{\sum x_i^2}\right)^2 = E\left(\frac{\sum_{i=j} x_i^2 u_i^2 + 2\sum_{i \neq j} x_i x_j u_i u_j}{(\sum x_i^2)^2}\right) = \frac{\sum_{i=j} x_i^2 E(u_i^2) + 2\sum_{i \neq j} x_i x_j E(u_i u_j)}{(\sum x_i^2)^2}$$

$$= \frac{\sum_{i=j} x_i^2 E(u_i^2)}{(\sum x_i^2)^2} = \frac{\sum x_i^2 \sigma_i^2}{(\sum x_i^2)^2} = \frac{\sigma^2 \sum x_i^2 X_i^2}{(\sum x_i^2)^2} = \frac{\sigma}{\sum x_i^2} \cdot \frac{\sum x_i^2 X_i^2}{\sum x_i^2} \tag{10-51}$$

在上述推导中用了假定 $E(u_i u_j) = 0$，$i \neq j$。

下面对（10-48）式运用加权最小二乘法（WLS）。设权数为 $w_i = \dfrac{1}{z_i}$，将（10-48）式变换为：

$$\frac{y_i}{z_i} = \beta_2 \frac{x_i}{z_i} + \frac{u_i}{z_i} \tag{10-52}$$

可求得参数的估计 $\hat{\beta}_2$。这时新的随机误差项 $\dfrac{u_i}{z_i}$ 为同方差，即 $\mathrm{var}(\dfrac{u_i}{z_i}) = \sigma^2$，而 $\hat{\beta}_2$ 的方差为：

$$\mathrm{var}(\hat{\beta}_2)_{wls} = \frac{\sigma^2}{\sum \left(\dfrac{x_i}{z_i} \right)^2} \tag{10-53}$$

为了便于区别，用 $(\hat{\beta}_2)_{wls}$ 表示加权最小二乘法估计的 β_2，用 $(\hat{\beta}_2)_{ols}$ 表示 OLS 法估计的 β_2。

比较（10-51）式与（10-53）式，即在异方差下用 OLS 法得到参数估计的方差与用 WLS 法得到参数估计的方差相比较：

$$\frac{\mathrm{var}(\hat{\beta}_2)_{wls}}{\mathrm{var}(\hat{\beta}_2)_{ols}} = \frac{\dfrac{\sigma^2}{\sum \left(\dfrac{x_i}{z_i} \right)^2}}{\dfrac{\sum x_i^2 \sigma_i^2}{(\sum x_i^2)^2}} = \frac{\dfrac{\sigma^2}{\sum \left(\dfrac{x_i}{z_i} \right)^2}}{\dfrac{\sum x_i^2 \sigma^2 z_i^2}{(\sum x_i^2)^2}} = \frac{(\sum x_i^2)^2}{\sum \left(\dfrac{x_i}{z_i} \right)^2 (\sum x_i^2 z_i^2)} \tag{10-54}$$

令 $\dfrac{x_i}{z_i} = a_i$，$z_i x_i = b_i$，由初等数学知识有 $\dfrac{(\sum ab)^2}{\sum a^2 \sum b^2} \leqslant 1$，因此（10-54）式右端有：

$$\frac{(\sum x_i^2)^2}{\sum \left(\dfrac{x_i}{z_i} \right)^2 (\sum x_i^2 z_i^2)} \leqslant 1 \tag{10-55}$$

从而有：

$$\mathrm{var}(\hat{\beta}_2)_{wls} \leqslant \mathrm{var}(\hat{\beta}_2)_{ols}$$

这就证明了在异方差下仍然用普通最小二乘法所得到的参数估计值的方差不再最小。

（8）存在自相关时参数估计值方差的证明

$$\mathrm{var}(\hat{\beta}_2) = E(\hat{\beta}_2 - \beta_2)^2$$

$$= E\left(\frac{\sum x_t u_t}{\sum x_t^2} \right)^2$$

$$= \left(\frac{1}{\sum x_t^2} \right)^2 E(x_1 u_1 + x_2 u_2 + \cdots + x_n u_n)^2$$

$$= \left(\frac{1}{\sum x_t^2} \right)^2 E[(x_1^2 u_1^2 + x_2^2 u_2^2 + \cdots + x_n^2 u_n^2) + 2(x_1 x_2 u_1 u_2 + x_1 x_3 u_1 u_3 + \cdots + x_{n-1} x_n u_{n-1} u_n)]$$

$$= \left(\frac{1}{\sum x_t^2} \right)^2 [(x_1^2 E(u_1^2) + x_2^2 E(u_2^2) + \cdots + x_n^2 E(u_n^2) + 2[x_1 x_2 E(u_1 u_2) + x_1 x_3 E(u_1 u_3) + \cdots + x_{n-1} x_n E(u_{n-1} u_n)]$$

$$= \frac{\sigma_u^2}{\sum x_t^2} + \frac{2}{(\sum x_t^2)^2} [x_1 x_2 \rho \sigma_u^2 + x_1 x_3 \rho \sigma_u^2 + \cdots + x_{n-1} x_n \rho \sigma_u^2]$$

$$= \frac{\sigma_u^2}{\sum\limits_{t=1}^{n} x_t^2} \left(1 + 2\rho \frac{\sum\limits_{t=1}^{n-1} x_t x_{t+1}}{\sum\limits_{t=1}^{n} x_t^2} + 2\rho^2 \frac{\sum\limits_{t=1}^{n-2} x_t x_{t+2}}{\sum\limits_{t=1}^{n} x_t^2} + \cdots + 2\rho^{n-1} \frac{x_1 x_n}{\sum\limits_{t=1}^{n} x_t^2} \right)$$

故 $p \lim_{n \to \infty} \hat{\alpha}_1 = \beta_1$ 和 $p \lim_{n \to \infty} \hat{\alpha}_3 = \beta_3 = 0$。

3）联立方程偏倚的证明

例如，设联立方程模型为：

$$C_t = \beta_0 + \beta_1 Y_t + u_t$$

$$Y_t = C_t + I_t \tag{10-56}$$

对 β_1 的 OLS 估计为：

$$\hat{\beta}_1 = \frac{\sum c_t y_t}{\sum y_t^2} = \frac{\sum C_t y_t}{\sum y_t^2} = \frac{\sum (\beta_0 + \beta_1 Y_t + u_t) y_t}{\sum y_t^2} = \beta_1 + \frac{\sum u_t y_t}{\sum y_t^2} \tag{10-57}$$

其中利用了 $\sum y_t = 0$ 和 $\sum Y_t y_t / \sum y_t^2 = 1$。对上式两边取期望得：

$$E(\hat{\beta}_1) = \beta_1 + E\left(\frac{\sum u_t y_t}{\sum y_t^2}\right)$$

这里的 $E(\sum u_t y_t / \sum y_t^2) \neq 0$，则 $E(\hat{\beta}_1) \neq \beta_1$，$\hat{\beta}_1$ 是 β_1 的有偏估计。

对（10-57）式取概率极限得：

$$p \lim(\hat{\beta}_1) = p \lim(\beta_1) + p \lim\left(\frac{\sum u_t y_t}{\sum y_t^2}\right) = p \lim(\beta_1) + \frac{p \lim(\frac{1}{n}\sum u_t y_t)}{p \lim(\sum y_t^2)} \tag{10-58}$$

其中，$(\sum u_t y_t)/n$ 是 Y 与 u 的样本协方差，其总体协方差为：

$$p \lim(\frac{1}{n}\sum u_t y_t) = cov(Y_t, u_t) = \frac{\sigma^2}{1 - \beta_1}$$

$(\sum y_t^2)/n$ 是 Y 的样本方差，其总体方差为：

$$p \lim(\frac{1}{n}\sum y_t^2) = \sigma_Y^2$$

因此

$$p \lim(\hat{\beta}_1) = \beta_1 + \frac{1}{1 - \beta_1} \frac{\sigma^2}{\sigma_Y^2}$$

因为 $\frac{\sigma^2}{\sigma_Y^2} \neq 0$，则 $p \lim(\hat{\beta}_1) \neq \beta_1$，这说明 $\hat{\beta}_1$ 不是 β_1 的一致估计。

|10.2| 利用 Excel 软件进行线性回归分析

【例 10-1】设 HS300 收盘价为 Y，2008 年 1 月至 2014 年 2 月的月"采购经理指数 PMI"为 X1，"居民消费指数 CPI"为 X2（为方便定义，在后面我们采用 Z 代替 X2）（将其分别取自然对数处理）。

方程：$Y_i = \beta_0 + \beta_1 X_i + \beta_2 Z_i + \mu_i$

其中，u_t 为随机误差项，β_0 为常数项，β_1、β_2 为回归系数。

进行线性估计时，设估计的直线为：

$Y_i = \hat{\beta}_0 + \hat{\beta}_1 X_i + \hat{\beta}_2 Z_i + e_i$

其中，$\hat{y}_i$ 为 y_t 的拟合值；$\hat{\beta}_0$ 和 $\hat{\beta}_1$、$\hat{\beta}_2$ 分别是 β_0 和 β_1、β_2 的估计量；e_i 为残差。

步骤一：首先对 Y_i 与 X_i、Z_i 进行定义，在菜单栏中选择"插入/名称/定义"，如图 10-3 所示。

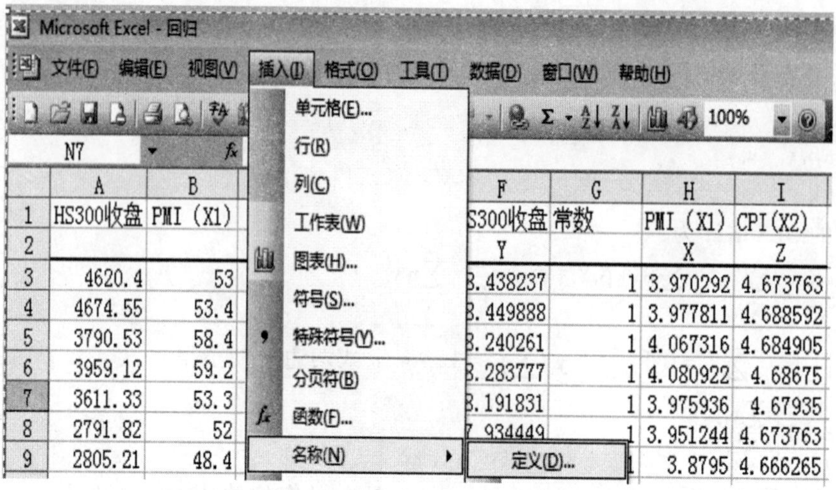

图 10-3 定义变量

步骤二：在“定义名称”对话框内输入“Y”，引用位置选择“F3：F76”单元格，完成后点击“确定”，用同样方式打开“定义名称”对话框，点击“添加”，对X、Z进行定义，引用位置选择“H3：H76”“I3：I76”单元格，完成后点击“确定”，如图10-4所示。

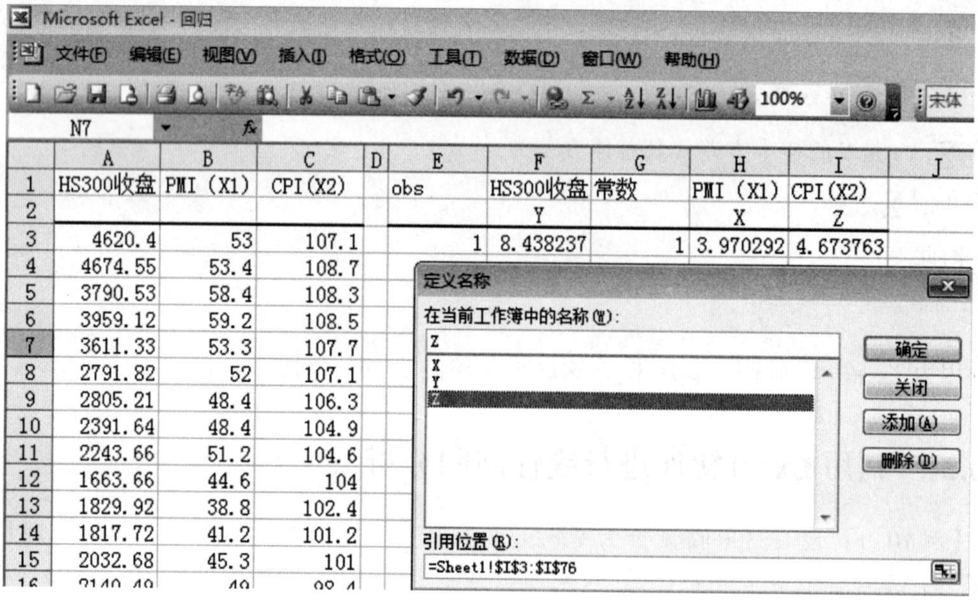

图 10-4 定义名称

步骤三：利用MINVERSE（ ）（返回数组中存储矩阵的逆矩阵）、MMULT（ ）（返回两个数组的矩阵乘积）、TRANSPOSE（ ）（返回转置单元格区域，即将行单元格区域转置成列单元格区域）函数计算 $(X^TX)^{-1}$ 。

所用函数组合为：MINVERSE（MMULT（TRANSPOSE（G3：I76），G3：I76））

注意：①因为常数项与X、Z的组合为74行3列，故其转置为3行74列，相乘后的 $(X^TX)^{-1}$ 为3列3行，故先选中3列3行的单元格。

②输入命令后按住Shift+Ctrl+Enter键得出结果，如图10-5所示。

K7 f_x {=MINVERSE(MMULT(TRANSPOSE(G3:I76),G3:I76))}

	F	G	H	I	J	K	L	M
1	hs300收盘	常数	PMI(X1)	CPI(X2)				
2	Y		X	Z				
3	8.43823656	1	3.9702919	4.673763				
4	8.44988818	1	3.9778107	4.688592				
5	8.24026113	1	4.0673159	4.684905				
6	8.283777057	1	4.0809215	4.68675				
7	8.191831405	1	3.9759363	4.67935		531.5544	-8.76972	-107.195
8	7.934448992	1	3.9512437	4.673763	$(X^TX)^{-1}$	-8.76972	3.410123	-1.00749
9	7.939233681	1	3.8794998	4.666265		-107.195	-1.00749	23.97773

图 10-5 求解 $(X^TX)^{-1}$

步骤四：利用函数 MMULT（ ）（返回两个数组的矩阵乘积）、TRANSPOSE（ ）（返回转置单元格区域，即将行单元格区域转置成列单元格区域）函数计算 X^TY 。

所用函数组合为：MMULT（TRANSPOSE（G3：I76），F3：F76））

注意：①因为常数项与 X 的组合为 74 行 3 列，故其转置为 3 行 74 列，Y 为 74 行 1 列，故相乘后的 X^TY 为 3 列 1 行，故先选中 3 列 1 行的单元格。

输入命令后按住 Shift+Ctrl+Enter 键得出结果，如图 10-6 所示。

K12 f_x {=MMULT(TRANSPOSE(G3:I76),F3:F76)}

	F	G	H	I	J	K	L	M
1	hs300收盘	常数	PMI(X1）	CPI(X2)				
2	Y		X	Z				
3	8.43823656	1	3.9702919	4.673763				
4	8.44988818	1	3.9778107	4.688592				
5	8.24026113	1	4.0673159	4.684905				
6	8.283777057	1	4.0809215	4.68675				
7	8.191831405	1	3.9759363	4.67935		531.5544	-8.76972	-107.195
8	7.934448992	1	3.9512437	4.673763	$(X^TX)^{-1}$	-8.76972	3.410123	-1.00749
9	7.939233681	1	3.8794998	4.666265		-107.195	-1.00749	23.97773
10	7.779734602	1	3.8794998	4.653008				
11	7.71586374	1	3.9357395	4.650144				
12	7.416775274	1	3.7977339	4.644391		585.1938		
13	7.512027529	1	3.6584202	4.628887	X^TY	2307.18		
14	7.505338247	1	3.7184383	4.617099		2713.194		
15	7.617110298	1	3.912397	4.615421				

图 10-6 求解 X^TY

步骤五：计算 $\hat{\beta}=(X^TX)^{-1}X^TY$ 。

所用函数为：MMULT（ ）（返回两个数组的矩阵乘积）

注意：①因为 $(X^TX)^{-1}$ 为 3 行 3 列，X^TY 为 3 列 1 行，所以相乘后为 3 行 1 列，故先选中 3 行 1 列的单元格。

②输入命令后按住 Shift+Ctrl+Enter 键得出结果，如图 10-7 所示。

第一个表格（图10-7）

工具栏：文件(F) 编辑(E) 视图(V) 插入(I) 格式(O) 工具(T) 数据(D) 窗口(W) 帮助(H)

单元格：L17　fx　{=MMULT(K7:M9, K12:K14)}

	F	G	H	I	J	K	L	M
1	hs300收盘	常数	PMI(X1）	CPI(X2)				
2	Y		X	Z				
3	8.43823656	1	3.9702919	4.673763				
4	8.44988818	1	3.9778107	4.688592				
5	8.24026113	1	4.0673159	4.684905				
6	8.283777057	1	4.0809215	4.68675				
7	8.191831405	1	3.9759363	4.67935		531.5544	-8.76972	-107.195
8	7.934448992	1	3.9512437	4.673763	$(X^TX)^{-1}$	-8.76972	3.410123	-1.00749
9	7.939233681	1	3.8794998	4.666265		-107.195	-1.00749	23.97773
10	7.779734602	1	3.8794998	4.653008				
11	7.71586374	1	3.9357395	4.650144				
12	7.416775274	1	3.7977339	4.644391		585.1938		
13	7.512027529	1	3.6584202	4.628887	X^TY	2307.18		
14	7.505338247	1	3.7184383	4.617099		2713.194		
15	7.617110398	1	3.813307	4.615121				
16	7.668790054	1	3.8918203	4.589041				
17	7.827157166	1	3.9589066	4.593098			-10.894	
18	7.872047293	1	3.9796817	4.590057	$\hat{\beta}=(X^TX)^{-1}X^TY$		2.263495	
19	7.922880881	1	3.9721769	4.591071			2.131202	

图10-7　求解 $\hat{\beta}=(X^TX)^{-1}X^TY$

步骤六：求得 $\hat{Y}$，如图10-8所示。

第二个表格（图10-8）

工具栏：文件(F) 编辑(E) 视图(V) 插入(I) 格式(O) 工具(T) 数据(D) 窗口(W) 帮助(H)　DejaVu Sans

单元格：O3　fx　{=$L$17+$L$18*H3+$L$19*I3}

	F	G	H	I	J	K	L	M	N	O
1	hs300收盘	常数	PMI(X1）	CPI(X2)						$\hat{Y}$
2	Y		X	Z						
3	8.43823656	1	3.9702919	4.673763						8.05348
4	8.44988818	1	3.9778107	4.688592						8.102102
5	8.24026113	1	4.0673159	4.684905						8.29684
6	8.283777057	1	4.0809215	4.68675						8.331568
7	8.191831405	1	3.9759363	4.67935		531.5544	-8.76972	-107.195		8.078163
8	7.934448992	1	3.9512437	4.673763	$(X^TX)^{-1}$	-8.76972	3.410123	-1.00749		8.010365
9	7.939233681	1	3.8794998	4.666265		-107.195	-1.00749	23.97773		7.831994
10	7.779734602	1	3.8794998	4.653008						7.803739
11	7.71586374	1	3.9357395	4.650144						7.924933
12	7.416775274	1	3.7977339	4.644391		585.1938				7.600298
13	7.512027529	1	3.6584202	4.628887	X^TY	2307.18				7.25192
14	7.505338247	1	3.7184383	4.617099		2713.194				7.362648
15	7.617110398	1	3.813307	4.615121						7.573167
16	7.668790054	1	3.8918203	4.589041						7.6953
17	7.827157166	1	3.9589066	4.593098			-10.894			7.855796
18	7.872047293	1	3.9796817	4.590057	$\hat{\beta}=(X^TX)^{-1}X^TY$		2.263495			7.896339
19	7.922880881	1	3.9721769	4.591071			2.131202			7.881514
20	8.060372682	1	3.9740584	4.588024						7.879279
21	8.225401352	1	3.9759363	4.587006						7.88136
22	7.948127392	1	3.988984	4.593098						7.923876

图10-8　求解 $\hat{Y}$

综上所述，HS300收盘价估计值 $\hat{Y}$ 与PMI（X）、CPI（Z）的关系如下：

$$\hat{Y}_i = -10.548 + 2.243X_i + 2.075Z_i$$

步骤七：求残差平方和 RSS。

公式： $RSS = \sum(Y_i - \hat{Y}_i)^2 = \sum e_i^2$

在单元格中输入如图 10-9 所示公式。

	F	G	H	I	J	K	L	M	N	O	P
		P3			f_x	=(F3-O3)^2					
1	hs300收盘	常数	PMI(X1)	CPI(X2)							
2	Y		X	Z						$\hat{Y}$	RSS
3	8.43823656	1	3.9702919	4.673763						8.05348	0.14803733
4	8.44988818	1	3.9778107	4.688592						8.102102	0.12095495
5	8.24026113	1	4.0673159	4.684905						8.29684	0.00320115
6	8.283777057	1	4.0809215	4.68675						8.331568	0.002284
7	8.191831405	1	3.9759363	4.67935		531.5544	-8.76972	-107.195		8.078163	0.01292058
8	7.934448992	1	3.9512437	4.673763	$(X^TX)^{-1}$	-8.76972	3.410123	-1.00749		8.010365	0.00576322
9	7.939233681	1	3.8794998	4.666265		-107.195	-1.00749	23.97773		7.831994	0.01150039
10	7.779734602	1	3.8794998	4.653008						7.803739	0.0005762
11	7.71586374	1	3.9357395	4.650144						7.924933	0.04371015
12	7.416775274	1	3.7977339	4.644391		585.1938				7.600298	0.03368069
13	7.512027529	1	3.6584202	4.628887	X^TY	2307.18				7.25192	0.06765589
14	7.505338247	1	3.7184383	4.617099		2713.194				7.362648	0.0203605
15	7.617110398	1	3.813307	4.615121						7.573167	0.00193102
16	7.668790054	1	3.8918203	4.589041						7.6953	0.00070279
17	7.827157166	1	3.9589066	4.593098			-10.894			7.855796	0.00082016
18	7.872047293	1	3.9796817	4.593098	$\hat{\beta}=(X^TX)^{-1}X^TY$		2.263495			7.896339	0.00059007
19	7.922880881	1	3.9721769	4.591071			2.131202			7.881514	0.00171119
20	8.060272692	1	3.9740594	4.588024						7.879279	0.03279501

图 10-9　求残差平方和 RSS（一）

再利用 SUM（ ）语句求和，如图 10-10 所示。

	I	J	K	L	M	N	O	P
		P78		f_x	=SUM(P3:P76)			
73	4.634729						7.900906	0.01032005
74	4.629863						7.872852	0.01421235
75	4.629863						7.850551	0.02347812
76	4.624973						7.826643	0.01960998
77								
78							RSS=	1.0652279

图 10-10　求残差平方和 RSS（二）

步骤八：求随机干扰项 μ_i 的方差，即 $var(\mu_i) = \sigma^2$。

公式： $\hat{\sigma}^2 = \dfrac{\sum e_i^2}{n-k-1}$

因为本例 n=74，所以此处 n-2-1=71，据此输入公式，如图 10-11 所示。

步骤九：求总离差平方和 TSS。

公式： $TSS = \sum(Y_i - \bar{Y})^2 = \sum y_i^2$

先利用 AVERAGE（ ）求均值 $\bar{Y}$，如图 10-12 所示。

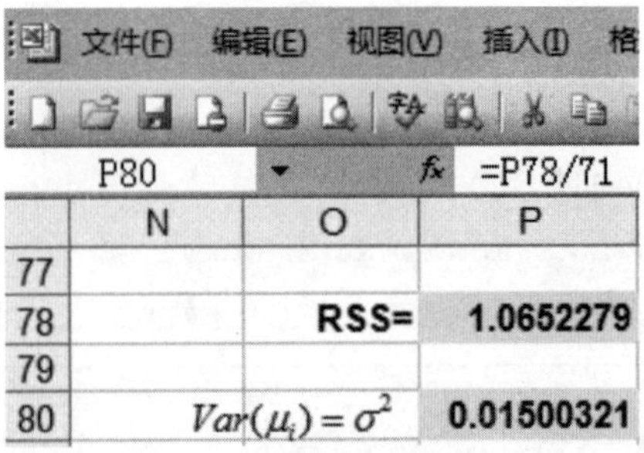

图 10-11　求解随机干扰项方差

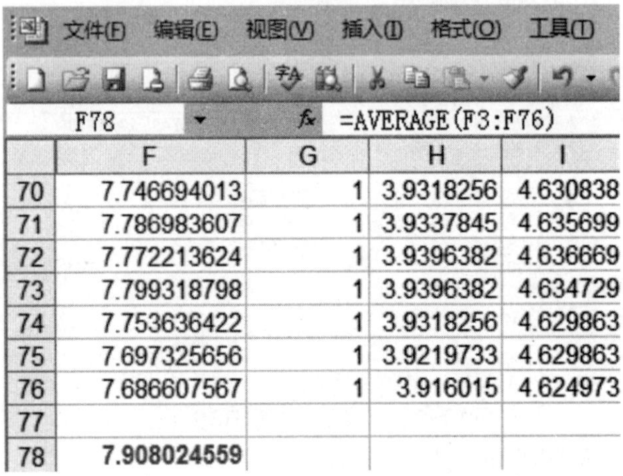

图 10-12　HS300收盘价均值

再根据公式求 TSS，如图 10-13 所示。

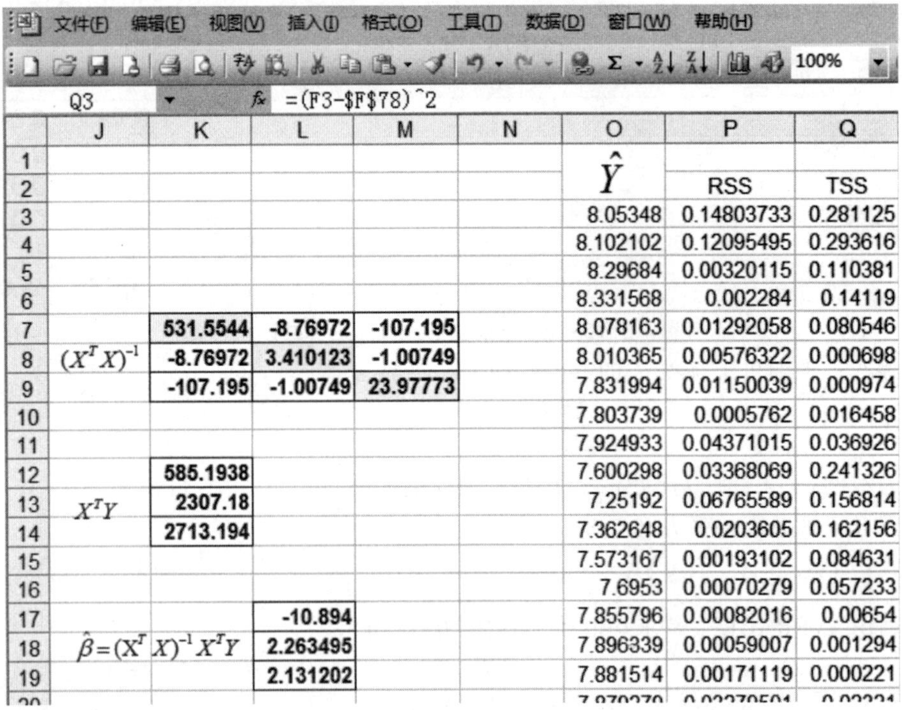

图 10-13　求解 TSS

得出每个单独的 y_i，利用 SUM（ ）语句求和，Excel 返回值为 2.8987。

步骤十：求回归平方和 ESS。

公式： $ESS = \sum(\hat{Y}_i - \bar{Y})^2 = \sum \hat{y}_i^2$

根据公式求 ESS，如图 10-14 所示。

	$\hat{Y}$	RSS	TSS	ESS
3	8.05348	0.14803733	0.281125	0.02115739
4	8.102102	0.12095495	0.293616	0.037666209
5	8.29684	0.00320115	0.110381	0.151177335
6	8.331568	0.002284	0.14119	0.17938929
7	8.078163	0.01292058	0.080546	0.028946973
8	8.010365	0.00576322	0.000698	0.010473539
9	7.831994	0.01150039	0.000974	0.005780674
10	7.803739	0.0005762	0.016458	0.010875513
11	7.924933	0.04371015	0.036926	0.000285911
12	7.600298	0.03368069	0.241326	0.094695469
13	7.25192	0.06765589	0.156814	0.430473091

图 10-14　求解 ESS

利用 SUM（ ）语句求和，Excel 返回值为 1.8334。

步骤十一：计算显著性检验 F 检验的值。

公式： $F = \dfrac{ESS/k}{RSS/(n-k-1)}$

因为 K 代表解释变量的个数，本例解释变量为"PMI"X1 和"CPI"X2，所以 K=2，n 取值 74。

公式可以改写为：

$F = ESS \times \dfrac{71/2}{RSS}$

在单元格中输入公式，如图 10-15 所示。

	N	O	P	Q	R
78		RSS=	1.0652279		
79					
80		$Var(\mu_i) = \sigma^2$	0.01500321		
81					
82		TSS=	2.89870332		$F = \dfrac{ESS/k}{RSS/(n-k-1)}$
83					
84		ESS=	1.83347541		
85				F=	61.10277153

图 10-15　求解 F 检验值

步骤十二：计算显著性检验 t 检验的值。

公式： $t = \dfrac{\hat{\beta} - \beta_i}{\sqrt{C_{ii}\sigma^2}}$

其中， $var(\hat{\beta}) = \sigma_u^2 C_{ii}$ ； C_{ii} 为 $(X^T X)^{-1}$ 中 i 行 i 列的元素。

注意：①进行 t 检验的时候不仅要对解释变量进行检验，还要对系数进行检验，所以 t 检验的值应有 3 个。

②注意三次所用的 C_{ii} 是不同的。

（1）根据公式，先利用 SQRT（ ）求解 $\hat{\beta}$ 的标准差 SD，如图 10-16 所示。

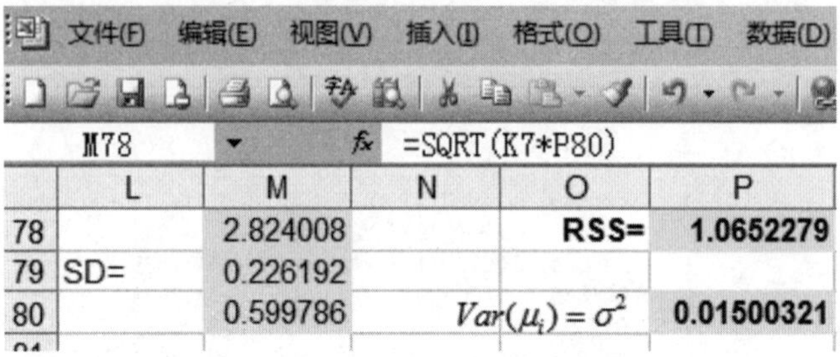

图 10-16 求解解释变量标准差 SD

（2）根据公式计算 T 值，如图 10-17 所示。

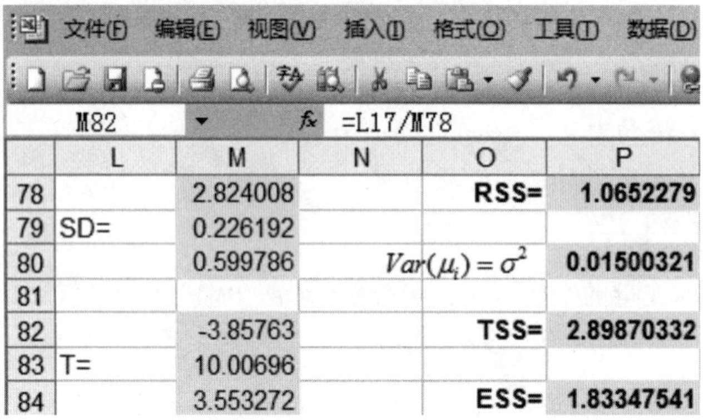

图 10-17 求解 T 值

步骤十三：计算拟合优度检验 R^2 的值。

公式： $R^2 = \dfrac{ESS}{TSS}$

根据公式在单元格中输入如图 10-18 所示内容。

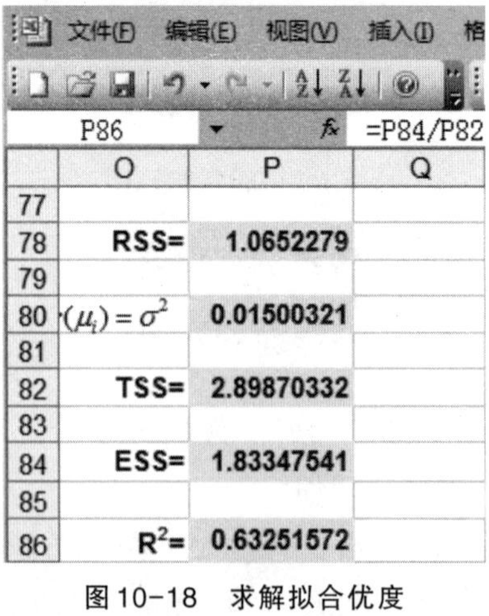

图 10-18 求解拟合优度

步骤十四：计算被解释变量的标准差。

公式： $S.D. = \sqrt{\dfrac{\sum(Y_i - \bar{Y})^2}{n-1}} = \sqrt{\dfrac{TSS}{n-1}}$

本题 n=74，根据公式在单元格中输入如图 10-19 所示内容。

	N	O	P	Q
	P88		fx =SQRT(P82/73)	
77				
78		RSS=	1.0652279	
79				
80		$Var(\mu_i)=\sigma^2$	0.01500321	
81				
82		TSS=	2.89870332	
83				
84		ESS=	1.83347541	
85				
86		R^2	0.63251572	
87				
88		S.D.=	0.19926933	

图 10-19 求解被解释变量标准差

步骤十五：计算对数似然比。

公式： $L = -\dfrac{T}{2}[1 + \log(2\pi) + \log(\sum e_i^2 / T)]$

T 代表的是样本容量的个数，本题 T=74。

计算时 π 取值 3.1415926。

根据公式，计算对数似然比的值，如图 10-20 所示。

	G	H	I	J	K	L	M	N	O	P
	H80		fx =-(1+LN(2*3.1415926)+LN(P78/74))*74/2							
77										
78	$L=-\dfrac{T}{2}(1+\log(2\pi)+\log(\sum e_i^2/T))$						2.824008		RSS=	1.0652279
79						SD=	0.226192			
80	L=	51.910973					0.599786		$Var(\mu_i)=\sigma^2$	0.01500321

图 10-20 求解对数似然比

步骤十六：计算赤池信息量（AIC）的值。

公式： $AIC = -\dfrac{2L}{T} + \dfrac{2K}{T}$

T 代表的是样本容量的个数，本题 T=74；

K 代表的是解释变量的个数，本题 K=2。

根据公式在单元格中输入如图 10-21 所示内容。

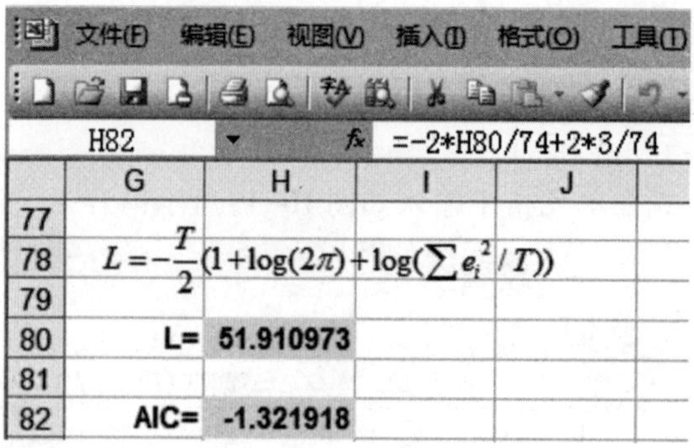

图 10-21　求解赤池信息量

步骤十七：计算施瓦兹信息量（SC）的值。

公式：$SC = -\dfrac{2L}{T} + \dfrac{K \log T}{T}$

T代表的是样本容量的个数，本题 T=74；

K代表的是解释变量的个数，本题 K=2。

根据公式在单元格中输入如图 10-22 所示内容。

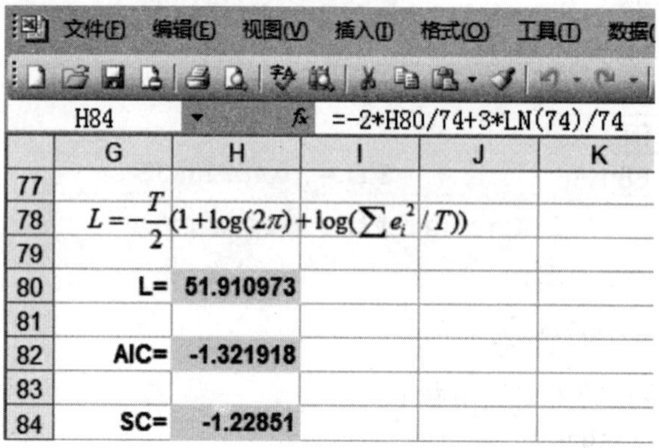

图 10-22　求解施瓦兹信息量

步骤十八：计算 DW 检验的值。

公式：$DW = \dfrac{\sum\limits_{t=2}^{T}(\hat{e}_t - \hat{e}_{t-1})^2}{\sum\limits_{t=1}^{T}\hat{e}_t^2}$

（1）利用 $\hat{e}_t = Y_t - \hat{Y}_t$ 先计算 $\hat{e}_t$ 的数值，在单元格中输入如图 10-23 所示内容。

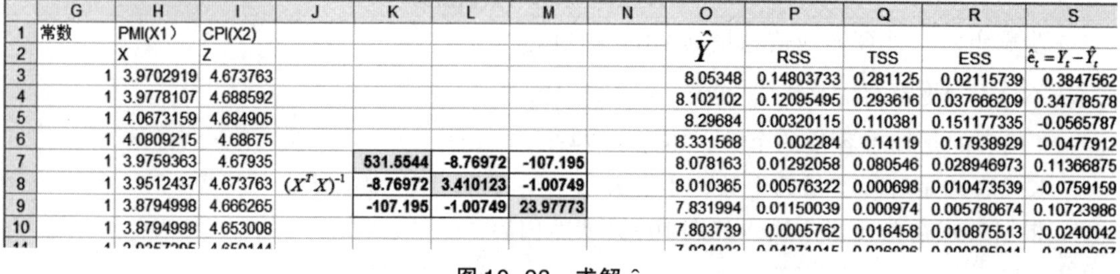

图 10-23　求解 $\hat{e}_t$

（2）再根据公式计算 $(\hat{e}_t - \hat{e}_{t-1})^2$ 的数值，如图 10-24 所示。

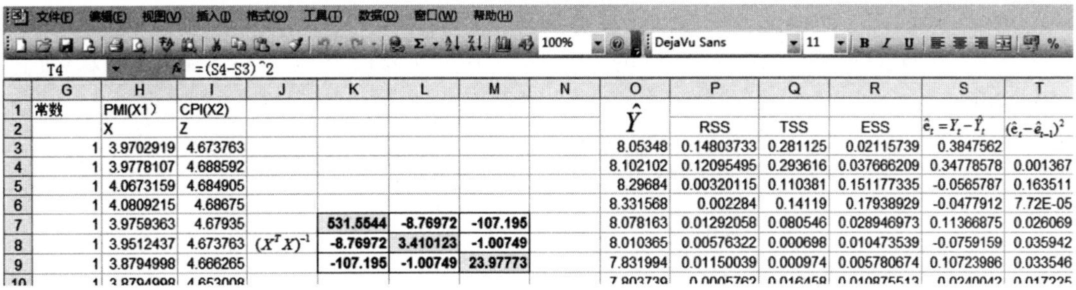

	G	H	PMI(X1)	CPI(X2)	J	K	L	M	N	O $\hat{Y}$	P RSS	Q TSS	R ESS	S $\hat{e}_t = Y_t - \hat{Y}_t$	T $(\hat{e}_t - \hat{e}_{t-1})^2$
1	常数	PMI(X1)	CPI(X2)												
2		X	Z												
3	1	3.9702919	4.673763							8.05348	0.14803733	0.281125	0.02115739	0.3847562	
4	1	3.9778107	4.688592							8.102102	0.12095495	0.293616	0.037666209	0.34778578	0.001367
5	1	4.0673159	4.684905							8.29684	0.00320115	0.110381	0.151177335	-0.0565787	0.163511
6	1	4.0809215	4.68675							8.331568	0.002284	0.14119	0.17938929	-0.0477912	7.72E-05
7	1	3.9759363	4.67935		531.5544	-8.76972	-107.195			8.078163	0.01292058	0.080546	0.028946973	0.11366875	0.026069
8	1	3.9512437	4.673763	$(X^TX)^{-1}$	-8.76972	3.410123	-1.00749			8.010365	0.00576322	0.000698	0.010473539	-0.0759159	0.035942
9	1	3.8794998	4.666265		-107.195	-1.00749	23.97773			7.831994	0.01150039	0.000974	0.005780674	0.10723986	0.033546

图 10-24　求解 $(\hat{e}_t - \hat{e}_{t-1})^2$

利用 SUM（　）加总求和，Excel 返回值为 0.9994。

（3）根据公式 $DW = \dfrac{\sum\limits_{t=2}^{T}(\hat{e}_t - \hat{e}_{t-1})^2}{\sum\limits_{t=1}^{T}\hat{e}_t^2}$ 计算最后的结果，在单元格中输入如图 10-25 所示内容。

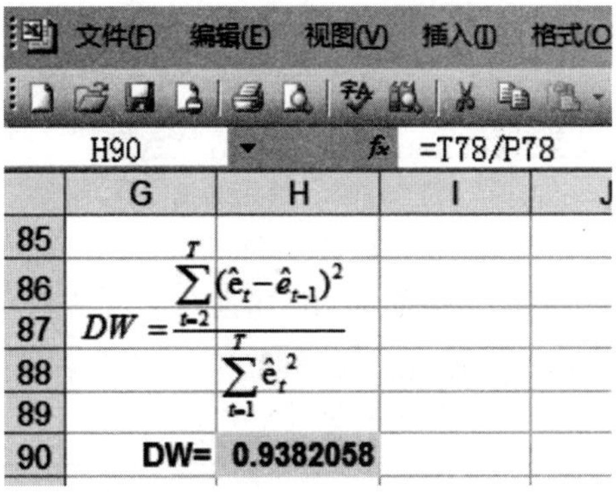

图 10-25　求解 DW

步骤十九：利用 Eviews 检验实验结果。

（1）点击菜单栏左上角的 File/New/Workfile，新建一个工作簿。

（2）将"Frequency"修改为"Monthly"、"Start"修改为"2008-1"，"End"修改为"2014-2"，完成后点击"OK"，如图 10-26 所示。

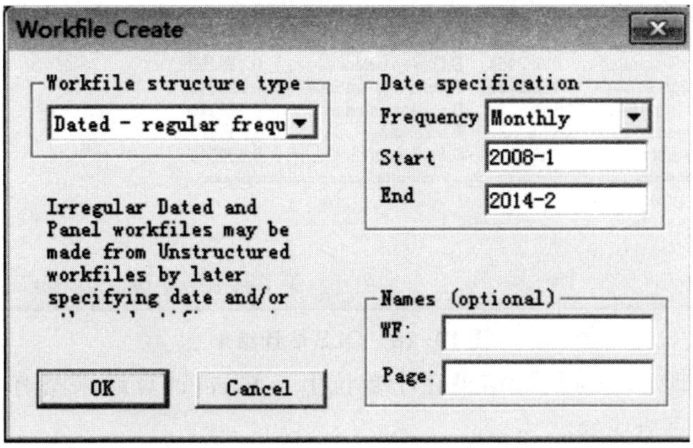

图 10-26　创建工作表

（3）在弹出的新对话框中点击"Object/New Object"，新建一个工作项目，将"Type of object"修改为"Group"，给新的工作表取名"TABLE"，点击"OK"。

（4）将数据复制于 Eviews 新建的工作项目中，并修改好数据命名 Y、X、Z，如图 10-27 所示。

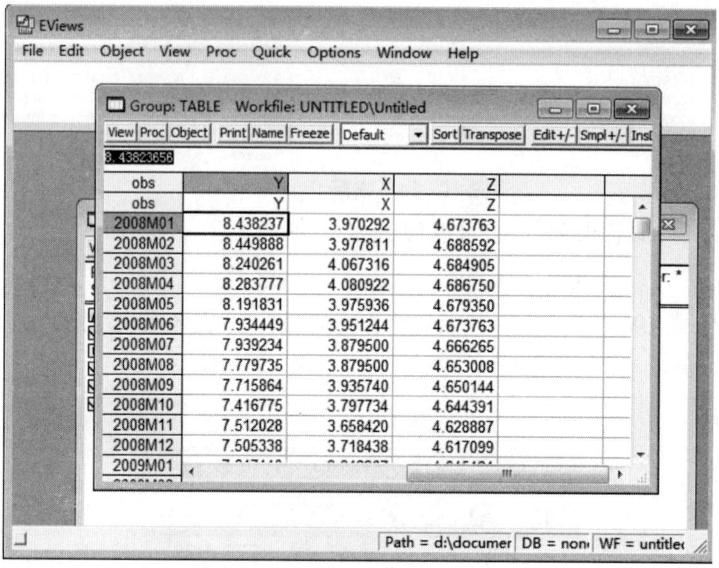

图 10-27　导入数据

（5）选择 Quick/Estimate Equation，对数据进行 OLS 估计，在对话框中输入"Y C X Z"，点击"确定"，最小二乘估计结果如图 10-28 所示。

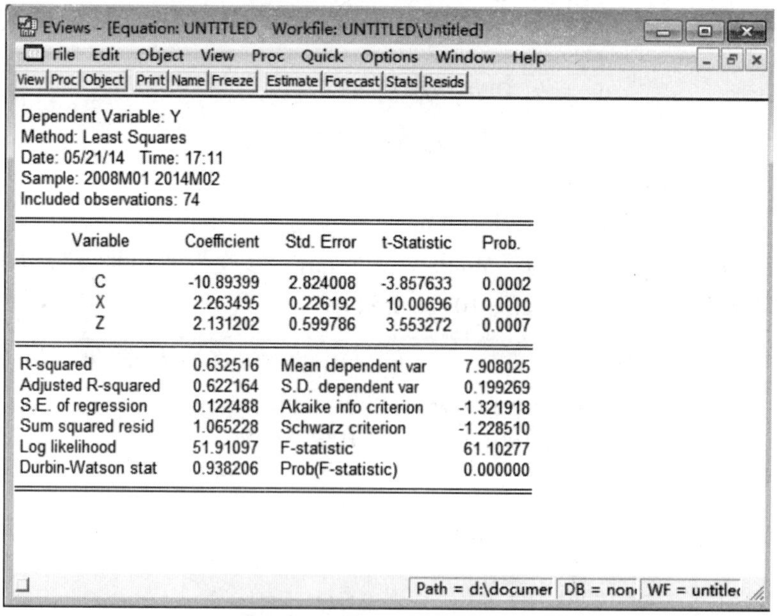

图 10-28　OLS 估计结果

读者也许会发现 Eviews 估计结果在小数位上与 Excel 计算结果略有不同，是因为小数点后保留位数的不同造成的。

步骤二十：分析 Eviews 结果。

（1）名词解释

①Dependent Variable——被解释变量（因变量），即 Y。

②Method：Least Squares——方法：最小二乘法。

③Sample——样本。

④Included Observation：74——包括的观察量：74。

⑤Variable——解释变量（自变量），即 X、Z（C 代表的是系数）。

⑥Cofficient——系数值。

⑦Std.Error——C 与 X、Z 的标准差。

⑧S.E. of Regression——回归标准误差。

⑨Mean Dependent var——被解释变量的均值。

⑩S.D. Dependent var——被解释变量的标准差。

⑪Hannan-quinn Criter——类似 AIC、SC 的判断标准，通常用来判断模型优劣。在滞后阶的判断时，可以作为评价标准之一。

（2）数据分析

①t-Statistic：C 与 X 的显著性检验的 t 值。

解析：建立假设，确定检验水准 $\alpha=0.05$。

H_0：$\mu = \mu_0$ 原假设

H_1：$\mu \neq \mu_0$ 备择假设

若 t 值得出的结果是 $t > t_{\alpha/2}$（n-k-1），则认为 t 值是显著的，拒绝原假设，接受备择假设；反之，则接受原假设。

本例分析：系数 C 的 t 检验值的绝对值为 3.86> $t_{\alpha/2}$ = 2.29，解释变量 X 的 t 值为 10.00> $t_{\alpha/2}$ = 2.29，解释变量 Z 的 t 值为 3.55> $t_{\alpha/2}$ = 2.29，故拒绝原假设，取阴影区面积，如图 10-29 所示。

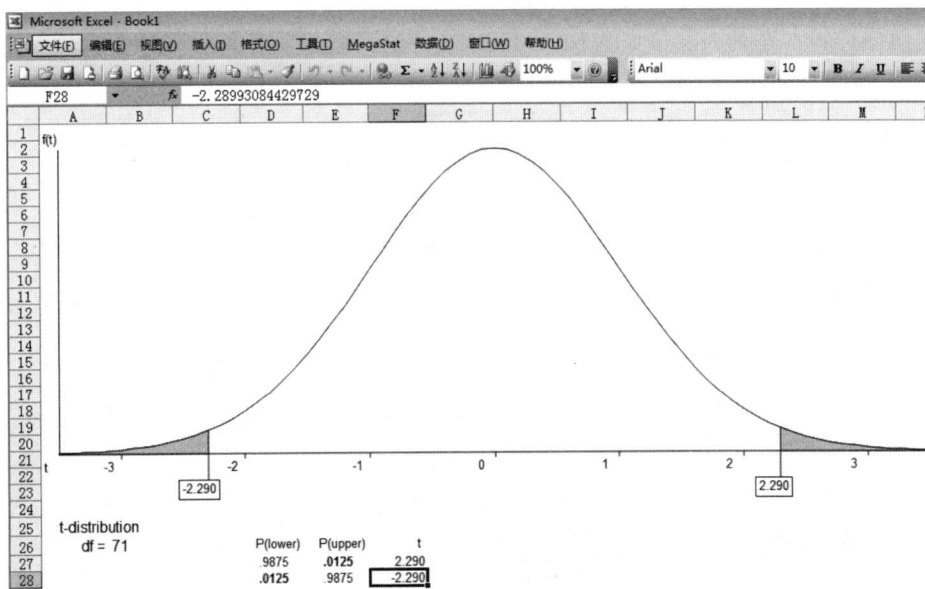

图 10-29　t 分布图形

综上所述，所以本例的结果是显著的。

②Prob.：代表接受原假设 H_0 的概率，以0.05为标准。

解析：若 $P<0.05$ ，则代表接受原假设的概率小于标准值0.05，则接受备择假设；反之，则接受原假设。

本例分析：C的概率P=0.0002<0.05，故接受备择假设；

X的概率P=0.0000<0.05，故接受备择假设；

Z的概率P=0.0007<0.05，故接受备择假设。

综上所述，所以本例的结果是显著的。

③R-Squared：拟合优度 R^2 的值。

解析：衡量的是回归方程整体的拟合度，用于表达被解释变量与所有解释变量之间的总体关系，以1为标准，越接近1则证明拟合效果越好， $R^2>0.8$ 认为可以接受。

本例分析： $R^2=0.6325$ ，说明拟合效果一般。

④Adjusted R-Squared：修正拟合优度。

解析：主要是把计算方差时所损失掉的自由度排除掉。

本例分析： $\bar{R}^2=0.6222$ ，同 R^2 一样，拟合效果一般。

⑤Log Likelihood：对数似然比（参见步骤十五）。

解析：残差越小，L值越大，说明模型越正确。

本例分析：Log Likelihood=51.91，说明模型相对正确。

⑥F-Statistic：数据总体的显著性检验F检验值。

解析：建立假设，确定检验水准α=0.05。

H_0： $\beta_1=0,\beta_2=0,\beta_3=0,\cdots,\beta_K=0$ 原假设

H_1： $\beta_j(j=1,2,3,\cdots,k)$ 不全为0 备择假设

若 $F>F_\alpha$ （k，n-k-1），则表明两组数据存在显著差异，拒绝原假设，接受备择假设；反之，则没有显著差异，接受原假设。

本例分析：本题的F检验值为61.103>3.126，说明应接受备择，取阴影区，实验结果是显著的，如图10-30所示。

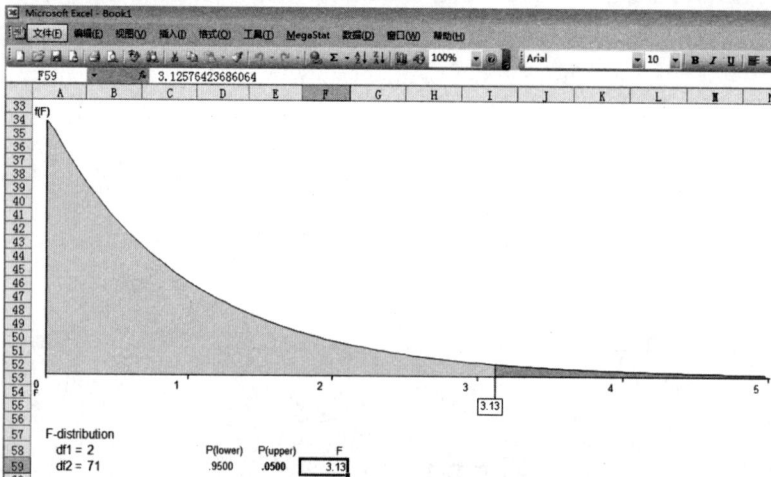

图10-30 F分布图形

⑦Prob（F-Statistic）：代表接受原假设 H_0 的概率，以 0.05 为标准。

解析：若 P < 0.05，代表接受原假设的概率小于标准值 0.05，则接受备择假设；反之，则接受原假设。

本例分析：F 检验的概率 P=0.0000<0.05，故接受备择假设。

综上所述，本例的结果是显著的。

⑧Akaike into Criterion：赤池信息量（AIC）。

解析：越小说明模型越精确。

本例分析：AIC=−1.32，数值比较小，模型相对精确。

⑨Schwarz Criterion：施瓦兹信息量（SC）。

解析：越小说明模型越精确。

本例分析：SC=−1.23，数值相对较小，模型相对精确。

⑩Durbin-Waston Stat：DW 统计量，用于检验自相关性，0～4 之间（计算参见步骤十八）。

解析：DW=2，ρ=0，μ_t 非自相关；

DW=0，ρ=1，μ_t 完全正自相关；

DW=4，ρ=−1，μ_t 完全负自相关；

0<DW<2，0<ρ<1，μ_t 有某种程度的正自相关；

2<DW<\$，−1<ρ<0，μ_t 有某种程度的负自相关。

本例分析：DW=0.93，属于有某种程度的正自相关。

实验任务

从中国统计局网站下载 GDP 和投资、消费相关数据，参照例 10-2 中的方法来建立它们之间的数量关系，并计算相关统计检验指标。

第 11 章

基于 Eviews 的金融计量分析实验

Eviews 是一款使用简便的金融计量软件，具备应用计量的多种常用功能。读者可以结合窗口、工具按钮、菜单及子菜单等来使用该软件。本章将利用 Eviews5.1 工具向读者介绍该软件的主要使用方法，并通过应用实例进行说明。

11.1 Eviews 实验原理简介

打开 Eviews5.1 文件所在文件夹，点击 "Setup" 安装，安装过程与其他软件类似。安装完毕后，电脑桌面和文件安装位置都有 EViews5.1 图标。双击 EViews5.1 图标即可启动该软件，如图 11-1 所示。

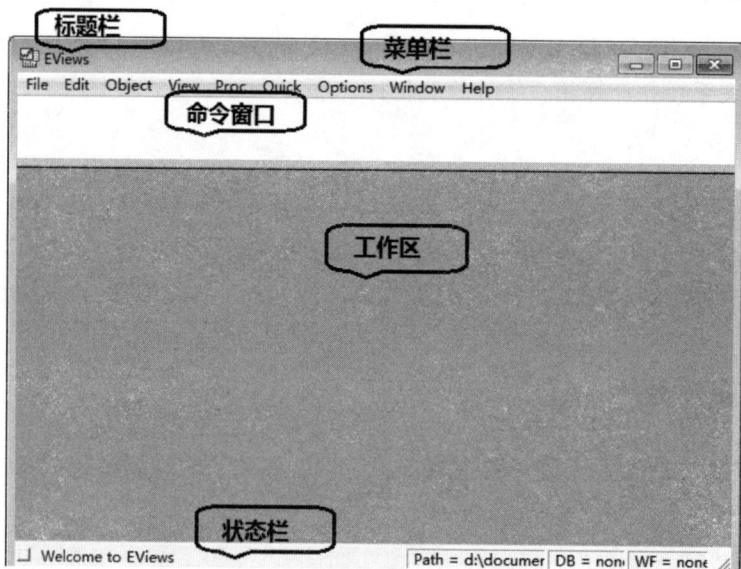

图 11-1 主窗口

11.1.1 Eviews 窗口介绍

标题栏：Eviews 窗口的顶部是标题栏，标题栏左边是控制框；右边是控制按钮，有

"最小化""最大化（或还原）""关闭"三个按钮。

菜单栏：标题栏下面是菜单栏。菜单栏中排列着按照功能划分的9个主菜单选项，用鼠标单击任意选项会出现不同的下拉菜单，显示该部分的具体功能。9个主菜单选项提供的主要功能如下：

File——有关文件（工作文件、数据库、Eviews程序等）的常规操作，如文件的建立（New）、打开（Open）、保存（Save/Save As）、关闭（Close）、导入（Import）、导出（Export）、打印（Print）、运行程序（Run）等；选择下拉菜单中的Exit将退出Eviews软件。

Edit——通常情况下只提供复制功能（下拉菜单中只有Cut、Copy项被激活），应与粘贴（Paste）配合使用；对某些特定窗口，如查看模型估计结果的表达式时，可对窗口中的内容进行剪切（Cut）、删除（Delete）、查找（Find）、替换（Replace）等操作，选择Undo表示撤销上步操作。

Object——提供关于对象的基本操作，包括建立新对象（New Objects）、从数据库获取/更新对象（Fetch/Update from DB）、重命名（Rename）、删除（Delete）等。

View和Proc——二者的下拉菜单项目随当前窗口不同而改变，功能也随之变化，主要涉及变量的多种查看方式和运算过程。我们将在后面的实验中针对具体问题进行具体介绍。

Quick——下拉菜单主要提供一些简单常规用法的快速进入方式。如改变样本范围（Sample）、生成新序列（Generate Series）、显示对象（Show）、作图（Graph）、生成新组（Empty Group）以及序列和组的描述统计量、新建方程和VAR。

Options——系统参数设定选项。与一般应用软件相同，Eviews运行过程中的各种状态，如窗口的显示模式、字体、图像、电子表格等都有默认的格式，用户可以根据需要选择Options下拉菜单中的项目对一些默认格式进行修改。

Window——提供多种在打开窗口之间进行切换的方式，以及关闭所有对象（Close All Objects）或关闭所有窗口（Close All）。

Help——Eviews的帮助选项。选择Eviews Help Topics按照索引或目录方式在所有帮助信息中查找所需项目。下拉菜单还提供分类查询方式，包括对象（Object）、命令（Command）、函数（Function）、矩阵与字符串（Matrix&String）、程序（Programming）等五个方面。

命令窗口：菜单栏下面是命令窗口（Command Windows），窗口内闪烁的"｜"是光标。用户可在光标位置用键盘输入各种Eviews命名，并按回车键执行该命令。

主要命令：

（1）创建时间序列的工作文件

annual：create a 1952 2000

semi-annual：create s 1952 1960

quarterly：create q 1951：1 1952：3

monthly：create m 1952：01 1954：11

weekly：create w 2/15/94 3/31/94，自动认为第一天为周一，和正常的周不同

daily（5 day week）：create d 3/15/2008 3/31/2008，和日历上周末一致，自动跳过

周末

daily（7 day week）：create 7 3/03/2008 3/31/2008

undated：create u 1 33

创建工作文件时可直接命名文件，即在create后面直接键入"文件名"，如：

create myfilename a 1952 2000

或者 workfile myfilename a 1952 2000

系统自动生成两个序列：存放参数估计值c和残差resid。

（2）创建数组

①使用data建立数据组变量；若有Word表格数据或Excel数据，直接粘贴；或者用Import从其他已有文件中直接导入数据。

data x y，… 可以同时建立几个变量序列，变量值按列排列，同时在表单上出现新建的组及序列，且可以随时在组中添加新的序列。利用组的优点：一旦某个序列的数据发生变化，会在组中和变量中同时更新；数组窗口可以直接关闭，因为工作文件中已保留了有关变量的数据。

②通过已有序列建立一个需要的组：group mygroup x y。

可以在组中直接加入滞后变量：group mygroup y x（0 to −1）。

（3）创建标量：常数值

scalar val = 10

show val 则在左下角显示该标量的值。

（4）创建变量序列

series x

series y

data x y

series z = x + y

series fit = Eq1.@coef（1）+ Eq1.@coef（2）* x

利用两个回归系数构造了拟合值序列

（5）创建变量序列：genr 变量名 = 表达式

genr xx = x^2   genr yy = val * y

genr zz = x*y（对应分量相乘） genr zz = log（x*y）（各分量求对数）

genr lnx = log(x)   genr x1 = 1/x

genr Dx = D(x)   genr value = 3（注意与标量的区别）

genr hx = x*（x>=3）（同维新序列，小于3的值变为0，其余数值不变）

①表达式表示方式：可以含有>，<，<>，=，<=，>=，and，or。

②简单函数：

D（X）：X的一阶差分。

D（X，n）：X的n阶差分。

LOG（X）：自然对数。

DLOG（X）：自然对数增量LOG（X）−LOG（X（−1））。

EXP（X）：指数函数。

ABS（X）：绝对值。

SQR（X）：平方根函数。

RND：生成 0、1 间的随机数。

NRND：生成标准正态分布随机数。

③描述统计函数：Eviews 中有一类以@打头的特殊函数，用以计算序列的描述统计量，或者用以计算常用的回归估计量。大多数@函数的返回值是一个常数。

@SUM（X）：序列 X 的和。

@MEAN（X）：序列 X 的平均数。

@VAR（X）：序列 X 的方差 $= \sum (X_i - \bar{X})^2/n$ 。

@SUMSQ（X）：序列 X 的平方和。

@OBS（X）：序列 X 的有效观察值个数。

@COV（X，Y）：序列 X 和序列 Y 的协方差。

@COR（X，Y）：序列 X 和序列 Y 的相关系数。

@CROSS（X，Y）：序列 X 和序列 Y 的点积 genr val=@cross（x，y）。

当 X 为一个数时，下列统计函数返回一个数值；当 X 为一个序列时，下列统计函数返回的也是一个序列。

@PCH（X）：X 的增长率（X–X（–1））/X（–1）。

@INV（X）：X 的倒数 1/X。

@LOGIT（X）：逻辑斯特函数。

@FLOOR（X）：转换为不大于 X 的最大整数。

@CEILING（X）：转换为不小于 X 的最小整数。

@DNORM（X）：标准正态分布密度函数。

@CNORM（X）：累计正态分布密度函数。

@TDIST（X，n）：自由度为 n、取值大于 X 的 t 统计量的概率。

@FDST（X，n，m）：自由度为（n，m）、取值大于 X 的 F 分布的概率。

@CHISQ（X，n）：自由度为 n、取值不小于 X 的 χ^2 分布的概率。

（6）向量

包括列向量对象 vector、行向量对象 rowvector、系数向量对象 coeff。

vector vect：定义了一个一维且取值为 0 的列向量。

vector（n）vect：定义了一个 n 维且取值为 0 的列向量。

vect.fill 1，3，5，7，9：定义了分量的值。

vector（n）vect=100：定义了一个 n 维且取值为 100 的列向量。

行向量对象 rowvector、系数向量对象 coeff 类似。

（7）矩阵

matrix mat：定义了一个行和列均为 1、取值为 0 的矩阵。

matrix（m，n）mat：定义了一个行和列分别为 m 和 n、取值为 0 的矩阵。

matr.Fill 1 2 3 4 5 9 8 7 6 5：默认按列输入数据。

matrix（m，n）mat=5：定义了一个行和列分别为 m 和 n、取值为 5 的矩阵。

matrix（m，n）mat=5*matr：定义了一个和matr同维但取值为5倍的矩阵。

（8）补充

①cov x y： $\mathrm{cov}(x, y) = \sum (x_i - \bar{x})(y_i - \bar{y})/n$ 协方差矩阵。

cor x y： $\mathrm{cor}(x, y) = \sum (x_i - \bar{x})(y_i - \bar{y}) \Big/ \left(\sqrt{\sum (x_i - \bar{x})^2} \sqrt{\sum (y_i - \bar{y})^2} \right)$ 相关矩阵。

②plot x y：出现趋势分析图，观察两个变量的变化趋势或是否存在异常值。双击图形可改变显示格式。

③scat x y：观察变量间相关程度、相关类型（线性、非线性）。仅显示两个变量。如果有多个变量，可以选取每个自变量和因变量两两观察，虽然仅得到切面图，但对函数形式选择有参考价值。

④排序：在Workfile窗口，执行主菜单上的proc/sort series，可选择升序或降序。

sort x：y随之移动，即不破坏对应关系。

sort（d）x：按降序排序，注意所有的其他变量值都会随之相应移动。

⑤取样：smpl 1990 2000。

smpl @all：重新定义数据范围，如果修改过，现在改回。

⑥追加记录，扩展样本：Expand 2001 2007。

⑦ "'" 后面的东西不执行，仅仅解释程序语句。

工作区：命令窗口下面是Eviews的工作区。操作过程中打开的各子窗口将在工作区内显示。

状态栏：Eviews主窗口的底部是状态栏，从左到右分别为：信息框、路径框、当前数据库框和当前工作文件框。

11.1.2 Eviews基本操作

1）工作文件

（1）建立新的工作文件

选择菜单 "File/New/Workfile"，则出现数据的频率对话框，如图11-2所示。

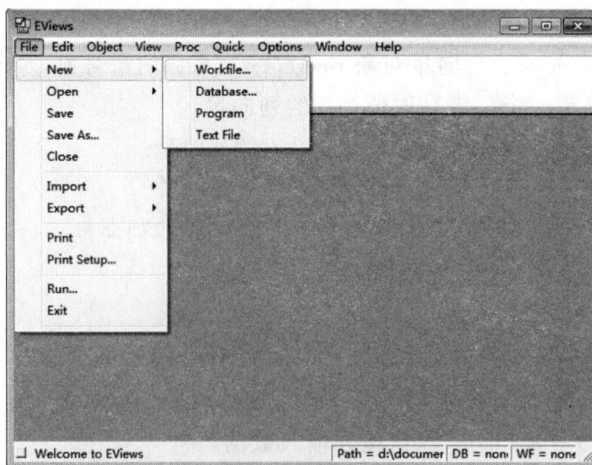

图11-2　创建工作文件

随后将弹出一个工作文件定义对话框，要求用户指定序列观测数据的频率和样本范围。

"Workfile frequency"代表可选择数据的频率：年度、半年、季度、月度、星期、天（每周5天、每周7天）以及非时间序列或不规则数据：

图11-3为工作文件结构类型，其中包括三种：

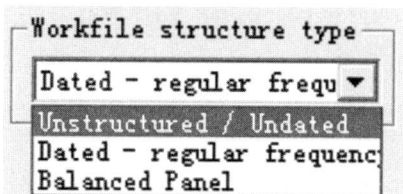

图11-3　工作文件结构类型

①时间序列数据（如图11-4所示）

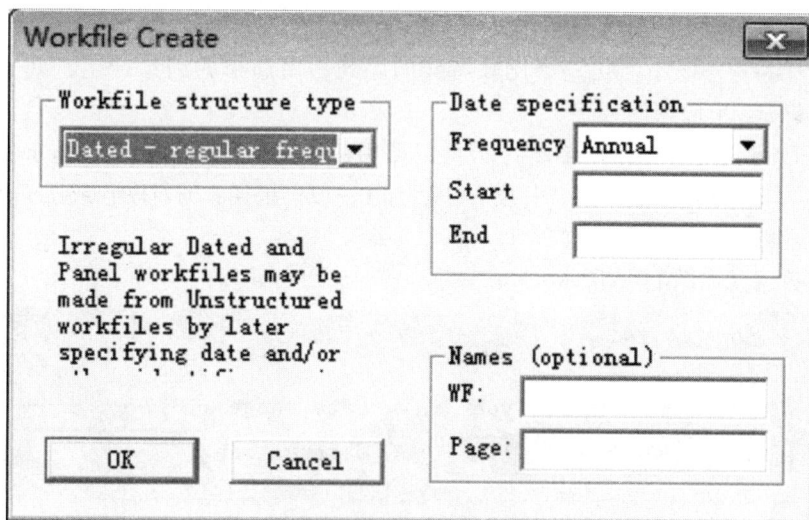

图11-4　时间序列数据

Eviews默认的结构为"Dated-regular frequency"，在右上角为数据频率，在对话框中选择合适的数据频率和起始及结束范围。数据频率各选项为：

Annual——用4位数表示年度，如1980、1999、2004等。"Start"后输入起始年份，"End"后输入终止年份。如果只有两位数，那么系统将默认为20世纪的年份，如98默认为1998（注意：Eviews无法识别公元100年以前的年份。）

Semi-annual——数据频率为半年，表示为"年：上半年"或"年.上半年"。如起始日期为2002年下半年，结束日期为2004年上半年，那么在"Start"后输入"2002：2"（或"2002.2"），在"End"后输入"2004：1"（或"2004.1"）。注意年后面只能跟1、2，分别代表上下半年。

Quarterly——数据频率为季度，表示为"年：季度"或"年.季度"。具体输入同上，如"2003：3"。注意年后面只能跟1、2、3、4，分别代表四个季度。Eviews5在Eview3的基础上提供了一种新的季度识别方法，如输入数据"Feb 1990"和"May 2000"或者"12/6/1990"和"4/7/2000"，则Eviews将自动识别恰好包括该段时间的季度。

Monthly——数据频率为月度，表示为"年：月度"或"年.月度"，如"2002：11""2003：08"（等价于"2003：8"）。同样，如输入数据为"12/6/1990"和"4/7/2000"，则Eviews将自动识别恰好包括该段时间的月份。

Weekly——数据频率为周，表示为"月/日/年"。在输入起止时间以后，系统将会自动地将时间调整为相隔7天的整周时间（注意：Eviews默认的时间表示方式为"月/日/年"，例如，"8/10/97"表示1997年8月10日。如果要修改为"日/月/年"的表示方法，点击Eviews菜单栏上的"Options—Default Frequency Conversion & Date Display"，在弹出的对话框中将"Format for daily/weekly dates"中的选项改为"Day/Month/Year"，那么"8/10/97"表示的时间即为1997年10月8日。下同）。

Daily（5 day weeks）——数据频率日，表示为"月/日/年"，表示一周5天工作日，系统将自动生成每周5天的时间序列。如"11/28/2016"表示2016年11月28日。

Daily（7 day weeks）——数据频率为日，表示为"月/日/年"，表示一周7天工作日，系统将自动生成每周7天的时间序列。

Integer Date——该序列是一个比较特殊的序列，由简单的列举产生，其支持任何整数，并可以识别100以内的数字。

注意：日期的表示法为：年度：20世纪可用两位数，其余全用四位数字；半年：年后加1或2；季度：年后加1—4；月度：年后加1—12；星期：月/日/年 或 月/日/年；非时间序列或不规则数据：样本个数。

②截面数据（如图11-5所示）

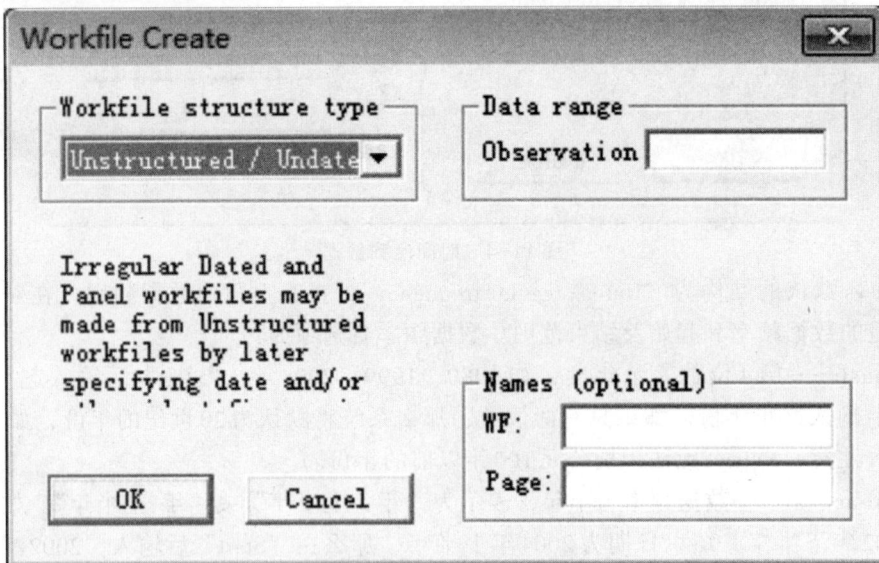

图11-5 截面数据

Eviews默认的结构为"Unstructured / Undated"，只要在右上角的"Dated range"的"Observation"中输入序列个数，即可生成一个区间在1到序列个数范围内的截面数据集。

③平稳面板数据（如图11-6所示）

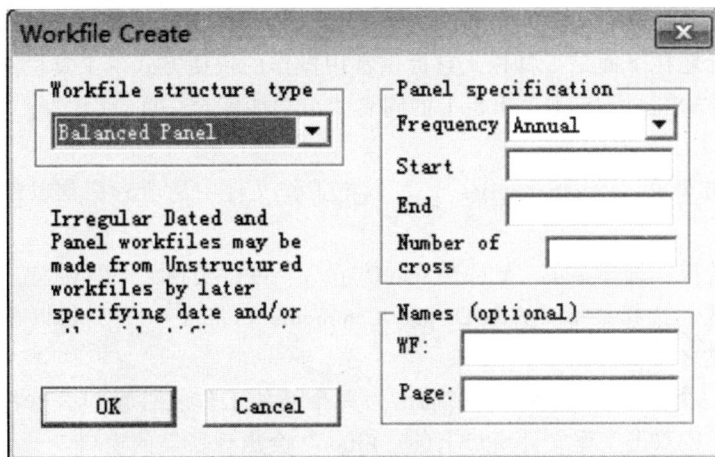

图11-6 平稳面板数据

Eviews默认的结构为"Balanced Panel"，在右上角的"Panel specification"中选择时间序列的频率，并输入起止时间。此外，需要在"Number of cross"中输入截面个数用以构造平稳面板数据。

最后在右下角"Names（optional）"的"WF"中输入当前创建的工作文件的名称以及在"Page"中输入当前文件的当前工作页面的名称（该步骤为可选，如果现在不输入也可以在保存时输入）。

输入完毕以后，点击"OK"，工作文件创建完毕，工作文件窗口同时打开。这时工作文件的文件名为"UNTITLED"，表示该工作文件未保存和命名。

（2）打开旧的工作文件

选择菜单"File/Open/Eviews Workfile"，根据之前保存的文件名可打开已有的工作文件。

（3）工作文件窗口

建立工作文件或打开旧的工作文件后可看到如图11-7所示的工作文件窗口。

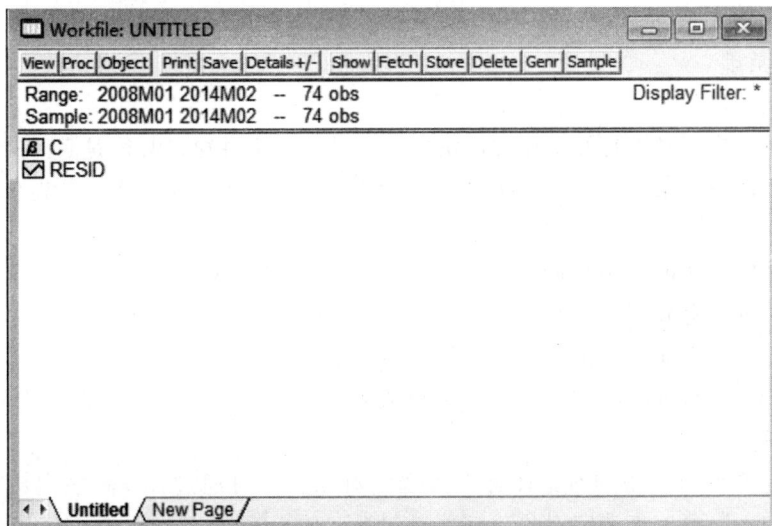

图11-7 工作文件窗口

标题栏：工作文件窗口顶部是标题栏，显示"Workfile：工作文件名"，如图11-7所示是尚未保存的新创建时间序列工作文件，显示为"Workfile：UNITITLED"。

工具栏：标题栏下面是工具栏，它提供常用操作的快捷方式。工具栏左边的三个按钮"View""Proc""Object"与主菜单栏上的同名菜单功能完全一样。

补充：

①通过单击菜单"Proc/Sortseries"，可以把工作文件中的所有序列以序列中的数据值大小排序。

②大小写转换：选择菜单"View/Name Display"可以实现大小写转换。

③显示方式：选择菜单"View/Display Comments（Label + -）"可以在标准显示方式和详细显示方式之间切换。

④可以从一个工作文件窗口直接抽出另一个新的工作文件窗口，选择"Proc/Extract to new workfile"或双击工作文件窗口上的"Filter"会出现所需的窗口。

信息栏：Range——显示工作文件的范围，可以双击"Range"来修改工作文件范围。

Sample——当前样本区间，指用于统计操作的样本观测点范围，它小于或等于工作文件的范围。可以通过双击"Sample"来修改当前样本区间的范围。

Filter——过滤器，用于选择一些对象显示在工作文件窗口中的规则，默认为"*"，表示选择全部对象。可以通过双击"Filter"来调整过滤范围。如选择"f*"，则表示显示所有以f开头的对象。

对象栏目：任何新创建的工作文件中都有两个自动生成的对象。图标为 **B** c和 ☑ resid。c表示系数向量，resid表示残差序列。

（4）保存工作文件

选择菜单"File/Save"或"File/Save as"保存所需保存的文件名。

（5）设置默认路径

有两种方法改变默认路径：一是选择对话框下端的"Update default directory"即可使当前目录成为默认路径；二是在命令窗口键入CD后面跟着目录名也可使该目录成为默认路径。

2）对象基础

（1）建立对象

在建立对象之前必须打开工作文件集合，而且工作文件窗口必须是激活的。

步骤一：选择主菜单栏中的"Object/New Object"，将会出现工作文件集合窗口，如图11-8所示。

Eviews提供了功能各不相同的17种对象。可以认为，对象既是构成工作文件的基本元素，也是实现所有分析功能的载体。

步骤二：在"Type of object"中选择新建对象的类型。

步骤三：在"Name for object"中输入对象名。

（2）选择对象

单击工作文件窗口中的对象图标即可选定对象，也可通过Eviews主窗口或工作文件窗口上的"View"菜单来选定对象，该菜单包括"Deselect All"（取消所有选定）、"Select all"（选定所有对象）、"Select by Filter"（限制条件选定）。

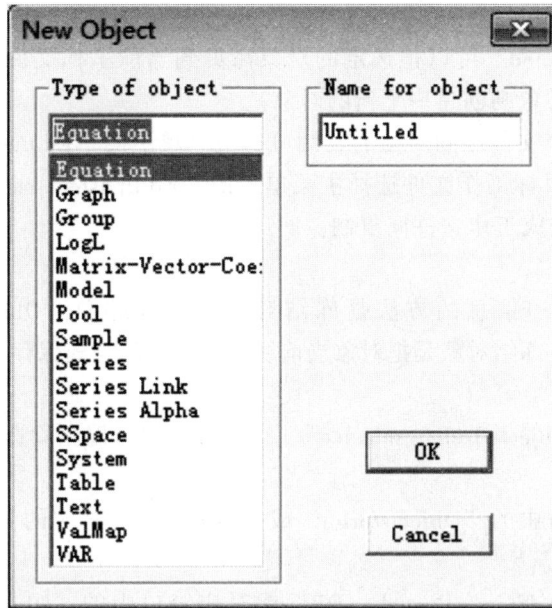

图 11-8　建立对象

（3）打开对象

方法一：通过菜单"View/Open as One Window"打开选定的对象。

方法二：使用主菜单上的"Quick/Show"。

方法三：在对话框中输入单个对象的名字。

（4）显示对象

如果输入多个对象的名字，Eviews 会打开一个窗口显示结果，在必要的时候还会创建一个新的对象。

（5）对象窗口工具条

每个对象窗口都有一个工具条，不同对象的工具条的内容也不相同，但是有些按钮是相同的，具体代表的内容如下所示：

"View"按钮用来改变对象窗口的视图形式；

"Procs"按钮可以用来执行对象的过程；

"Objects"按钮可以储存、命名、复制、删除、打印对象；

"Print"按钮用来打印当前对象的视图。

（6）对象命名

窗口工具条中的"Object/Name"可以给对象命名。

其中，"Display Name"是对象在图形或表格中显示的名字；如果要重命名对象，可选择"Objects/Rename Selected"。

注意：序列对象不能用下面的名称：ABS，ACOS，AR，ASIN，C，CON，CNORM，COEF，COS，D，DLOG，DNORM，ELSE，ENDIF，EXP，LOG，LOGIT，LPT1，LPT2，MA，NA，NRND，PDL，RESID，RND，SAR，SIN，SMA，SQR，THEN。

（7）对象标签

对象标签可以显示更详细的对象信息。

（8）对象复制

"Objects/Copy selected"可以把选定的对象拷贝到当前工作文件指定的对象中（若工作文件中没有该目标对象则创建一个新的对象）。

要想实现不同工作文件之间对象的复制可选主菜单上的"Edit/copy"从原工作文件中复制对象，然后打开目标工作文件选择主菜单上的"Edit/paste"，也可以通过单击右键使用"Copy""Paste"完成工作文件间复制。

（9）冻结对象

另一种复制对象中信息的方法是冻结对象。选择菜单"Object/Freeze Output"或"Freeze"钮冻结对象。冻结对象是把对象当前视图以快照的方式保存在一个新的对象中。

（10）删除对象

选择菜单中的"Objects/Delete selected"或"Delete"可以删除选定的对象。

（11）打印对象

可以通过对象窗口中的"Objects/print"或"Print"打印选定的对象。

（12）储存对象

可以通过"Objects/Store selected to DB"或对应窗口中的"Objects/Store to DB"储存选定的对象到对象文件（扩展名为*.db）或数据库中。

（13）提取对象

利用"Objects/Fetch from DB"从对象文件或数据库中提取存储的对象。

（14）更新对象

利用"Objects/Update from DB"从对象文件或数据库中提取存储的对象用以更新当前对象。

11.1.3　Eviews基本数据处理

1）数据对象

（1）序列

建立序列对象（如图11-9所示）：

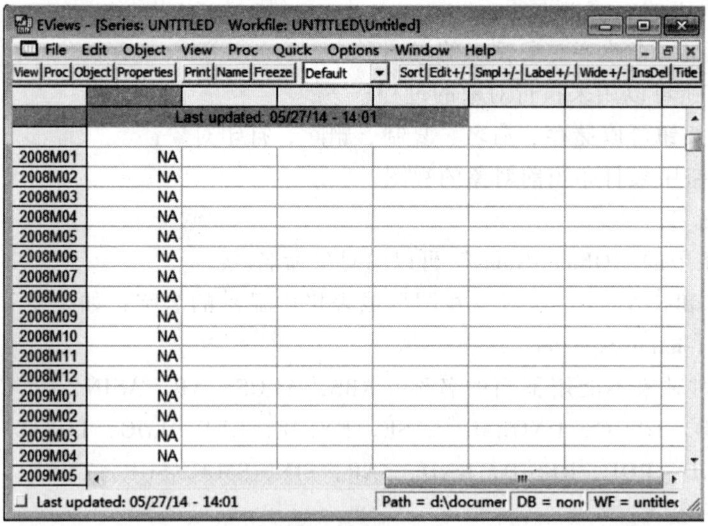

图11-9　建立序列

方法一：点击Eviews主菜单中的"Object/New Object"，然后选择"Series"即可。

方法二：点击Eviews主菜单中的"Object/Generate Series"，键入一个表达式，可形成一个新的序列。

编辑序列：

点击序列名称或"Show"可以显示序列数据，然后点击"Edit+/-"按钮，可切换编辑状态。当处于可编辑状态时，可修改数据，按回车确定。

改变表单显示：

一般是竖行显示，点击"Wide+/-"按钮，可切换成表格显示状态。

改变样本区间：

点击"Smpl+/-"按钮，可切换序列的样本区间为当前样本区间或工作区样本区间。

在序列中插入或删除观测值：选中要插入或删除的单元，然后点击"Ins""Del"按钮，可以插入或删除。

（2）组

建立组对象（如图11-10所示）：

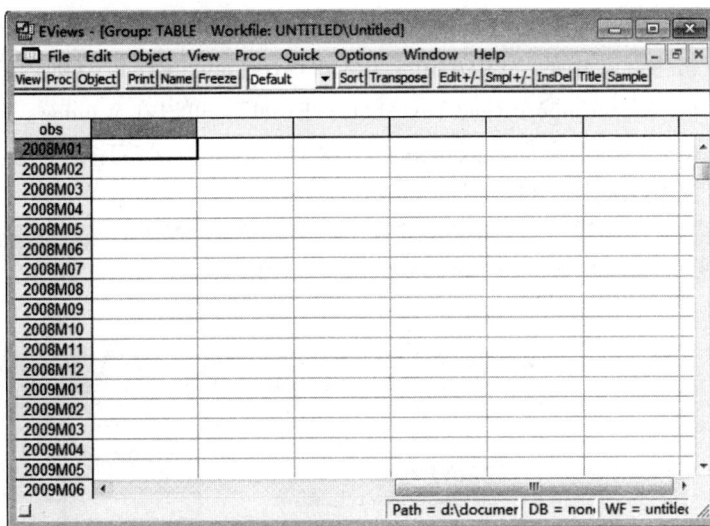

图11-10 建立组

方法一：点击Eviews主菜单中的"Object/New Object"，然后选择"Group"，修改组名，键入序列表即可。

方法二：选择组名和序列名后，点击"Show"，可形成一个新的组。

编辑：

点击组名称或"Show"可以显示组中的数据，然后点击"Edit+/-"按钮，可切换编辑状态。当处于可编辑状态时，可修改数据，按回车确定。

改变样本区间：

点击"Smpl+/-"按钮，可切换序列的样本区间为当前样本区间或工作区样本区间。

2）样本

（1）工作文件样本

工作文件的样本区间是建立工作区时设定的，如需重新设定，双击"Range"后的时间区间。

（2）改变当前样本区间

点击工作文件中的"Objects/Sample"或"Sample"钮，也可双击"Sample"后的样本区间，然后在对话框中输入时间，可输入条件，使用数学表达式及 and、or 逻辑表达式。

（3）命令方式改变当前样本区间

如 Smpl 1980：1 2000：4 IF RC>3.6。

3）输入数据

（1）键盘输入

在主菜单下，选择"Quick/Empty Group（Edit Serirs）"打开一个新序列后，在编辑状态下，通过键盘输入数据，并给定一个序列名。

（2）粘贴输入

通过主菜单中的"Edit/Copy"和"Edit/Paste"功能复制-粘贴数据，注意粘贴数据的时间区间要和表单中的时间区间一致。

（3）文件输入

方法一：可以从其他程序建立的数据文件直接输入数据。

方法二：点击主菜单中的"File/Import /Read Text-Lotus-Excel"（如图 11-11 所示）或工作文件菜单中的"Proc/Import/Read Text-Lotus-Excel"，可以在 Windows 子目录中找到你的文本文件或 Excel（.xls）文件，点击后在出现的对话框中回答序列名，点击"OK"即可形成新序列（注意原数据文件的时间区间）。

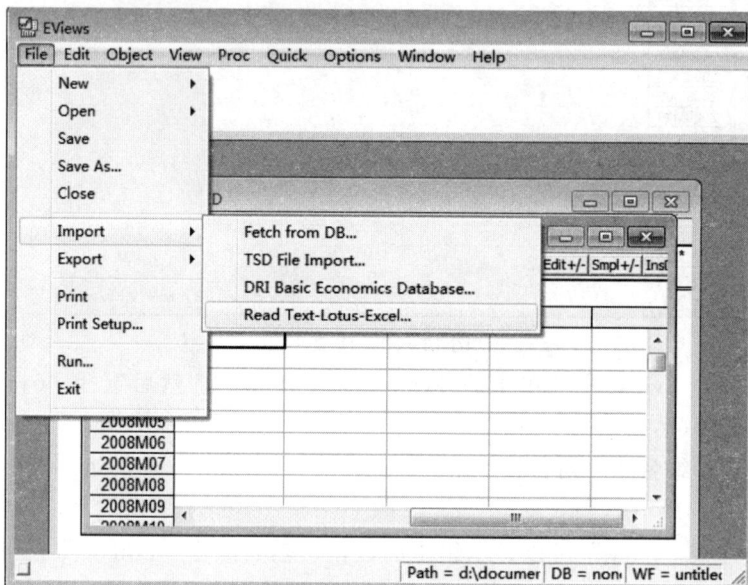

图 11-11　Excel数据导入

4）输出数据

（1）复制粘贴

通过主菜单中的"Edit/Copy"和"Edit/Paste"功能，对不同工作文件窗口中的编辑菜单进行复制-粘贴（注意复制数据的时间区间要和粘贴的时间区间一致）。

（2）文件输出

方法一：可以直接将数据输出成其他程序建立的数据文件类型。

方法二：选中要存储的序列，点击主菜单中的"File /Export/Write Text-Lotus-Excel"或工作文件菜单中的"Proc/ Export/Write Text-Lotus-Excel"后，可以在 Windows 子目录中找到存储的目录，文件类型选择"Text-ASCII"或"Excel（*.xls）"，并给出文本文件名，点击后出现对话框，可键入要存储的序列名，点击"OK"即可形成一个新类型的文件（注意原数据文件的时间区间）。

5）频率转换

（1）频率转换的原因

工作文件中的数据都是一个频率的，但是从一个工作文件窗口向另一个不同数据频率的工作文件窗口拷贝数据，或者从数据库提取数据，就有一个频率转换的问题。

（2）数据频率转换方式

类型一：从高频率数据向低频率数据转换，如月度数据向季度数据转换，有 6 种选择：①观测值的平均值；②观测值的和；③第一个观测值；④最后一个观测值；⑤观测值的最大值；⑥观测值的最小值。

类型二：从低频率数据向高频率数据转换，如季度数据向月度数据转换，有 6 种插值方法：①常数——与平均值相匹配；②常数——与和相匹配；③二次函数——与平均值相匹配；④二次函数——与和相匹配；⑤线性函数——与最后的值相匹配；⑥三次函数——与最后的值相匹配。

方法：在序列窗口的菜单中选择"View/Conversion Options"。

11.1.4　Eviews 数据操作

1）使用表达式

（1）运算符

基本算术运算符分别是：+、-、*、/、^（幂）（注：+、-还可以作为符号运算符来使用）。

运算的数可以写为整数形式、十进制形式和科学计数法的形式。

（2）序列表达式

Eviews 的表达式还可以对样本序列的观测值进行操作。

（3）序列函数

Eviews 提供的函数能够对当前样本的序列元素进行运算，Eviews 中大多数函数前都有一个 @ 符号。

（4）序列元素

使用序列中的一个实际观测值，Eviews 提供的 @elem 函数可实现此操作，@elem 有两个参数：第一个参数是序列名，第二个参数是数据或观测值的标识符。

（5）逻辑表达式

逻辑表达式是用来计算真假值的。逻辑表达式能作为数学表达式的一部分、样本描述的一部分或在程序中作为 if 判断的一部分（注意：Eviews 用 1 表示真，用 0 表示假）。

（6）先行指标、滞后指标和差分

处理序列中的先行、滞后指标只要在序列名后加一对小括号，括号中写上先行、滞后的数字即可。滞后的数字用负号表示,先行的数字用正数表示。括号中的数也可以不是整数,这时系统会自动把它转换成整数。如果转换不了系统会警告你。Eviews也有几个函数可以处理差分或先取对数后作差分。D函数和DLOG函数就可以实现此功能。

(7)缺失数据

在处理数据时可能会遇到一些数据没有值或某一时段观测值没有用,或者进行了一些非法计算,Eviews使用空值NA表示这些情况。在=或<>的逻辑运算中使用NA值,则NA值就像其他类型的值一样使用,如果在>、>=、<、<=、<>运算中使用NA值,则会返回NA值,而与序列的观测值无关。如果逻辑表达式得出的空值使用在数学运算中,这时NA值当作缺失值来考虑,也会得到空值。另外,如果NA使用在if判断中,则当False(假)对待。

2)序列的操作

(1)建立一个新序列

选择"Quick/Generate Series"或者单击工作文件工具条上的"Genr"按钮。

窗口上方的工具栏中有多个按钮,主要功能如下:

View——改变序列在窗口中的显示模式,可以显示为电子表格形式、线性图、条形图以及一些描述统计与检验。

Proc——提供关于序列的各种过程。

Object——进行有关序列对象的存盘、命名、删除、拷贝和打印等。

Properties——提供数据格式和显示模式的改变,具体功能如图11-12所示。

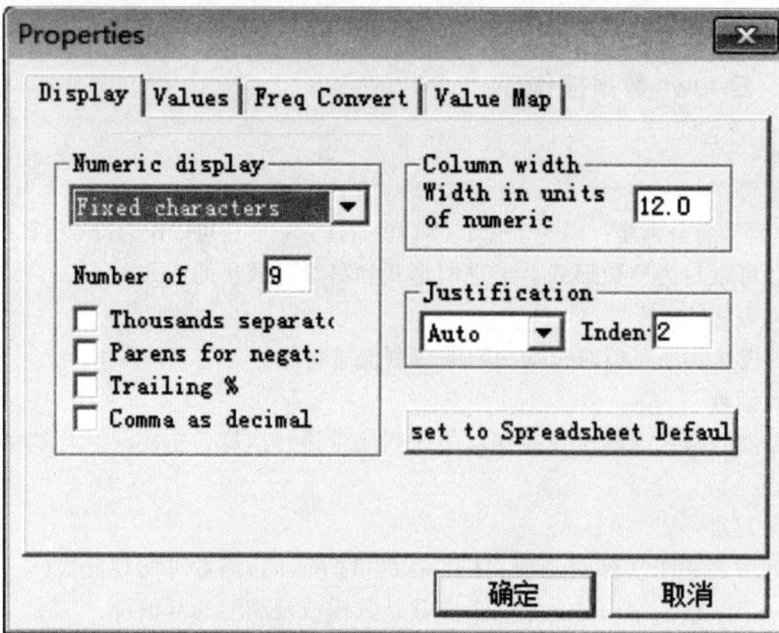

图11-12 Propertise功能

Name——序列的命名或改名。

Freeze——以当前序列窗口内容为基础,生成一个新的文本类型的对象。

Default——该下拉菜单提供一些常见的数据处理,具体功能如图11-13所示。

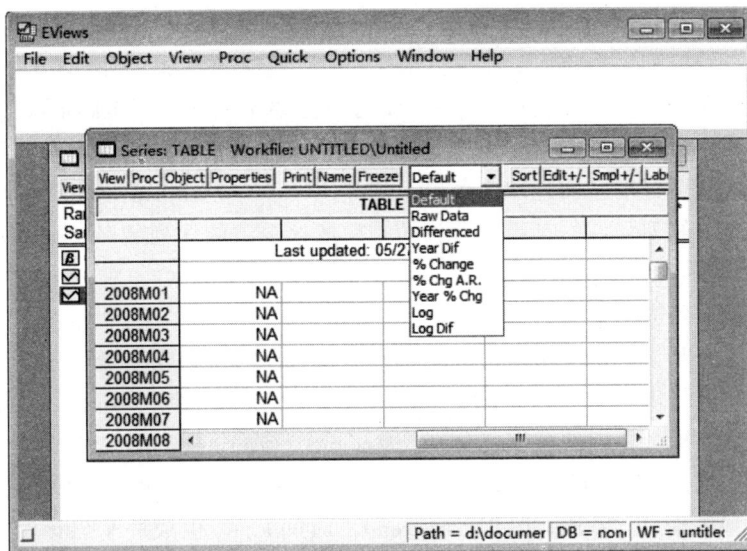

图 11-13 Default 功能

Edit+/-——可以在是否编辑当前序列两种模式之间切换。

Samp+/-——可以在显示工作文件时间范围内全部数据和只显示样本数据（样本期可以为工作文件时间范围的一个子区间）之间切换。

Label+/-——在是否显示对象标签两种模式之间切换。

Wide+/-——在单列显示和多列显示序列之间切换。

（2）基本的分配表达式

你可以写一个序列的名字后加一个=，然后再写一个表达式。Eviews 将会使用等号右边的表达式对每一个样本元素进行计算，并把相应的计算结果分配给等号左边的目的序列。如果等号右端是一个常量表达式，如"Y=3"，则把样本空间中的所有观测值用常量代换。

（3）使用样本

我们可以用表达式形式调整和使用已有样本的观测值，这时用"Genr"按钮。

（4）动态分配

可以使用在目的序列中滞后的值进行动态分配。

（5）暗示分配

通过在表达式左端的简单的表达式，你可以完成暗示分配操作。例如，log（y）=x，则按 y=exp（x）计算。通常 Eviews 只能处理+、-、*、/、^、log（）、xp（）、sqr（）、d（）、dlog（）、@inv（）这几种运算的暗示操作。另外，Eviews 也不能在等号左边多次出现目标序列的情况。

（6）命令窗口的方式

可以使用命令在命令窗口中建立一个新序列，并为它们分配值。建立一个新序列，则必须使用关键字"Series"或"Genr"。

3）自动序列操作

在表达式中可以使用一个表达式代替序列名字的位置。代替序列名字的表达式叫作自动序列。

（1）创建自动序列。

创建自动序列可以单击"Show"按钮或选择主菜单上的"Quick/Show"。Eviews 会以表格打开一个序列窗口。我们就可以像对其他序列一样对自动序列进行任何操作。

（2）在组中使用自动序列选取主菜单上的"Ojects/New Object/Group"。

（3）处理组中的列强调的是组中存放的是构成这个组的序列的名字或是自动序列，而不包含序列中的数据。

（4）用自动序列进行估计。

估计一个等式时，Eviews 允许用自动序列作为估计的非独立变量。方法是在组名后加一个括号，括号中写入一个整数代表要使用的组中的第几个序列。还有一些函数可以得到组中序列的个数及每个序列的名字，分别是@count，@seriesname。

【例11-1】Eviews 可以自动生成一个数值为整数的时间序列。在创建工作文件之后，可以在命令窗口中输入"series TABLE=@trend（时间）"，生成一个以该时间为0基准的整数的时间序列。例如，在命令窗口中输入"series TABLE=@trend（2015）"，就将自动生成一个以2015年为数值0的整数时间序列，如图11-14所示。

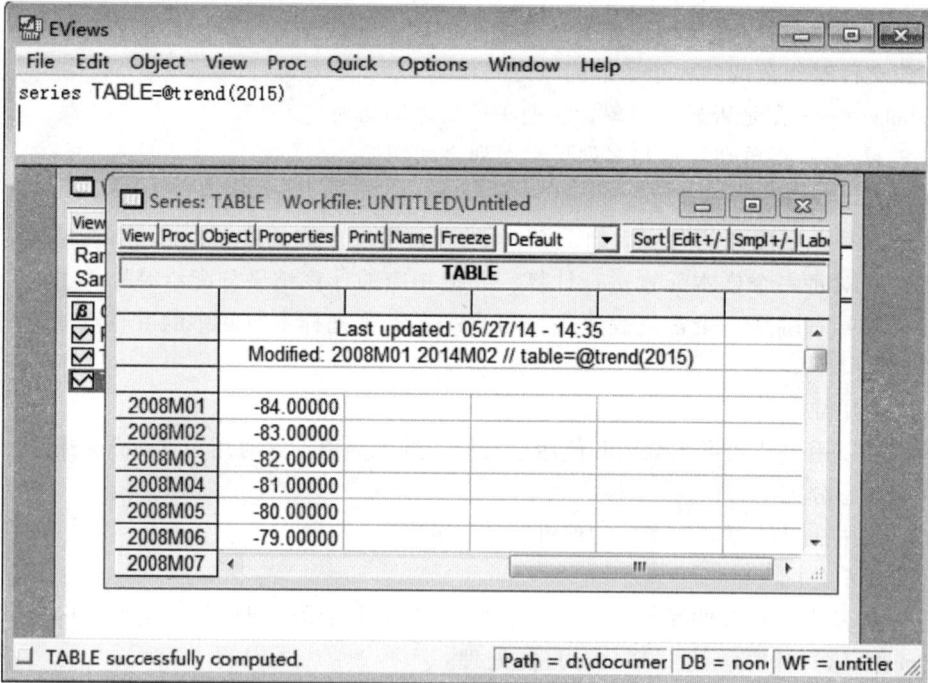

图11-14　自动生成序列

4）序列生成组的操作

用来计算相关矩阵、估计VAR模型、画XY图等。

建组方法：

（1）在Eviews主菜单中选"Object/New Groups"后输入序列名称或表达式。

（2）在"Quick/Show"后输入序列名称或表达式。

在实际应用中，可以使用data命令来实现。在命令窗口中输入"data ser1 ser2 ser3"，系统将创建一个包含这些序列的未命名的组。

5）量表操作

标量与序列或组不同，它没有显示窗口，它只能通过命令方式来建立。例如：

calar scalar_name=number

除了这种形式，等号右边也可以是表达式或是一个特殊的函数。如果想知道数量对象的值，可以使用show命令。这时系统会在Eviews窗口底下状态行显示数量对象的值。

|11.2| 基础知识实例操作

参照第3章数据搜集方法，建立一个以Excel为格式的数据库文件。

【例11-2】随着我国经济的高速发展、证券市场的日渐成熟，证券市场的波动性与宏观经济状况的关联性越来越强，故本次我们采用以下数据，分析比较证券市场与宏观经济的基本情况：

选择2008年1月至2014年2月 "HS300收盘价" "制造业PMI" "CPI" 等相关数据，目的是考虑以上作为自变量的三种数据在反映宏观经济状况中都有显著作用，以此来分析其与我国股票市场走势的基本关系。所有数据均由东方财富网提供。

第一步：创建工作文件 "File/New/Workfile".

第二步：我们通过研究HS300收盘价与制造业PMI、CPI之间的关系来学习回归模型Eviews的估计。

由于数据单位不统一，用绝对值来表示不好比较，用相对变化率更科学，故均取对数进行计算。

步骤一：在 "Workfile Create" 窗口，工作文件结构类型选择 "Dated-regular frequency"，Frequency"（频率）选择 "Monthly"（月），Start与End分别填写起止时间，如图11-15所示。

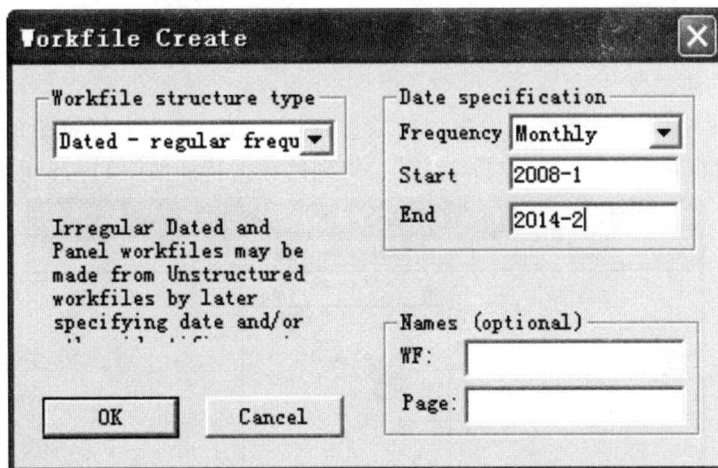

图11-15 填写工作文件创建内容

步骤二：点击 "OK"，完成工作文件的建立，选择 "Object/New Object/Group"，将文件名修改为 "TABLE"，新建数据表，如图11-16所示。

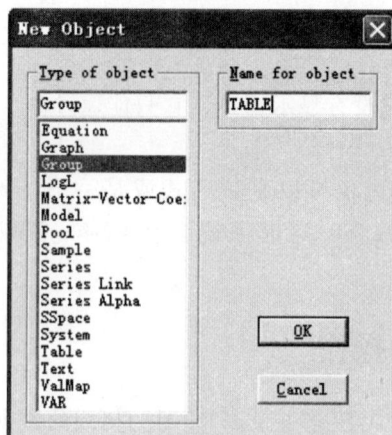

图 11-16　新建数据表

步骤三：导入数据。

方法一：从 Excel 中导入数据。选择"File/Import/Read Text-Lotus-Excel"，在"Open"中选择所需工作表（方法同前）。

方法二：直接复制数据于统计表中。复制数据，在 TABLE 工作表中单击鼠标右键，选择"Paste"（粘贴），输出结果如图 11-17 所示。

图 11-17　复制数据

第三步：描述性统计。

步骤一：由组的观察查看组内序列的数据特征。选择当下对话框里的"View/Graph/Scatter/Scatter with Regression"，单击"OK"，得到的数据特征如图 11-18 所示。

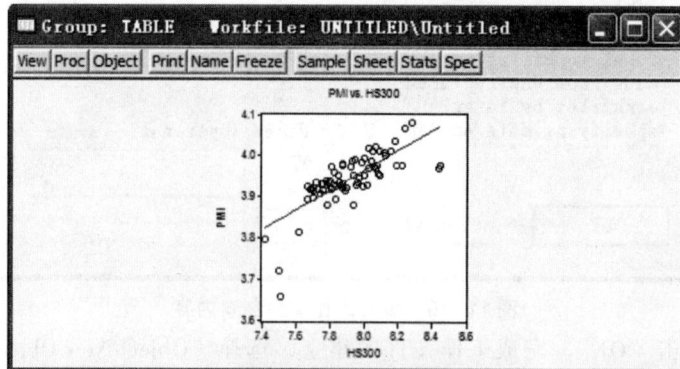

图 11-18　数据特征

步骤二：选择当下对话框里的“View/Descriptive stats/Common sample”，单击“OK”，描述性统计数据结果如图11-19所示。

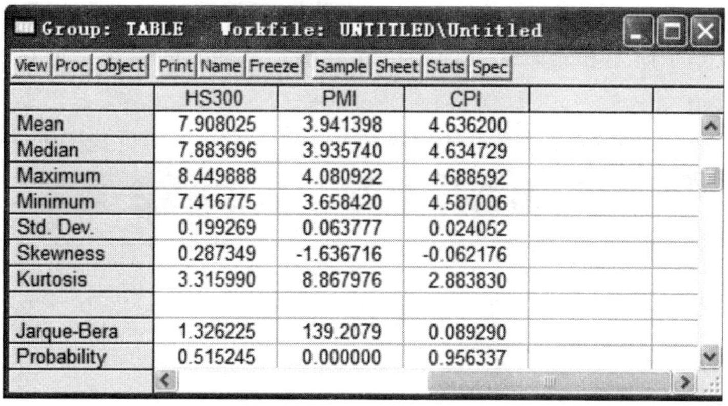

	HS300	PMI	CPI
Mean	7.908025	3.941398	4.636200
Median	7.883696	3.935740	4.634729
Maximum	8.449888	4.080922	4.688592
Minimum	7.416775	3.658420	4.587006
Std. Dev.	0.199269	0.063777	0.024052
Skewness	0.287349	-1.636716	-0.062176
Kurtosis	3.315990	8.867976	2.883830
Jarque-Bera	1.326225	139.2079	0.089290
Probability	0.515245	0.000000	0.956337

图11-19 描述性统计数据结果

为方便观看，我们把Eviews结果绘制成表格，如表11-1所示。

表11-1 数据基本统计

变量名	变量意义	均值	最大值	最小值	标准差
HS300	沪深300指数收盘价	7.908	8.450	7.417	0.199
PMI	制造业采购经理指数	3.941	4.081	3.658	0.064
CPI	居民消费价格指数	4.636	4.689	4.587	0.024

第四步：平稳性检验（以PMI为例）。

如果一个随机过程的均值和方差在时间过程上都是常数，并且在任何两时期的协方差值仅依赖于该两时期间的距离或滞后，而不依赖于计算这个协方差的实际时间，就称它为平稳的。

强调平稳性是因为将一个随机游走变量（即非平稳数据）对另一个随机游走变量进行回归可能导致荒谬的结果。

有时虽然两个变量都是随机游走的，但它们的某个线形组合却可能是平稳的，在这种情况下，我们称这两个变量是协整的。

平稳性是时间序列分析的基础。时间序列平稳性一般包括下列两类平稳过程：

第一类是严格平稳过程（Strictly Stationary Process）。

如果对所有的t，任意正整数n和任意n个正整数$t_1, \cdots, t_n$，$y_{t_1}, \cdots, y_{t_n}$的联合分布与$y_{t_1+m}, \cdots, y_{t_n+m}$的联合分布是相同的，即：

$$P\{y_{t-1} \leqslant b_1, \cdots, y_{t-n} \leqslant b_n\} = P\{y_{t1+m} \leqslant b_1, \cdots, y_{tn+m} \leqslant b_n\}$$

第二类是弱平稳过程（Weakly Stationary Process）。

如果一个时间序列$\{y_t\}$的均值、方差在时间过程上保持常数，并且在任何两时期之间的协方差值仅依赖于该两时期间的距离或滞后，而不依赖于计算这个协方差的实际时间，则称时间序列$\{y_t\}$是弱平稳的。

弱平稳的时间序列有如下性质：

$$E(y_{t_1} - u)(y_{t_1} - u) = \sigma^2 < \infty$$

$$E(y_{t_1} - \mu)(y_{t_2} - \mu) = \gamma_{t_2 - t_1}, \forall t_1, t_2$$

可见，如果一个时间序列概率分布的所有阶矩都不随时间变化，那它就是严格平稳的；而如果仅仅是一阶矩和二阶矩（即均值和方差）不随时间变化，那它就是弱平稳的。

（1）画折线图

打开PMI序列对象的窗口，点击"View/Graph/ Line"，得到折线图如图11-20所示。

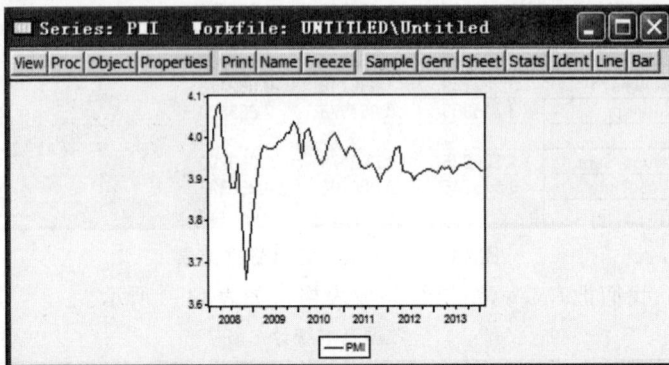

图11-20　数据波动情况——折线图

（2）画直方图

点击"View/Descriptive Statistic/Histogram and Stats"，得到直方图如图11-21所示。注意到图中的J.B.统计量，其越趋向于0，则图越符合正态分布，也就说明数据越平稳。

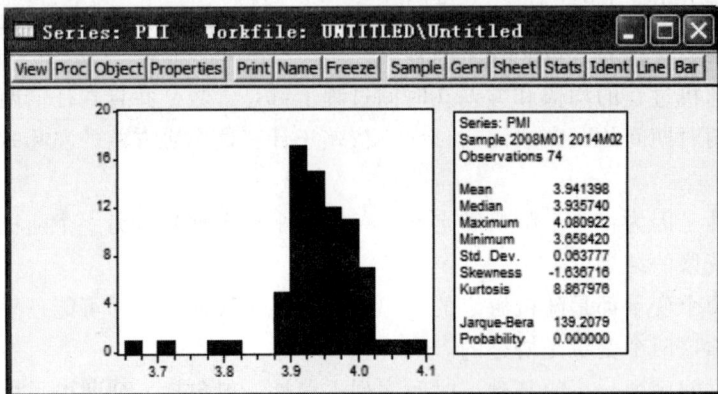

图11-21　数据波动情况——直方图

（3）单位根检验（ADF检验）

检验时间序列是否平稳，需要先检验单位根的存在。检验单位根的常用方法是由Dickey 和 Fuller（Fuller，1976; Dickey and Fuller，1979）提出的 Dickey-Fuller（DF）检验。

开始模型：$y_t = \phi y_{t-1} + \varepsilon_t$

其中，ε_t 是随机误差项。

ADF检验模型的确定：

ADF检验模型是一般形式，然而是否应该包含常数项 β_1，是否应该包含时间趋势项 $\beta_2 t$，以及如何确定最优滞后阶数 p，是一个需要解决的现实问题。

首先，我们来看如何判断检验模型是否应该包含常数项与时间趋势项。其次，我们来看如何确定检验模型的最优滞后阶数。

点击"View/Unit Root Test"或者"Quick/Series Statistic/Unit Root Test"。

①在"Test Type"框中，选择检验类型为"Augmented Dickey-Fuller"检验。

②在"Test for unit root in"框中，选择"Level"，表示是对PMI序列进行检验（如果要对PMI序列的一阶差分或二阶差分进行检验，则选1st difference或2st defference）。本例无差分情况，读者可根据实际情况进行选择。

③在"Include in test equation"框中，选择"Intercept"，表示检验方程包含截距项；选择"Trend and intercept"，表示检验方程同时包含时间趋势和截距项；选择"None"，表示检验方程不包含截距项和时间趋势（如图11-22所示）。

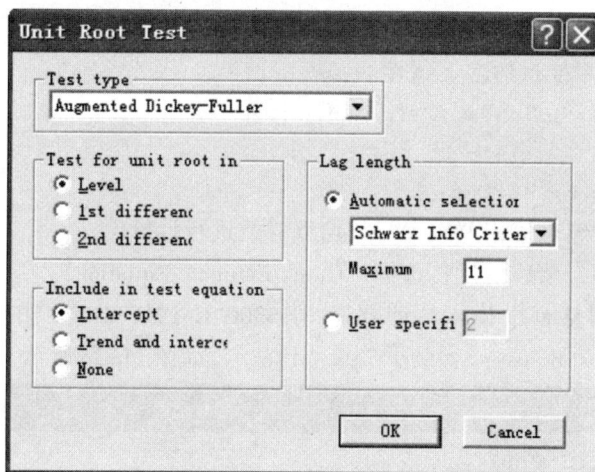

图11-22 单位根检验设置

单位根检验结果如图11-23所示。

图11-23 单位根检验结果

因为t绝对值大于三者水平的绝对值，再根据以上三种方式平稳性检验的结果，初步判断检验结果是平稳的。

运用同样的方法，我们还可以对HS300、PMI、CPI做单位根检验，为方便观看，我们把Eviews的结果替换为表格形式，如表11-2所示。

表11-2 变量平稳性检验

序列	检验类型（C、T、K）	ADF值	10%临界值
HS300	(C、0、1)	−2.89	−2.59
PMI	(C、0、1)	−3.88	−2.59
CPI	(C、0、1)	−3.67	−2.59

注：检验类型中，C表示带有常数项，T表示带有趋势项，0、1表示滞后阶数，滞后期的选择遵循AIC准则。

综上所述，该数据均为平稳性数据。

第五步：利用最小二乘法（OLS）估计函数。

设应变量y的解释变量为 $x_1, x_2, \cdots, x_k$，且与各解释变量之间存在近似线性关系，则可建立如下含有k个解释变量的多元线性回归模型：

$y_t = \beta_0 + \beta_1 x_{1t} + \beta_2 x_{2t} + \cdots + \beta_k x_{kt} + u_t$ （t=1，2，3，…，n）

设定理论模型：

$HS300 = \beta_0 + \beta_1 \times PMI + \beta_2 \times CPI + \mu$

此处因为数据的绝对值相差较大，故均取对数进行计算。

（1）作普通最小二乘法估计，选择 "Quick/Estimate Equation"。

（2）在弹出的对话框中输入估计方程 "HS300 C PMI CPI"，在 "Method"（估计方法）中选择 "LS-Least Squares"（最小二乘估计法），如图11-24所示。

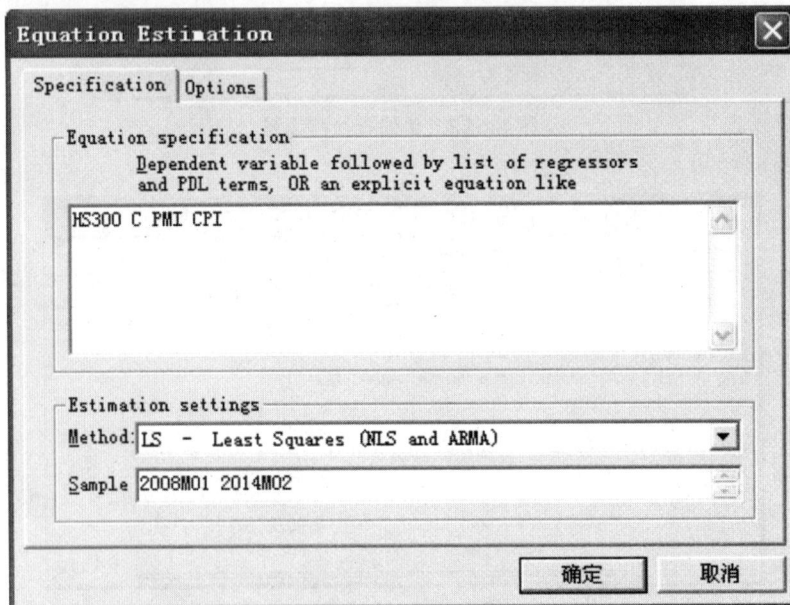

图11-24　估计方程

（3）点击 "确定"，得到估计方程及其统计检验结果，如图11-25所示。

$HS300 = -10.894 + 2.263 \times PMI + 2.131 \times CPI + \mu$

t= （−3.858）　（10.007）　（3.553）

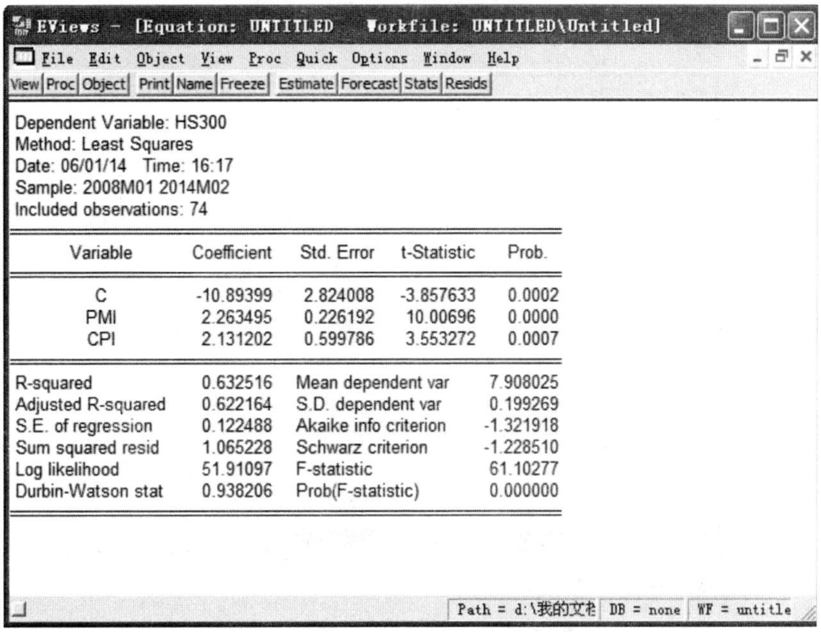

Dependent Variable: HS300
Method: Least Squares
Date: 06/01/14 Time: 16:17
Sample: 2008M01 2014M02
Included observations: 74

Variable	Coefficient	Std. Error	t-Statistic	Prob.
C	-10.89399	2.824008	-3.857633	0.0002
PMI	2.263495	0.226192	10.00696	0.0000
CPI	2.131202	0.599786	3.553272	0.0007

R-squared	0.632516	Mean dependent var	7.908025
Adjusted R-squared	0.622164	S.D. dependent var	0.199269
S.E. of regression	0.122488	Akaike info criterion	-1.321918
Sum squared resid	1.065228	Schwarz criterion	-1.228510
Log likelihood	51.91097	F-statistic	61.10277
Durbin-Watson stat	0.938206	Prob(F-statistic)	0.000000

图11-25 最小二乘法方程估计结果

第六步：对模型进行White异方差检验。

异方差就是对同方差（随机误差的方差项不变，恒为常数）假设的违反。检验异方差的解析方法的共同思想是，由于不同的观察值随机误差项具有不同的方差，因此检验异方差的主要问题是判断随机误差项的方差与解释变量之间的相关性。

检验：

步骤一：设原假设为：

H_0：原回归方程的误差属于同方差

H_1：原回归方程的误差存在异方差

步骤二：在最小二乘估计的页面中，选择“View/Residual Tests/White Heteroskedasticity（no cross terms）”或“White Heteroskedasticity（cross terms）”。White检验结果如图11-26所示。

注意：White Heteroskedasticity（no cross terms）与White Heteroskedasticity（ross terms）选项的区别在于：在no cross terms选项下得到的辅助回归方程中不包含原回归方程左手变量的交叉乘积项作为解释变量；而cross terms选项下得到的辅助回归方程中包含原回归方程左手变量的交叉乘积项作为解释变量。

取显著性水平α=0.05，由于$\chi^2_{0.05}(3)=7.815<nR^2=11.333$，所以拒绝原假设，存在异方差；或者可以观察相伴概率P值的大小，在显著性水平α=0.05的条件下，若P值小于0.05，则认为存在异方差，本例P=0.023，是存在异方差的。

修正：采用“加权最小二乘法”。

在方程的顶部窗口，点击“Quick”，选择“Estimate Equation/Options”，勾选左上角的“Weighted LS/TSLS”选项，在对话框中输入权重“1/abs（resid）”，如图11-27所示，单击“确定”，结果如图11-28所示。

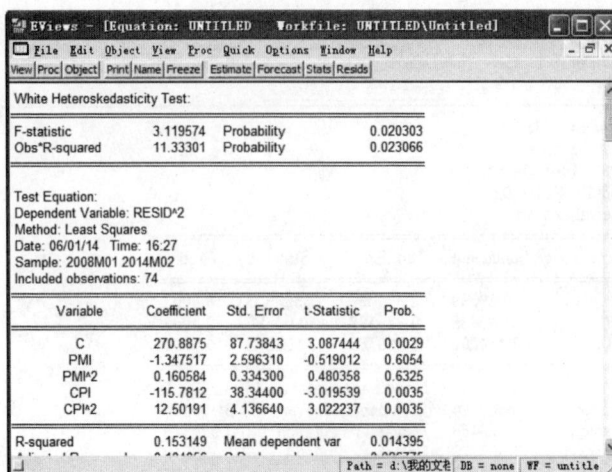

图 11-26 White 检验结果

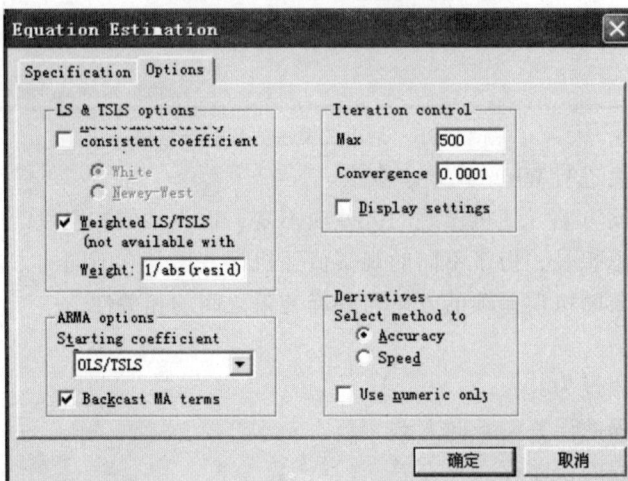

图 11-27 设置权重

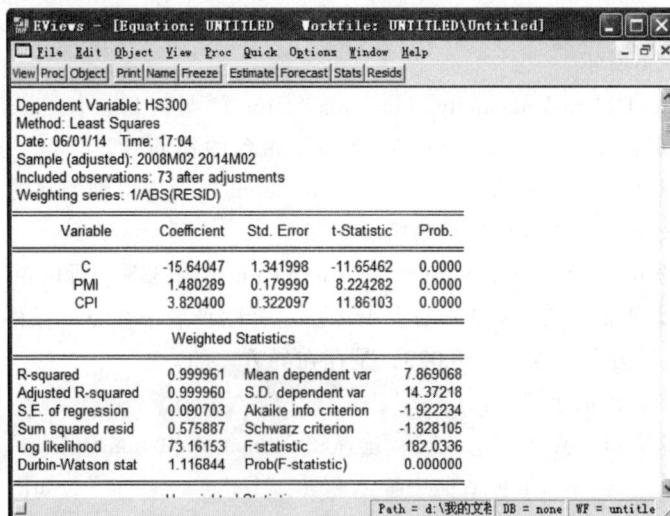

图 11-28 加权最小二乘法消除异方差后方程结果

修正后的方程为：

HS300 = −15.640 + 1.480×PMI + 3.820×CPI + u

第七步：自相关性检验（在异方差修正后的模型基础上进行自相关检验）。

采用"BG检验"。在方程窗口中，点击"View/Residual Test/Serial Correlation LM Test"，选择滞后期为"1"。自相关检验结果如图11-29所示。

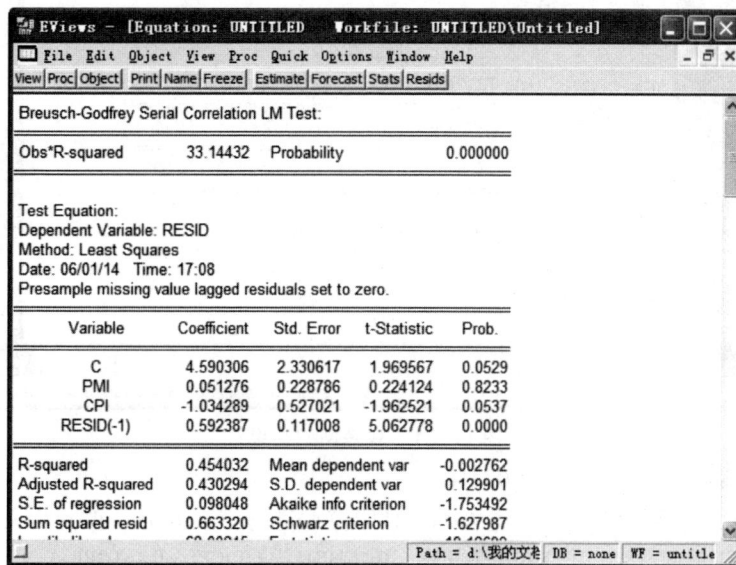

图 11-29　自相关检验结果

可得 $nR^2 = 33.144$,相伴概率（即P值）为0.000 ，因此在显著性水平 $\alpha = 0.05$ 的条件下，拒绝无自相关的原假设，即随机干扰项存在自相关。

修正：科克伦-奥科特迭代法。

步骤一：首先将每次回归的残差放入resid序列中，为了对残差进行回归分析，需生成命名为e的残差序列，点击工作文件窗口栏中的"Genr"，在弹出的对话框中输入"e=resid"，点击"OK"得到残差序列e，如图11-30所示。

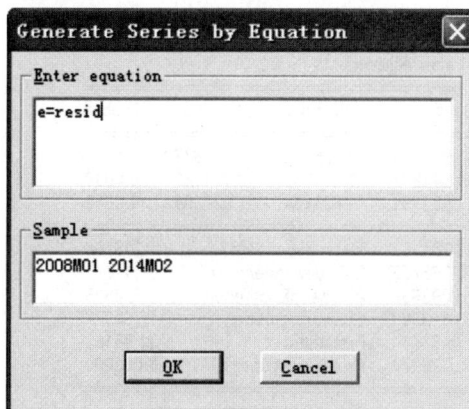

图 11-30　生成残差序列e

步骤二：在命令框中输入"LS HS300 C PMI CPI"，单击回车，然后再在命令框中输入"LS e e（−1）"，得到如图11-31所示结果。

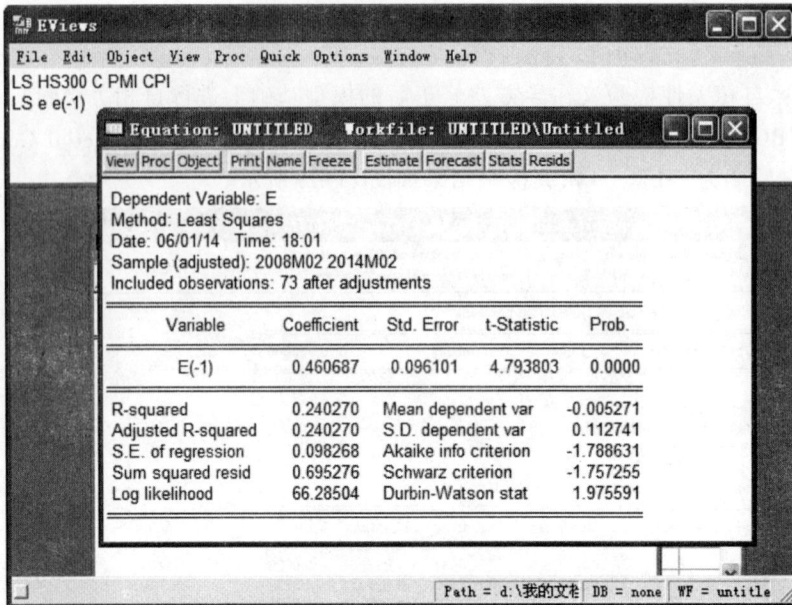

图 11-31　残差回归结果

因此，可得到回归方程：$\hat{e}_t = 0.461 e_{t-1}$。

由方程 $\hat{e}_t = \rho e_{t-1} + v_t$ 可知，$\rho = 0.461$，对原模型进行广义差分，得到广义差分方程为：

$$HS300_t - 0.461 HS300_{t-1} = \beta_0(1 - 0.461) + \beta_1(PMI_t - 0.461 PMI_{t-1}) + \beta_2(CPI_t - 0.461 CPI_{t-1}) + v_t$$

对广义差分方程进行回归，点击 Eviews 主窗口的"Quick/Estimate Equation"，在方程输入窗口输入"HS300-0.461*HS300（-1）C PMI-0.461*PMI（-1）CPI-0.461*CPI（-1）"，完成后单击"确定"，结果如图 11-32 所示。

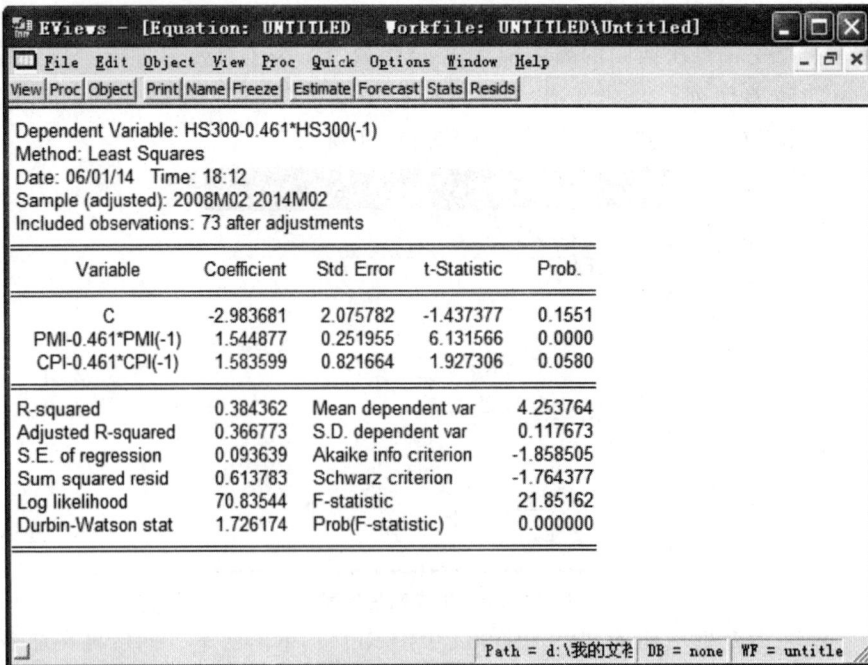

图 11-32　广义差分回归结果

在显著性水平 $\alpha = 0.05$，$n = 74$，解释变量的个数k=3，查“DW检验表”可得下限临界值 $d_L \approx 1.54$，上限临界值 $d_U \approx 1.71$。因为统计量 $1.71<DW=1.73<4-d_U=2.29$，表明不存在自相关。

第八步：多重共线性检验。

首先通过解释变量的相关系数来判断各解释变量的相关程度。

选择PMI、CPI的数据，使其显示于“One Window”点击“View/Covariance”，勾选“Pairwise Correlation”，得到解释变量相关系数矩阵，如图11-33所示。

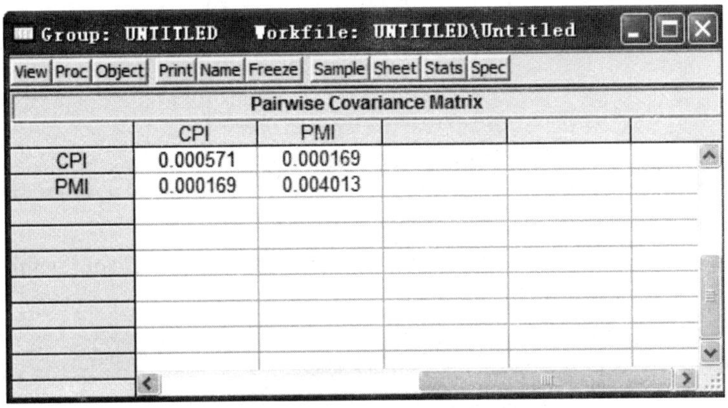

	CPI	PMI
CPI	0.000571	0.000169
PMI	0.000169	0.004013

图11-33 解释变量相关系数

由相关系数矩阵可以看出，CPI与PMI的相关系数为0.000169，解释变量相互之间的相关系数较小。

从OLS估计中我们可以知道，该模型 $R^2 = 0.633$，$\bar{R}^2 = 0.622$，拟合优度较好，F检验值为61.103，明显显著，且当 $\alpha = 0.05$ 时，$t_{\alpha/2}(n-k-1) = t_{0.025}(74-3-1) = 2.290639$，发现所有的解释变量t检验值均显著，故该模型不存在多重共线性。

11.3 Eviews综合案例

传统的时间序列计量经济学在进行研究时，通常假定经济数据和产生这些数据的随机过程是平稳过程，并在此基础上对计量经济模型中的参数作估计和假设检验。对于非平稳过程生成的时间序列数据，传统的数理统计和计量经济学方法是无能为力的。这主要是因为作为推断和检验理论基础的中心极限定理，在涉及非平稳变量时不再适用。

【例11-3】在11.2节中我们讨论了证券市场与宏观经济的关系，在这一节，我们一起来看一看宏观经济数据之间的关系是如何的。

利用Eviews对居民消费指数CPI与工业品出厂价格PPI的各收益率进行关系分析。数据来源：东方财富网与国家统计局官网。

第一步：所有数据均取对数，并将数据导入Eviews。

第二步：描述性统计。

步骤一：由组的观察查看组内序列的数据特征。

选择当下对话框里的“View/Graph/Scatter/Scatter with Regression”，单击“确定”，得到的数据特征如图11-34所示。

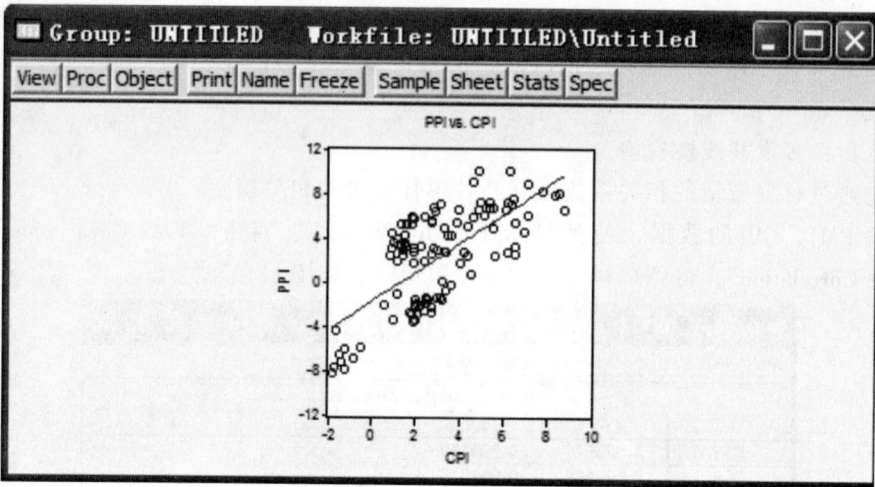

图 11-34 数据特征

步骤二：选择当下对话框里的“Views/Descriptive Stats/Common Sample”，单击“确定”，描述性统计数据结果如图 11-35 所示。

	CPI	PPI
Mean	3.017364	2.201545
Median	2.700000	2.955000
Maximum	8.700000	10.06000
Minimum	-1.800000	-8.200000
Std. Dev.	2.302368	4.395592
Skewness	0.274692	-0.504436
Kurtosis	2.933722	2.455039
Jarque-Bera	1.403486	6.026193
Probability	0.495720	0.049139

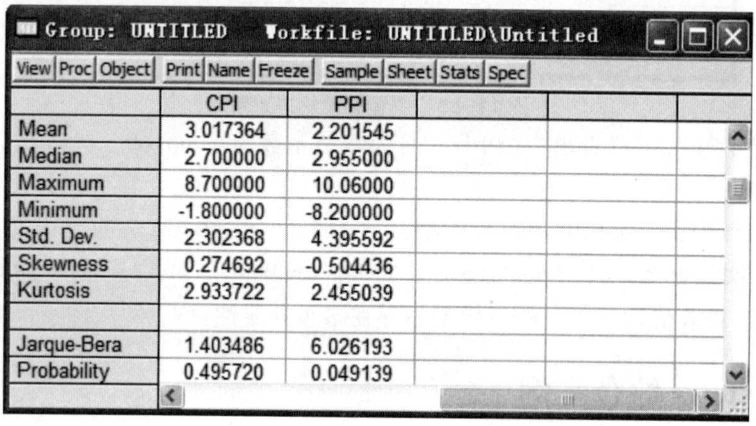

图 11-35 描述性统计数据结果

将结果绘制成表格，如表 11-3 所示。

表 11-3 数据基本统计

变量名	变量意义	均值	最大值	最小值	标准差
PPI	工业品出厂价格	2.202	10.060	-8.200	4.396
CPI	居民消费价格指数	3.017	8.700	-1.800	2.302

第三步：平稳性检验。

平稳性检验包含的内容：平稳性检验；协整检验；因果检验；误差修正。

（1）平稳性检验。

①画折线图。

打开 CPI 序列对象的窗口，点击“View/Graph/ Line”，得到的折线图如图 11-36 所示。

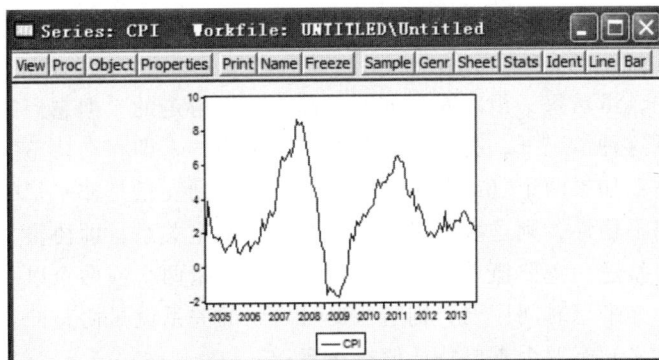

图 11-36　数据波动情况——折线图

②画直方图。

点击 "View/Descriptive Statistic/Histogram and Stats"，得到的直方图如图 11-37 所示。注意到图中的 J.B.统计量，其越趋向于 0，则图越符合正态分布，也就说明数据越平稳。

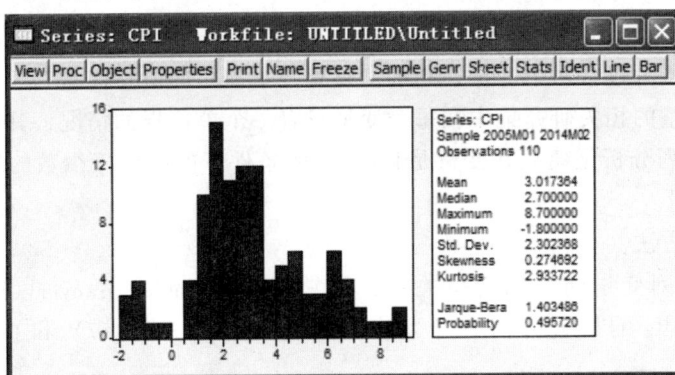

图 11-37　数据波动情况——直方图

③单位根检验（ADF 检验）。

点击 "View/Unit Root Test" 或者 "Quick/Series Statistic/Unit Root Test"，单位根检验结果如图 11-38 所示。

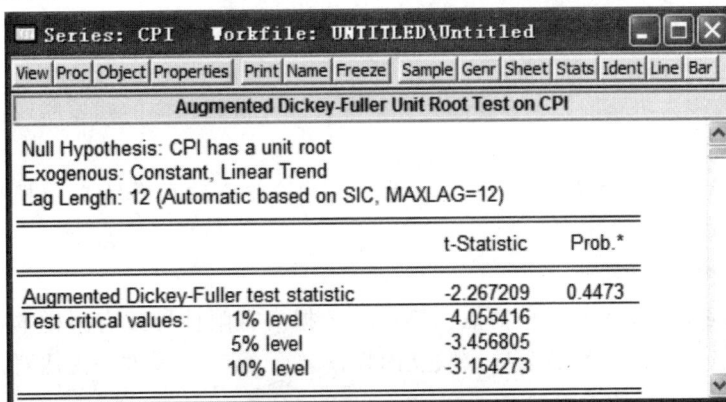

图 11-38　单位根检验结果

用同样的方法对 PPI 进行单位根检验，得到 ADF 值为 -4.13，5% level 下的临界值为 -3.46，对于 PPI 而言，数值是平稳的，但 CPI 是非平稳的，故此处不可直接采用 OLS 对方程进行估计。

（2）协整检验。

在经济运行中，虽然每一组时间序列变量都是随机游走的，但它们的某个线性组合却可能是平稳的，在这种情况下，我们称这些变量是平稳的，即存在协整关系。

其基本思想是：如果两个（或两个以上）的时间序列变量是非平稳的，但它们的某种线性组合却表现出平稳性，则这些变量之间存在长期稳定关系，即协整关系。根据以上叙述，我们将给出协整这一重要概念。一般而言，协整是指两个或两个以上同阶单整的非平稳时间序列的组合是平稳时间序列，则这些变量之间的关系就是协整的。

对于协整的定义，有四个重要特征值得注意：

①协整只涉及非平稳变量的线性组合。从理论上而言，在一组非平稳变量中，极有可能存在非线性的长期均衡关系。

②协整只涉及阶数相同的单整变量。如果变量的单整阶数不同，则按照通常的学术意义，可以认为它们不存在协整关系。

③如果有n个非平稳序列，则有n-1个线性独立的协整向量。协整向量的个数被称为协整秩。显然，若只包含两个变量，则最多只有一个独立的协整向量。

④大多数协整的相关研究集中在每个变量只有一个单位根的情况，其原因在于古典回归分析或时间序列分析是建立在变量是I（0）的条件下的，而极少数的经济变量是单整阶数大于1的变量。

协整的检验方法：

检验时间序列变量间长期均衡关系，最常用的是Engle-Granger（E-G）两步法和Johansen基于VARs的协整方法，分别由Engle与Granger（1987）和Johansen（1988）提出。

通常，E-G两步法检验通常用于检验两变量之间的协整关系，而对于多变量之间的协整关系则采用Johansen检验。

①E-G两步法。

E-G两步法具体分为以下两个步骤：

步骤一：应用OLS估计下列方程（以一元为例，根据题目具体调整）：

$y_t = \alpha + \beta x_t + u_t$

这一模型被称为协整回归，β被称为协整参数，并得到相应的残差序列：

$\hat{u}_t = y_t - (\hat{\alpha} + \hat{\beta} x_t)$

步骤二：检验$\hat{u}_t$序列的平稳性。序列平稳性检验方法可分为单位根检验和CRDW检验。

②Johansen协整检验。

Engle-Granger两步法有三个缺点：第一，数据的有限性导致有限样本在单位根和协整检验时有缺陷；第二，可能会导致联立因果偏差。第三，该方法无法对出现在第一步的真实的协整关系进行假设检验。

Johansen方法是建立在矩阵秩和特征根之间关系的基础上的。Johansen方法如下：假定有一组协整的变量（g≥2）经检验证明是I（1），则可以建立有k阶滞后的向量自回归模型（VAR）：

$$y_t = \beta_1 y_{t-1} + \beta_2 y_{t-1} + \cdots + \beta_k y_{k-t} + u_t$$

调整VAR形成向量误差修正模型（VECM）：

$$\Delta y_t = \prod \Delta y_{t-k} + \tau_1 \Delta y_{t-1} + \tau_2 \Delta y_{t-2} + \cdots + \tau_{k-1} \Delta y_{t(k-1)} + \mu_t$$

首先提取残差：进行最小二乘估计，然后点击"Proc/Make Residual Series"对残差resid01进行提取；然后对残差进行单位根检验（方法同上），结果如图11-39所示。

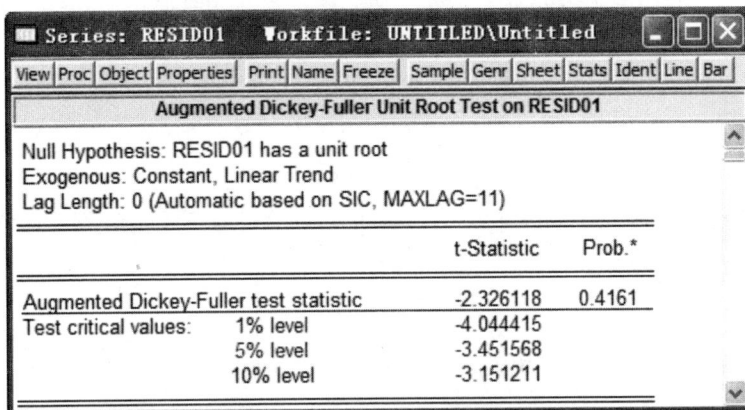

图11-39　残差1单位根检验结果

采用同样的方法对残差resid02进行提取并进行单位根检验，结果如图11-40所示。

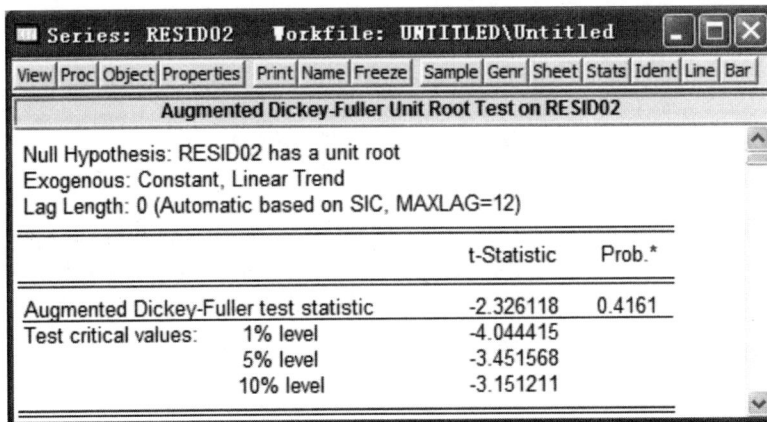

图11-40　残差2单位根检验结果

经检验，发现残差1、2的检验结果依旧呈现不平稳状态，故该双变量非协整。

（3）因果检验。

因果检验用于确定一个变量的变化是否为另一个变量变化的原因。

格兰杰因果检验（Granger Causality Test）的基本思想是：对于经济变量X和Y，若X的变化引起了Y的变化，X的变化应当在Y的变化之前。

若认为"X是引起Y变化的原因"，就必须满足两个条件：

①X应当有助于预测Y，即在Y关于X的过去值的回归中，增添X的过去值作为独立变量应当显著地增加模型回归的解释能力。

②Y不应当有助于预测X，其原因是若X有助于预测Y，Y也有助于预测X，则可能存在一个或几个其他的变量，它们是引起X变化的原因，也是引起Y变化的原因。

要检验这两个条件是否成立，我们需要检验一个变量对预测另一个变量有无解释能力的原假设，即检验X是否是引起Y变化的原因。完成这一检验，需要进行如下步骤：

①为检验“X不是引起Y变化的原因”的原假设，利用OLS法估计如下回归模型：

$$Y = \sum_{i=1}^{m} \alpha_i Y_{t-i} + \sum_{i=1}^{m} \beta_i X_{t-i} + \varepsilon_t$$

②根据各回归的残差平方和计算F统计量，检验系数满足假设：

$$\beta_1 = \beta_2 = \cdots = \beta_m = 0$$

③利用F统计量检验原假设 H_0。

在Workfile中选择TABLE，在弹出的窗口中选择“View/Granger Causality”，并选择滞后期2（自主设立）。格兰杰因果检验结果如图11-41所示。

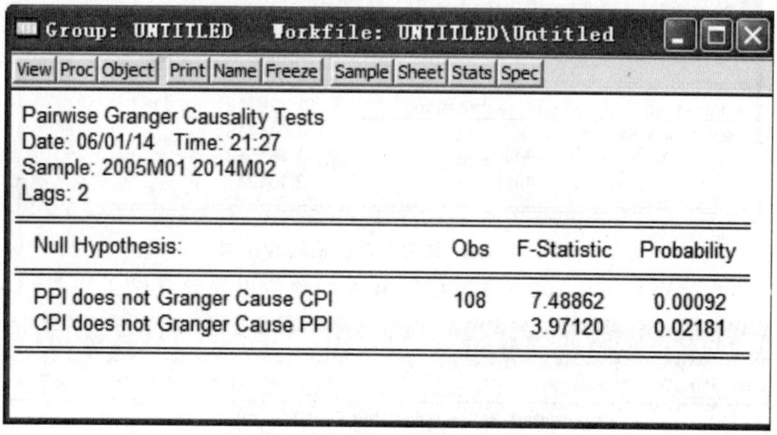

Pairwise Granger Causality Tests
Date: 06/01/14 Time: 21:27
Sample: 2005M01 2014M02
Lags: 2

Null Hypothesis:	Obs	F-Statistic	Probability
PPI does not Granger Cause CPI	108	7.48862	0.00092
CPI does not Granger Cause PPI		3.97120	0.02181

图11-41 格兰杰因果检验结果

根据观测值，我们可以看出，CPI与PPI互为原因。

（4）误差修正。

误差修正模型（Error Correction Model，ECM）是Engle和Granger于1987年提出的。误差修正模型用于解决两个经济变量的短期失衡问题，这种方法日益被实证研究所应用。通过误差修正机制，在一定期间的失衡部分可以在下一期得到纠正。ECM的基本思想是：若变量之间存在协整关系，则表明这些变量间存在长期均衡关系，而这种长期均衡关系是在短期波动过程中不断调整下实现的。

建立误差修正模型，一般分为两个步骤：

①建立反映数据长期均衡关系模型——两个时间序列共同漂移的方式。

②建立反映数据短期波动特征的误差修正模型。

短期波动是指被解释变量对长期趋势的偏离与滞后值、解释变量滞后值及随机误差项之间的关系，即将长期均衡关系模型中各变量以一阶差分形式重新构造，并将长期均衡关系模型中的残差序列作为被解释变量引入，在一个从一般到特殊的检验过程中，对短期波动关系进行逐项检验，不显著项逐渐剔除，直到最适当的形式被找到为止。

误差修正模型假定：

经济变量 Y_t 和 X_t 之间的长期关系为：$Y_t = KX_t^{\beta_1}$。

其中，K和 β_1 为估计常数。β_1 是 Y_t 对 X_t 的长期弹性。两边取对数，可得到：

$$\ln Y_t = \ln K + \beta_1 \ln X_t \quad 或 \quad y_t = \beta_0^* + \beta_1 x_t$$

当变量 y 处于非均衡时，等式两边便存在一个差额，即：

$$ECM_{t-1} = y_{t-1} - \beta_0^* - \beta_1 x_{t-1}$$

以此来衡量两个经济变量之间的偏离程度。这里， ECM_{t-1} 表示 t-1 期的非均衡误差。

这样，一个较为简单的误差修正模型就可以表示为以下形式：

$$\Delta y_t = \Delta x_t + \theta \cdot ECM_{t-1} + \varepsilon_t$$

即使两个变量之间有长期均衡关系，但在短期内也会出现失衡（例如，受突发事件的影响）。此时，我们可以用ECM来对这种短期失衡加以纠正。

采用协整检验中已述的方法来对残差resid03进行提取，然后再选择"Quick/Estimate Equation"，在弹出的窗口中输入"d（CPI）c d（PPI）resid03（-1）"，得到误差修正模型结果如图11-42所示。

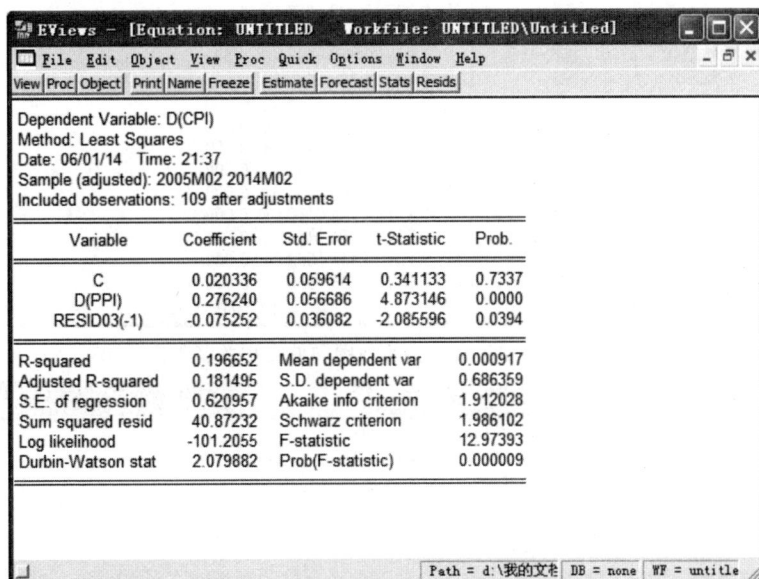

图 11-42　误差修正模型结果

第四步：ARMA模型估计。

所谓ARMA模型，是指将非平稳时间序列转化为平稳时间序列，然后将因变量仅对它的滞后值以及随机误差项的现值和滞后值进行回归所建立的模型。

自回归模型和移动平均模型是时间序列中最基本的两种模型类别，将这两种基本的模型类别结合起来，就产生了自回归移动平均模型（ARMA）。

若一个时间序列 y_t 可表示为：

$$y_t = \phi_1 y_{t-1} + \cdots + \phi_p y_{t-p} + \varepsilon_t + \theta_1 \varepsilon_{t-1} + \cdots + \theta_q \varepsilon_{t-q}$$

或者表达为：

$$(1 - \phi_1 L - \cdots - \phi_p L^p)y_t = (1 + \theta_1 L + \cdots + \theta_q L^q)$$

$$\Phi(L)y_t = \Theta(L)\varepsilon_t$$

则称时间序列模型为自回归移动平均模型，表示为 ARMA(p, q)。在模型中， $\Phi(L)$ 和 $\Theta(L)$ 分别表示为滞后之后 p 和 q 阶的表达式，并称其为自回归算子和移动平均算子。

点击"View/Correlogram"，设定自相关系数最大滞后期为25，就得到了CPI的自相关函数图和偏自相关函数图，如图11-43所示。图中，AC为样本自相关系数；Q-Stat为 Q_{LB}

统计量；Autocorrelation为样本自相关系数。

PPI的自相关函数图和偏自相关函数图如图11-44所示。

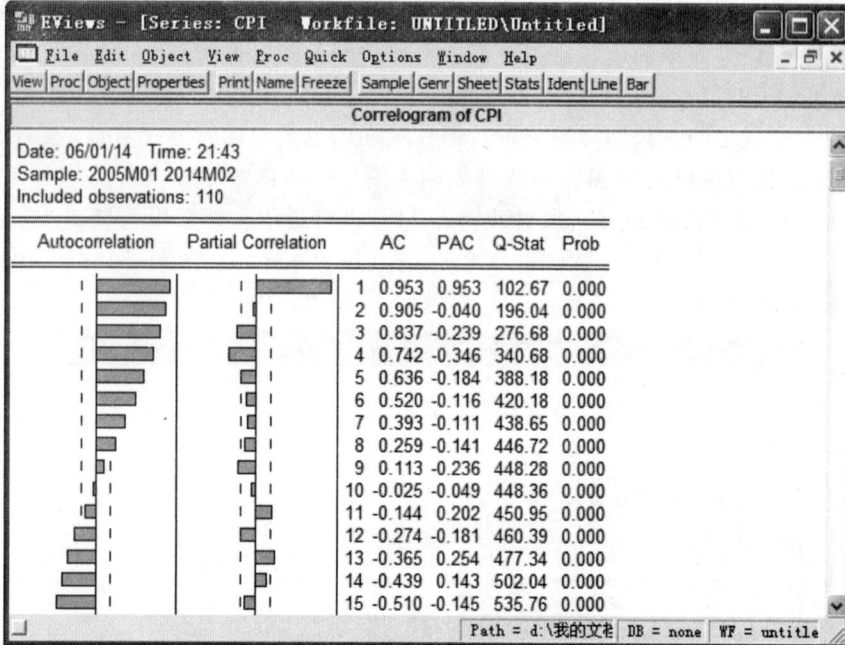

图11-43　CPI自相关函数图和偏自相关函数图

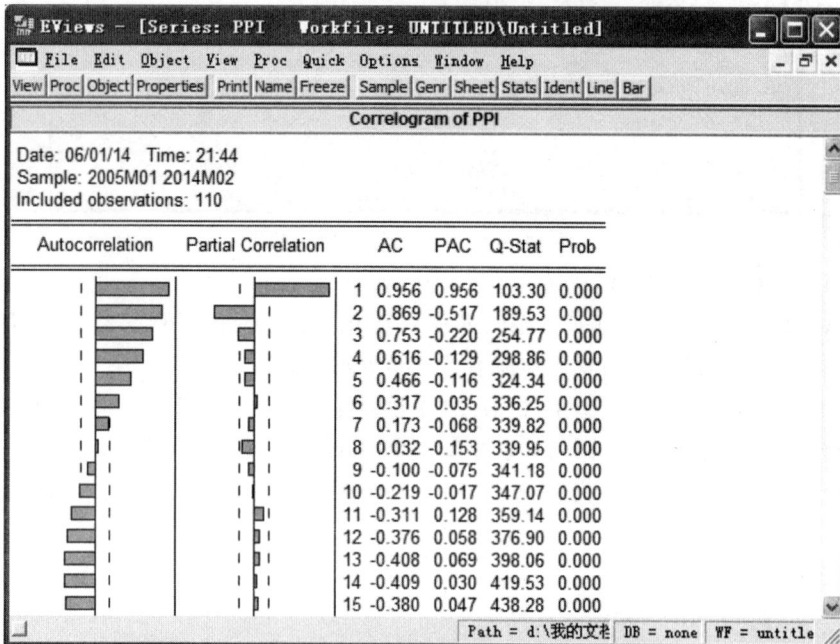

图11-44　PPI自相关函数图和偏自相关函数图

从AC结果可以看出，两组样本的自相关系数在前段和后段是非常高的。

第五步：宏观经济指标模型设定。

经过上述检验，我们可以发现CPI与PPI的数值并不平稳，且非协整，故不可采用

OLS方法进行直接估计。

模型一：向量自回归（VAR）模型。

VAR模型是用模型中所有当期变量对所有变量的若干滞后变量进行回归。

VAR模型可以克服OLS模型残差序列自相关的问题，对CPI和PPI的对数收益率建立VAR模型。公式如下：

$$CPI_t = C_e + \sum_{i=1}^{K} \beta_{ei} CPI_{t-i} + \sum_{j=1}^{n} \theta_{ej} PPI_{t-j} + \varepsilon_{et}$$

$$PPI_t = C_p + \sum_{i=1}^{K} \beta_{pi} CPI_{t-i} + \sum_{j=1}^{n} \theta_{pj} PPI_{t-j} + \varepsilon_{pt}$$

随机误差项 ε_{st} 和 ε_{ft} 独立分布，则 h^* 可表示为两者协方差与残差项 ε_{ft} 方差的比值：

$$h^* = \frac{cov(\varepsilon_{et}, \varepsilon_{pt})}{var(\varepsilon_{et})}$$

步骤：选择"Quick/Estimate Var"，输入自回归分析所需变量，如图11-45所示。

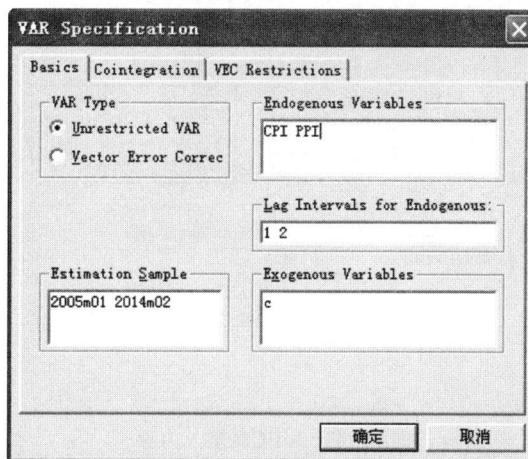

图11-45　VAR数据输入内容

结果如图11-46所示。

图11-46　VAR结果

模型二：向量误差修正模型（VECM）。

利用 h^* 进行估值。公式如下：

$$CPI_t = C_e + \alpha Z_{t-1} + \sum_{i=1}^{K} \beta_{ei} CPI_{t-i} + \sum_{j=1}^{n} \theta_{cj} PPI_{t-j} + \varepsilon_{ct}$$

$$PPI_t = C_p + \alpha_p Z_{t-1} + \sum_{i=1}^{K} \beta_{pi} CPI_{t-i} + \sum_{j=1}^{n} \theta_{pj} PPI_{t-j} + \varepsilon_{pt}$$

其中， $Z_{t-1} = CPI_{t-1} - (a + bPPI_{t-1})$ 为误差修正项， h^* 仍然表示为模型二的形式。

误差修正模型（ECM）可以消除残差项的序列相关性和增加模型的信息量，模型中误差修正项表示现货价格和期货价格之间长期的均衡偏差的影响，该模型同时考虑了短期冲击的动态影响，以上模型都得到恒定不变的 h^*，所以都可以称为静态套期保值模型。

步骤：选择"Quick/Estimate Var"，将"VAR Type"修改为"Vector Error Correc"，输入自回归分析所需变量，如图11-47所示。

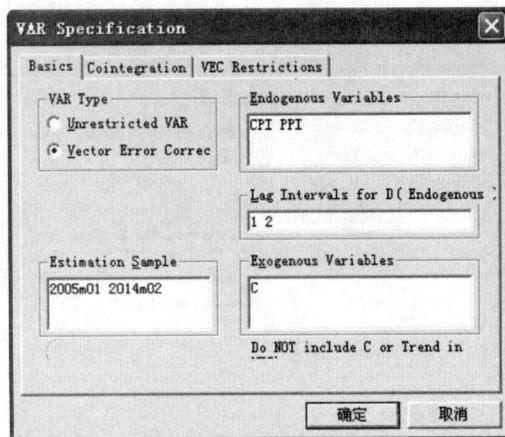

图 11-47　VECM输入内容

结果如图11-48所示。

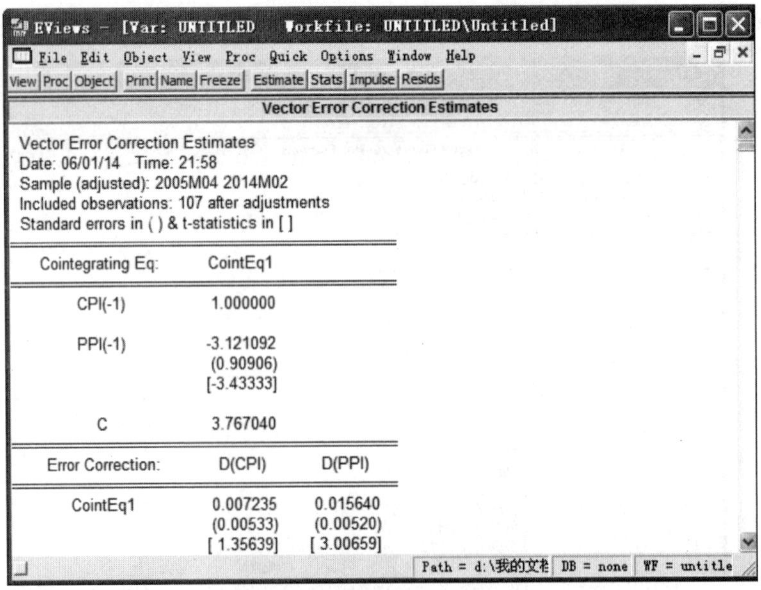

图 11-48　VECM输出结果

模型三：自回归条件异方差（GARCH）模型。

金融时间序列数据的异方差性会影响最优套期保值率的估计，为了克服以上静态模型得到的残差序列的自回归条件异方差（ARCH）的影响，GARCH 等时变和动态的方法越来越多地用于对最优套期保值比率的估计。

一个时变的动态最优套期保值率 h^* 为：

$$h^* = \frac{h_{cf,t}}{h_{pf,t}}$$

步骤：①点击主菜单 "Quick/Estimate Equation"，得到如图 11-49 所示对话框，在 "Method" 框中选择 "GARCH"。

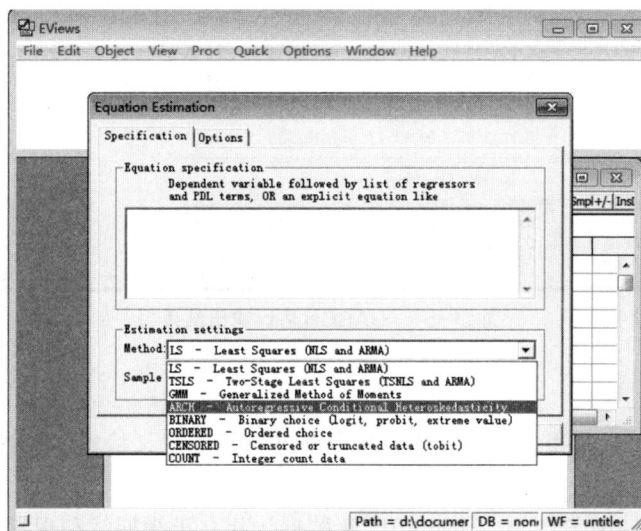

图 11-49　选择 GARCH 估计方式

在 "Mean equation" 框中输入 "CPI CPI（-1）CPI（-2）PPI PPI（-1）PPI（-2）"，"ARCH" 和 "GARCH" 处都选择 2，点击 "确定"，如图 11-50 所示。

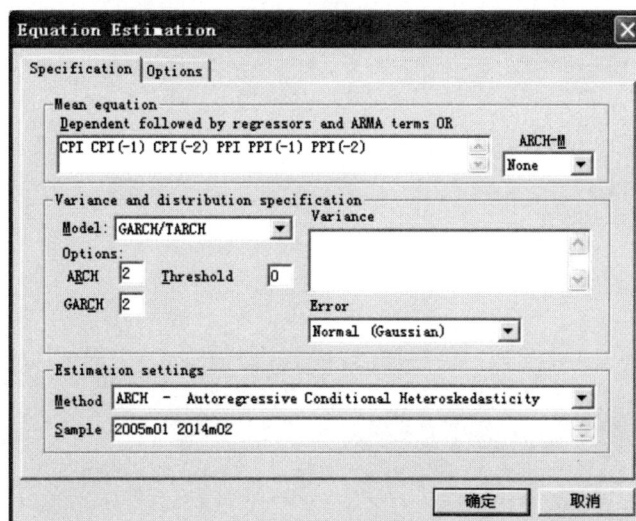

图 11-50　GARCH 数据输入

结果如图11-51所示。

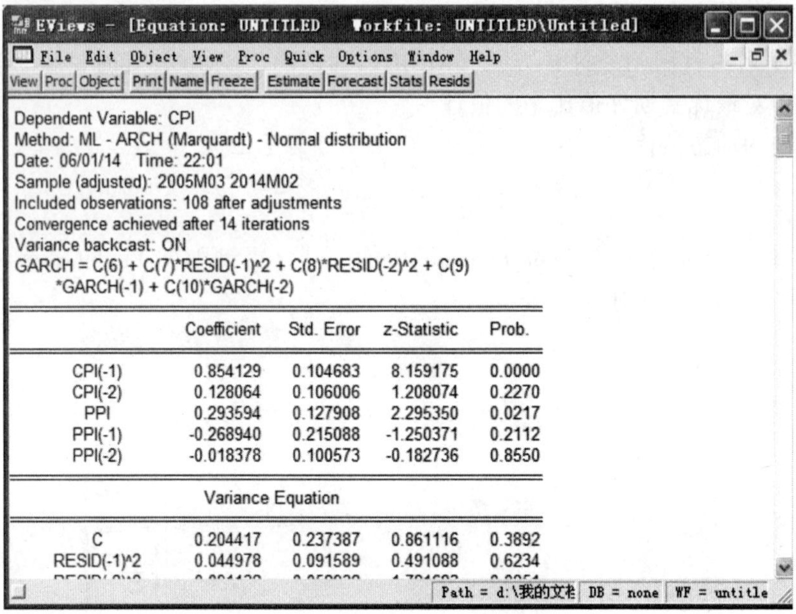

图11-51 GARCH估计输出结果

实验任务

作业1：对某只股票得到的CAPM回归模型进行经济意义检验、统计学检验、计量经济检验。

作业2：基于GARCH模型，下载2015年数据，建立玉米期货和现货最优套保率。

第 12 章

股票综合模拟交易实验

自金融市场上掀起股票交易热潮后，无数的散户投资者开始涉足证券市场，但相对匮乏的证券理论及操作知识，往往使众多投资者损失惨重。为了使读者更好地把理论与实践相结合，更好地了解股票交易流程及个股基本信息，本章将对股票操作软件同花顺、自选股挑选方式、个股盘面相关信息及模拟股票交易流程进行着重介绍。

12.1 股票交易软件——同花顺

随着金融市场的发展，股票交易已从早期的公开喊价逐步演变为计算机撮合成交的无纸化交易模式，在此之中，股票交易软件便显得尤为重要，对于软件的熟练运用将有助于投资者发现投资机会，把握投资时机，随时随地完成股票交易。市场上投资软件品种众多，投资者可根据自身的操作习惯及偏好进行选择，本节我们将对同花顺股票交易软件进行简单介绍。

同花顺股票软件是市场上行情交易最快、数据最全、性能最优、最受股民欢迎的免费股票软件。同花顺股票软件是一个提供行情显示、行情分析和行情交易的股票软件，它分为免费 PC 版、付费 PC 版、电脑平板版、手机版等适用性强的多个版本。同花顺股票软件注重各大证券机构、广大股民的需求和使用习惯，全新版免注册，下载即可登录，方便而快捷。全新版同花顺股票软件新增强大功能：自主研发的搜牛财经及自定义选股，新增通达信模式，股票界面更随心所欲，操作更简洁迅速。

12.1.1 软件下载

考虑到使用群体的普遍性，本小节将重点对免费 PC 版及 Android 手机版的下载方式进行介绍。

1）免费 PC 版

步骤一：使用 360 安全浏览器，打开百度（http://www.baidu.com）搜索引擎，在搜索栏中输入"同花顺官方免费下载"，选择"同花顺最新官方版下载"中的"高速下载"，如图 12-1 所示。

图 12-1　免费 PC 版同花顺软件下载网址

　　步骤二：在弹出的窗口中，选择所需保存在本机的硬盘地址（建议使用者避开 C 盘保存），点击"下载"，完成同花顺下载，如图 12-2 所示。

图 12-2　同花顺软件下载保存区域

　　步骤三：打开已完成下载的同花顺软件，选择图 12-3（a）中下方的"免费注册"，在弹出的 12-3（b）中进行基本信息填写，完成注册。

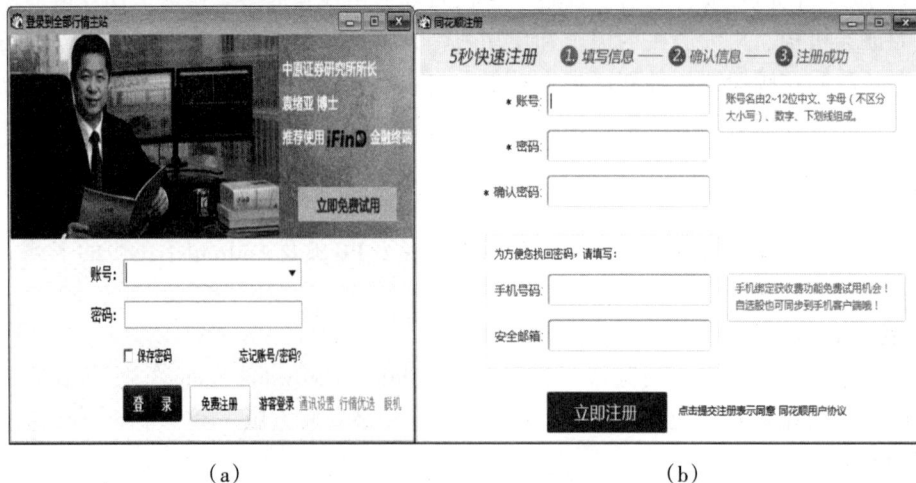

| （a） | （b） |

图 12-3　同花顺软件免费注册

2）Android手机版

步骤一：投资者可使用任意一款手机软件市场进行下载，本小节将使用"QQ浏览器软件应用"进行下载，在软件市场中搜索"同花顺手机炒股股票软件"，点击"下载"即可，如图12-4所示。

步骤二：在手机上打开所下载软件，点击"注册"，如图12-5所示，选择合适的下载方式，点击"注册"为手机号快速注册，也可以选择QQ登录、微博注册，或直接采用PC注册账号直接登录。

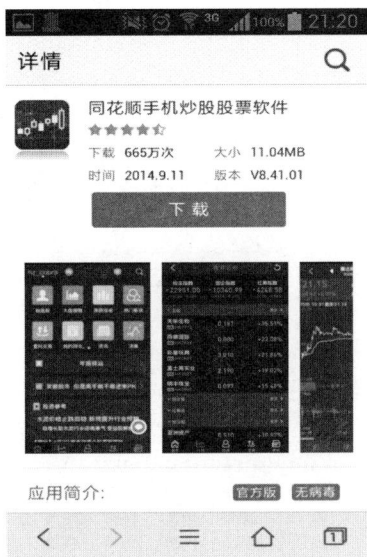

图12-4 手机版同花顺下载

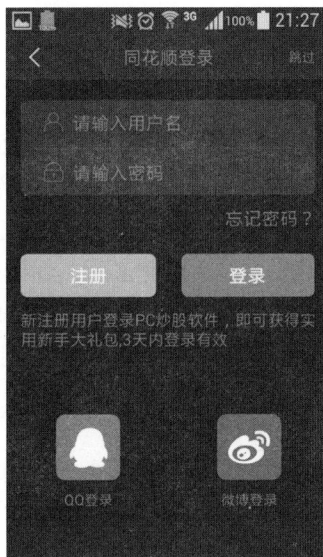

图12-5 手机版同花顺注册

注意：为便于操作，本章从此处开始介绍的所有操作均为"免费PC版"。

12.1.2 同花顺软件基本界面

在完成下载后，投资者可自行打开软件，在软件操作前，需熟悉本操作软件的基本功能，本小节将为读者作简单介绍，以便投资者独立操作使用，盘面基本信息则在12.2节中为读者作详细介绍。

1）主菜单栏

如果投资者对股票软件还不熟悉，那么通过菜单栏可以找到几乎所有它能够实现的功能，如图12-6所示。

图12-6 主菜单栏

2）综合信息栏

此栏反映信息包括沪深大盘指数、创业板指数、恒生指数等当日涨跌幅与成交金额（亿元），鼠标单击任一指数即可直接切换到该指数分时走势图等。投资者亦可根据自身需要调整综合信息栏反映指数种类，更改需选择该栏右端"扳手"图标，如图12-7所示。

| 沪2306.74 | +16.87+0.74% | 1264亿深 | 7958.47 | +62.60 +0.79% | 1545亿创 | 1499.09 +15.74 +1.06% | 300.8亿恒生指数 | 3965.47 +9.98 +0.04% |
| 手机 | 留言 客服 | 解盘 | 股市日记 | 股灵通 行情 | 14:29 券业创新政策或密集推出 | 14:20 资金揭秘：指数震荡 | | 14:50:48 |

图 12-7　综合信息栏

3）自选股添加方式

自选股，顾名思义，是把自己看好的股票加入到自己选定的自选股股票库中，用时可以看多个股票，比较方便。在每个交易软件里都有"自选股"项目，将你选择的股票代码输入后，该股票的各种数据由软件自动生成。这样你就不用再在其他地方分散找，调阅起来很方便。

此处仅为投资者具体介绍同花顺炒股软件的自选股操作方法，具体个股选择原因将在12.2节中作详细介绍。

步骤一：打开同花顺软件并使用投资者所注册的账号登录，登录界面后输入任意一只个股代码，如"000948"（南天信息），单击回车键，出现个股界面，个股名称呈蓝色状态。若需将该股加入自选股股票库中，则按下"Insert"键，该个股名称将变为白色状态，此时在自选股股票库中即已加入个股。

步骤二：采用上述方法，继续添加其他个股，完成自选股添加，如图12-8所示（注意：所选个股仅作为添加结果展示）。

	代码	名称	星级	涨幅%	现价	DDE净量	总手	现手	昨收	开盘	最高
1	000005	世纪星源	★★	+10.09	3.71	2.33	56.53万	5132↓	3.37	3.52	3.71
2	002053	云南盐化	★★★	+5.90	14.01	0.22	23.28万	2560↑	13.23	13.70	14.45
3	300082	奥克股份	★★★	-4.55	14.28	0.03	42543	341↓	14.96	14.96	15.08
4	002269	美邦服饰	★★★★	+7.06	10.92	0.19	69.99万	6665↑	10.20	10.19	11.22
5	002511	中顺洁柔	★★★★	-3.44	8.98	-0.27	67077	980↑	9.30	9.30	9.30
6	000990	诚志股份	★★★	-2.81	15.57	-0.09	17600	655↑	16.02	16.02	16.20
7	000948	南天信息	★★	-9.74	13.34	-2.40	19.19万	1882↑	14.78	14.54	14.54

图 12-8　自选股添加完成

4）快捷键操作

↑、↓：技术分析画面中放大、缩小图形。

←、→：左右移动游标。

Home、End：游标移至最前、最后。

PageUp、PageDown：上一只股票、下一只股票或者上一页、下一页。

*、/：技术分析画面中上一个指标、下一个指标。

Esc：关闭当前窗口。一般情况下都是指关闭整个画面窗口，不过也有例外：在技术分析画面中，如果你曾经单击鼠标，显示出明细小窗口，在这种情况下按Esc键，就是把这个明细小窗口隐藏起来。

+：通过"+"可以切换子功能窗口的显示内容。

Tab：在个股分析画面和智能报表画面，通过Tab依次切换画面下方的标签。

Alt-F10：权息校正。

Alt-P：打印当前画面。

Alt-Z：将当前商品加入到"自选股板块"。

Ctrl-Z：将当前商品加入到板块。

Ctrl-F1：于技术分析画面显示当前指标说明。

Shift-F1：显示当前画面的系统操作说明。

F9：同花顺自行诊股。

F10：当前个股基本资料。

11+Enter：当前商品的基本资料（财务数据简表）。

15+Enter：信息雷达之公告信息。

16+Enter：信息雷达之实时资讯/历史资讯。

01+Enter（F1）：即时分析画面切换至分笔成交明细，技术分析画面切换至每日成交明细。

02+Enter（F2）：即时分析画面切换至价量分布图。

05+Enter（F5）：即时走势画面、技术分析画面、多周期同列画面间循环切换。

08+Enter（F8）：在技术分析画面切换周期类型。

|12.2| 盘面基本信息

在上节中为投资者介绍了自选股的添加方式，但如何选择个股，什么样的个股值得选择作为自选股才是投资者真正需要了解的。本节将针对个股盘面基本信息作详细介绍并为投资者提供具体选股案例，以便让投资者做到心中有数，投资有门。

12.2.1 信息窗口

1）分时图

分时走势图也叫即时走势图，它是把股票市场中的交易信息实时地用连续曲线在坐标图上加以显示的技术图形。其中坐标的横轴是市场交易的时间，纵轴的上半部分是股价或指数，下半部分显示的是成交量。个股分时图和大盘分时图分别如图12-9和图12-10所示。

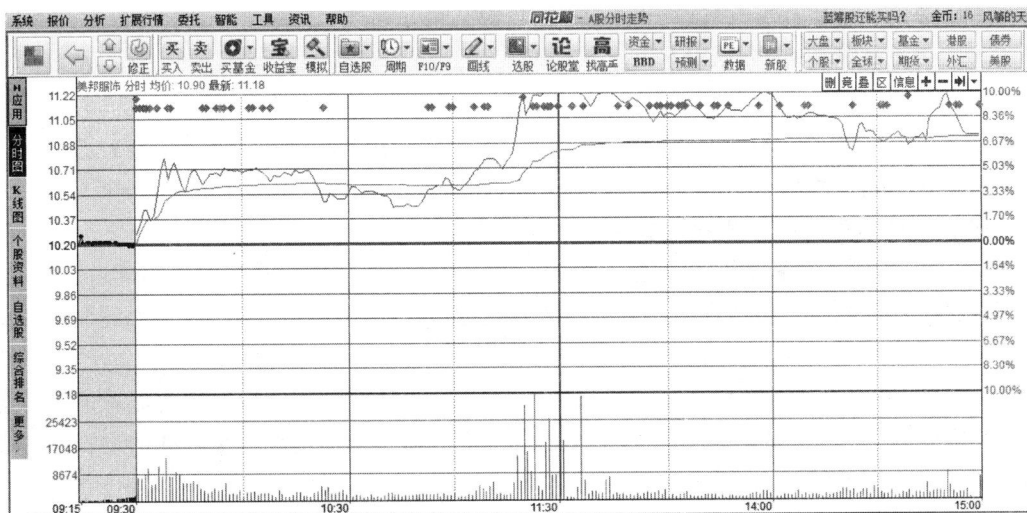

图12-9　个股分时图

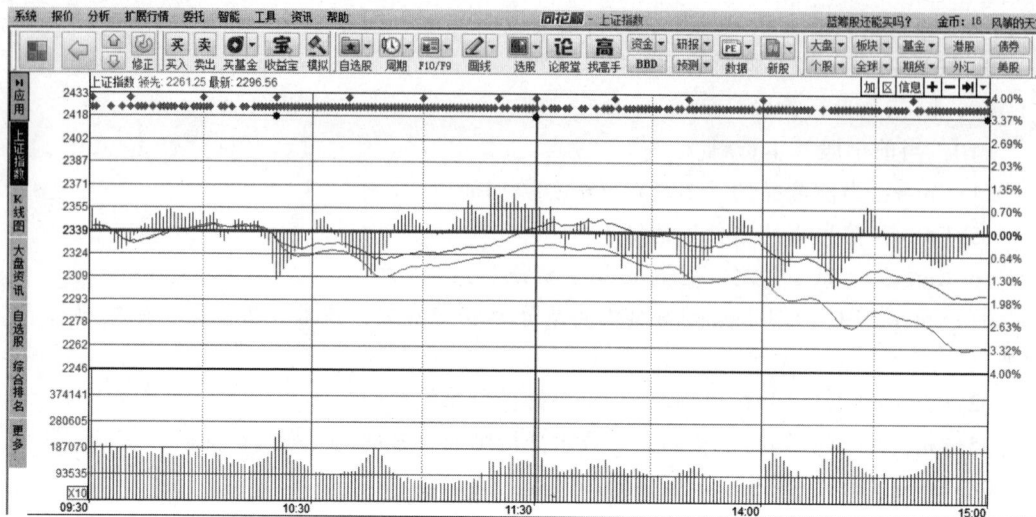

图 12-10　大盘分时图

（1）个股分时图

①白色曲线：表示该种股票即时实时成交的价格。

②黄色曲线：表示该种股票即时成交的平均价格，即当天成交总金额除以成交总股数。

③黄色柱线：在红白曲线图下方，用来表示每一分钟的成交量。

④成交明细：在盘面的右下方为成交明细显示，显示动态每笔成交的价格和手数。

⑤外盘内盘：外盘又称主动性买盘，即成交价在卖出挂单价的累积成交量；内盘又称主动性卖盘，即成交价在买入挂单价的累积成交量。外盘反映买方的意愿，内盘反映卖方的意愿。

实战中的 K 线分析，必须与即时分时图分析相结合，才能真实可靠地读懂市场的语言，洞悉盘面股价变化的奥妙。K 线形态分析中的形态颈线图形，以及波浪角度动量等分析的方法原则，也同样适合即时动态分时走势图分析。

（2）大盘分时图

①白色曲线：表示大盘加权指数，即证交所每日公布的大盘实际指数。

②黄色曲线：大盘不含加权的指标，即不考虑股票盘子的大小，而将所有股票对指数影响看作相同而计算出来的大盘指数。

参考白黄两条曲线的相互位置可知：A.当大盘指数上涨时，黄线在白线之上，表示流通盘较小的股票涨幅较大；反之，黄线在白线之下，说明盘小的股票涨幅落后大盘股。B.当大盘指数下跌时，黄线在白线之上，表示流通盘较小的股票跌幅小于盘大的股票；反之，盘小的股票跌幅大于盘大的股票。

③红绿柱线：在黄白两条曲线附近有红绿柱状线，是反映大盘即时所有股票的买盘与卖盘在数量上的比率。红柱线的增长减短表示上涨买盘力量的增减；绿柱线的增长缩短表示下跌卖盘力度的强弱。

④黄色柱线：在红白曲线图下方，用来表示每一分钟的成交量，单位是手（每手等于100股）。

⑤委买委卖手数：代表即时所有股票买入委托下三档和卖出上三档手数相加的总和。

⑥委比数值：是委买委卖手数之差与之和的比值。当委比数值为正值的时候，表示买方力量较强，股指上涨的机率大；当委比数值为负值的时候，表示卖方的力量较强，股指下跌的机率大。

2）K线图

如图 12-11 所示图形即为 K 线图，K 线图是技术分析的一种，最早由日本人于 19 世纪所创，被当时日本米市的商人用来记录米市的行情与价格波动，包括开市价、收市价、最高价及最低价，阳烛代表当日升市，阴烛代表当日跌市。这种图表分析法在当时的中国以至整个东南亚地区均很流行。由于用这种方法绘制出来的图表形状颇似一根根蜡烛，加上这些蜡烛有黑白之分，因而也叫阴阳线图表。通过 K 线图，人们能够把每日或某一周期的市况表现完全记录下来，股价经过一段时间的盘档后，在图上即形成一种特殊区域或形态，不同的形态显示出不同意义，可以从这些形态的变化中摸索出一些有规律的东西。K 线图形态可分为反转形态、整理形态及缺口和趋向线等。K 线图因其细腻独到的标画方式而被引入到股市及期货市场。

股市及期货市场中的 K 线图的画法包含四个数据，即开盘价、最高价、最低价、收盘价，所有的 K 线都是围绕这四个数据展开的，反映大势的状况和价格信息。如果把每日的 K 线图放在一张纸上，就能得到日 K 线图，同样也可画出周 K 线图、月 K 线图。如果投资者需作短线投资，则可用较短时间的图形来作价格分析，如 5 分钟、30 分钟、60 分钟等走势图。

3）大盘界面

图 12-11 为上证指数的基本界面。

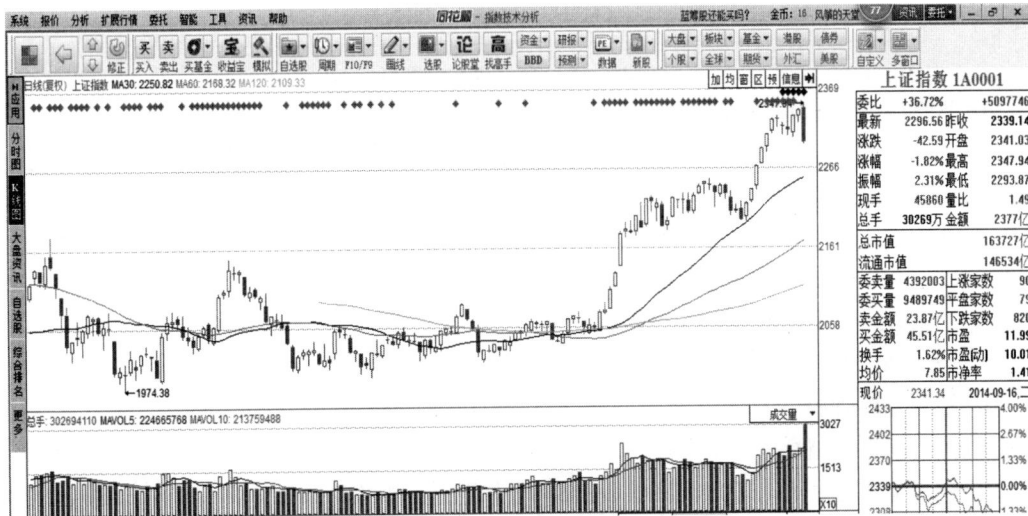

图 12-11　上证指数基本界面

从大盘的信息窗口可以看到最新指数、指数涨跌、涨跌幅度、昨日收盘、今日开盘、今日最高、今日最低、总成交量、总成交金额、委比、委买卖差、上涨家数、平盘家数、下跌家数等信息。

最新指数：最近 1 分钟的指数。指数涨跌：最新-昨收。涨跌幅度：涨跌/昨收。

总成交量：到最近1分钟为止，所有成交手数之和。

总成交额：到最近1分钟为止，所有成交额之和。

委比：（委买五档手数之和 – 委卖五档手数之和）/（委买五档手数之和 + 委卖五档手数之和）×100%。委比的变化范围为（-100%，100%）。

委买卖差：委买五档手数之和 – 委卖五档手数之和。

上涨家数：最近1分钟内上涨的家数。

平盘家数：最近1分钟内平盘的家数。

下跌家数：最近1分钟内下跌的家数。

4）个股界面

图12-12为"300033同花顺"的基本界面。

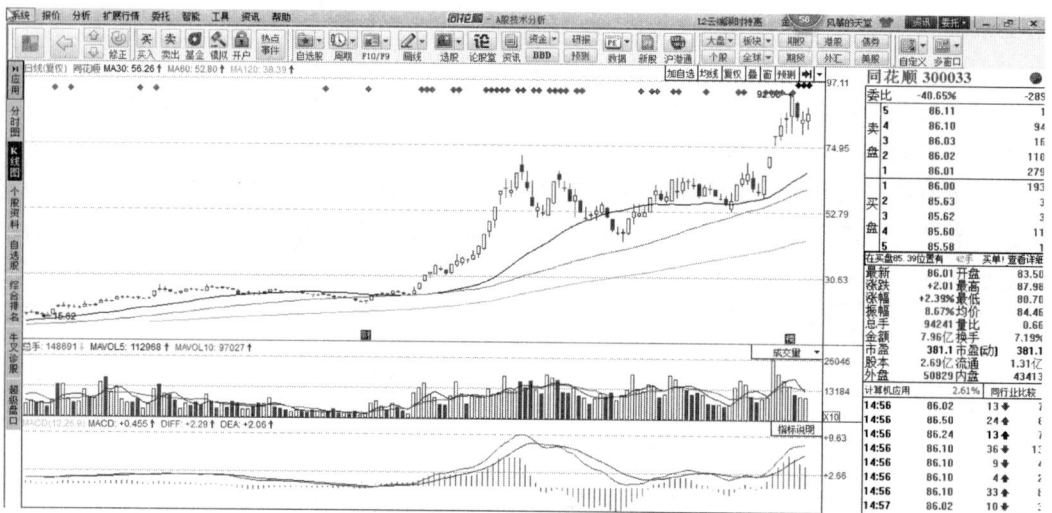

图12-12　同花顺基本界面

从个股信息窗口可以看到卖五/卖四/卖三/卖二/卖一、买一/买二/买三/买四/买五、成交情况、开盘、最新、最高、最低、涨幅、涨跌、振幅、最高、总手、最低、现手、换手/全价、均价、金额、市盈/利息/净值、委比、量比、涨停、跌停等信息。

卖五/卖四/卖三/卖二/卖一：该个股当前时刻委托卖出的第五/第四/第三/第二/最低价格。

买一/买二/买三/买四/买五：该个股当前时刻委托买入的最高/次高/第三/第四/第五高价格。

幅度：（涨跌/昨收）×100%

涨跌：最新–昨收。

总手：当日到最近1笔为止该个股所有累计成交手数的总和。

开盘：该个股当日的第1笔成交价格。

最高：当日到最近1笔为止该个股成交的最高价格。

最低：当日到最近1笔为止该个股成交的最低价格。

均价：累计成交金额/累计成交量。

量比：是评价当日累计成交量的指标。量比=当日累计成交量/（过去5日每分钟平均量×当前开市多少分钟）。

换手：阶段内成交量/普通股股份总数。用户可以根据需要，将阶段周期设置为1～5天。

市盈：即市盈率，每股市场价/每股税后净利润（摊薄）。

外盘：到最近1笔为止，当日所有靠近委卖价成交的手数总和。

内盘：到最近1笔为止，当日所有靠近委买价成交的手数总和。

12.2.2 看盘

股票市场每时每刻都在变化，股票投资者尤其是短期投资者要掌握股票市场的动向，就要观察分析股市行情的变化，即要学会看盘。看盘俗称盯盘，是股票投资者主要的日常工作。

看盘时需要注意以下要素：

（1）新闻、黄金、期货、债券、美元指数、外汇等。

（2）沪深核心指数（上证、深成、沪深300、创业板指、中小板指）的上涨概况、上涨与下跌的家数，总结多空双方的力量对比。

（3）盘中热点表现、上涨与下跌的个股表现，分析近期的热点板块表现，分析其市场机会，个股分析时关注振幅、缺口、连续阳线。

（4）换手率前列个股是否是独门个股，是否具有历史意义。关注量比大的股票。

（5）资金流向，判断资金在哪个板块运作，跟踪大资金而动。

（6）空间，分析研究风险，作出可以操作的计划。

（7）量的变化，包括周量、月量的变化，分析研究资金的动向。

（8）均线指示的趋势，判断趋势是否已经改变。底部与顶部是否已经开始由趋势明朗转为横向盘整，要特别注意。

（9）K线，日、周、月的变化，每周、每月的总结，分析研究市场的心理变化。

（10）形态，包括4种指数的形态、板块的形态。

（11）时间，包括周、月、年，以及菲波纳奇数的时间窗。

|12.3| 自选股挑选

任何一只股票的选择，必然有其原因。通常情况下，投资者可从基本面、技术面两个层面来对一只股票作全面的分析，以判断其是否具有买入持有价值。本节将以同花顺（300033）为例与读者共同探讨自选股的挑选方式。

12.3.1 基本面分析

股票市场基础分析主要侧重于从股票的基本面因素，如宏观经济、行业背景、企业经营能力、财务状况等对公司进行研究与分析，试图从公司角度找出股票的"内在价值"，从而与股票市场价值进行比较，挑选出最具投资价值的股票。

要确定公司股票的合理价格，首先要预测公司预期的股利和盈利，我们把分析预期收益等价值决定因素的方法称为基本面分析。基本面分析主要包括宏观、中观和微观分析等。

1）宏观分析

研究一个国家的财政政策、货币政策，通过科学的分析方法，找出市场内在价值被低估的股票。投资者需要关注：

（1）央行的货币政策——如同业拆借利率、回购情况、公开市场操作情况，以判断后期资金供给是否宽松。

（2）国债期货的走势，以判断短期市场利率。

（3）对比股指期货的多空双方持仓力量，判断做多还是做空。

（4）美元指数——美国的货币政策，它的强弱会直接影响到大宗商品如有色金属、石油的价格。

（5）关注楼市价格，它会分流股票资金。

（6）PMI（制造业采购经理指数）——观察经济是否提前好转。

（7）汇率的波动——谨防热钱炒作。

（8）财政政策的宽松与紧缩——预测后期市场调控力度的大小。

（9）产业政策，如国家大力鼓励发展"互联网+"，整个行业国家支持力度就大。

当然，资金的流动性是宏观分析的核心。

2）中观分析

对一个行业或产业进行分析，用于把握行业的发展方向和未来趋势。

七大新兴产业是目前最具有前途的朝阳产业，也是受到国家政策大力扶持的产业，它们是：

（1）节能环保产业，主要涉及高效节能技术装备和产品、先进环保技术装备和产品、废旧商品回收利用。

（2）新一代信息技术产业，主要涉及新一代移动通信、下一代互联网核心设备、智能终端、三网融合、物联网、云计算的研发和产业化、集成电路、新型显示器、高端软件、高端服务器、数字虚拟技术的发展。

（3）生物产业，主要涉及用于重大疾病防治的生物技术药物、新型疫苗和诊断试剂、化学药物、现代中药等创新药物大品种；先进医疗设备、医用材料等生物医学工程产品；生物育种产业、绿色农用生物产品；生物制造关键技术、海洋生物技术及产品。

（4）高端装备制造产业，主要涉及以干支线飞机和通用飞机为主的航空装备；卫星及其应用产业；轨道交通装备、海洋工程装备；以数字化、柔性化及系统集成技术为核心的智能制造装备。

（5）新能源产业，主要涉及新一代核能技术和先进反应堆、核能产业；太阳能热利用技术；多元化的太阳能光伏光热发电市场；智能电网；生物质能。

（6）新材料产业，主要涉及稀土功能材料、高性能膜材料、特种玻璃、功能陶瓷、半导体照明材料等新型功能材料；高品质特殊钢、新型合金材料、工程塑料等先进结构材料；纳米、超导、智能等共性基础材料。

（7）新能源汽车产业，主要涉及插电式混合动力汽车、纯电动汽车、燃料电池汽车相关前沿技术。

在整个经济市场里，消费垄断行业具有绝对的竞争优势，相比于其他行业的发展，它受到的制约会相对较少，产生巨大利润是毋庸置疑的。在股票市场里，如果我们选择了它，那么它的优势就会给我们带来喜人的财富增长。

3）微观分析

研究上市公司经济行为和相应的经济变量，为买卖股票提供参考依据。

学会挑选个股的重点在于学会对个股基本面的研究和把握，尽可能选择成长性好或存在业绩拐点的上市公司进行长期投资；做好对目标股票的研究与估值，知道它到底值多少钱；学会利用好市场的波动，也就是在低于估值线以下择机买入，然后待到市场或股票价格波动向上大涨后高价卖出获利。

我们需要对个股所属公司进行基本而全面的分析，那么，一家优秀的公司应具备的基本素质应该是什么呢？

（1）优质的市场潜力。企业发展空间大，一般出现在行业集中率高的行业或具有一定资源垄断或技术垄断优势的企业，如百度、华为、腾讯等公司。

（2）优质的业绩支撑。业绩增长速度较快，一般依托于资本融资拓展市场，通过并购重组实现企业的快速扩张，进一步提高市场占有率。

（3）优质的经营规划。在募资使用率方面普遍达到80%以上，尽量降低资本成本。

（4）优质的产业布局。

（5）优质的行业竞争力。

4）公司财务报表分析

需要注意的是，在基本面分析上，对一家公司最重要的还是财务分析，具体可参考本书第7章，这是一门"必修课"。

如果单单是对数据的解读，那三大报表就可以充分说明问题，但事实上远没有这么简单。从作者的经验来看，上市公司多多少少都会在财务报表上耍花招，有些甚至直接在财务报表上作假，这些都需要我们自己去发现并修正过来，有些是属于财务手法（这不算违规），有些是故意虚报瞒报，有些是直接作假。

比如，有些公司为了追求主营业务收入，会把产品或服务价格压低，这样毛利率会变得非常低，净利率有时还会出现负数，这种情况也有可能造成"应收账款"急剧增加。也有些公司为了年报好看而把固定资产折旧进行扣除来粉饰报表或为了平均净利润增长率而把部分利润当成递延收入处理。

有些公司明明主营业务是亏损的，但加上营业外收入可以有很可观的净利润，这一切的财务手法要通过经验的累积和知识的学习来慢慢知道怎么修正它。最有力的还是公司年报，很多财务报表反映不出来的问题会在年报中有充分说明，特别要注意不太引人注意的附注，有时重大问题只会在角落被蜻蜓点水般提到一下，我们要找的就是这些信息。

下面我们来重点了解影响股价的几个财务比率参数：

（1）毛利率

毛利率=毛利/营业收入×100%=（主营业务收入−主营业务成本）/主营业务收入×100%

毛利率反映的是一个商品经过生产转换内部系统以后增值的那一部分。也就是说，增值越多，毛利自然就越多。

任何一个产品都需要一个大的市场来让自己发展并逐渐拓展，市场上的需求会成为一个推动力，推动产品价格上升，毛利率可想而知也会随之提升。产品在发展的过程中需要留下一定的想象空间，这样既可以满足投资人喜欢探索未知的心理，也可以吸引投资人"坚守阵地，共同作战"。

（2）主营业务收入增长率

主营业务收入增长率＝（本期主营业务收入－上期主营业务收入）/上期主营业务收入×100%

主营业务收入增长率可以用来衡量公司的产品生命周期，判断公司发展所处的阶段。一般来说，如果主营业务收入增长率超过10%，说明公司产品处于成长期，将继续保持较好的增长势头，尚未面临产品更新的风险，属于成长型公司。如果主营业务收入增长率在5%～10%之间，说明公司产品已进入稳定期，不久将进入衰退期，需要着手开发新产品。如果该比率低于5%，说明公司产品已进入衰退期，保持市场份额已经很困难，主营业务利润开始滑坡，如果没有已开发好的新产品，将步入衰退。

（3）总资产增长率

总资产增长率＝（期末总资产－期初总资产）/期初总资产×100%

总资产增长率越高，表明企业一定时期内资产经营规模扩张的速度越快。但在分析时，需要关注资产规模扩张的质和量的关系，以及企业的后续发展能力。

（4）固定资产增长率

固定资产增长率＝（期末固定资产总额－期初固定资产总额）/期初固定资产总额×100%

对于生产性企业而言，固定资产的增长反映了公司产能的扩张，特别是供给存在缺口的行业，产能的扩张直接意味着公司未来业绩的增长。在分析固定资产增长时，投资者需分析增长部分固定资产的构成，对于增长的固定资产大部分还处于在建工程状态，投资者需关注其预计竣工时间，待其竣工，必将对竣工当期利润产生重大影响；如果增长的固定资产在本年度较早月份已竣工，则其效应已基本反映在本期报表中，投资者希望其未来收益在此基础上再有大幅增长已不太现实。

（5）主营利润增长率

主营利润增长率＝（本期主营业务利润－上期主营业务利润）/上期主营业务利润×100%

一般来说，主营利润稳定增长且占利润总额的比例呈增长趋势的公司正处在成长期。一些公司尽管年度内利润总额有较大幅度的增加，但主营业务利润却未相应增加，甚至大幅下降，这样的公司质量不高，投资这样的公司，尤其需要警惕。这里可能蕴藏着巨大的风险，也可能存在资产管理费用居高不下等问题。

（6）净利润增长率

净利润增长率＝（本期净利润－上期净利润）/上期净利润×100%

净利润是指利润总额减所得税后的余额，是当年实现的可供出资人（股东）分配的净收益，也称为税后利润。它是一个企业经营的最终成果，净利润多，企业的经营效益就好；净利润少，企业的经营效益就差。它是衡量一个企业经营效益的重要指标。净利润增长率代表企业当期净利润比上期净利润的增长幅度，指标值越大，代表企业盈利能力越强。

除以上6个指标外，还有应收账款、存货等周转率也能反映公司的管理水平。投资者还应注意代表技术或资源垄断优势程度的行业毛利率、以主营业务或者利润的增长率反映的公司成长性及公司业绩拐点等。

12.3.2　同花顺股票基本面分析

1）公司背景

浙江核新同花顺（300033）网络信息股份有限公司前身为上海核新软件技术有限公

司，成立于 2001 年 8 月 24 日。为使公司有更好的发展环境，公司于 2007 年 5 月迁址到杭州高新区。该公司是一家互联网金融信息提供商，一直专注于为国内资本市场提供金融资讯、数据分析和软件系统服务，旗下拥有同花顺金融服务网、同花顺爱基金投资网，并推出了一系列形式丰富、独具特色的创新增值服务，深受广大证券公司、股民的欢迎。公司的主要业务主要分为三类：证券信息服务软件、手机证券软件和交易系统软件销售及维护。

其中，证券信息服务软件的注册用户数已经超过 7 200 万人，每日使用同花顺网上行情免费终端的客户 300 多万人。受益于本公司是唯一与中国移动、中国联通、中国电信三大移动运营商同时合作提供手机金融信息的服务商（公司在行业内综合排名为国内第二），同花顺与中国移动、中国联通和中国电信合作推出的手机炒股（手机证券软件），真正实现了无空间地域限制的行情交易，获得了高端商务人群的高度认同。同花顺的手机炒股是国内最大、支持手机型号最多、支持运营商最完善的服务提供商，拥有 400 万的财经用户，市场占有率高达 60%。交易系统软件下同花顺网上交易系统已广泛应用于全国 107 家证券公司中的 97 家券商的 2 600 多家营业部，覆盖率达到了 90.5% 以上。

截至 2009 年，公司先后自主开发、应用的软件著作权 14 项，非专利技术 43 项，为公司的快速发展奠定了基础，同时对于投资者而言，这样一个具有优质平台与自身发展潜力的个股也是非常具有投资价值的。

2）财务状况

据该公司 2014 年第三季度财务报表披露，2014 年第三季度期末，公司资产总额 1 426 794 301.86 元，较上年度末增长 8.20%；归属于公司股东的所有者权益 1 152 494 550.26 元，较上年度末增长 1.18%；实现营业总收入 54 573 035.03 元，较上年同期增加 22.62%；利润总额 10 663 977 元，归属于上市公司股东的净利润 8 752 966.93 元，较上年同期上涨 452.77%，公司整体经营状况呈利多趋势。

3）宏观因素

在大数据发展势头迅猛的今天，得益于无线网络的普及，尤其是 3G、4G 时代的快速推进，电子信息及商务必将成为当代人日常生活不可或缺的部分。作为新一代的新兴技术产业，浙江核新同花顺网络信息股份有限公司涉及沪港通、网络彩票、大数据、电子信息、互联网金融、电子商务等多重新兴概念，成为国家产业链中的重点扶持对象。

与往年相比，2015 年春节给老百姓带来最深印象的应该属漫天飞舞的新春红包了，甚至连春晚也开启了移动互联模式，创造了全民"摇一摇"的壮观奇景。仅除夕一天，微信用户的红包发送总量就达到 10.1 亿次。群发短信的时代已成为过去，红包拜年的兴起让人们看到移动支付和互联网金融对于传统产业链条和模式的颠覆和再造。受此影响，新兴业态相关概念股中的互联网金融概念股成了春节前最为火热的板块，也成为"中小创"新高秀的主要推动力。新年伊始，互联网金融指数涨幅接近 20%，很多个股涨幅更是超过 50%，由此可以看出互联网金融的热度。

与此同时，央行于 2015 年 2 月 28 日宣布存贷款利率下调，无疑成为助推互联网金融类个股如同花顺（300033）后期走高的一剂良药。

4）风险性分析

（1）行业竞争激烈

从长期来看，互联网金融信息行业仍然处于发展初期，还有很大的发展空间。目前行业市场份额集中度不高，竞争激烈，创新能力不强，后续发展动力不足，缺乏竞争力的企业将被排挤出市场，市场份额将重新划分。

（2）互联网系统及数据安全风险

本公司基于互联网提供金融信息服务，必须确保计算机系统和数据的安全，但设备故障、系统漏洞、网络攻击以及自然灾害等因素仍客观存在。上述风险一旦发生，客户将无法及时享受公司的增值服务，严重时可能造成公司业务中断，从而影响公司的声誉和经营业绩，甚至引起法律诉讼，影响股东权益。

12.3.3 技术面分析

技术分析有三个前提假设：①市场行为包含一切信息；②价格变化有一定的趋势或规律；③历史会重演。

技术面指反映股票价格变化的技术指标、走势形态以及K线组合等。

1）发现趋势

找到主导趋势将帮助投资者统观市场全局，并且能赋予投资者更加敏锐的洞察力，特别是当短期的市场波动搅乱市场全局时。每周和每月的图表分析最适合用于识别较长期的趋势。图12-13为上证指数走势图。

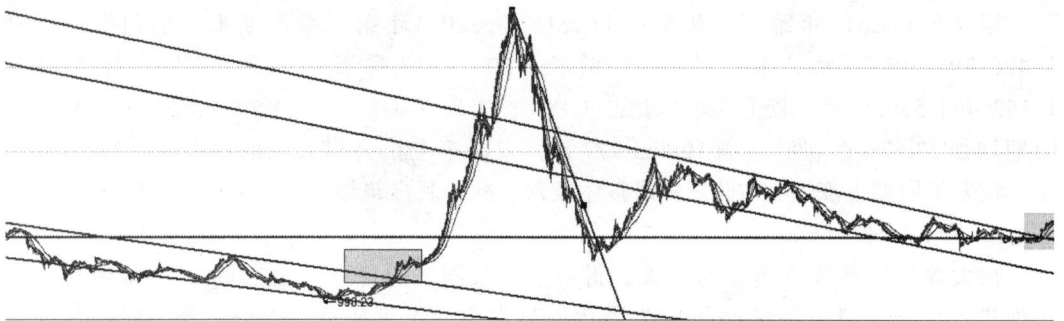

图12-13 上证指数走势图

2）支撑和阻力

支撑和阻力水准是图表中经受持续向上或向下压力的点。支撑水准通常是所有图表模式（每小时、每周或者每年）中的最低点，而阻力水准是图表中的最高点（峰点）。当这些点显示出再现的趋势时，它们即被识别为支撑和阻力。买入/卖出的最佳时机就是在不易被打破的支撑/阻力水准附近。

一旦这些水准被打破，它们就会趋向于成为反向障碍。因此，在涨势市场中，被打破的阻力水准可能成为对向上趋势的支撑；然而在跌势市场中，一旦支撑水准被打破，它就会转变成阻力。

3）线条和通道

趋势线在识别市场趋势方向方面是简单而实用的工具。向上线条由至少两个连续低点相连接而成。很自然，第二点必须高于第一点。直线的延伸帮助判断市场将沿以运动的路径。向上趋势是一种用于识别支撑线 / 水准的具体方法。反之，向下线条是通过连接两个高点或更多高点绘成。交易线条的易变性在一定程度上与连接点的数量有关。然而值得一提的是，各个点不必靠得过近。

通道被定义为与相应向下趋势线平行的向上趋势线。两条线可表示价格向上、向下或者水平的走廊。支持趋势线连接点的通道的常见属性位于其反向线条的两连接点之间。

4）平均线

移动平均线显示了在特定周期内某一特定时间的平均价格。它们被称作"移动"，是因为它们依照同一时间度量，且反映了最新平均线。

移动平均线的不足之一在于它们滞后于市场，因此并不一定能作为趋势转变的标志。为解决这一问题，使用短期的移动平均线比长期的移动平均线更能反映出价格的动向。若价格站上长期平均线，如半年线、年线等，则应密切注意其后期走势。

12.3.4　形态分析

股价的移动主要是保持平衡的持续整理和打破平衡的突破这两种过程。这样，我们把股价曲线的形态分成两个大的类型：持续整理形态、反转突破形态。常见的反转突破形态有头肩顶（底）、双重顶（底）、三重顶（底）、圆弧顶（底）、V 形顶（底）等。常见的持续整理形态有三角形、旗形、楔形、钻石形、矩形等。

1）双重顶（M 头）

双重顶（又称"双顶"）是 K 线图中较为常见的反转形态之一，由两个较为相近的高点构成，其形状类似于英文字母"M"，因而得名。在股价连续上升过程中，当上涨至某一价格水平时，成交量显著放大，股价开始掉头回落，下跌至某一位置时，股价再度反弹上行，但成交量较第一高峰时略有收缩，反弹至前高附近之后再第二次下跌，并跌破第一次回落的低点，股价移动轨迹像英文字母"M"，如图 12-14 所示。

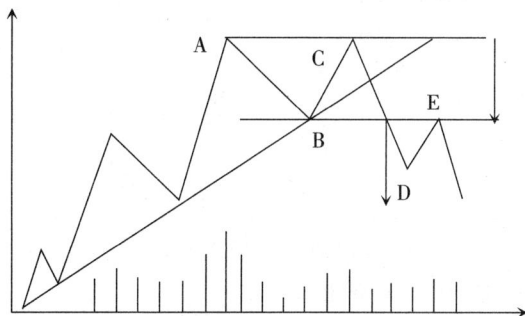

图 12-14　双重顶图示

图 12-15 为南玻 A（000012）2010—2011 年之间双重顶（M 头）图示。

图 12-16 为新华锦（600753）三重顶（M 头）图示。

最初，股价表现强劲，为投资者带来相当的利润，股价到达一定价位时，受到阻力，部分投资者随即抛股套利，上升行情转为下跌。股价跌至颈线位置时，获得支撑，一部分看好该股的投资者积极买入，股价随之再次上行。当股价达到前一高点水平位置时，再次遇到阻力下跌，形成第二次回落，跌破颈线支撑位时，继续下滑，整个形态便最终形成。

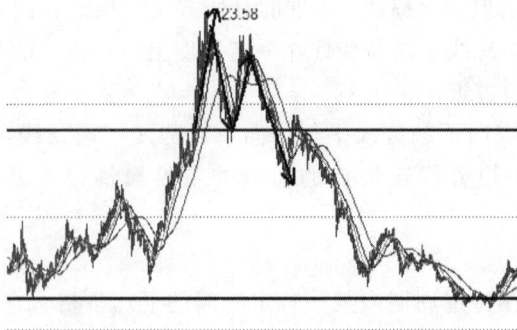

图 12-15　南玻 A（000012）2010—2011 年之间双重顶（M 头）图示

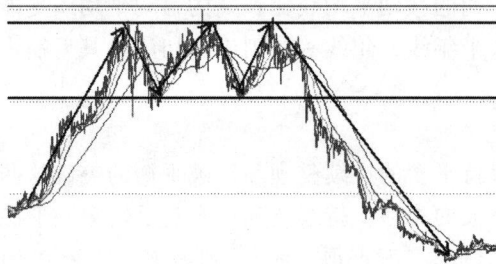

图 12-16　新华锦（600753）三重顶（M 头）图示

2）双重底（W 底）

双重底（W 底）与双重顶（M 头）在理解上刚好相反，是指股票的价格在连续两次下跌的低点大致相同时形成的股价走势图形，如图 12-17 所示。

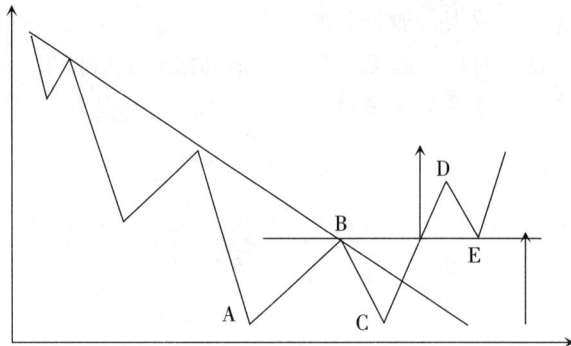

图 12-17　双重底图示

图 12-18 为东方宾馆（000524）双重底图示。

在下跌行情的末期，市场里股票的出售量减少，股价跌到一定程度后，一些处于观望状态的投资者开始逐步买入，股价慢慢回升。但由于下跌风的影响，投资者仍不敢大量买入，而卖者持股犹疑。于是股价涨涨停停，达到一定价位时，再次下滑，当回落至前一低价位后，随着市场买盘力量的增加，股价出现触底反弹，股价向上突破颈线时成交量剧放，便完成双重底形态。

需要注意的是：①第二个低点可低于（或高于）第一个低点 3% 之内；②两个低点之间一般间隔 1 个月以上，最小规模的形态也应相距 2～3 周；③股价预测上涨幅度（以颈线

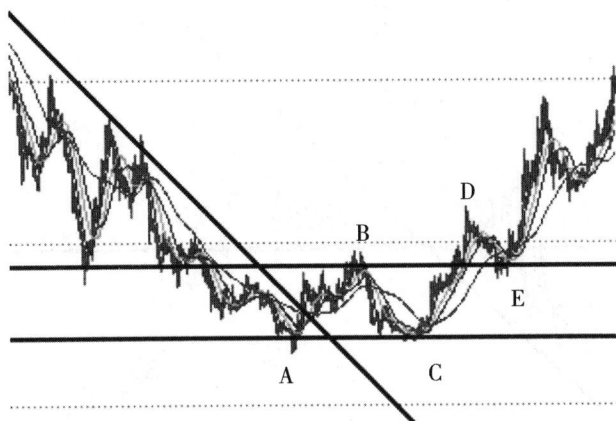

图12-18　东方宾馆（000524）双重底图示

为基准）至少为两低点连线到颈线的垂直距离；④双重底的颈线突破时，必须要有大成交量的配合，否则可能为无效突破。

3）头肩顶

头肩顶是投资技术分析使用的描述股票价格或市场指数的一种图表形态，图中的曲线犹如人的两个肩膀扛一个头。股票价格从左肩处开始上涨至一定高度后跌回原位，然后重新上涨超过左肩的高度形成头部后再度下跌回原位；经过整理后开始第三次上涨，当涨幅达到左肩高度形成右肩后开始第三次下跌，这次下跌的杀伤力很大，很快跌穿整个形态的底部并不再回头，如图12-19所示。头肩顶为典型的熊态出货信号。

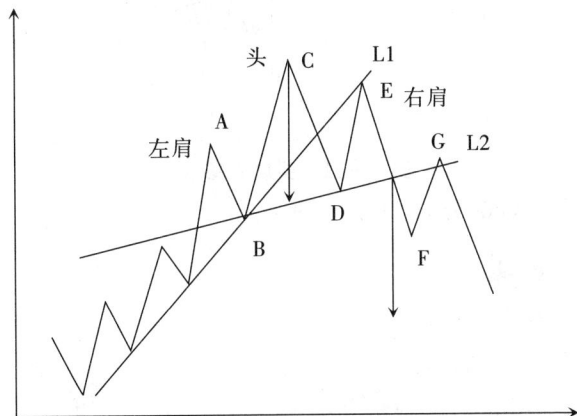

图12-19　头肩顶图示

图12-20为深圳能源（000027）头肩顶图示。

4）头肩底

头肩底是投资技术分析使用的描述股票价格或市场指数的一种图表形态，图中的曲线犹如倒置的两个肩膀扛一个头。股票价格从左肩处开始下跌至一定深度后弹回原位，然后重新下跌超过左肩的深度形成头部后再度反弹回原位；经过整理后开始第三次下跌，当跌至左肩位置形成右肩后开始第三次反弹，这次反弹的力度很大，很快穿过整个形态的顶部并且一路上扬，如图12-21所示。头肩底为典型的牛态入市信号。

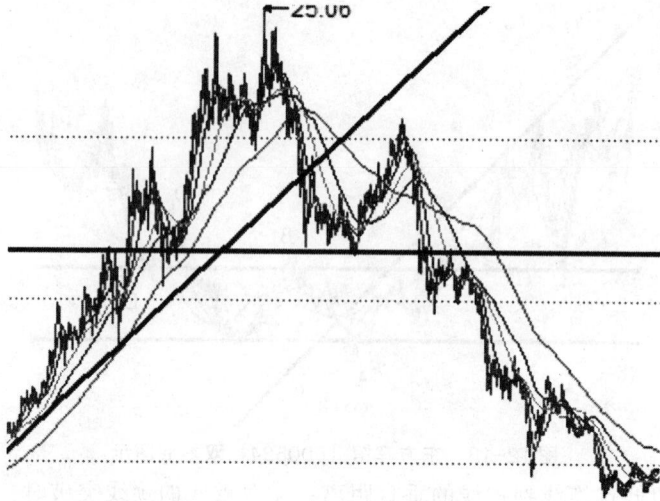

图 12-20　深圳能源（000027）头肩顶图示

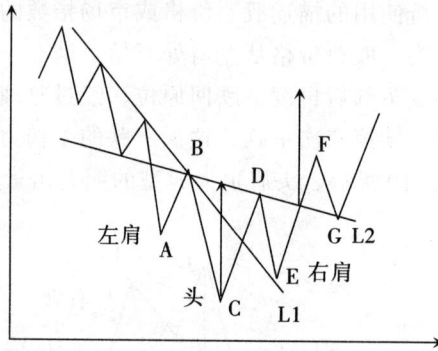

图 12-21　头肩底图示

图 12-22 为泰山石油（000554）头肩底图示。

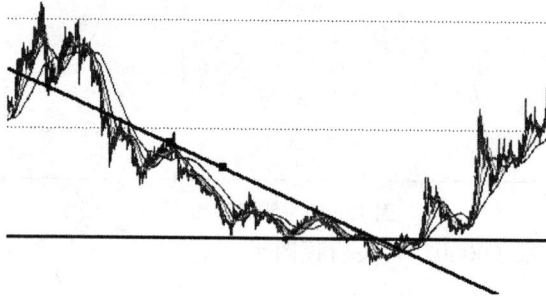

图 12-22　泰山石油（000554）头肩底图示

5）圆弧顶

圆弧顶指 K 线在顶部形成的圆弧形状，如图 12-23 所示。圆弧顶形态比较少见。圆弧顶形态代表着趋势很平缓的、逐渐的变化，在顶部交易量随着市场的逐步转向而收缩，最后，当新的价格方向占据主动时，又相应地逐步增加。一般认为，圆弧顶是股价下跌的预兆。

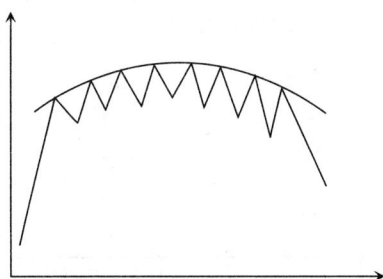

图12-23 圆弧顶图示

图12-24为新华联（000620）圆弧顶图示。

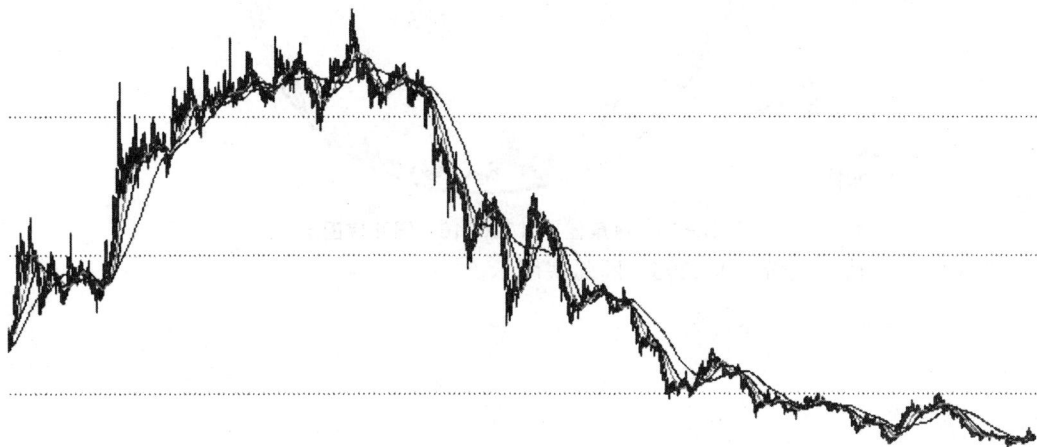

图12-24 新华联（000620）圆弧顶图示

圆弧顶的形成在某种程度上说是买卖双方力量在股价高位力量博弈的结果，在多方力量维持一段股价上升的趋势之后，买方力量日趋式微，使得股价涨势缓和，而此时卖方力量则渐趋增强，双方力量均衡时，股价保持一种短时盘整状态。一旦卖方力量大于买方力量，股价将应声回落，当卖方力量完全控制盘面时，跌势迅速转急。

6）圆弧底

圆弧底形态属于一种盘整形态，多出现在价格底部区域，是极弱势行情的典型特征。其形态表现在K线图中宛如锅底状，如图12-25所示。一旦圆弧底图形形成后，投资者可抓紧时机，大量买进。圆弧底是标准的股价反转型，此后，股价定会不断上升。如果伴随着股价前期的放量一直横盘是明显的吸筹，阳线放量，阴线缩量，股价横盘，一旦形成圆弧底洗盘，估计涨幅非常巨大。

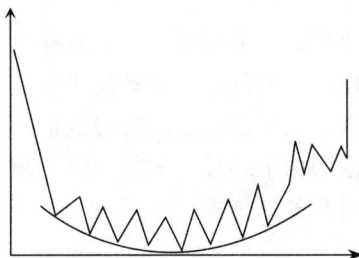

图12-25 圆弧底图示

图 12-26 为深康佳 A （000016）圆弧底图示。

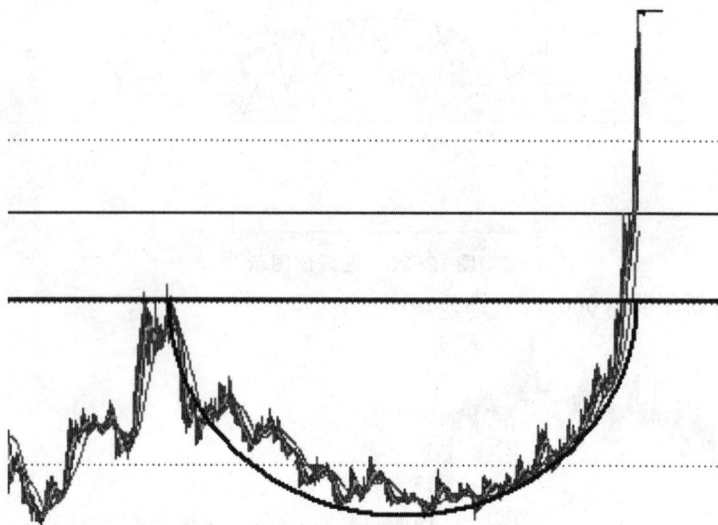

图 12-26　深康佳 A （000016）圆弧底图示

图 12-27 为精艺股份 （002295）圆弧底图示。

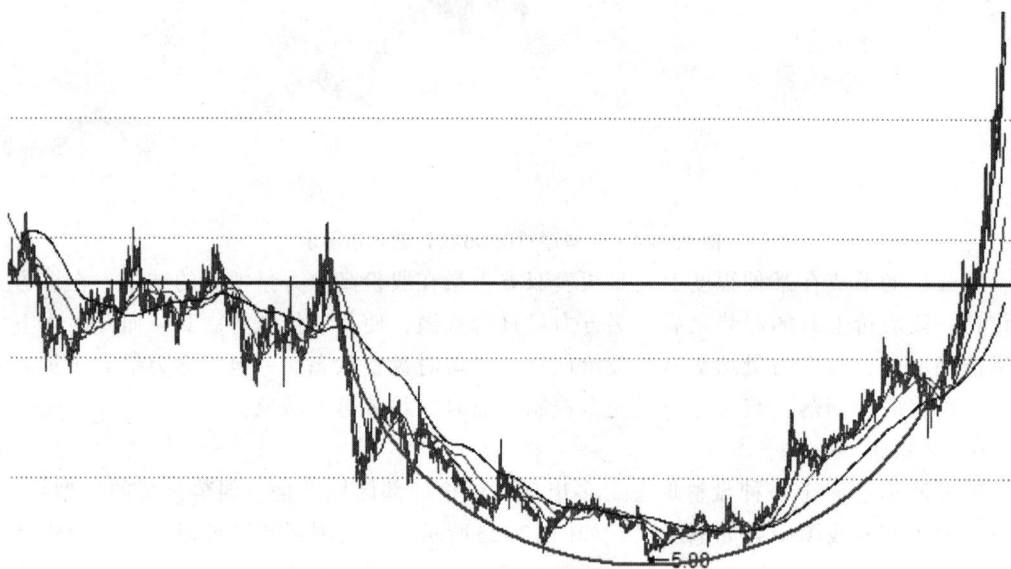

图 12-27　精艺股份 （002295）圆弧底图示

7）三角形

（1）对称三角形

对称三角形又称等边三角形，一般情形之下，对称三角形属于整理形态，即价格会继续沿原来的趋势移动。它是由一系列的价格变动所组成的，其变动幅度逐渐缩小，即每次变动的最高价低于前次的水准，而最低价比前次最低价水准高，呈一压缩图形。如从横的方向看价格变动领域，其上限为向下斜线，下限为向上倾线，把短期高点和低点分别以直线连接起来，就可以形成一对称的三角形，如图 12-28、图 12-29 所示。

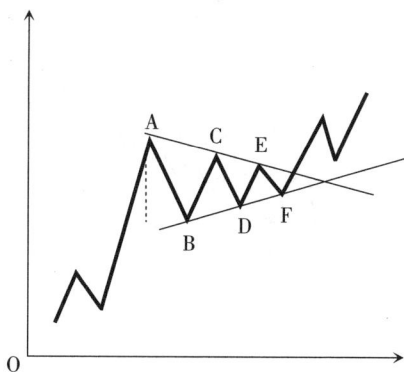

图12-28　对称三角形图示（一）

图12-29　对称三角形图示（二）

　　对称三角形是因为买卖双方势均力敌，暂时达到一种均衡状态所致。股价从第一个高点回落，很快被买方力量所消化，推动股价渐次上升，但由于买股者对股价未来走势缺乏信心，致使股价尚未达到前一高点又回落下跌。在回落的过程中，那些卖售的投资者不愿意以低贱的价格售出或者对股价未来的走势抱有希望，致使股价未跌至上一低位时又反弹上涨。整个过程中，买卖双方多次争执使得股价涨跌区间逐步变窄，形成这一形态。

　　（2）上升三角形

　　上升三角形是众多盘整形态中的一种，是一种持续形态，即后市依然会延续先前趋势。通常回升高点的连线趋近于水平而回档连线的低点逐步垫高，因而形成往上倾的上升斜线，而在整理形态的末端，伴随着攻击量能的扩增，一般往上突破的机会较大。价格在某水平呈现强大的卖压，价格从低点回升到水平便告回落，但市场的购买力仍十分强，价格未回至上次低点便即时反弹，持续使价格随着阻力线的波动而日渐收窄。我们若把每一个短期波动高点连接起来，便可画出一条阻力线，而每一个短期波动低点则可相连出另一条向上倾斜的线，便形成上升三角形，如图12-30、图12-31所示。

　　上升三角形显示买卖双方争执中，买方力量强于卖方。卖方在相对固定的价位不断卖售且不看好后市，所以当股价上升到一定价位时卖方抛出股票，很快被买方力量吸收，由此形成一条较为平顺的供给线；但由于买方力量较为强大，当股价出现下滑时，买方不等到价位跌至上一低位时就急于购进，由此形成一条斜向右上方的需求线。

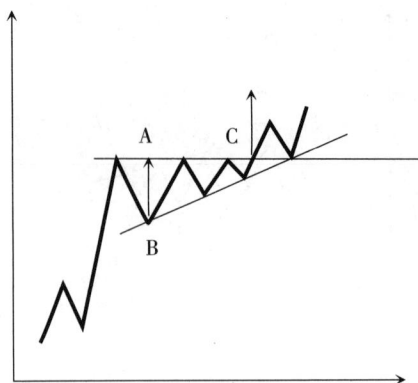

图 12-30　上升三角形图示（一）

图 12-31　上升三角形图示（二）

（3）下降三角形

下降三角形通常回档低点的连线趋近于水平，而回升高点的连线则往下倾斜，代表市场卖方的力量逐渐增加，使高点随时间而演变，越盘越低，而下档支撑的买盘逐渐走弱，退居观望的卖压逐渐增加，在买盘力量转弱而卖压逐渐增强的情况下，整理至末端，配合量能温和放大，价格往下跌破的机会较大，如图 12-32、图 12-33 所示。

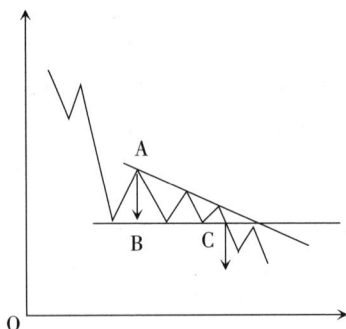

图 12-32　下降三角形图示（一）

下降三角形与上升三角形买卖双方力量对比刚好相反，卖方力量强于买方。看空的一方不断抛出股票，当股价还未达到上一高位时就急于抛出；看多的一方则坚守股价的固定价位不断吸入，使得股价跌至固定价位处获得支撑。

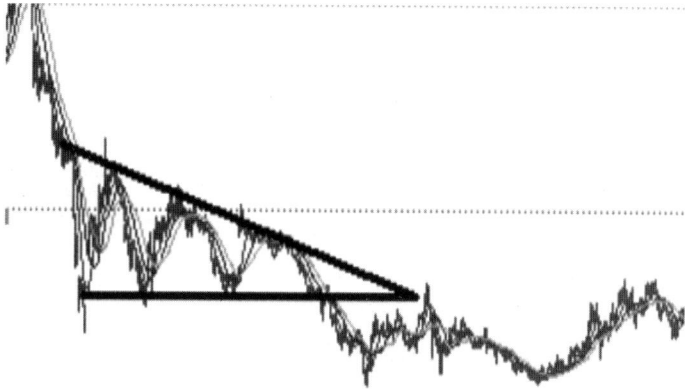

图12-33 下降三角形图示（二）

8）矩形

矩形又叫箱形，是一种典型的整理形态。价格上升到某水平时遇上阻力，掉头回落，但很快便获得支持而回升，可是回升到前次相同高点时再一次受阻，而挫落到上次低点时则再得到支持。这些短期高点和低点分别以直线连接起来，便可以绘出一条通道，此通道既非上倾，亦非下降，而是平行发展，这就是矩形形态，如图12-34所示。

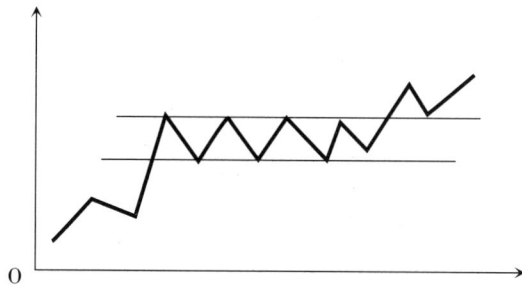

图12-34 矩形图示

图12-35为鹏欣资源（600490）矩形图示。

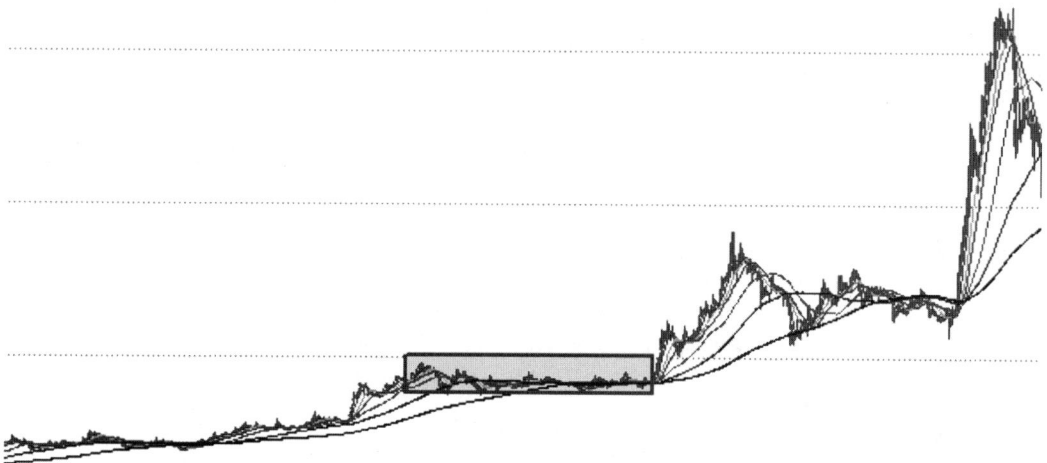

图12-35 鹏欣资源（600490）矩形图示

矩形形态是一种买卖力量在一区间范围内力量均衡的状态。看多的一方看好未来的走势，待股价跌至一定价位时买入，由此形成一条水平的需求线；看空的一方对未来缺乏信心，当股价升至一定价位时抛出，由此形成一条水平的供给线。

9）旗形

旗形因走势像一面在旗杆上飘扬的旗帜而得名，旗形是股价急速上升或下降的中途出现的整理形态，呈平行四边形，其形态方向与股价原有的趋势方向相反，上下两条平行线起压力和支撑作用，某一条被突破是旗形完成的标志。

（1）上升旗形

上升旗形是看涨的技术形态，如图12-36所示。

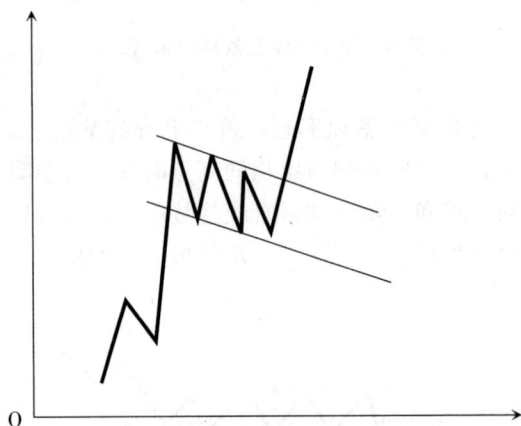

图12-36　上升旗形图示

图12-37为连云港（601008）上升旗形图示。

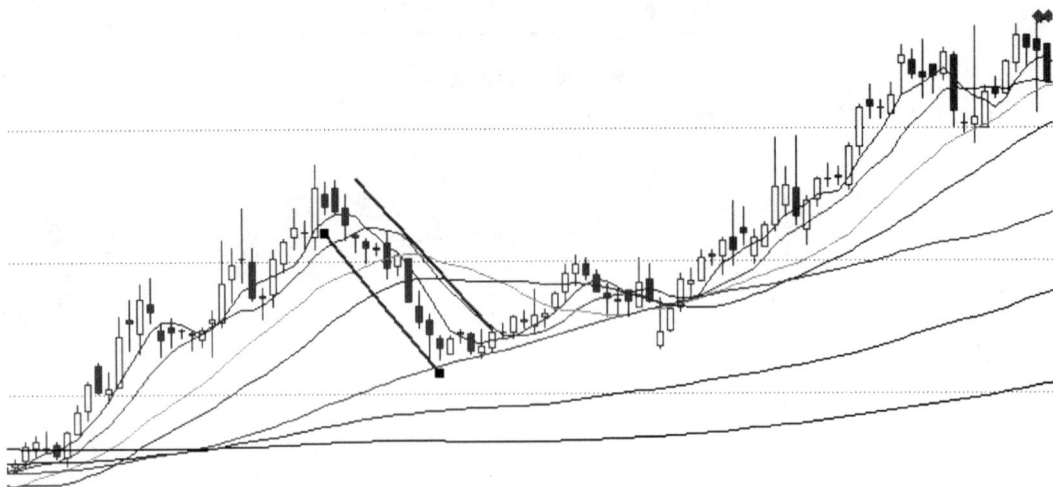

图12-37　连云港（601008）上升旗形图示

（2）下降旗形

下降旗形属于看跌的技术形态，如图12-38所示。

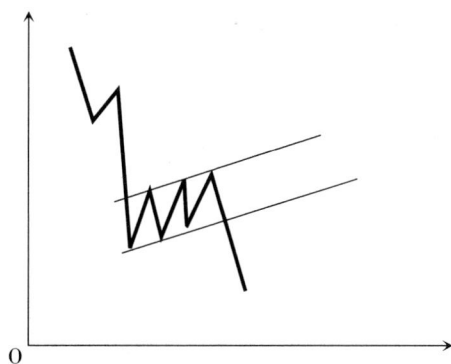

图12-38 下降旗形图示

图12-39为永高股份（002641）下降旗形图示。

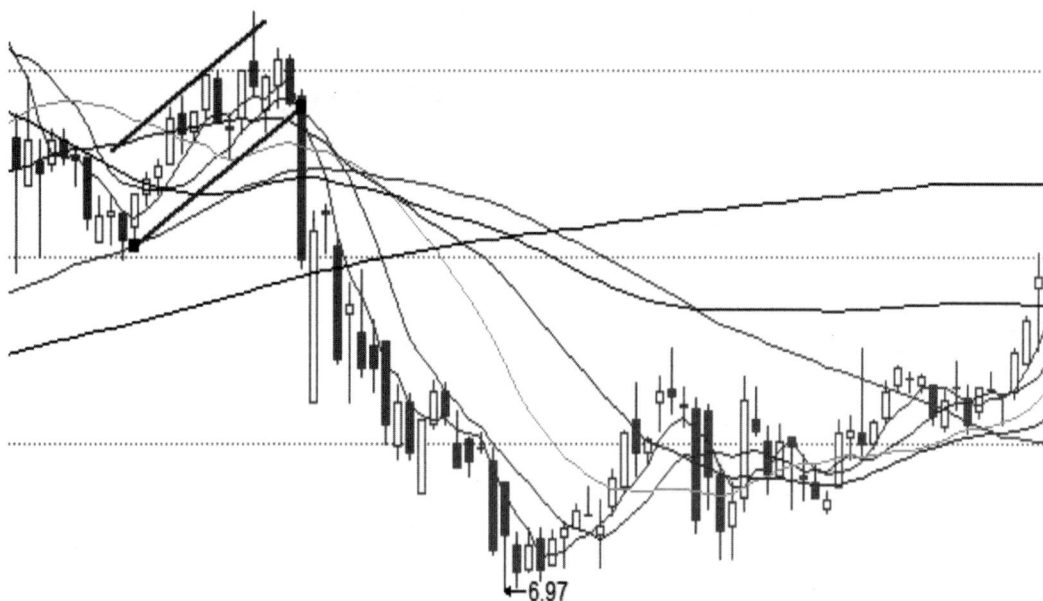

图12-39 永高股份（002641）下降旗形图示

10）岛形反转形态

股市持续一段时间之后，有一天突然呈现缺口性上升，接着股价在高位徘徊，很快价格又呈现缺口性下跌，两边的缺口大约在同一价格区域发生，使高水平争持的区域在图表上就像是一个岛屿的形状，两边的缺口使这个岛屿孤立于大海。岛形反转形态包括顶部岛形反转和底部岛形反转两种。

（1）顶部岛形反转

图12-40为银之杰（300085）顶部岛形反转图示。

（2）底部岛形反转

图12-41为新华保险（601336）底部岛形反转图示。

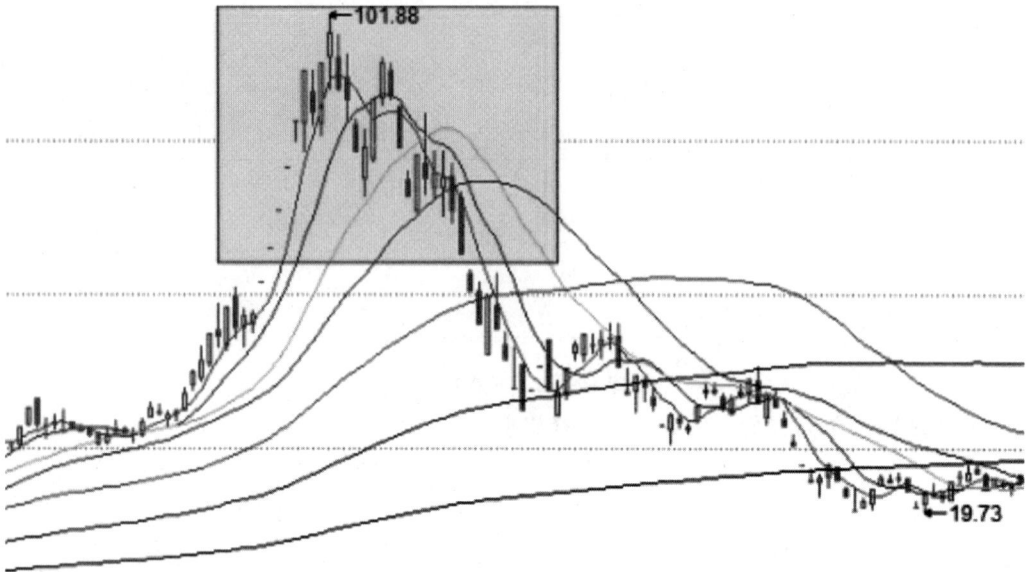

图12-40　银之杰（300085）顶部岛形反转图示

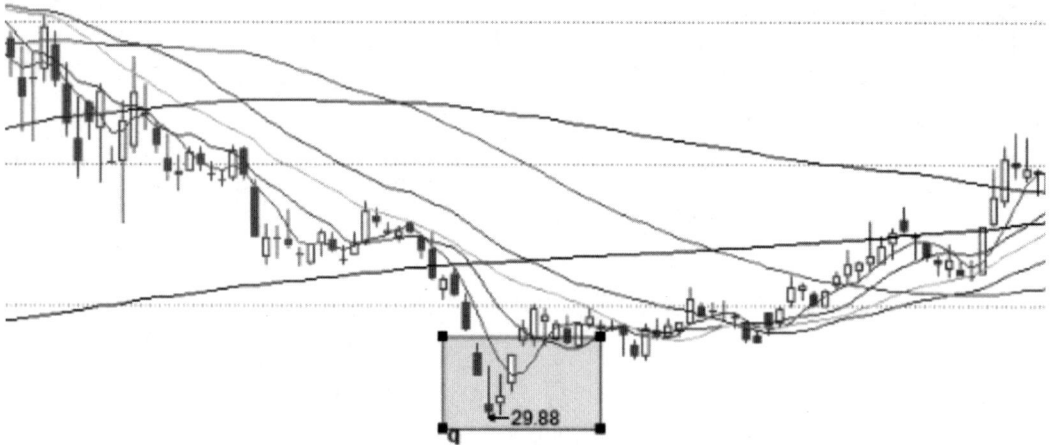

图12-41　新华保险（601336）底部岛形反转图示

　　股价的不断上升，使原来想买入的投资者没法在预期的价位追入，持续的升势令投资者最终选择不计价格抢入，于是形成一个上升缺口。可是随后股价并没有这样跳价持续太长时间，在高位处受到阻力，股价没法持续，而出现缺口性下跌，这就形成了顶部岛形反转；反之，则形成了底部岛形反转。

　　11）裂谷反转形态

　　裂谷反转形态是一种强烈的底部反转信号，说明股价的下降趋势已经被彻底扭转，投资者可以果断建仓买进。裂谷反转形态与岛形反转形态有一定的相似性，不同的是岛形反转形态技术要求较严格，两个缺口的位置必须在同一水平位置，而裂谷反转形态不要求两个缺口是否处于同一水平位置。

　　图12-42为中视传媒（600088）裂谷反转形态图示。

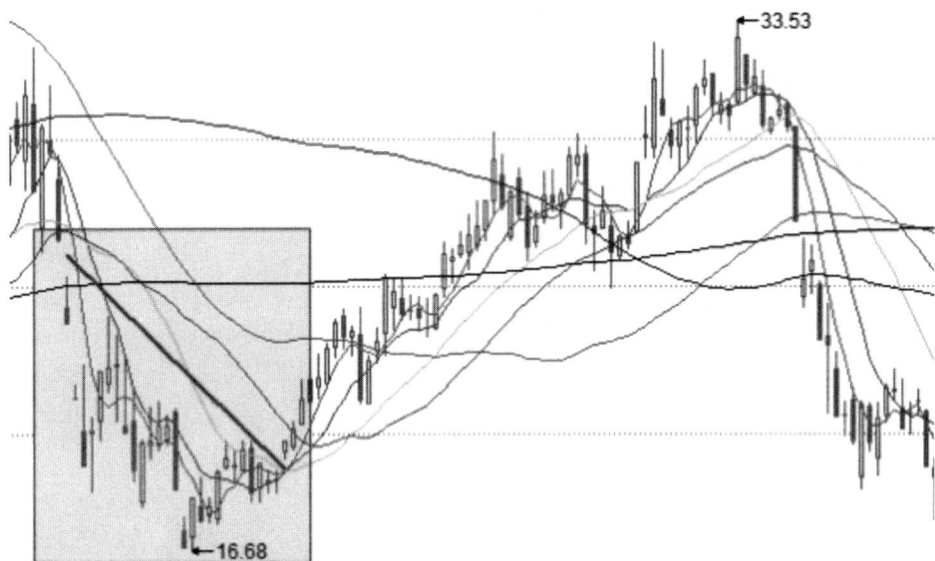

图12-42　中视传媒（600088）裂谷反转形态图示

　　股价或指数在短时间内出现两个跳空缺口，在操作过程中，特别值得注意的是，这两个缺口的方向是相反的，其中前一个是向下跳空缺口，而后一个是向上跳空缺口。出现向下跳空缺口时不需要放量配合，而出现向上跳空缺口时则需要量能的配合。

　　12）其他形态

　　（1）潜伏底形态

　　股价在一个极狭窄的范围内横向移动或缓慢阴跌，每日股价的高低波幅较小，且成交量也十分稀疏，这种形态就是潜伏底形态。通常潜伏底的时间比较长，但是其突破后产生的成交量激增和股价的暴涨却是惊人的。

　　潜伏底的形态特征主要有：

　　①股价在一个极狭窄的范围内横向移动，每日股价的高低波幅极小。

　　②成交量也十分稀疏，图上形成一条横线般的形状。

　　③经过一段长时间的潜伏静止后，价位和成交量同时摆脱了沉寂不动的格局，股价大幅向上拉升，成交量也转趋增大。

　　图12-43为辅仁药业（600781）2012—2015年潜伏底形态图示。

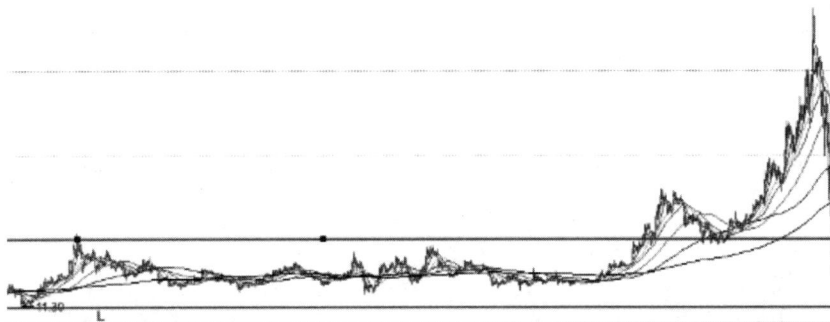

图12-43　辅仁药业（600781）2012—2015年潜伏底形态图示

潜伏底大多出现在市场疲软之时，以及一些股本少的冷门股上。由于这些股票流通量少，而且公司不注重宣传，前景模糊，结果受到投资者的忽视，稀少的买卖使股票的供求十分平衡。持有股票的人找不到急于沽售的理由，有意者也找不到急于买入的理由，于是股价就在一个狭窄的区域徘徊。但是，当受到如公司盈利大增、有分红前景等利好消息的刺激时，股价即脱离潜伏底，大幅度上涨。

（2）斜N形态

牛市中的大型蓝筹股往往有出色的表现，这类强势股往往在走势形态上有相同的特征：先形成一小波上涨，之后经过较深或者较长时间的回调，然后再次发起一次大幅度的上涨，整个过程在形态上形成一个斜N形。

图12-44为恒星科技（002132）斜N形态图示。

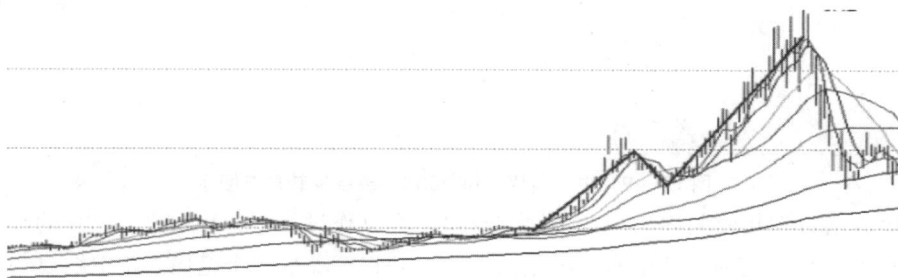

图12-44 恒星科技（002132）斜N形态图示

在大多数情况下，斜N形态第二波上涨的幅度远大于第一波，这种牛股特征与一般中小盘牛股的"火箭式"拉升或"慢牛式"爬升有明显的区别。这既是市场规律演化的结果，同时也有这类股票自身的特点。因为在大流通盘股中，很难有一只主力资金能够起决定作用，大蓝筹股的走势是无以计数的机构与中小投资者对其股价预期的一种体现，这种投资行为的分散性与随机性决定了其走势特征更为贴近市场的波动规律。

12.3.5 常用技术指标分析

1）成交量放大

在看盘面时，我们要注意到，成交量增加，表明有资金进入，该股正在积蓄能量，然后等待时机启动上涨走势，如图12-45所示。

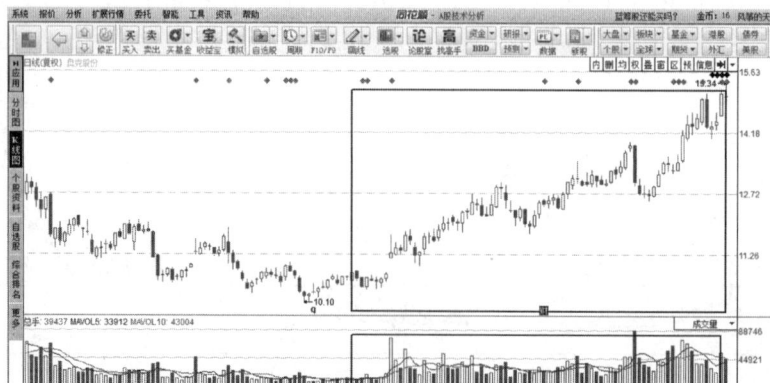

图12-45 放量成交

2）BOLL站上中轨

在分析 BOLL 指标时，我们要选择价格在 BOLL 线中轨以上的股票。当价格在中轨之上运行时，就表明价格处于强势。如果 BOLL 线上、中、下三条线同时向上运行，那就表明股票上涨趋势特别明显，应该逢低买入，如图 12-46 所示。

图 12-46　BOLL 线走势

3）CCI突破100

当我们注意到 CCI 由下向上突破 100 时，表明股价进入非常态区间（超买区间），股票走势强劲，要及时买入，如图 12-47 所示。

图 12-47　CCI走势

4）DMI白线上穿黄线

PDI 上穿 MDI（走势价格创新高时），反映出来的是买入信号，如图 12-48 所示。

图 12-48　DMI 走势

5）MACD（指标之王）

DIF 上穿 DEA，说明股票趋势有可能要开始反转，可继续观察，如果局势没有改变，可选择买入，如图 12-49 所示。

图 12-49　MACD 走势

6）KDJ 金叉

KDJ 不是趋势指标，而是随机指标，短期内有效。K、D 值进入 80 以上为超卖区，要注意把握时机进入。KDJ 金叉在图形上表现为 K 线向上突破 D 线，即为买入信号。金叉要结合成交量、K 线（股价），把握有效的买点，如图 12-50 所示。

图 12-50　KDJ 走势

7）股价站上 10、20、60 日均线之上

均线是具有能量的，向上的均线有向上的能量，参数越大的均线能量越大。均线对股价起到支撑或者阻力的作用，当股价下跌，但没有跌破 60 日均线时，那么 60 日均线就起到了支撑作用，股价很有可能会出现反弹趋势。我们选择股票时尽量挑选股价在均线之上运动的，均线能量越大，趋势会延续得越长，越容易屡创新高，如图 12-51 所示。

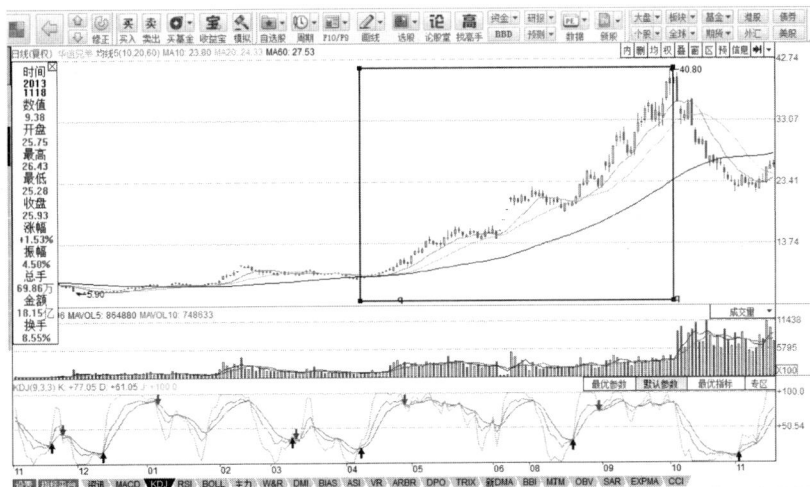

图 12-51　均线走势

8）背离

主要需关注 MACD 的背离与 KDJ 的背离。背离是判断股票走势的一个很重要的信息，而且判断比较准确。当股票价格走势与 MACD 指数中的 DIF 和 DEA 走势相反时即出现了 MACD 背离（如图 12-52、图 12-53 所示）。我们要选择那些价格走低，而 DIF 和 DEA 走势上扬的股票。当股票价格走势与 KDJ 指数中的 K 和 D 走势相反时即出现了 KDJ 背离（如图 12-54、图 12-55 所示）。背离现象持续时间越长，积蓄的力量越大，创新高的可能性也就越大。

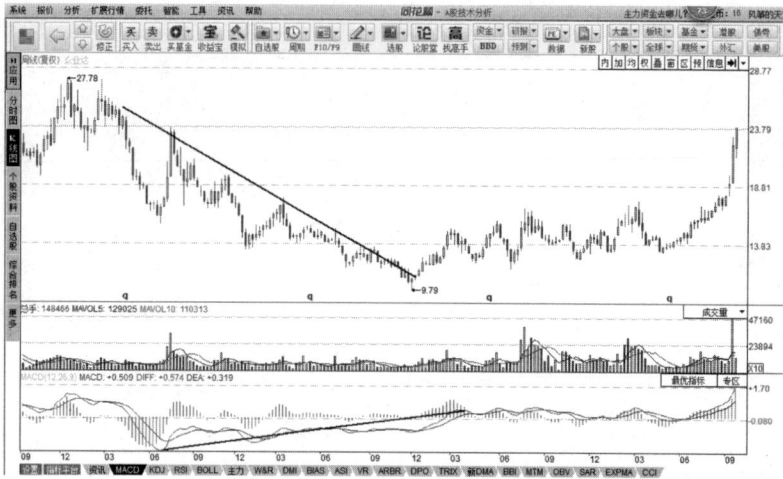

图 12-52　MADC 底背离

图 12-53　MACD 顶背离

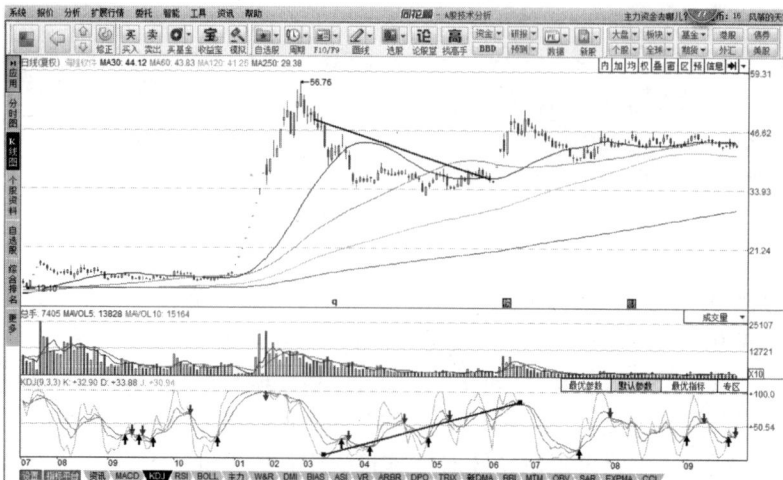

图 12-54　KDJ 底背离

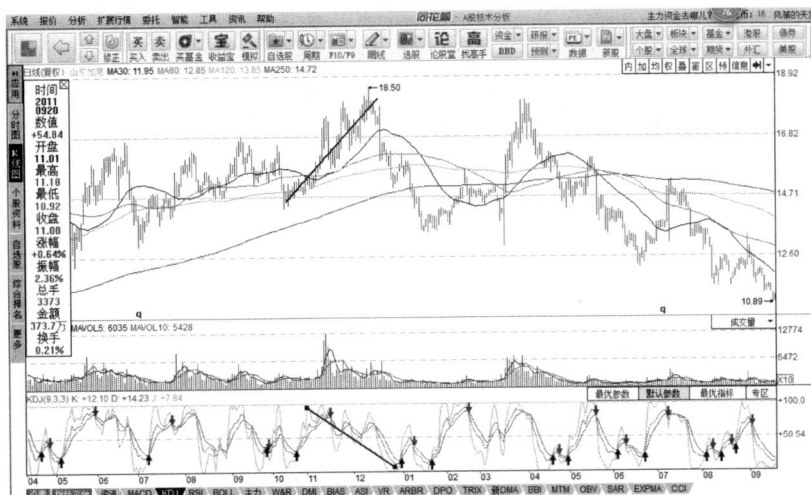

图 12-55　KDJ顶背离

总而言之，技术分析应配合K线图形态、技术指标等对盘面信息作具体分析，不应局限于个别情况，避免过多的错误判断。

|12.4| 股票模拟交易

其实投资者常说的炒股就是买卖股票，靠做股票生意而谋利。买了股票其实就是买了企业的所有权。模拟炒股就是根据股票的交易规则，基于一种虚拟的平台，实现股票买卖的一种炒股手段。本节将通过同花顺模拟炒股平台，为投资者演示如何进行股票模拟交易，以帮助投资者进行实盘操作。

投资者需注意的是，无论是实盘还是模拟盘，其操作原理均是相同的。

步骤一：打开同花顺软件，在左边条状工具栏中选择"应用"，打开"我的应用"，选择"添加应用"，搜索"模拟炒股"后确认添加。

步骤二：完成添加后，在"我的应用"中找到"模拟炒股"，双击打开，显示界面如图12-56所示，选择"模拟炒股交易区——同花顺练习区"，初次使用者还可选择"新手帮助"来快速了解同花顺模拟操作规则，通过"月收益率排行"可跟踪高收益率投资者进行学习。

图 12-56　同花顺模拟炒股

步骤三：初次使用软件者，系统会默认下载"模拟下单委托程序"，使用者可根据自身需要将该程序安装在常用硬盘中，如图12-57所示。

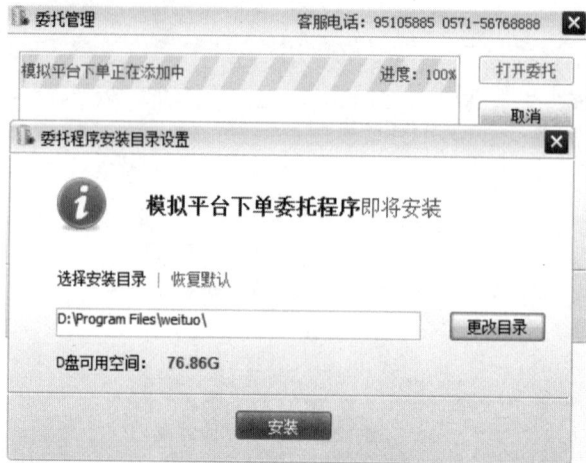

图12-57　模拟下单委托程序安装

步骤四：在"我的应用"中打开已安装完成的"模拟炒股"，系统将会默认给予投资者20万元的初始资金，投资者可选择"买入[F1]"，在买入股票界面输入需要买入的证券代码、买入价格及数量，完成输入后，点击"买入"下单委托，等待计算机撮合成交，如图12-58所示（这里以上节做过详细分析的个股同花顺（300033）为例，为读者展示买入交易）。

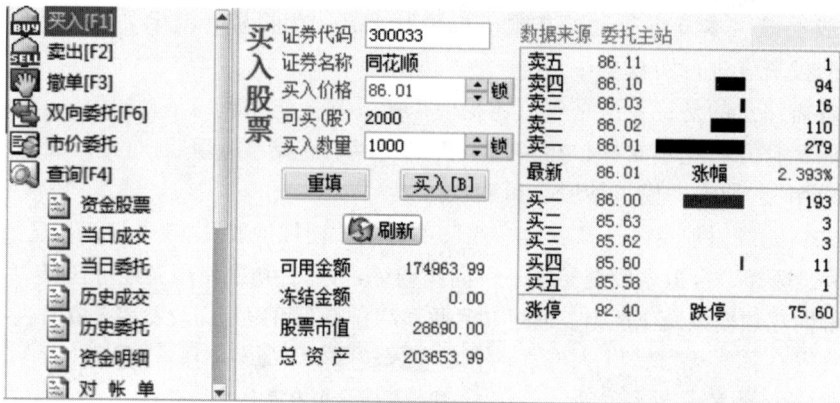

图12-58　模拟买入交易

同理，在需要卖出时，投资者可选择"卖出[F2]"，完成卖出交易。需注意的是，股票市场为T+1交易制度，所以当日买入，需在第二个工作日才可完成卖出交易。

步骤五：若挂单未成交，而投资者对后期看好，可适当提高成交价重新挂单（需撤销原单），待系统撮合成交，点击如图12-59所示"成交"按钮即可查看成交记录，点击"持仓"按钮即可查看个人持仓情况。

图12-59　模拟买入委托单

每天股票交易结束后，投资者需要做的不仅仅是明确当日盈亏，更需要的是将白天动态盯盘时来不及观察及总结的情况，采用静态的方式再看一遍市场全貌，这就是复盘。通过复盘，投资者可进一步明确哪些股资金流进活跃，哪些股资金流出、主力在逃，大盘的抛压主要来自哪里，大盘做多动能又来自哪里，它们是不是有行业、板块的联系，产生这些情况的原因是什么，哪些个股正处于上涨的黄金时期，哪些即将形成完美突破，大盘今日涨跌主要原因是什么等情况，将更有利于投资者了解市场的变化。

复盘的具体做法如下：

（1）每天收盘将当天涨停板的个股一一翻看。

（2）找出一直在低位运行第一次涨停的品种。

（3）这种股票要是放大量涨停并一直不理会大盘震荡封住涨停板，将这样的品种放进自选股栏。

（4）具体机会把握：

①第二天如果是低开或下跌可以买进。

②其后如果是小阳小阴但是量继续维持高换手，等其股价到达 5 日线可以买进。

③其后如果是在涨停位置之上一直横盘但是量继续保持，其股价到达 10 日线后可大胆买进。

④符合上述要求买进品种有 10 点以上利，实现后再用同样方法换股操作。

⑤要点：必须符合要求再买，重进重出。

很多人说，股市如人生，让我们在博弈中获得财富与失去财富的同时，去体会自己内心的变化，五味杂陈，也许最初我们还无法体会到其中的奥妙所在，也无法领悟到其中深意，只能浅浅地阅其表面，但请相信在不断的学习与实践过程中，它会带给你属于自己的理解与认知，知识是在时间的沉淀下慢慢悟出来的。股市如人生，没有捷径可以走，一步一个脚印才是真理。可无论如何，作者在此处还是要请投资者将投资风险谨记于心，慎重投资。

赠予三句话，与读者共勉：

（1）每天需要学习，博览群书，多阅读高手博客，复盘，厚积方能薄发，大道至简。

（2）"学如不及"，对事情如果不能穷根究底，最终都是"犹恐失之"。

（3）投资理念：天道必酬勤，终南有捷径。筑底百日，见顶一天。

祝愿每一位投资者都能在金融证券市场获取属于自己的成功！

实验任务

作业：对某只股票进行基本面和技术面分析。